11개 키워드로 알아보는

지방정부 ESG

11개 키워드로 알아보는

지방정부 ESG

양세훈, 김현정, 김성균, 고광용, 마희정, 지선진,
김연, 안수지, 박금옥, 박연숙, 박명분 지음

이담북스

서문

환경 · 사회 · 지배구조를 의미하는 ESG(Environment, Social, Governance)가 지구 경영의 화두로 등장했다. 지난 수 세기 동안 이루어온 인류문명의 발전은 삶의 방식을 더 편안하게 만들었다. 반면 인류는 과학이 만들어준 쾌적하고 편리한 환경을 유지하기 위해 지구의 에너지를 무분별하게 소진하였다. 과도한 탄소배출은 지구를 병들게 만들었고 그 피해는 다시 우리에게 돌아왔다. 기후 열파, 폭염, 혹서 등이 그 결과이다.

이를 극복하기 위해 ESG라는 키워드가 병들어가는 지구를 치료하기 위한 정책수단으로 등장했다. 그 시작은 기업의 경영활동에서 재무적 성과 이외 비재무적 성과를 진단하는 ESG 도입이다.

이제 자기 이익만 추구하는 기업은 지구 공동체에서 퇴출당하는 분위기가 형성되었다. 민간 부문뿐만 아니라 공공 부문의 ESG는 경영평가나 정책 수요자 선택의 중요한 의사결정 수단이 되었다.

ESG를 바라보는 시각은 여전히 다양하다. 기업, 투자자, 행정, 시민 등 관점이 다르다. ESG의 이해는 학습과 인식 정도에 따라 다르게 나타난다. CSR(기업의 사회적 책임), CSV(공유 가치 창출)의 업버전, 사회적 가치 실현 수단, 투명한 기업이 살아남는 환경, 자본투자 방식의 다변화, 투자기관의 부정 이미지

탈피, 기업 홍보 수단의 고도화, 매출 확대를 위한 마케팅 전략, 「지속가능발전 기본법」의 SDGs(지속가능발전목표) 실행방법, ESG로 포장한 MSG(인공감미료), 그린워싱(위장환경주의) 등 다양한 해석이 있다.

이러한 다양한 논의에도 불구하고 ESG에 대한 평가는 매우 긍정적이다. 인류는 2019년 말 코로나19 감염병이 전 세계로 확산되면서 사회 안전에 대한 욕구와 공정한 기업 운영에 대한 인식 전환이 되었다. 특히 인류가 탄소배출로 인한 지구 온난화 문제를 전 지구적인 문제로 인식하기 시작하면서 기업의 경영활동이 감시의 대상이 되었다. 막대한 탄소를 배출하는 기업과 전쟁물자를 생산하는 기업에 투자하는 기관이 비난받기 시작했다.

투자기관과 기업 주주들의 의사표시가 명확해졌다. 소비자의 구매 인식도 빠르게 변했다. 기업이 친환경 원자재를 사용하고 안전과 인권을 중요시하고 투자한 주주의 권리를 위해 기업경영의 모든 것을 보여주는 것은 선택이 아닌 필수가 되었다. 그러한 위기 극복의 수단으로 등장한 ESG는 기업경영은 물론 행정의 영역에서도 의무사항이 되었다. ESG의 실현과 제도적 정착을 위해 일선 행정을 책임지는 지방정부의 역할이 매우 중요해지고 있다. 지방정부는 지역 내 중소기업의 공급망 관리를 위한 차원에서 ESG를 견인해야 할 시점이다.

이 책은 지방자치단체가 아닌 지방정부라는 표현을 왜 사용하게 되었는가? 대한민국은 미국 같은 연방정부 체제가 아니다. 지방자치제를 시행하고 있는 지방분권을 지향하고 있는 국가다. 「지방자치분권 및 지방 행정체계 개편에 관한 특별법」 제2조(정의) 제2항 "지방행정체제"란 지방자치 및 지방행정의 계층구조, 지방자치단체의 관할구역, 특별시 · 광역시도와 시 · 군 · 구 간의 기능 배분 등과 관련한 일련의 체제를 말한다. 따라서 법적으로는 지방자치단체라는 단어를 사용하는 것이 바람직하다.

대한민국의 지방자치제도는 1949년 「지방자치법」이 제정되고 1952년에 시 · 도 의회 의원 선거, 시 · 읍 · 면 의회 의원 선거를 시행했다. 1961년 지방의회 강제해산 이후 30여 년 동안 중단되었다. 1991년 시 · 도와 시 · 군 · 구 의회 의원만 선거 시행, 1995년 6월 27일 광역시도 단체장과 의원, 기초 시 · 군 · 구 단체장과 의원 선거를 통해 본격적인 지방 자치 시대를 맞이했다.

1995년 제1회 통합 지방선거 시행 이후 30여 년이 지난 현재에도 자치분권이 이루어졌다고 보기 어려운 상황이다. 지방자치단체 수준을 넘은 지방정부의 기능과 역할에 매진하고 있지만 법적 명칭에서는 자유롭지 못하다.

2022년 1월 자치분권 확대를 골자로 개정된 「지방자치법」에 따라 100만 인구가 넘는 도시가 특례시(Special Case City)로 승격했다. 경기도 수원시, 고양시, 용인시, 경상남도 창원시는 특례시로 불린다. 2023년 말 전후에는 경기도 화성시가 5번째 특례시 진입을 예상하고 있다. 지방 도시의 규모화와 특성화로 인한 지방의 인식이 전환되는 시점이다. 그만큼 지방자치단체는 중앙정부의 사무위임을 배분받아 이행하는 수동적 기관이 아니라 지역의 로컬리티를 구현하고 보다 선진적인 지역화를 위해 정부 운영의 자율성을 갖는 것이 필요하다고 보고 지방정부의 역할론을 강조하였다. 이제 지방자치단체는 단체가 아닌 정부의 입장에서 보다 적극적인 로컬의 구현을 위해 노력할 시기이다.

지구 온난화 등 기후변화로 인한 지속 가능한 사회, 탄소중립 사회 등의 개념이 중요한 의제로 등장하고 있다. 이러한 시점에 시민과 밀접한 관계망을 형성하고 있는 지방정부의 역할이 더 중요해졌다. ESG에 대한 적극적인 관심뿐만 아니라 기능과 역할에 대한 강조가 필요하다. 이러한 맥락에서 지방자치단체가 아닌 지방정부로 표현한다. 지속할 수 있는 사회의 핵심 거점, 지방정부의 ESG 선도적 역할을 기대해 본다.

2023. 9. 23.

지방정부ESG연구회

대표 양세훈

목차

제1장

공생 공존 ESG 정부

양세훈

양세훈(梁世勳)

행정학 박사, 전경련ESG전문가, 산림교육전문가다. 한국정책분석평가원장, 행정안전부 지역일자리 코칭그룹 전문위원, 서울시의회 정책연구위원회 위원, 한국정책능력진흥원 연구위원으로 재직했다. 경희대, 한국외대, 한세대 겸임교수, 현재는 광운대, 한신대 초빙교수, 경기도교육청 교육정책자문위원, 서대문구 지속가능발전위원 활동을 하고 있다. 〈서울둘레길 숲이야기〉(2022, 공저), 〈산림정책의 쟁점과 과제〉(2022, 공저), 〈마을기업 지역공동체 회복 정책수단〉(2017, 단독), 〈생산과 소비의 플랫폼 협동조합〉(2017, 단독), 〈마을기업과 사회적 기업의 거버넌스〉(2012, 단독) 저서가 있고, 주요 관심 연구 분야는 ESG, 사회적경제, 조직문화, 생태환경이다(kbc8927@naver.com).

대한민국 ESG 왜 필요한가?

ESG는 무엇을 말하는가? 기업경영에 ESG는 필수 사항인가? 공공 부문 또는 시민사회 ESG는 방치해도 되는가? 가족공동체의 ESG는 무엇이 있을까? 국가의 지속 가능성을 위해 ESG가 꼭 필요한가? 현재 대한민국은 ESG와 관련해 다양한 의문과 전환의 갈림길에 서 있다. 시장에서 말하고 있는 ESG는 환경(Environment), 사회(Social), 지배구조(Governance)의 영어 앞 글자만 따온 함축된 단어다. EU, 미국 등 선진국에서 발현되고 시행되는 전 세계가 초미의 관심을 가지는 주제이지만 글로벌(Global) 영어의 의미를 한국어로 소화하기 쉽지 않은 현실이 존재한다.

환경, 사회, 지배구조를 영어처럼 정리된 단어로 표현할 수는 없는가? 그러하기 위해서는 대한민국 사회 전체 구성원이 공감할 수 있는 한글이어야 한다. 고민에 고민을 거듭해도 찾아내기 쉽지 않다. 지난 참여정부 시절 거버넌스(Governance)란 영어가 대통령 취임식 연설에서 등장했다. 국정 관리 체계 또는 정책 과정을 설명하는 단어다. 이를 협치, 통치 등 다양한 한글을 적용했지만, 학계 등에서 혼란과 논란만 무성했다. 결국은 우리나라 김치가 전 세계에 Kimchi라는 단어로 사용되듯이 Governance라는 영어의 의미를 그대로 살리지 못한다는 차원에서 원어 그대로 사용하기 시작했다.

그동안 우리 사회에서 주로 협치라는 단어로 인식했던 Governance가 ESG 경영에서는 지배구조라는 단어로 해석되고 사용된다. 초기 ESG 단어 의미 관련 확산에 있어 어려움이 있었던 부분이다. 그래서 ESG는 무엇을 말하는가라는 의문에서 출발해 본다.

이러한 맥락에서 필자가 생각하는 ESG는 기후 위기, 탄소중립, 환경보호, 사회적 가치 실현, 인권 존중, 안전 준수, 갑질 방지, 투명경영 등 시대가 요구하는 키워드의 산출물이라 할 수 있다. 기업 관점에서 ESG는 투자하기 위한 공급자와 투자금을 받으려는 수요자와의 재무적 평가에 비재무적 성과라는 조건이 추가로 붙은 것이다. 기후변화 등을 겪으면서 소비자 구매 행동에 변화가 생겼다. 국민 관점에서는 물불 안 가리고 기업 이익에만 매몰되는 기업에 낮은 점수를 주기 시작했다. 지구환경도 보호하고 인권을 중시하면서 사주 가족의 일탈행위가 없는 투명한 경영 리더십을 보여주는 기업을 선택하기 시작한 것이다.

소비자의 구매 욕구와 소비패턴이 빠르게 전환되고 있다. 특히 도덕성을 중요시하는 MZ세대의 구매 확대가 기업의 태도를 근원적으로 바꿔놓는 계기로 작용하고 있다. 선과 악의 기업 분류가 아닌 선행과 동반 성장하려는 기업의 이미지를 선호하는 시대다. 어떤 기업의 이미지로 투영되느냐가 중요해졌다. 이런 기준에 따라 지속할 수 있는 성장이냐? 몰락이냐의 갈림길에 서 있는 것이다.

이러한 ESG를 왜 추진해야 하는지에 대한 설명부터 필요하다. 다국적기업이나 외국기업이 자국의 수입 제품에 대한 규제 조건으로 ESG를 요구하고 있다. 이런 시장의 현상을 기본적인 배경으로 생각하면 2가지 추진 목적으로 보인다.

첫째는 현 정부의 ESG 관련 공약 이행을 위한 정책 과정이다. 정부 110대 국정과제 중 ESG 내용은 5개에 달할 정도로 관심이 많다. 미디어의 공정성과 공공성 확립 및 국민의 신뢰 회복(방송통신위원회), 공공기관 혁신을 통해 질 높은 대국민 서비스 제공(기획재정부), 성장지향형 산업전략 추진(산업통상자원부), 역동적 혁신성장을 위한 금융, 세제 지원 강화(기획재정부, 방송통신위원회), 과학적인 탄소중립 이행방안 마련으로 녹색경제 전환(환경부)이다. 언론기관 및 공공기관 자체 ESG와 벤처 · 중소 · 중견기업의 ESG 확산을 위한 정책에 중심을 두고 있다.

정부 산하기관의 경영평가를 위한 ESG 항목 추가, 기업들의 ESG 도입 지원을 위한 컨설팅, 자금지원, 인증지원 등 공급망 실사 대응지원에 이르기까지 시동을 걸고 있다. 4개 부처에 걸쳐 나타난 5개 국정과제 내용에서는 정부와 지방정부, 국민이 보이지 않는다. 특히 정책공급자 입장인 중앙부처와 지방정부 등 행정 영역은 수행 주체에서 벗어나 있는 형국이다. 국정과제를 실행하기 위한 정책도구로 ESG를 이해하고 시행하고 있기 때문이다.

둘째는 국민, 기업, 정부 등 국가를 구성하고 있는 주체 모두를 대상으로 하는 국가공동체의 생존 문제 접근방식이다. 탄소중립, 탄소국경세 등 선진국의 새로운 경제압력 방식이 ESG 준비 및 가이드 준수 요구로 나타나고 있다. 이상기온에 따른 지구의 몸살 현상으로 나타나고 있는 기후 위기가 원인의 시작이다. 대형기금 운용기관이나 은행, 투자기관 등이 제시하는 또 다른 형태의 경제위기 상황이라 할 수 있다. 품질 좋은 제품과 서비스는 기본이다. 재화 및 서비스 제공 준비와 과정, 결과물에 이르기까지 검수 대상이다. ESG를 통해 해당 기업의 비재무적 환경까지 평가하겠다는 것이다.

문제는 이러한 요구가 기업에 상당한 압박을 가하는 현실이다. 더 나아가서는 국가 생존의 문제로까지 확대될 수 있고 그렇게 진행되고 있다는 것이다. 인식 전환은 홍보와 교육으로 감당이 될 수 있다. 하지만 ESG 도입과 실천을 위한 가늠할 수 없는 비용 문제는 부익부빈익빈(富益富貧益貧) 현상을 더욱 가속할 뿐이라고 비판할 수 있다. 인적자원과 자금력 동원이 가능한 대기업의 입장에서는 결단의 문제이다. 중소기업의 처지에서는 기업의 환경을 둘러싼 현실의 문제다.

비용 부담으로 준비를 못 하면 납품 출구가 막히고 시설개선 등 본격적인 ESG 대응으로 인한 자금투입은 그대로 기업경영에 영향을 미친다. 자금이 빈약한 기업일수록 외부 의존도가 높다. 고금리 시대에 원금과 이자 부담이 기업의 파산으로 이어질 수도 있다. 수많은 기업이 도산되면 그 영향은 그대로 사회 전체에 미치게 된다. 국가 운영에 심대한 타격을 줄 수 있다. 즉 대한민국 공동체의 생존 문제로까지 확대된다.

하지만 정책을 공급하는 정부는 현장과 달리 그 심각성을 인식하지 못하고 있다. ESG를 준비하는 기업은 규제로 채찍질하면 된다는 오판을 한다. 공공기관은 평가라는 제도를 통해 단속하면 된다는 안이한 분위기가 감지된다. 지방정부도 지방의회도 ESG에 대해 문외한 수준이다. 관내 중소기업과 지방정부 산하기관인 지방공기업과 출자 · 출연기관의 이야기로 치부하는 경향을 보인다. 기업에는 ESG 관련한 교육 및 컨설팅 지원 수준이면 가능할 것으로 인식한다. 산하기관이야 지침을 던져주면 알아서 할 것이라고 보고 있다. 관리 · 감독만 철저히 하면 된다는 생각이 지배적이다. 그런 행정의 분위기와 근거는 ESG 관련 조례 내용에서도 그대로 나타난다.

결론적으로 중앙은 물론 지방정부조차도 ESG는 투자금 유치 등을 위한 새로운 기업경영 방식으로 인식하고 있다는 점이다. 기업의 생존 문제는 고사하고 지방정부의 소멸로 이어질 수 있는 위기감은 보이지 않는다. 다행히 일부 지방정부에서 생존의 문제로 인식하고 대응에 나서고 있는 것은 고무적이다. 정부의 ESG 관련 정책 결정 라인도 조금씩 생각과 대응이 변하고 있는 것은 다행이라 할 수 있다.

편중되게 확산하는 ESG 세계

최근 2~3년 사이에 대기업은 물론 중견 · 중소기업 등 규모를 불문하고 ESG를 이야기하고 있다. ESG 시대가 도래했다는 표현이 낯설지 않을 정도로 빠르게 확산 · 정착되고 있는 분위기다. 시장형 공기업을 필두로 준정부기관, 기타공공기관, 지방공기업, 출자 · 출연기관 등 공공기관 영역도 ESG 대응에 박차를 가하는 상황이다. 기업과 정부 산하기관, 대학, 변호사, 공인회계사, 사회단체, 경영 관련 컨설턴트 등은 ESG 홍수 시대를 맞이하고 있다. 문제는 가장 중요한 공무원 조직과 국민이 보이지 않는다는 것이다.

ESG 경영을 시작으로 ESG학회, ESG포럼, ESG협회, ESG얼라이언스, ESG포털, ESG법률, ESG조례, ESG위원회, ESG투자, ESG연구원, ESG대학원, ESG자격증, ESG컨설팅, ESG인증서, ESG진단, ESG보고서, ESG리포트 등 ESG 전성시대다. 공공기관의 부서명에 ESG를 붙여 ESG경영본부 등으로 교체하는 기관이 증가하고 있다. 지속가능경영보고서를 ESG보고서로 포장하고 둔갑시키는 일도 비일비재하다.

특히 ESG 관련 우후죽순 등록된 자격증을 보면 ESG가 대세인 것은 확실하다. 거부할 수 없는 시대적 흐름이라는 것을 직 · 간접적으로 인지할 수 있을 정도다. 한국산업인력공단에 등록된 ESG 국가자격증은 없다. 민간자격증은 2023년 7월 말 등록을 기준으로 총 113개 자격증이 있다. 2012년 1건, 2021년 5건, 2022년 29건, 2023년 78건이다. 담당하는 주무 부처별로 보면 산업통상자원부가 전체의 75.2%를 점하는 85개로 가장 많다. 중소벤처기업부 18개, 환경부 7개, 금융위원회 1개, 행정안전부 1개, 교육부 1개로 나타났다.

113개 민간자격증 중에 실제로 시험을 응시한 실적을 보인 자격증은 11개뿐이다. 그중에서도 7개는 50명 미만의 응시로 그쳤고, 대부분이 100% 가깝게 취득한 수치로 조사되었다. 나머지 3개는 200명 미만이고, 유일하게 1천 명대를 보인 곳은 한국경제인협회(구. 전경련) 산하기관인 국제경영원이다. 2021년부터 2023년 7월 말까지 1,394명 응시자에 1,250명(89.7%)이 '전경련 ESG 전문가' 자격증을 취득한 것으로 집계되었다. ESG가 시대적 흐름이라고 하지만 실제로 ESG 관련 교육시장은 초보 단계에 머물고 있다. 많은 ESG 교육이 이루어질 것으로 예상한 민간자격증 등록이 우후죽순이다. 하지만 기업 현장은 차분한 분위기를 읽을 수 있다.

역으로 ESG 관련 전문가는 많지 않다. 이론 공부만으로 취득한 ESG 자격증만으로 한계가 있다. 기업을 대상으로 컨설턴트 역할을 자임하는 것은 무모한 생각이다. 오랜 기간 유사한 교육 및 컨설턴트 활동을 해 왔던 이들에게는 새로운 영역의 또 다른 자격증 취득일 수 있다. 기업으로서는 생존의 문제이다. 공공기관 등 행정의 영역에서는 어설픈 가이드가 자칫 정부의 신뢰성을 훼손할 수도 있다. 일선 행정의 중심에 있는 지방정부의 입장에서는 옥석을 잘 파악해야 할 영역이다.

ESG 정책공급자의 관점에서 유의해야 할 영역이 하나 더 있다. 환경, 사회, 지배구조라는 ESG 외견만 보고 기존 사회적 가치 측정 등 사회적경제 영역에서 다룬 내용과 유사하다고 오해하는 이들이 많다. 사회적 가치지표(SVI: Social Value Index), 사회성과 인센티브(SPC: Social Progress Credits) 등 다양한 사회적 가치 측정 방법을 통해 지원이 이루어진 것은 사실이다. 때에 따라서는 기업경영보다는 사회적 가치 실현이라는 측면에 중심을 둔 기업을 경험한 사람들이 ESG 시장을 쉽게 보는 경향이 보인다. 현재 대기업 시장에서는 각종 소송을 대비하여 법무법인과 회계법인이 선두에 나서 ESG 시장을 끌어 나가는 형국이다.

지난 정부에서 기후 위기, 신재생에너지, 환경문제를 다룬 단체들은 목소리만 높고 실속을 차리지 못하는 아쉬움이 있었다. 실제로 이익을 보는 기업은 미세먼지 제거 등을 앞세운 대기업만 보였다는 것이다. ESG 시대에 정부가 선행적으로 준비하고 지원하지 않으면 안 된다. 피해는 소기업, 중소기업 등 영세한 기업이 될 것이라는 우려가 크다. 이런 상황에서 지방정부가 해야 할 일은 산더미다. 다만 새로운 정책으로 인식하고 관리만 하려는 모습은 지양해야 한다. ESG 정보공유와 학습이 필요한 시기다.

이렇듯 어려운 국내외 기업환경이다. ESG 정책이 확장 가능성은 있느냐는 화두는 다음과 같은 고민과 조건을 검토해야 한다.

첫 번째는 대기업의 공급망 실사 관리 파악이다. 대기업 등 다국적기업의 ESG 대응은 신속하다. 자금 유입, 생산 판매 등 기업의 이익과 맞물려 있어서 당연한 순서다. 문제는 공급망 실사라는 추가적 요구조건이 등장했다. 대기업 또는 수출기업에 납품하는 기업들의 ESG 현황을 제출하라는 압박이 시작된 것이다. 하도급을 준 중견 · 중소기업의 재화 및 서비스는 별도로 보지 않고 원청기업과 동일시하는 것이다. 이런 상황에서 원청회사는 하청기업에 ESG 시스템을 갖추라는 압력을 가하고 있다. 조건에 응하지 않으면 거래를 단절하겠다는 신호를 보낸다. 중소기업에는 이중 삼중의 고난이 시작되는 상황이다.

두 번째는 중견 · 중소기업의 인식과 준비 여력의 판단이다. 중견기업의 경우는 어느 정도 대비를 하고 있다. 중소기업 중에서도 자금의 여력이 있는 기업은 상대적으로 가능함을 내보인다. 그러나 대부분 중소기업의 경우 ESG 준비에 손을 놓고 있다. 잘 모르기도 하고, 자금 부담도 되고, 어떻게 대응해야 하는지 갈팡질팡하고 있다. 필요성은 느끼지만 발을 내딛기 어려운 형국이다.

세 번째는 정부 등 공공 부문의 인지와 책임감 부여다. 행정이 앞장서서 선도해야 하는 상황임에도 불구하고 정작 본인들은 관리 감독 수준에서 멈추려고 한다. 정부가 모범을 보여야 산하기관도 민간기업도 적극적인 호응을 한다. 국가적 위기이고 경제적 위기라는 인식을 둬야 한다. 이런 맥락에서 대통령실을 중심으로 중앙부처 및 지방정부가 ESG 전도사가 되어야 한다. 이런 정도의 적극성을 보여야만 현재의 파고를 넘을 수 있을 것이다. 입으로는 떠들고 행동은 하지 않는 관망의 자세를 보이는 책임감 없는 행정의 이미지를 보여서는 안 된다.

네 번째는 공공기관 경영평가를 위한 그린워싱(위장환경주의)의 방지다. 현장에서는 ESG 정책이 음식 맛을 더하기 위해 뿌려대는 인공감미료 MSG와 유사한 것이 아니냐는 비판이 많다. 기금투자기관, 은행 등 기업에 투자하여 막대한 이익을 챙기는 이들에게 자본주의 기업 사냥꾼이라는 비난이 일고 있다. 석탄 채굴, 탄소 과다 배출, 인권이 무시된 노동현장, 사주의 갑질로 얼룩진 기업에 막대한 자금을 투자하는 현실에 비판이 많다. 이러한 소비자의 구매변화 분위기를 역이용하는 것은 아니냐는 비아냥거림이 있다. 그래서 환경을 준수하고 인권과 안전을 중시하고, 사회에 공헌하며 투명한 경영을 하는 기업에 우선 투자한다는 이미지 변색을 위한 꼼수라는 의구심도 많아졌다. 화학조미료를 뿌려대는 외견상 멋진 투자로 비치면 안 된다. 진정성 있는 기업들에 더욱 많은 관심과 지원을 두기를 희망하고 있다.

다섯 번째는 국민적 공감대 형성과 참여 노력 견인이다. 정권이 바뀌면 여러 가지 새로운 정책 키워드가 제시된다. 하지만 성공한 정책이 있느냐를 보면 마땅히 떠오르지 않는다. 1997년 IMF 외환위기, 2008년 금융위기 등을 헤쳐 나가기 위한 정책들이 있었지만, 역기능적 현상으로 고통을 받는 경우도 발생했기 때문이다. 일례로 국민의 고통 속에 긴축재정과 구조조정으로 외환위기를 넘겼다. 하지만 그런 과정에 신용카드 남용은 외화 보유고를 늘리기 위한 수단으로 전락하면서 수많은 신용불량자를 양산했다는 비판 등이다. 국민과 공감대 없이 하향식으로 정책이 던져질 때는 참여도가 높지 않다. 정보가 부족한 상태에서 무슨 판단을 할 수 있겠는가. 정부 정책을 공감할 수 있는 환경이 조성되지 못했기 때문이다. 공급자조차도 실천하지 않는 정책이 현장에서 수용력이 높지 않게 나타나는 것은 자명한 일이다. 세밀한 홍보와 시민들과 함께 참여하는 적극성을 보여야 한다.

7개 중앙부처와 대기업 중심 단체 또는 민간인이 참여하는 ESG 민관협의회가 출범했다. 2022년 말에 출발을 알렸고, 2023년 3월에 제1회 회의가 개최되었다. 회의 안건은 2021년 발표한 ESG 정책의 고도화를 위한 정책 결정을 논의하는 자리였다. 중소기업 등 현장의 어려움은 이해된다는 수준으로 보였다. 그다음에 무엇을 어떤 방식으로 구체적으로 진행해야 하는 방법론은 보이지 않는다. 부처가 내놓은 자료에 매몰되는 상황만 연출된 느낌이다. 형식적으로 진행하는 또 다른 그린워싱으로 비칠 수 있다는 지적이 일고 있다.

기업의 이미지, 지속할 수 있는 수단

기업을 평가할 때 기존의 전통적으로 이용하던 방식은 기업들이 자금을 유치하기 위한 목적으로 주로 사용되었다. 또한 은행 등 금융권에서 대출받기 위한 기준으로 활용되었다. 기금운용 기관은 투자자에게 은행 등은 주주들에게 투자 판단 자료로 제공하기 위해 평가를 했다. 이러한 방식은 피투자자 기업의 이익 창출 여부에 따라 투자금을 회수하는 단위가 달라지기 때문이다.

투자한 기업이 부도가 나서 원금을 회수 못 하는 경우도 비일비재하다. 이런 상황에서 외부 평가는 현재의 매출액과 향후 매출액을 가늠할 수 있는 기업환경이 중요하다. 당연히 재무적 내용 중심으로 확인하게 된다. 수치가 중요한 정량 측정방식 중심으로 평가하게 된다. 기업진단 평가 결과에 따라 투자금 액수 등 조건이 달라지기 때문이다. 기업으로서는 매출액, 당기순이익, 부채비율 등 수치에 목을 매게 된다. 이러한 방식으로 기업의 매출을 최대한 끌어올리는 방식으로 기업을 평가하고 투자를 유치했다. 하지만 이제는 해당 기업 CEO의 갑질 문제 등 기업의 이미지를 판단하는 시대가 도래했다.

〈표 1-1〉 기업 투자를 위한 평가 방식의 전환

기업 평가 (전통 방식)		기업 평가 (ESG 방식)
자금 유치하기 위한 수단, 대출하기 위한 기준		재무적 평가 + 비재무적 평가 도입
투자자(주주 등) 투자 판단 자료 제공	▷	기업 이미지 중요, 경영 수단 소비자 고려
기업 운명은 이익 창출 여부에 따라 결정		환경 고려 + 인권 존중 + 투명 공개(ESG)
재무적(정량적) 평가 = 정량 측정방식		비재무적(비정량적) 평가 = 정성 측정방식

연금 등 기금 운용기관, 은행 등 투자기업의 처지에서는 기존 평가 방식에서 한 단계 업그레이드된 평가 방식을 요구하고 있다. 이를 ESG를 통해 구현하고 있는 것으로 볼 수 있다. 최근 소비자의 구매 경향은 기업의 이미지를 중요시하고 있다는 점이다. 선한 기업으로 인식되면 구매 인증사진을 올려주거나 불량기업으로 낙인되면 불매운동을 펼치는 방식이다.

ESG 방식은 기존 재무적 평가를 기본으로 그동안 도외시했거나 상대적으로 외면했던 비재무적 또는 비정량적 평가를 추구한 것이다. ESG 평가 항목이 정성적 측정(비정량적)에만 집중된 것은 아니다. 이사회 성별 비율, 참여 횟수 등 정량적 항목이 많다. 여기에 ESG위원회 설치 여부는 가부로 판단할 수 있다. 회의 안건 내용이 형식적인지도 검토 대상이다. 세부적인 내용에 대해 실질적인 권한을 가지고 의사결정을 하는 것인지의 판단은 다분히 정성적 평가 비중이 크다고 할 수 있다.

소비자인 고객에게 보이는 기업의 이미지에 따라 기업의 매출과 투자금의 규모가 달라진다. 잘나가던 기업의 임직원 또는 사주 가족의 일탈행위 등으로 비난받으면 매출 하락은 기본이다. 때에 따라서는 다시 일어서기 힘들 정도의 타격을 입을 수도 있다. 소비자의 의중과 인식을 고려해 가면서 기업경영을 해야 하는 시대에 진입했다. 기업으로서는 효율적 경영이 쉽지 않은 긴급 상황이다.

반면 기업으로서 ESG는 경영 수단으로 활용 가치가 충분하다. 진정성 있게 고민하고 도입하고 실행하려는 노력이 필요하다. 부가적으로 얻어지는 이익이 많은 효용성 있는 정책이다. 환경, 사회, 지배구조 측정에 있어 정량적 수치를 확인하는 방법도 기본이다. 근원적으로는 저탄소 실현을 위한 노력의 정도, 양성평등 등 인권 보호를 위한 시스템 운영, 이사회 논의 안건 및 노동이사 도입 등 질적 차원의 내용을 다룬다. 정량보다는 정성 측정방식에 무게를 두고 있다고 해도 과언이 아니다.

국회에서는 국민연금 등 기금 운용기관의 기금이 이익 창출에만 몰두한 기업에 편중되어 있다는 지적을 하고 있다. 국민의 세금으로 형성된 기금을 석탄을 채굴하거나, 전쟁 무기를 제작하는 기업을 대상으로 투자하는 것에 반대하는 분위기가 많다. 지난 10여 년 동안 기금운용의 투명성에 대한 개선 요구가 많았다. 그런데도 기금운용 기관들의 답변은 한결같다. 노력하고 있고 줄여가고 있고 검토하고 있다는 답변이 반복적으로 이어진다.

환경만 생각하는 기업에 투자하는 것보다 석탄 생산, 전쟁 무기 생산 등의 업종이 투자이익이 크다는 현실을 이야기한다. 비윤리적이라고 생각되는 투자처의 투자 비중을 조금씩 줄여 나가는 정책을 구현하고 있다고 항변한다. 투자이익이 발생하지 않아 기금운용이 문제가 된다면 당신이 책임질 것이냐는 분위기를 형성한다. 투자 리스크가 큰 기업일수록 투자금 이익률이 높다는 점을 알리면서 역으로 압박을 가하는 모습이 나타나기도 한다.

ESG 평가를 통해 선한 영향력 있는 투자를 하고 있다는 투자기관의 처지에서는 시대요구에 부응하고 있다고 주장한다. 다소 환경에 피해를 주거나 해당 기업의 일탈행위가 적발되어도, 전쟁 무기 생산 등 비인도적 차원의 기업에 투자는 투자전략의 일환이라고 말한다. 그렇지만 물불 안 가리고 기업 이익에만 매몰되어 비난받는 기업은 소수다. ESG를 잘 실행하는 기업에 투자를 확대하고 있다고 홍보한다. 무분별한 투자가 아닌 시대정신에 부합하는 소위 '폼이 나는 투자'를 선도하고 있다고 말한다. 그 증거가 ESG 평가라고 주장하는 형국이다.

자본주의 4.0과 ESG 등장

코로나19 팬데믹은 국내뿐만 아니라 세계적으로 사회 양극화 문제와 기후위기 심각성을 인식시키는 계기가 되었다. 특히 기업을 중심으로 발이 빠른 대응이 쏟아졌다. 국제지속가능성표준위원회(ISBS) ESG 공시 국제표준화, 유럽연합(EU) 유럽 지속가능성 보고기준(ESRS)[1] 적용, 미국 증권거래위원회(SEC) 상장기업 기후공시 의무화 등 글로벌 ESG 공시 규율이 강화된 것이다. 이처럼 국제기구와 EU 등을 중심으로 글로벌 ESG가 확산하고 있다.

유럽연합은 EU 내 수입업자에 제품생산 과정에 배출되는 탄소량에 상응하는 배출권 구매 등 경제적 부담을 부과하는 탄소 국경조정제도(CBAM)의 실

1 European Sustainability Reporting Standards: 일정 규모 이상의 EU 기업과 외국기업에 ESG 공시 의무화 및 ESG 공시기준을 제시했다.

시를 앞두고 있다. 또한 EU 내 기업 또는 거래기업 공급망에 포함된 모든 협력사에 환경, 인권 등 ESG 관련 리스크를 조사하여 필요한 조치를 할 수 있도록 채근하고 있다. 공급망 실사 제도 도입을 통해 EU 수출 · 협력기업에 온실가스 감축 · ESG 경영 등의 부담을 부과할 예정이다.

ESG는 영업이익 등 재무적 요인을 판단하여 투자 결정을 했던 기존 금융권이 재무적 요인 이외 비재무적 경영내용을 포함해 검토하는 배경하에 탄생한 투자 가치판단 체크리스트로 볼 수 있다. ESG 용어는 2004년 UN 글로벌 콤팩트(UNGC)가 발표한 'Who Cares Win'이라는 보고서에서 공식적으로 처음 사용되었다. 이후 ESG는 유비쿼터스(Ubiquitous) 개념이 되어 모든 산업에 영향을 미쳤다.

2006년 국제 투자기관 연합인 UN PRI[2]가 금융 투자 원칙으로 ESG를 강조하면서 기업경영에서 강조되는 ESG 프레임워크의 토대를 마련했다. 이후 다국적 대기업 · 자산운용사 등 민간 중심으로 ESG 경영 · 투자가 확산되고 있다. 전 세계적으로 코로나19 팬데믹(감염병의 대유행 상황)을 통해 지구인이 공중보건에 대한 인식전환, 기후변화에 따른 지구생태계 변화를 겪게 되었다. 이러한 과정에서 ESG 이슈에 관심을 기울이기 시작했다. 2020년 최대 자산운용사인 블랙록(BlackRock)의 래리 핑크(Laurence Fink) 회장이 기업의 투자의사 결정 시 비재무적 요소인 ESG를 중요시하겠다는 발표 이후 ESG가 부각되었다.

2 PRI(Principles for Responsible Investment): 글로벌 금융사들이 투자의사 결정 시 재무적 분석 외에 ESG 이슈를 고려하기로 합의했다

〈표 1-2〉 지속 가능한 발전과 ESG 등장 배경

연도	ESG 등장 연혁 및 배경 내용
1987년	UNEP · WCED, 브룬트란트 보고서 발간: 지속 가능한 발전을 전 세계적 의제로 제시
2004년	UNGC, 'WHO Cares Win' 보고서 발표: ESG 용어 공식적으로 처음 사용
2006년	UN PRI(책임투자원칙): ESG를 투자 결정과 자산 운용에 고려한다는 원칙 발표
2009년	국제 금융 위기 이후 자본주의 4.0 논의 본격화
2019년	이해관계자 자본주의 논의 본격화 코로나19 사태를 겪으면서 기후변화, 공중보건, 환경보호 등 ESG 이슈 관심 증가
2020년	자산운용사 BlackRock: 투자의사 결정에 있어 ESG 중요성 강조

자료: 한국거래소.[3]

1987년에 유엔환경계획(UNEP: United Nations Environment Programme), 세계환경개발위원회(WCED: World Commission on Environment and Development) 브룬트란트 보고서를 발간했는데 지속 가능한 발전을 전 세계적 의제로 제시했다. 2004년에는 유엔글로벌콤팩트(UN Global Compact), 세계 최대의 자발적 기업시민 이니셔티브, 'WHO Cares Win' 보고서에서 ESG 용어를 공식적으로 처음 사용하는 보고서를 발표했다.

그로부터 2년 뒤인 2006년에는 책임투자원칙(UN PRI: United Nations Principles of Responsible Investment), ESG를 투자 결정과 자산 운용에 고려한다는 원칙을 발표했다. 기금운용을 하는 기관들에 ESG가 투자의 기본원칙으로 했으면 한다는 권고를 한 것이다. 2008년에 미국발 금융위기가 발생하면서 전 세계의 경제가 흔들렸고, 자본주의 4.0 논의가 본격화되었다. 자본주의 4.0은

3 한국거래소, https://esg.krx.co.kr/contents/01/01010200/ESG 01010200.jsp

2009년에 새로운 자본주의에 대한 요구 시스템으로 기존의 기업 중심의 방식에서 공공 부문과 민간 부문의 적절한 혼합 방식이다.

2019년 하반기부터 코로나19 사태를 겪으면서 전 세계가 공감했던 부분이 있다. 공중보건에 대한 청결함, 청결하지 못해서 나타난 여러 가지 질병 등으로 기후변화, 환경보호, 인권 존중, 투명한 정보공개 등 ESG 이슈 관심이 증가하였다. 이해관계자 자본주의 논의가 본격화된 것이다. 전 세계가, 인류가 멸망할 수도, 사라질 수도 있다는 위기감을 느꼈다. 코로나 시기에 공장 가동을 못 하다 보니까 갑자기 어느 날 하늘이 깨끗해졌다든지, 미세먼지가 많이 사라졌다든지 등 지구 풍경에 새로운 모습들이 나타난 것이다.

역설적으로 코로나19가 지구를 잠시 쉬게 했다. 그러한 결과물이 자연스럽게 현재 방식의 지구경영은 문제가 있다는 것을 느끼는 계기가 된 것이다. 이는 환경보호학자, 시민단체, 정책결정자뿐만 아니라 전 세계 지구인들이 알게 모르게 공감하기 시작했다.

그로부터 ESG가 폭발적으로 증가한 것은 불과 2~3년에 불과하다. 글로벌 자산운용사인 블랙록(BlackRock)은 다국적기업의 주식 보유를 많이 하고 있다. 2020년 래리 핑크(Laurence Fink) 회장이 모든 다국적기업에 새로운 투자방식을 알리는 편지를 보내면서 ESG가 본격적으로 촉발되는 계기가 되었다. 블랙록이 소유하고 있는 기업의 주식은 애플, 마이크로소프트, 아마존, 구글 등은 물론이고 미국의 반도체 양대 산맥인 엔비디아와 브로드컴의 주식도 대량 보유하고 있다. 블랙록이 주식을 가진 주요 다국적기업은 다음과 같다. Apple, Microsoft, Amazon, Nvidia, Google, Tesla, UniteHealth Grouo, Meta,

Berkshire Hathaway, Johnson & Johnson, Exxon Mobil, iShares Core S&P 500, Visa, JPMorgan Chase & Co, Procter & Gamble Co, Mastercard, Home Depot, Eli Lilly And Co, Merck & Co, AbbVie, Chevron, Pepsi Co, Coca-Cola Co, Broadcom 등 다국적기업이 많다.

블랙록의 래리 핑크 회장은 투자의사 결정에 있어 ESG 중요성을 강조했다. 앞으로 투자하는 데에 이익만을 보는 기업에는 투자하지 않겠다고 선언했었다. ESG를 실행하지 않는 기업에는 주주총회에서 거부권을 행사했었다. 이 편지가 전 세계에 ESG 열풍을 불러일으킨 촉매제로 작용한 것이다.

그런데 불과 2년여 만에 래리 핑크 회장이 ESG 거부권 전략에서 한발 뒤로 물러나는 발언을 하기 시작했다. ESG를 악용하는 사례가 너무 많이 나타나고 있다는 지적을 했다. 다국적기업들의 경영에 문제가 심각하게 나타나는 부작용이 있으니, ESG가 최고의 방법이라고는 말하기 어렵다는 발언을 하기 시작했다. 이러한 내용을 보면서 ESG가 아닌 MSG가 아닌가, 투자운용사의 보이지 않은 장난질이 있었던 것은 아니냐는 의구심이 형성되고 있다. 생존하기 위한 폼 나는 투자방식이든 투자기업의 신 마케팅 전략이 되었든 ESG 경영은 거부할 수 없는 시대의 흐름이다.

정부의 ESG 인프라 고도화 방안

대한민국 정부는 2021년 8월 26일, 국내 기업의 ESG 대응력을 신속하게 향상하기 위한 ESG 인프라 확충방안을 발표했다. ESG 경영공시 활성화, 중소·중견기업 ESG 역량 강화, 공공기관 ESG 경영, ESG 채권·펀드 활성화, 시장

자율규율체계, 공공 부문 ESG 투자, ESG 정보 플랫폼 구축이다. EU를 중심으로 탄소국경세, 공급망 실사 등 ESG 환경이 급변하자, 정부는 2022년 12월 28일, ESG 인프라 확충방안을 구체화하는 ESG 인프라 고도화 방안을 발표했다.

〈표 1-3〉 ESG 인프라 고도화 방안

구분	항목	세부 내용
ESG 공시제도 정비	ESG 공시 국제표준화 논의 참여	국내 기업 ESG 경영의 투명성과 비교 가능성 제고
	각 부처 정보공개제도[4] 항목 연계	명칭 일원화, 의무 이행 간주 등 기업 부담 완화
중소·중견기업 지원	교육, 컨설팅 확대, 인센티브 제공 등 ESG 경영 전환 지원	사내 전문가 육성, 안전 보건 관리 체계 구축, 고용환경 개선
	EU 공급망 실사 대응, ESG 대응력 향상 추진	다국적 기업의 협력사 및 수출 중소·중견기업 대상
ESG 투자 활성화	녹색분류체계 개정, 가이드라인 반영, 사회적 채권 가이드라인 마련	투자 활성화를 위해 파리기후협약 지수 개발 등 ESG 지수 다양화
	ESG 평가기관 가이던스 마련	정보공개, 내부통제 등 자율 준수 기준 통한 ESG 평가 추진
ESG 정보·인력지원 체계 구축	ESG 정보 플랫폼 구축	ESG 경영지원 플랫폼, 투자플랫폼, 환경정보공개시스템 등 연계
	특성화 대학원, 지역거점 대학원 ESG 전문인력 양성	ESG 교육과정 개설, 장기 학위과정 개설 검토

4 공시제도는 지속가능경영보고서, 기업지배구조보고서로 구분하며, 공개제도는 환경정보공개제도, 고용 형태 현황공시제도, 기업집단 현황공시제도 등으로 불린다.

구분	항목	세부 내용
공공 부문 ESG 경영 및 투자 선도	공공기관 ESG 경영 역량 강화	ESG 위원회 구성, ESG 공시항목 확대
	정책금융기관의 ESG 금융지원 확대	산업은행 탄소 넷제로 탄소스프레드 프로그램 운영
ESG 정책 추진체계	ESG 협의회 설치	부처 간 소통창구로서의 기능 수행
	ESG 인프라 고도화 방안 실적 점검 및 정책 추진	기재부, 산업부, 환경부, 중기부, 고용부, 행안부, 금융위, 공정위

정부가 발표한 ESG 인프라 고도화 방안의 주요 내용은 다음과 같이 정리된다. 첫째, ESG 공시제도 정비는 국내 기업 ESG 경영의 투명성과 비교 가능성을 제고한 ESG 공시 국제표준화 논의에 참여한다. 각 부처의 정보공개제도 항목을 연계하여 명칭의 일원화를 도모하고 의무 이행 간주 등 기업의 부담을 완화한다. 국제표준화에 부처마다 공개하는 방식을 일원화해서 공시제도를 정비한다.

둘째, 중소·중견기업 지원이 가장 중요하다. 생태계를 조성하는지는 모르겠지만 ESG 전문가를 육성하는 정부가 최소한 교육 및 컨설팅 정도의 지원은 고민하고 진행하고 있다. 인센티브까지는 바라지 않지만, ESG가 무엇인지에 대한 교육과 지원, 대응하기 위한 인력이 필요하다. ESG 컨설턴트를 투입해서 지원하는 부분이다. 중소·중견기업 지원은 기업의 ESG 사내 전문가를 육성하고 안전 보건 관리체계를 구축한다. 고용환경을 개선하기 위해 교육과 컨설팅을 확대하고 인센티브 제공 등 ESG 경영 전환을 지원한다. 또한 다국적기업의 협력사 및 수출하는 중견·중소기업을 대상으로 EU 공급망 실사에 대응하고 ESG 대응력 향상을 추진한다.

셋째, 투자 활성화를 위한 다양한 방식의 평가 방식이 수백 가지라 고민이 많다. 사회적경제도 사회적 가치지표(SVI: Social Value Index), 사회성과 인센티브(SPC: Social Progress Credits) 등 다양한 평가 측정방식이 있다. K-ESG 가이드를 시작으로 ESG 지수 등 다양한 지표들이 생성되고 있다. ESG 투자 활성화는 녹색분류체계를 개정하고 사회적 채권 가이드라인을 마련한다. 기업의 투자 활성화를 위한 파리기후협약 지수[5]를 개발하는 등 ESG 지수를 다양화한다. 또한 ESG 평가기관의 가이던스를 마련하여 정보공개, 내부통제 등 자율 준수 기준을 통한 ESG 평가를 추진한다.

넷째, ESG 정보 · 인력지원 체계 구축은 ESG 경영지원 플랫폼, 투자플랫폼, 환경정보공개시스템 등을 연계하여 ESG 정보 플랫폼을 구축한다. 또한 ESG 교육과정을 개설하고, 장기 학위과정 개설을 검토하는 등 특성화 대학원, 지역거점 대학원을 설립하여 ESG 전문인력을 양성한다. 유심히 지켜봐야 할 부분은 지난 정부에서도 사회적경제 대학원을 운영했던 것처럼 현 정부는 ESG 대학원을 추진하고 있다. 지역거점 ESG 대학원을 양성할 계획이다.

다섯째, 공공 부문 ESG 경영 및 투자 선도는 ESG 관련 위원회를 구성하고 ESG 공시항목을 확대하는 등 공공기관 ESG 경영역량을 강화한다. 또한 산업은행 탄소 넷제로, 탄소스프레드 프로그램 운영 등 정책금융기관의 ESG 금융 지원을 확대한다.

여섯째, ESG 정책 추진체계는 ESG 협의회를 설치하여 부처 간 소통창구의

5 파리협약기후지수(Paris Aligned Benchmark Regulation), 모지수(예: KOSPI 200) 구성기업의 파리기후협약 관련 규정 이행에 대한 기여도에 따라 가중치를 부여하여 산출한다.

기능을 수행한다. 기재부, 산업부, 환경부, 중기부, 고용부, 행안부, 금융위, 공정위 등 ESG 인프라 고도화 방안 실적을 점검하고 정책을 추진한다. 중앙부처의 ESG 협의회 및 각 기관의 ESG 위원회 운영에 대해서는 구체적인 운영계획이 수립되고 진행되어야 한다. ESG 협의회의 경우 기재부 등 7개 부처만의 문제가 아니고 전 부처의 협업이 필요한 상황이다. 기업과 이해관계에 있는 부처만 모여 머리를 맞댄다고 해서 해결될 ESG 정책환경이 아니다. 특히 중앙부처 및 지방정부는 실행단계에 있어 소극적인 자세를 취하고 산하기관이나 기업만을 대상으로 하는 점은 개선이 필요하다.

지방정부 ESG 조례 제정 선도적 역할

2023년 7월 말 기준으로 ESG 관련 법률은 없다. 지방정부에서는 29개의 조례가 제정되었고, 전라남도교육청이 1개의 조례 제정을 통해 시행하고 있다. 해당 조례는 대부분 관내 기업과 산하기관의 ESG 실천과 직 · 간접 지원에 관련된 내용이다. 구체적인 내용보다는 형식과 구색을 갖춘 수준에 머물고 있다. 일부 조례의 경우는 조례 한 건 제정했다는 생색내기 또는 홍보용으로 보인다. 무관심은 아니겠지만 ESG에 대한 이해도가 높지 않은 현실이 그대로 조례 내용에 담겨 있다. 일례로 대부분 ESG 위원회 설치에 관한 내용이 부족하다.

전국 지방정부 243개 광역시도와 기초 시 · 군 · 구의 ESG 관련 조례 제정 상황이다. 29개가 되는 조례 제정 상태를 보면 17개 광역시도 중 12곳이 제정되어 있고, 서울특별시, 인천광역시, 제주특별자치도, 대전광역시, 세종특별자치시 등 5곳은 미제정 상태다.

통상 모든 조례 제정에 있어 서울특별시의 경우 가장 빠르게 움직였던 전례를 생각하면 ESG 조례 관련은 의외라는 이야기가 나온다. 서울시의회 회의록을 살펴봐도 본격적인 논의는 보이지 않는다. 서울 도심에 기업의 생산공장 등이 없어 ESG와 무관하다고 인식하고 있는지, 관심 부족인지 추이를 봐야 할 것으로 보인다. 최근 사회적경제, 마을공동체, 도시재생 등 지난 정부에서 활성화되었던 정책사업들 사이에 'ESG 사회적경제'라는 단어가 등장하는 것에 대해 부정적 기류가 있다는 소문만 무성한 상황이다. ESG 정책에 대한 정확한 정보 전달과 공유, 구체적인 학습 등이 필요해 보인다.

인천광역시의 경우는 수출기업, 다국적기업, 제조 · 생산설비 등이 많은 환경이라 당연히 ESG 조례 제정이 이루어지는 것으로 인식했다. 제주특별자치도는 관광산업을 중심으로, 대전광역시는 연구단지를 중심으로, 세종특별자치시는 정부 청사나 공공기관을 중심으로 실천한 ESG 내용이 많다.

경상북도는 기업 대상 ESG 조례 제정에 이어 공공기관을 대상으로 한 별도의 ESG 조례를 제정했다. ESG 관련 대상이 기업이냐, 도 산하 지방공기업 및 출자 · 출연기관이냐의 차이다. 기존 기업을 대상으로 하는 조례에 추가로 공공기관을 포함하는 조례 개정을 하지 않고 별도의 조례 제정을 한 사례다. 교육청 중에는 전라남도교육청이 유일하게 ESG 조례를 제정했다. 지방정부 ESG 조례보다는 현실적이고 구체적인 내용을 포함하고 있다는 평가를 받고 있다.

2023년 7월 말 기준으로 226개 기초 시 · 군 · 구 중 16곳(7.1%)이 ESG 조례 제정을 마쳤다. 서울특별시 25개 자치구 중 강남, 동작, 금천, 관악, 금천 등 5개 자치구가 ESG 조례를 제정했다. 이런 흐름이라면 머지않은 시간에 모든 자치구가 조례 제정이 이루어질 것으로 예상된다. 하지만 현실은 서울특별시가 ESG 관련 조례에 소극적인 분위기를 보이는 것처럼 일부 자치구도 유사한 상황들이 많이 보인다. 우리 구는 기업이 없어서, 소비가 중심인 지역이라서, 대기업은 없고 영세기업만 있어서 등 ESG와 관련된 기업이 존재하느냐 여부에 따른 관심도 차이로 나타나고 있다. ESG가 기업의 투자를 결정하는 지표로 활용되고, 자금을 받는 자료로 대응하는 관점에서 기인한 결과다.

광역시도의 조례는 ESG 관련 키워드가 다양하다. 핵심 내용을 살펴보면 ESG 활성화, ESG 지원, ESG 확산 등 정책목표를 어디에 두고 있는지를 알 수 있다. 반면 기초 시 · 군 · 구의 ESG 조례 키워드는 대부분 ESG 경영 활성화로 되어 있다. 조례 제목만 보면 대동소이한 분위기다. 이전에 조례 제정을 한 기초 시 · 군 · 구의 ESG 조례 내용을 그대로 옮겨온 듯한 복사 수준의 느낌이다. 그나마 서울시 동작구가 특이하게 사회적경제에 관해서 내용을 포함했다. 지방정부 소재지인 지역 환경에 부합하는 특성과 개성을 살리는 ESG 조례가 제정되었으면 하는 바람이다.

지방정부 ESG 역할과 기능

ESG 정착과 발전을 위해서 지방정부가 어떤 역할을 해야 하는가? 무엇을 준비하고 대응해야 하는가? 지역마다 정치, 경제, 사회, 문화적 차이가 나타나지만, 공통으로 4가지 관점에서 고려할 필요가 있다.

첫 번째는 대한민국 ESG 선도 역할과 가이드를 제시해야 한다. 기존의 기업 중심에서 중앙부처를 포함한 지방정부, 공공기관 등 공무원이 중심이 되어야 한다. 공급자 역할이 필요하다. 중앙부처의 경우 7개 부처와 민간 전문가들이 모여 ESG 민관협의회를 구성하고 안건에 대한 논의를 시작했다. 거시적 담론 차원의 내용과 기업 중심의 ESG 정책을 구현하는 방향에 초점이 맞춰져 있다. 지방정부의 경우 조금 더 구체적이고 실행할 수 있는 정책 마련이 필요하다. 현재는 기업의 ESG 실천을 위한 방법론에 중심을 두고 있다면 지방정부 자체의 ESG 실행전략을 준비해야 한다.

지속가능발전기본계획 수립을 하는 것처럼 ESG 기본계획 및 실천 계획, 평가지표 수립 등 기본적인 매뉴얼부터 시작해야 한다. 위 계획과 평가지표 등은 기업만을 대상으로 하지 말고, 민간 부문(기업)과 공공 부문(지방정부 및 산하기관) 양 날개가 모두 준비되어야 한다. 일부 지방정부에서는 지속 가능한 발전 조례를 ESG 조례로 인식하거나 대체하려는 모습을 보이기도 한다. 하지만 "경제, 사회, 환경의 균형과 조화를 통하여 지속 가능한 경제 성장, 포용적 사회 및 기후환경 위기 극복을 추구함으로써 현재 세대는 물론 미래 세대가 더 나은 삶을 누릴 수 있도록 하고 국가와 지방 나아가 인류사회의 지속가능발전을 실현하는 것을 목적"으로 하는 「지속가능발전 기본법」의 SDGs(지속가능발전목표)와 다르다는 것을 인지해야 할 것이다.

SDGs가 지속 가능한 국가 발전을 위한 거대한 담론이라면 ESG는 환경, 사회 그리고 기업과 공공조직의 지배구조의 투명성을 강조하는 세부적 실천 전략이라 할 수 있다. SDGs가 지속할 수 있는 경제 성장을 핵심적으로 이야기한다면 ESG는 지배구조(G)가 핵심이다. ESG는 양적 경제 방식을 논하는 것이 아니다. 비재무적, 비정량적 평가체계다. 기업과 공공기관에서 가장 실천하기 어려운 분야라 할 수 있다. 경영권과 인사권을 장악하고 있는 최고 의사결정자의 결심이 중요하기 때문이다. 조직 전체의 공감대가 형성되지 않으면 실행하기 어렵다.

두 번째는 국민적 공감대 형성을 위한 견인 차원의 홍보전략이 구체적이어야 한다. 지방정부 입장에서 기업 스스로 생존하려면 ESG를 도입해야 하는 것 아니냐 하는 태도는 지양해야 한다. ESG를 강 건너 불구경하듯이 하는 자세는 위험하다. 무엇보다도 선제 대응이 절실하다. 미래 세대는 최악의 환경조건에서 몸살을 앓고 병들어 있는 지구촌에서 어렵게 살아갈 가능성이 높다. ESG 실천 전략을 통해 상생하는 공동체를 만들고 협력과 합의를 통해 위기를 극복해야 한다. 그러기 위해서 지방정부는 ESG가 무엇이고, 기업만의 일이 아닌 공공부문을 포함해 시민 전체가 참여해야 하는 당위성을 설명해야 한다. 최소한 기본계획과 홍보전략이라도 세워야 한다.

세 번째로 중소기업 ESG 참여를 위해 마중물 수준의 정책 지원이 이뤄져야 한다. 기업의 입찰 과정에서 ESG를 체크 항목으로 또는 가산점으로 규정하여 진행하는 방식은 지양해야 한다. ESG 정책이 자칫 기업으로서는 새로운 규제로 받아들일 수 있다. 기업이 규제로 인식하지 않고 규제가 아닌 공생과 공존을 위한 선택 사항이 아닌 점을 설명해야 한다. 필수적이며 의무적으로 준비해야 하는 내용임을 인식할 수 있도록 지원해야 한다. 소위 ESG 생태계를 조성해야 한다.

네 번째는 조례가 없이는 지방정부 행정이 움직이지 않는다. 2023년 7월 말 기준 지방정부의 ESG는 총 29개의 조례가 제정되었다. 전남교육청을 포함하면 30개다. 조례를 제정하는 과정에서 의회 심사도 필요하고 전문가 검토도 거치고, 집행부와의 질의와 토론 등을 통해 결과물을 도출한다. 자연스럽게 ESG 관련한 정보가 상호 공유되고 학습하게 된다. 초기에는 타 지방정부의 조례를 비교 검토하고 최소한의 내용만 담을 가능성이 농후하다. 실제로 제정된 조례를 살펴봐도 구체적 실행계획까지 포함된 곳을 찾아보기 어려울 정도다.

지방정부와 지방의회의 협치는 필수다. 지방정부와 지방의회의 협력이 그 어느 때보다 절실하다. 현재는 지방정부는 물론 지방의회가 ESG에 대해 집중적으로 관심을 기울이지 못하는 분위기다. 2022년 7월 15일 시행된 '지속가능발전 기본법'을 토대로 지속가능발전 기본조례는 170개로 집계되었다. 전체 지방정부의 약 70%가 기본조례를 제정한 것이다. 2022년도와 2023년 상반기에 집중적으로 조례 제정이 이루어진 상황에서 지속가능발전 조례에 담긴 내용을 소화하기도 벅찬 행정 현장 분위기다. 이런 환경에서 ESG 조례를 논하고 제정하기에 다소 어려움이 있을 것으로 판단되지만 주저할 일이 아니다. ESG 조례는 관내에 소재한 중소기업의 생존을 위해서라도 행정이 선제적으로 대응을 해야 할 영역이다. 중요함은 물론 시급함을 요하는 ESG 조례라 할 수 있다.

〈표 1-4〉 ESG 행정 및 지방정부의 역할

대한민국 ESG 선도역할과 가이드 제시	≫	기업 중심에서 공공기관의 기능과 역할 증대
국민적 공감대 형성하기 위한 홍보 및 견인		강 건너 불구경하는 태도 지양, 선제 대응
중소기업 ESG 참여 마중물 정책 지원		규제 아닌 공생 공존 위한 설득과 생태계 조성
지방정부와 지방의회 협치 필수		조례, 현장 체감 높은 읍면동 일선 행정 구현

ESG 공생 공존의 가치 추구

ESG가 추구하는 목표는 무엇인가? 어떤 방향으로 결정되어야 하고 집행되고, 평가받아야 하는가? 중소기업이 ESG 시스템을 준비할 수 있도록 행정이 도와주면 정책 미션 성공인가? 수많은 기업의 ESG 대응을 위한 자금 마련은 준비되어 있는가? 민간기업 특성상 지배적 권력을 가지고 있는 대주주가 내부 상황이 다 드러나는 투명경영을 실행할 마음이 있는가? 공공기관은 경영평가를 받기 위해 준비를 하겠지만, 중앙부처 및 지방정부 산하기관으로서 독립적 운영을 할 수 있는 지배구조(G) 실현이 가능한가? 중앙부처와 지방정부는 ESG 정책에 있어 치외법권 영역처럼 지시와 관리만 하고 실행은 생각하지 않는 태도를 언제까지 유지할 것인가?

EU, 미국 등 외국에 수출하는 기업은 그들 국가가 요구하는 ESG 가이드라인 준수를 위해 대비해야 한다. 이런 수준의 인식을 가진 사람들이 많다. 이는 대기업의 문제이고, 그들 기업이 자금을 받기 위해 수출을 하기 위해 스스로 준비해야 할 영역이라 치부하고 있는지도 모르겠다. 하지만 기업 자체의 ESG 이외, 공급망 관리(SCM: Supply Chain Management) 실사를 하겠다는 요구가 이어지면서 초미의 관심을 가지게 되었다. 공급망 관리는 기업경영에 있어서 원자재 공급부터 최종 단계인 소비자에게 제품을 배송하는 단계까지 포함한다. 재화 및 서비스와 관련된 상품이나 관련 데이터 및 재정의 흐름을 관리하는 것을 말한다. 즉 원자재를 완제품으로 전환해 고객의 손에 전달하는 모든 활동을 포함한다.

글로벌 사회가 도래하면서 경제, 무역, 환경 동향의 변화는 많은 기업이 자국 생산보다는 해외 생산 의존도를 높이고 있다. 국내 대기업도 미국은 물론 동남아시아 여러 국가에 생산기지를 설립하고 제품을 생산하여 국내 역수출하는 예도 많다. 국내에 생산설비를 갖추고 제품을 공급하는 외국 다국적기업도 많다. 이런 다국적기업에 제품을 납품하는 국내 중견 · 중소기업의 경우 당장 발등에 불이 떨어진 형국이다. 생산은 한국에서 하지만 제품이 EU로 수출되는 상황에서 ESG 가이드라인 준수 여부를 조사하기 때문이다. 생산설비의 노동조건, 배송 차량의 연료 사용, 제품의 원산지는 물론 지속 가능성을 염두에 두고 기업 운영의 투명에 대한 요구가 증가하고 있다. 국내 대기업에 제품을 공급하는 중견 · 중소기업의 입장도 동일한 가이드라인을 준수해야 한다.

코로나19 기간에 이어진 전반적 경제침체가 엔데믹 상황에서도 그대로 영향을 미치고 있다. 이러한 어려운 환경에 ESG에 대응하기 위한 기업의 출혈은 또 다른 고통을 부여하고 있다는 비판을 받는다. 하지만 기업경영의 생존을 위해서는 피해서 갈 수 없는 현실이 존재한다. 기업의 왕성한 경영활동을 촉진하고 장려하기 위한 정부로서 당연히 ESG 관련 정책을 마련하고 지원해야 한다. 실제로도 다양한 고민 속에 대응 마련 정책을 쏟아내고 있지만 한계가 존재한다. 대기업 대비 여러 면에서 취약할 수밖에 없는 중소기업 중심의 ESG 정책 지원이 시급한 상황이다. 이렇게 ESG는 기업 중심의 정책으로 흘러왔고 그렇게 인식하고 있는 것이 지배적이다.

이러한 인식은 시장형 공기업 또는 지방공기업을 제외한 서비스 중심의 공공기관들의 적응 속도가 느리게 작동하고 있는 원인으로 작용하고 있다. 제품생산을 하지 않는 공공기관의 경우 무엇을 어떻게 준비하고 대응해야 하는지 감이 잡히지 않는다. 상황이 이러하다 보니 대통령실을 시작으로 중앙부처, 입법부, 사법부 등 중앙부처는 물론이고 지방정부의 시각도 다르지 않다. ESG를 기업경영의 새로운 촉진 활동으로 보는 시각에 멈춰서는 안 된다.

특히 민간 부문이나 공공 부문이나 공통으로 친환경적인 경영을 하고 있다는 이미지 위장을 유의해야 한다. 즉 그린워싱(greenwashing) 형태로 평가기관이나 소비자의 시선을 피하는 것은 국민을 기만하는 행위다. 공공서비스의 진정성을 훼손하는 일이라 할 수 있다. 민간기업 또는 공공기관의 환경(E)과 사회(S) 영역은 노력에 따라 달성도가 달라질 수 있다. 하지만 지배구조(G) 영역은 노력보다는 정책결정자의 의지와 결심이 가장 중요하다. 조직의 구성원 마음가짐이 필요하다. 함께 노력하여 개선하려는 공감대 형성이 절대적이다. 투명한 기관 운영이 전제되지 않으면 ESG를 통한 국가의 지속 가능성을 담보하기 어렵다.

대한민국의 경제 규모는 2020년까지 10위권을 유지했다. 2005년부터 12위를 벗어난 적이 없었다. 2022년은 13위로 전락했지만 10위권 내외 수준을 유지하고 있다는 경제 선진국으로서의 규모는 유지하고 있다. 그러나 경제협력개발기구(OECD: Organization for Economic Cooperation and Development) 29번째 회원국으로서의 경제적 위상을 드높이는 것과 달리 부정부패에 대해서는 상대적으로 중위권을 맴돌고 있다. 국제투명성기구(TI: Transparency International)가 매년 발표하는 국가별 부패지수(CPI: Corruption Perceptions Index)를 보면 2022년 한국은 조사대상국 180개 중 31위를 차지했다. 한국투명성기구의 설명에 따르면 "공직사회와 관련한 지표들이 하락하였고, 개선돼 가던 경제활동과 관련한 지표들이 하락으로 돌아선 점을 특징"으로 꼽았다(한겨레신문, 2023).

CPI 지수 결과가 말해 주듯이 지배구조(G) 영역의 노력이 필요하다. 그래서 ESG의 성공 여부는 중앙부처와 지방정부, 산하 공공기관의 관심과 실행력 의지가 관건이라 할 수 있다. 일례로 지방정부 단체장의 인식은 부족한데, 지방공기업은 ESG를 열심히 준비하는 모순이 하루빨리 개선되어야 한다.

최근 몇 년 사이에 기업 투자를 위한 기준으로써 ESG가 광풍처럼 밀려 들어오고 있다. ESG 시스템이 준비되어 있지 않은 기업은 투자기관은 물론 소비자의 관점에서도 회피의 대상이 되어가고 있다. 공공서비스를 하는 정부로서도 선제 대응과 지원체계를 갖추지 않으면 국가 경쟁력에서 밀려나는 결과를 초래할 수 있는 상황이다. 때에 따라서는 국가 신인도 추락으로 이어질 수 있고, 경제위기에서 벗어나기 어려운 환경에 직면할 수 있다.

이러한 절체절명의 위기를 기업이 앞장서고 행정이 지원하는 수준의 대응 방법으로는 한계가 있다. 중앙부처는 물론 지방정부의 신뢰성을 토대로 시민이 공감하는 단계에서 기업이 생존할 수 있는 환경이 만들어진다. 시민과 기업과 지방정부가 함께 공생과 공존을 할 수 있는 방안을 모색해야 한다. 상호 공생을 위한, 공유를 통한, 공존을 추구하는, 공감대가 형성되지 않으면 ESG 정책은 성공하기 쉽지 않다.

지방정부의 입장에서 ESG 정책 대응은 특정의 대상만을 위한 정책이 아니다. 우리 지역에 기업이 많지 않고, 대기업 또는 다국적기업에 납품하는 공급망 관리 대상이 되는 기업이 없다고 해서 방관할 일이 아니다. 지방정부 차원의 ESG 실행방안을 모색하고 시민이 함께 참여하는 방법을 제시해야 한다. 선제적으로 대안 제시와 행정 차원에서 지원할 수 있는 다양한 방법을 찾아가는 것도 지방정부의 할 일이다.

ESG를 단순히 기업이 해야 할 환경적, 사회적, 지배구조 차원의 준수해야 할 가이드라인 정도로 인식해서는 안 된다. 기업에 참가하는 구성원이 국민이고 관리와 감독하는 지방정부의 구성원도 국민이다. 국민의 관점에서 ESG 실천을 하지 않는 기업은 외면하고, 모범적으로 실행하는 기업은 적극 추천하는 분위기가 필요하다. 또한 ESG를 통해 기업과 행정 영역뿐만 아니라 우리 사회 전 분야의 ESG 실천 방안을 모색해야 한다. 미시적으로는 가족 구성원의 ESG 실천에서부터 거시적으로는 지방정부 또는 대한민국이 함께 공존할 수 있는 길을 찾아야 한다. 이러한 길을 지방정부가 개척하고 열어야 한다. ESG를 통한 공공 경영이 무엇인지를 보여주는 행정이 필요하다.

그런 노력을 통해 탄소중립 실행을 위한 친환경 공공 경영, 사회공헌 사람 중심의 인권 공공 경영, 투명한 조직 운영을 하고 나눔의 윤리 공공 경영을 실천하는 지방정부를 기대해 본다.

참고문헌

경기도지속가능발전협의회(2023), ESG KOREA 경기네트워크 정책브리프.

경기연구원(2022), 경기도의 기업 ESG 도입방안 연구, 정책연구 2022-10.

경기연구원(2022), 공공기관 ESG 첫걸음은 맞춤형으로, 이슈&진단 No.511(2022.10.17.).

관계부처합동, 제4차 지속가능발전 기본계획, 2021-2040, 2020.12.

기획재정부(2022), 2022년도 공공기관 경영평가 편람.

대한상공회의소 · 삼정KPMG(2021), 중소, 중견기업 CEO를 위한 알기 쉬운 ESG.

산업통상자원부(2021), 관계부처 합동 K-ESG 가이드라인 V1.0.

산업통상자원부 국가기술표준원 · 한국표준협회(2021), ISO · IEC 국제표준 100선 가이드.

성동구(2022), 성동형 E+ESG 지표개발 및 활용방안 연구 용역, 서울대학교 산학협력단(2022.8.4.).

인천연구원(2022), 인천 ESG 지표 개발 연구.

전국경제인연합회 · 김앤장(2021), 글로벌 기준으로 본 ESG 경영 사례집.

「지속가능발전기본법」, 「지속가능발전기본법 시행령」.

한국거래소(2020), 2020 ESG 정보공개 가이던스.

행정안전부 · 지방공기업평가원(2023), 2023년도 지방공기업 경영평가 편람.

환경부 지속가능발전위원회, 2022 국가지속가능성보고서, 2022.7.

국가법령정보센터, https://www.law.go.kr/LSW/main.html

다우존스 지속가능경영지수(DJSI), https://www.spglobal.com/esg/csa/

대한상공회의소, http://www.korcham.net/nCham/Service/Main/appl/Main.asp

MSCI ESG Ratings, https://www.msci.com/our-solutions/esg-investing/esg-ratings

FTSE4Good Index, https://www.ftserussell.com/products/indices/ftse4good

서스틴베스트(Sustinvest) ESG 평가, https://sustinvest.com/

에코바디스(EcoVadis) 평가, https://support.ecovadis.com/hc/ko

탄소정보공개프로젝트(CDP) Reporting, https://www.cdp.net/en/info/about-us/what-we-do

톰슨 로이터(Thomson Reuters) ESG 스코어, https://solutions.refinitiv.com/esg-data/ 175

한겨레신문, 2022년 국가별 부패인식지수 발표, 2023.1.31., https://www.hani.co.kr/arti/society/society_general/1077654.html

한국ESG기준원 ESG 평가, http://www.cgs.or.kr/business/esg_tab01.jsp

제2장

SDGs와 ESG 연계

김현정

김현정(金賢貞)

행복하고 지속 가능한 공동체 마을 만들기에 대한 관심을 갖고 조경학과 관광학을 전공하였다. 대학원 지속가능발전지표 개발 연구에 참여하는 것을 시작으로 지속가능발전 실천협의회 활동 등 연구와 실천활동을 이어오고 있다. 주민주도의 지속 가능한 관광 및 지역개발 프로젝트를 기획, 컨설팅하며, 커뮤니티 디자인, 문화기획, 사회적경제 등을 주민들과 함께 구현하며 현장연구를 진행하였다.

관련 저서로는《사회적기업 창업 길라잡이: 사회적기업가의 사회혁신을 위한 도전》,《사회적기업 사업계획 수립 가이드 : 비영리 조직의 혁신적 도전》,《2022 개발협력 파트너국과 함께하는 사회적경제 사업 가이드북(키르기즈공화국편, 네팔편)》 등을 공저하였다.

최근 얼룩소 등에 그동안 지역사회 주민들과 함께 지속가능발전 활동들과 연구 경험을 연재하고 있다.
https://alook.so/users/ZBtO6Z

1. 환경 시스템과 지속가능발전 가치의 등장

1) 환경의 개념

인류가 살아가는 삶에 있어 '환경'은 빼놓을 수 없는 전제이다. 〈표준국어대사전〉에서 찾아보면 '환경'이란 생물에게 직접 · 간접으로 영향을 주는 자연적 조건이나 사회적 상황, 생활하는 주위의 상태를 설명하는 명사라고 되어 있다. 유의어로는 '배경', '생활환경', '여건'이다. 〈브리태니커 사전〉에서는 환경이란 "유기체 또는 생태계에 영향을 미쳐 궁극적으로 그것의 형태와 생존을 결정짓는 물리적, 화학적, 생물학적 요인들의 복합체"라고 정의 내리고 있다.

우리나라의 「환경정책기본법」 제3조 제1항에서 환경이란 '자연환경'과 '생활환경'이라고 정의하고 있다. 제2항에서 '자연환경'이란 지하 · 지표(해양을 포함한다) 및 지상의 모든 생물과 이들을 둘러싸고 있는 비생물적인 것을 포함한 자연의 상태(생태계 및 자연경관을 포함한다)를 일컫는다. 제3항에서 '생활환경'이란 대기, 물, 토양, 폐기물, 소음 · 진동, 악취, 일조(日照), 인공조명, 화학물질 등 사람의 일상생활과 관계되는 환경을 말한다.

환경은 여러 가지 방법으로 분류할 수 있지만, 인간의 관점에서 분류할 때 크게 자연환경과 인공환경을 포함한 물리적 환경(physical environment)과 사회 · 문화적 환경(social environment)으로 나눌 수 있다. 그리고 이들 환경은 인간을 포함해서 매우 다양한 동 · 식물과 그들의 생존을 위해 필요한 것, 인간의 편의나 욕구를 위해 인공적으로 만들어진 모든 것을 포함하는 종합적인 시스템이다.

세계에서 가장 유명한 예술의 명소라고 하는 바티칸 시스티나 성당의 천장에는 웅장한 프레스코로 성경에 기반한 천지창조의 과정이 기록되어 있다. 하나님은 7일에 걸쳐 빛(낮)과 어두움(밤), 궁창(하늘), 모인 물(바다)과 뭍(땅)과 식물(풀, 채소, 나무), 해와 달과 별, 새와 물고기, 각종 짐승과 사람, 복과 안식을 창조하고 기뻐하였다. 여기에도 물리적 환경과 사회문화적 환경은 다양한 요소로 구성되어 있음을 보여준다.

과학자들에 의한 진화론은 원시 지구 환경은 화산활동, 강한 자외선, 번개 등과 같은 에너지에 의해 변화를 거쳐 오늘날에 이르렀다고 보고 있다. 지구 표면의 물질들은 다양한 물리적 환경을 형성하였다. 대기의 수증기는 응결하여 비로 쏟아져 바다를 이루었다. 화학적 합성이 일어나 무기물로부터 간단한 유기물이 합성되었으며, 이러한 유기물이 오랜 세월동안 복잡한 유기물로 변화하는 과정에서 생명체가 생겼다고 한다. 여기에도 물리적 환경과 사회문화적 환경이 다양한 요소로 구성되어 있다는 것은 다르지 않다.

2) 환경의 구성요소와 개념의 확장

환경이라는 말은 인간에 의해 만들어진 말인 만큼 처음에는 지극히 인간 중심으로 나머지 모든 것을 칭하는 말이었다. 인간은 생태계에서 동물의 한 종에 불과하지만 사고하는 생명체로서 다양한 욕구와 심리를 지니고 있다. 특히 '아름다움' 같은 보이지 않는 가치 등은 시각심미적인 환경(Visual and Aesthetic Evironment)이라는 또다른 차원의 환경 개념을 창조하였다. 인간 서로 간은 물론이요, 다른 동 · 식물과도 상호작용을 하면서 환경에 대한 개념도 더욱 복합적인 시스템으로 확장되고 있다.

심지어 인간에 의해 만들어진 과학의 산물로서 인간처럼 행동하는 가상인간(AI)이 등장하는 등 환경의 개념은 시공간을 초월하는 가상의 영역으로까지 확대되고 있다. 가상의 공간을 창조하고 거래하고 등기까지 하는 메타버스 세상이니 말이다. 주목할 부분은 실제의 환경(유니버스)이든 가상의 환경(메타버스)이든 환경은 '물리적인 공간(환경)'을 기반으로 '사회문화적인 활동과 제도(환경)'로 구성된다는 점은 동일하다.

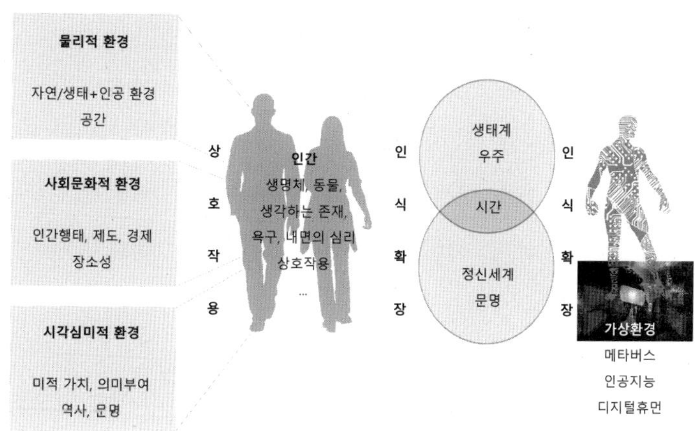

[그림 2-1] 환경 구성요소와 확장

3) 개발과 환경 변화

창조론이든 진화론이든 인간에게 태고의 자연환경은 주어진 전제 같은 것이다. 생명체의 영장인 인간은 자연환경을 적극적으로 이용해 왔다. 원시의 인간은 수렵과 채집으로 연명하고, 자연의 흐름을 따라 유목하며 수동적으로 이용하였다. 정착하여 경작하면서 터전을 일구기 시작한 이래 인간은 편리함과 안락함을 위해 점점 더 많은 욕구를 가졌고, 점점 더 많은 기술과 문명을 개발하며 환경을 적극적으로 이용하고 개발하며 번성하였다. 지구상에는 여전히 저개발지역이 많지만 산업과 문명이 발달한 국가와 도시들에서는 자연환경보다 인공환경이 월등히 우세하게 되었다.

서울특별시 불투수토양포장도, 즉, 토지가 건물과 불투수성 포장재(아스팔트, 콘크리트, 보도블록 등)로 덮여 있는 면적 비율에 따라 6개의 등급으로 나누어 표현한 도면을 보면 자연 토양이 드물다. 불투수토양포장이 도시생태에 미치는 영향은 막대하다. 도시지역에서 불투수토양포장은 도시기후, 물관리, 식물상, 동물상 등에 중대한 영향을 미친다. 동 · 식물 종은 줄어들고, 도시 환경은 열악해 진다. 도시의 화려함의 내면에는 열섬현상, 도시홍수, 국지성 호우, 오존층 파괴, 미세먼지, 스모그 같은 기후문제, 에너지 고갈, 쓰레기와 오염수 처리 문제 등 피할 수 없는 환경오염이 도사리고 있다. 뿐만 아니라 대도시는 인구가 과밀해서 주택문제, 경제문제, 범죄문제 등 사회적 갈등과 빈부의 격차가 심화되고, 도시로 인구를 빼앗긴 촌락에서는 심각한 고령화와 저출산을 동시에 겪으며 지방소멸을 우려한다.

전 세계적으로 유엔의 세계인구현황에 따르면 2023년 전 세계 인구는 약 80억 오천만 명에 이른다(2023.06.20.). 이들 인구는 국가별로도 모여 있고, 특정한 도시에 밀집되어 있다. 우리나라의 경우만 하더라도 전체 인구의 절반이 서울과 수도권에 밀집되어 있다. 자연히 인공환경의 비중이 높아지고 자연환경의 시스템보다 오염이 많아지고, 그것을 처리하기 위해 에너지를 많이 사용하게 된다.

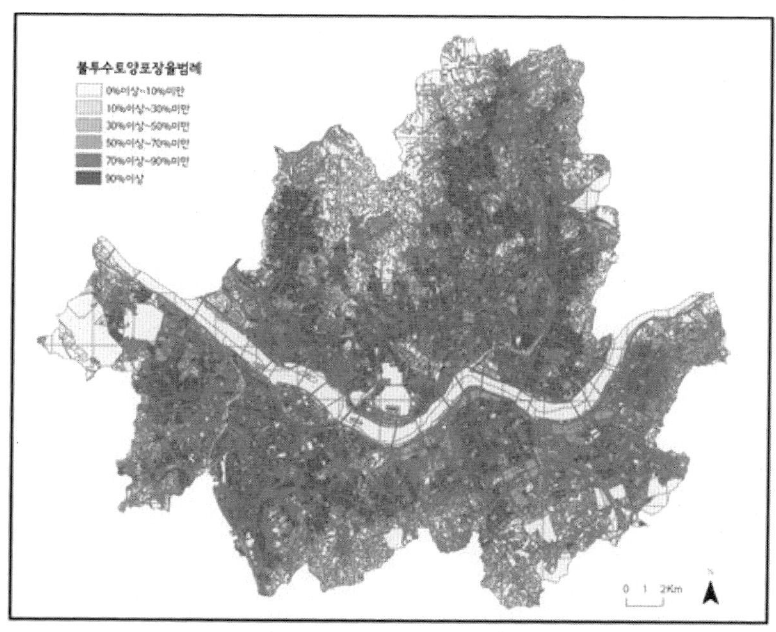

[그림 2-2] 서울특별시시 불투수토양포장도(2015)

인간의 개발, 발전에 대한 욕망과 노력은 환경의 변화를 불러왔다. 인공적인 환경이 많아질수록 편리함을 향유할 수 있었지만 양날의 검처럼 오염과 불평등 또한 가중되었다. 특히 물리적 환경 오염에 의한 기후위기는 인류는 물론 지구의 재앙으로서 생존을 위협하는 지경에 이르렀다.

제아무리 뛰어난 인간이라 할지라도 오염은 결국 지구 내의 문제이다. 지구 환경이 처리할 수 있는 한계를 초과한 오염은 그 누구도 어찌할 수가 없다. 여기에서 주목해야 할 점이 바로 수용력(Carrying Capacity)이다. 자연환경이 스스로 정화하여 생활환경의 질적 수준을 일정하게 유지하고 자원을 재생산할 수 있는 능력을 양으로 환산한 것을 말한다. 수용력은 생태학 용어로서 '먹이, 서식지, 물, 기타의 자원이 주어졌을 때, 특정한 환경에 의해 지속 가능하게 유지될 수 있는 생물학적 종의 최대 양'이라 정의한다. 우리의 지구환경 문제로 보면 인간이 살아가는 폭이 1m, 깊이가 1m인 시냇물에 오염수를 한 바가지씩 배출한다고 가정하자면, 처음에 몇 바가지 부을 때는 티가 나지 않을 정도로 정화된다. 하지만 그 양이 점점 많아지면 더 이상 정화하지 못하고 물이 탁해지는 단계에 이른다. 그 변화의 시점이 최대수용력인 것이다. 최대수용력은 생태계가 지탱할 수 있는 임계치, 즉 도달하면 위험에 이르는 경계선이지 환경적 쾌적함을 유지할 수 있는 양은 아니다.

인간은 기술과 문명을 활용해 수용력을 늘려 나갔다. 하지만 결국 인간의 환경이용과 개발은 (자연)환경의 수용력 문제로 봉착한다. 수용력 이하의 이용과 개발은 지속 가능한 이용과 발전을 담보하지만, 수용력을 초과할 경우 환경은 오염된다. 물론 오염된 환경을 정화해서 수용력을 회복시킬 수도 있고, 4대강처럼 환경시스템이 적응함으로써 환경이 스스로 수용력을 회복하는 경우도 있

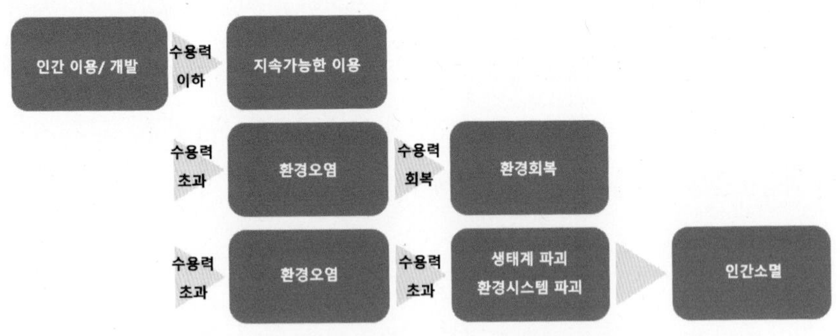

[그림 2-3] 인간의 환경 이용 및 개발과 수용력의 관계 개념도

다. 수용력을 회복하지 못한 채 수용력 초과 상태가 지속되면 생태계와 환경시스템은 결국 파괴되고, 물고기 떼죽음 사고처럼 가장 직접적이거나 가장 취약한 생물체부터 소멸되고 생태계의 균형이 깨져 인간소멸에 이를 수 있다.

인간의 환경 이용과 개발이 수용력 이내에 있을 때에는 인구증가, 도시개발, 기계 발전, 이동성 향상 등 개발은 인류를 발전하게 한다. 제2차 산업혁명 이후 개발에 의한 부의 집중이 인간에게 주어진 환경에 대한 불평등을 야기하고 인간들에 의한 개발은 인간의 인권과 생존을 위협하게 되었다. 인간은 더 큰 개발로 환경의 수용력을 키우고자 한다. 제3차 산업혁명, 제4차 산업혁명은 끊임없는 산업과 경제발전의 역사임과 동시에 수용력을 확대하려는 노력이라고 볼 수도 있다. 개발에 따른 오염과 엔트로피를 처리하는 기술과 능력도 동시에 개발해 왔기 때문이다.

하지만 간과하지 말아야 할 것은 인간 문명은 자연의 수용력을 무한대로 늘릴 수 없다는 것이다. 돈으로 좋은 환경을 산다는 것은 한계가 뻔하였고, 빙하기와 간빙기를 순환하는 지구의 사이클을 멈출 수 없거니와 급격하게 앞당겼다. 지구는 자연의 역습을 감당할 수 없는 지경이 되었기에 유엔이 나섰다. 전 지구적으로 지속 가능한 발전을 위해서는 환경에 대한 인간의 인식과 방식이 변화되어야 한다고 나서게 된 것이다.

결국 모든 인간적인 환경 이용과 개발에 관한 메시지는 자연환경을 중심으로 사회문화적, 경제적으로 지속 가능해야 한다는 가치관으로 향해 있다. 각 나라와 지구촌 구성원들이 그것을 실천하는가 여부와 무관하게 지속 가능한 발전은 인류의 숙명이 된 것이다.

4) 지속 가능한 발전을 지향하는 가치관과 목표(SDGs)의 등장

지속 가능한 발전의 역사적 흐름을 좀 더 자세히 들여다보자. 1800년대 영국에서 시작된 산업혁명과 1952년 12월 4일 발생한 '런던 스모그 사건'으로 상징되는 급격한 환경오염은 경제와 산업발전 지상주의에 매몰된 인간들에게 경고하는 사건이었다. 산업화와 번영의 상징이던 런던 시내가 스모그로 뒤덮여 낮에도 앞을 볼 수 없고 시민들이 호흡장애와 질식 등으로 죽는 일이 발생했다. 3주 동안 무려 4천여 명이 죽고 만성 폐질환으로 8천여 명이 사망한 사건이다. 원인은 공장과 가정에서 연료로 사용하는 석탄이 연소하면서 생기는 연기가 정제되지 않은 채 대기 중으로 배출되어 짙은 안개와 합쳐졌기 때문이다.

이를 계기로 영국은 1953년 비버위원회를 설립해 대기오염 실태와 대책을 조사 연구하였고, 결과보고서를 바탕으로 1956년 '대기오염청정법'을 제정했다. 런던 스모그 사건이 발생된 후 10년이 지난 1962년에는 레이첼 카슨이 저술한 〈침묵의 봄〉에서 제1차 세계대전 이후 미국에서 살포된 살충제나 제초제로 사용된 유독물질이 생태계에 미치는 영향을 분석하면서, 수용력을 넘어서는 농약이 인간에게 농산물 수확량을 늘리는 대신 자연에 어떤 영향을 미치는지 경고하였다. 이후 환경 이용과 개발에 대한 관점이 자연에 피해를 끼치지 않는 쪽으로 방향을 선회해야 한다는 환경운동이 선진국에서부터 시작되었고 유엔 차원에서 지속 가능한 발전에 대한 고민과 대책을 강구하도록 촉발하는 계기가 되었다.

인간은 그저 잘 먹고 잘 살려고 했는데, 산업화와 함께 수시로 환경문제가 등장하기를 반복했다. 산업화의 함께 나타난 또 다른 복병은 경제적, 사회적 불평등과 신계급 문제였다. 노예해방을 진즉에 이루어 겉보기엔 평등해진 것 같왔지만 산업자본을 소유한 사람과 그렇지 못한 사람들 간의 격차는 점차 커져 갔다.

1968년 이탈리아 사업가 아우렐리오 페체이의 제창으로 지구의 유한성이라는 문제의식을 가진 유럽의 경영자, 과학자, 교육자 등이 로마에 모여 회의를 가지면서 시작된 로마클럽은 1972년 제1차 보고서 "성장의 한계"를 발표하였다. 이 보고서에서 개발과 환경문제에 관한 강한 우려 표명, '지속 가능한 발전(sustainable development)' 용어가 처음으로 등장한다. 같은 해 6월에 유엔은 스웨덴 스톡홀름에서 인간환경회의(UNCHE: UN Conference on the Human Environment)를 개최하고 "인간환경선언(스톡홀름선언)"을 선포한다. 12월에는 유엔에서 환경문제를 전담하는 '유엔환경계획(UNEP: UN Environment Programme)'을 발족하며 명실상부한 지속 가능한 발전의 시대가 시작되었다.

1980년에는 국제자연보호연합(IUCN)/유엔환경계획(UNEP)/세계자연기금(WWF)이 공동작성한 〈세계환경보전전략〉이 발표된다. 보고서는 생태계, 생명계 유지, 생물종 다양성 보전을 통해 자원을 지속적으로 이용하도록 해야 함을 주창하면서, '지속 가능한 사회', '지속 가능한 생활' 등 유사 단어를 사용하였다.

이러한 흐름으로 1983년 유엔총회에서는 흔히 브룬트란트위원회라고 부르는 세계환경개발위원회(WCED)를 발족하였다. 성과로 1987년 세계환경개발위원회(WCED) 〈우리 공동의 미래(Our Common Future, 브룬트란트 보고서)〉를 발표하였다. 이 보고서에서 지속 가능한 발전이란 무엇인가에 대해 정의하고 선포하면서 환경관리에 대한 인류 공동의 비전을 설정하였다. '미래세대가 그들의 필요를 충족시킬 능력을 저해하지 않으면서 현재 세대의 필요를 충족시키는 발전', 즉 지속 가능한 발전은 현세대뿐만 아니라 미래세대의 환경에 대한 권리와 수용력을 고려해서 현재를 살아야 한다고 선언한 것이다. 여기에서 환경이란 물리적 환경뿐만 아니라 경제, 사회 모두를 포함하는 광의의 개념이다. 지구생태계 보호와 경제성장 간의 조화를 모색하는 것이야말로 지속 가능한 발전을 위한 절체절명의 과제가 되었다.

1992년은 지속 가능한 발전을 위한 실천방안을 구체화시킨 원년이다. 유엔환경개발회의(UNDP)에서 소위 '리우선언', '의제21', '기후변화협약', '생물다양성협약' 등을 채택하면서 '환경적으로 건전하고 지속 가능한 개발(Environmental Sound Sustainable Development)'을 해야 함을 선언하였다. 여기에서 'Development'는 흔히 우리말 '개발'로 번역하는데 최근에는 '발전'으로 번역하는 경우도 많다. 당시 급격한 개발도상국의 위치였던 우리나라의 상황을 감안한다면 '발전'보다는 '개발'이라는 용어의 어감(뉘앙스)이 더욱 와 닿는다.

리우선언의 영향으로 금융 부문에서는 유엔환경계획 금융이니셔티브(이하 UNEP FI)는 지난 1992년 리우정상회담에서 지속가능발전(Sustainable Development)에 대한 전 세계적 합의를 계기로 도이체방크, UBS와 같은 선진 금융기관의 제안으로 설립되었다. 많은 금융기관들이 UNEP FI 가입 이후에 자체 환경방침과 환경리스크평가 등을 도입하는 등 금융산업의 지속가능경영 확산에 기여하고 있다.

1993년부터는 환경적으로 건전하고 지속 가능한 발전, 즉 ESSD 관점에서 의제21을 이행하기 위한 세계정책 흐름이 계속되었다. 1993년 제1차 지속가능개발위원회(CSD) "의제21 이행 전략"을 합의하면서 의제21의 효과적 이행을 위한 연차별 평가계획, 재정지원 및 재원체계, 기술이전 및 능력형성 등을 합의하였다. 1994년 제2차 지속가능개발위원회(CSD)에서는 "ESSD 논의 구체화" 단계로 지난 1년 동안 각국 의제21 이행 상황, 지속 가능한 개발을 위한 무역과 환경과의 관계, 재정지원 및 기술이전 문제, 소비 및 생산 패턴의 전환 등을 논의하였다.

2000년 9월 뉴욕에서 열린 55차 유엔총회에서는 '새천년개발목표(MDGs: Millennium Development Goals)'를 의제로 채택하여 2015년까지 빈곤감소, 보건, 교육개선, 환경보호와 관련하여 지정된 8가지 목표를 실천하는 것에 동의하였다. 7월에는 코피 아난(Kofi Annan) 전 유엔 사무총장 주도로, 2000년 7월 출범한 기업의 사회적 책임에 관한 국제협약인 유엔글로벌콤팩트(UNGC)가 체결되었다. 기업 활동에 있어 인권(Human Right), 노동 기준(Labour Standard), 환경 (Environment) 및 반부패(Anti-Corruption) 등을 강조하고 추후 이에 대한 10대 원칙도 정하였다.

2002년에는 리우선언 10주년을 맞이하여 남아프리카공화국 요하네스버그에서 다시금 지속가능발전을 위한 세계정상회의(WSSD), 이른바 '리우+10 회의'가 열려 '지속 가능한 발전을 위한 요하네스버그 선언'을 채택하였다. 경제성장, 환경보전, 사회복지의 조화를 추구하는 새로운 패러다임을 제시하고, 각 국가가 이를 21세기 국가발전전략의 기본방향으로 채택하도록 권장함으로써 경제, 환경, 사회정책의 기본지침으로 삼게 되었다. 2015년까지 절대빈곤층을 반감시키겠다는 국제개발목표를 재확인하고 공적원조를 확대하기로 합의하였으며, 식수, 어장보호, 생물다양성 보존 등과 관련해서 구체적 합의를 도출한 것도 의미 있는 결과였다. 당초에는 에너지 문제 등에 대해 합의하고자 했으나 미국의 반대로 무산되었다. WSSD 이후 각국 정부는 물론 학계, 업계 및 NGO 등의 적극적인 관심하에 지속가능발전을 위한 정치적 선언문과 구체적인 이행 계획서를 채택하는 등 매우 큰 파급력을 발휘하였다.

이즈음 유엔글로벌콤팩트(UNGC)는 세계인권선언(1948), 환경과 개발에 관한 리우선언(1992), 노동에서의 기본 원칙과 권리에 관한 ILO 선언(1998), 유엔반부패협약(2003)에서 유래하여 기업활동에 관한 10대 원칙을 제시하였다. 회원사들이 이 원칙들을 기업 운영 및 경영전략에 내재화하여 지속가능성과 기업시민의식 향상에 동참하도록 권장하였다. 최근에는 지속가능발전목표(SDGs) 등 포괄적인 유엔의 목표 달성도 지원하고 있다. 현재 전 세계 157개국 14,000여 개 회원사(11,000여 개 기업회원 포함)가 참여하고 있으며, 한국의 경우 유엔글로벌콤팩트 한국협회에서 국내 기업의 가입과 참여를 담당하고 있다. 회원사로 가입하면 정보 및 네트워크 공유 등 일정한 혜택이 주어지며, 매년 유엔글로벌콤팩트 사무국에 이행보고서(COP)나 참여보고서(COE)를 제출해야 한다.

2012년은 리우선언 20주년을 맞아 '리우+20 정상회의'라고도 하는 '유엔지속가능발전회의(UNCSD: United Nations Conference on Sustainable Development)'가 브라질 리우데자네이루에서 개최되었다. '우리가 원하는 미래(The Future We Want)' 선언을 채택하여 지속가능발전에 대한 의지를 재확인하였다. 경제 위기, 사회적 불안정, 기후변화, 빈곤퇴치 등 범지구적 문제 해결의 책임을 더 이상 미룰 수 없다며 다시금 강조하면서 각국의 행동을 촉구했다. 또한 지속 가능한 발전을 위한 도구로 '녹색경제의제(Green Economy Agenda)'를 채택하고 '새천년개발목표(MDGs)'를 대체하는 '지속가능발전목표(SDGs)'를 설정하는 절차에 합의했다.

리우+20의 합의는 2015년 9월 뉴욕에서 열린 제70차 유엔총회에서 2015년 만료된 새천년개발목표(MDGs)의 뒤를 잇는 '지속가능발전목표(SDGs)'를 2016년부터 2030년까지 이행하기로 합의했다. '2030 지속가능발전 의제'라고도 하는 지속가능발전목표(SDGs)는 '단 한 사람도 소외되지 않는 것(Leave no one behind)'이라는 슬로건과 함께 인간, 지구, 번영, 평화, 파트너십이라는 5개 영역에서 인류가 나아가야 할 방향성을 17개 목표와 169개 세부 목표로 제시하였고 오늘까지 이어지고 있다. 새천년개발목표가 추구하던 빈곤퇴치에서 한 걸음 더 나아가 사회적 불평등, 사회발전, 경제발전, 환경, 이행수단 등을 포함한 것이 중요한 의미이다. 국내에서도 이 합의에 근거해 일련의 과정을 거쳐 '지방의제21' 관련된 제도, 조직체계를 SDGs 체제로 전환하였다. 2022년 1월 4일 '지속가능발전 기본법'이 제정되면서 제도적 기틀도 확정되었다.

2023년 7월 10일에는 〈지속가능한 발전 목표 보고서 2023: 특별판〉이 발표되었고 2023년 9월 21~22일에는 제78차 유엔총회가 개최되었다. 이번 유엔총회를 비롯하여 SDG 정상회의(9월 18~19일)와 2023 기후목표 정상회의(Climate Ambition Summit, 9월 20일) 등에서는 SDGs 중간 시점에서 긴장감이 감돌았던 것으로 전해진다. 지구환경의 위기는 날로 심각해지고 있는데 정작 SDGs 목표 달성을 위한 각국의 실행은 미진했기 때문이다. 아무리 좋은 목표가 있어도 실행하지 않으면 의미가 없음을 강조하고 유엔 차원에서 각 나라가 지역 수준의 우선순위를 정하고 SDGs 실행력을 높이기 위한 솔루션과 플랫폼을 논의하였다. 향후 7년 동안의 우선순위 중에서 행동, 거버넌스, 실행 및 정책 일관성이 강조되었다. 기후, 생물다양성, 빈곤 감소, 성평등, 포용, 정의는 청중 여론조사에서 우선순위로 꼽힌 것들이다. 또한 이번 회의에서 SDGs 목표들은 상호 연계되어 정책으로 실현할 때에 성과가 있다는 것도 강조되었다.

리우선언과 지방의제21 관련 일련의 세계적 흐름은 물리적 환경뿐만 아니라 실로 전방위적으로 영향을 미쳤다. 우리나라에서도 환경부가 주축이 되어 지방정부의 위상별로 '지방의제21'을 제정 실천하기 위한 거버넌스 조직인 '지방의제21실천협의회'를 설치하면서 적극성을 보였다. 경기도 광명시 등 일부의 지방정부는 환경운동가나 다양한 시민들의 참여를 독려하며 지방의제21 실

1713년	**지속가능성(sustainability) 개념 첫 등장(nachhaltig)**_독일 칼로비츠의 산림학 저서
1952년	**런던 스모그 사건**
1956년	**영국 '대기오염청정법(Clean Air Act 1956)' 제정**
1962년	**레이첼카슨의 <침묵의 봄> 출간**
1972년	**'성장의 한계' 보고서 발간**_로마클럽 '지속가능한 발전(sustainable development)' 용어 첫 등장 **인간환경선언(스톡홀름선언)**_유엔인간환경회의(UNCHE)
1980년	**세계환경보전전략 발표**_국제자연보호연합/유엔환경계획/세계자연기금(WWF) '지속가능한 사회', '지속가능한 생활', '지속가능한 관광' 등 유사 단어 사용
1987년	**우리 공동의 미래(Our Common Future, 브룬트란트보고서) 발간**_세계환경개발위원회 지속가능한 발전 정의 선포, 환경관리에 대한 인류 공동의 비전 설정
1989년	**엑슨 발데즈호 원유 유출에 의한 알래스카 해양오염 사고**
1992년	**리우선언, 의제21, 기후변화협약, 생물다양성협약**_유엔세계정상회의(리우회의) 지속가능한 발전을 위한 실천방안을 구체화 시킨 원년
1997년	**'교토의정서(수정 기후변화협약)' 채택**_기후변화협약총회(COP3)
2000년	**'새천년개발목표(MDGs)' 채택**_유엔새천년정상회의(UNCED) **'유엔글로벌콤팩트(UNGC)' 발족** : 기업의 사회적 책임 강조
2002년	**'지속가능발전을 위한 요하네스버그 선언' 채택**_유엔세계정상회의(리우+10회의)
2004년	**'살피는 자가 승리한다(Who Cares Wins) 이니셔티브' 발표**_유엔글로벌콤팩트(UNGC)
2006년	**유엔책임투자원칙(UN PRI) 출범**_유엔(UN) ESG를 투자 결정과 자산 운영에 반영한다는 원칙 발표
2012년	**'우리가 원하는 미래(The Future We Want)' 발표**_유엔세계정상회의(리우+20회의) '녹색경제(Green Economy)' 채택 – 지속가능한 발전의 중요한 도구 '지속가능발전목표(SDGs)' 설정 절차 합의
2015년	**'지속가능발전목표(SDGs, 2030 지속가능발전의제)' 채택**_유엔정상회의 **'파리협정' 채택**_기후변화협약총회(COP21) 기온의 상승폭을 2℃이하로 낮추고, 온실가스와 탄소배출 감소를 위한 방안 모색
2023년	**'지속가능한 발전 목표 보고서 2023: 특별판'발간**_유엔정상회의 SDGs 실행력을 높이기 위한 솔루션과 플랫폼 논의

[그림 2-4] SDGs와 ESG 역사

천을 위한 제도와 예산을 마련하고 성과를 보였다. 거버넌스에 대한 개념이나 운영 경험이 없는 탓에 정책 명분에 불과한 위원회를 조직하여 유명무실한 존재로 그친 곳들도 있었다. 지방정부의 세수로 예산을 마련하고 시민이 참여하되 행정 하부조직처럼 사무국 중심으로 다양한 환경사업을 실행하는 수준에 머무르기도 했다. 환경부가 주축이 되다 보니 대다수의 지역에서 물리적 환경문제 중심으로 지속 가능한 발전을 다루었던 점 등 아쉬움이 없었던 것은 아니다. 다만 어떤 경우라 하더라도 제도와 예산, 정책, 다양한 실행 경험들은 지속 가능한 발전의 개념과 실천을 통해 다수의 국민들에게 알리고 긍정적인 영향을 끼친 것만은 분명하다.

2. SDGs란 무엇인가?

이상에서 살펴본 바와 같이 SDGs는 단지 유엔 합의에 따른 국제조약만이 아니다. 2030년까지 전 세계가 달성해야 할 공동의 목표로서 적극 실천해야 할 숙명의 과제가 되었다. 그렇다면 과연 SDGs는 어떤 목표들로 구성되어 있는지 살펴보고자 한다. SDGs에 대한 명확한 이해를 한다면 이 책의 주제인 ESG와 어떤 연관 관계가 있는지도 쉽게 이해될 것이다.

1) SDGs와 ESG의 개념과 특성

SDGs는 앞에서 서술하였듯이 지속 가능한 발전을 달성하기 위해서 2015년 9월 UNDP(유엔개발계획) 세계 유엔회원국가들이 모여 합의한 "지속가능발전목표(들) Sustainable Development Goals"의 약자이다. SDG 또는 SDGs를 혼용하는데 유엔에서는 지속가능발전목표는 총 17개 항목으로 구성된 복수라는 점을 살려 'SDGs'라고 표기한다. SDGs는 지속 가능한 발전을 위해 2016년부터 2030년까지 15년간 전 세계가 함께 추진해야 할 목표를 의미하며, 17개의 목표(Goals)와 169개의 세부 목표(Targets)로 구성되어 있다.

ESG는 환경(Environmental), 사회(Social), 지배구조(Governance)를 뜻한다는 것을 이미 이해하고 있을 것이다. 기업이 비즈니스를 하면서 세 가지 핵심 요소에 대한 비계량적인 가치를 실현하도록 하는 것이다. 기업경영과 금융 분야에서 주로 사용되는 용어이고, 세계적인 정책과 세계 시장의 요구가 되었다. 기업의 기본적인 목표는 이윤추구, 심지어 이윤극대화이다. 그러나 ESG는 기업 경영이 환경에 미치는 영향, 직원 및 투자자에 대한 대우, 전반적인 거버넌스를 실현하도록 요구한다. ESG 중심 투자는 재무적 수익뿐만 아니라 윤리적이고 지속 가능한 운영의 중요성을 강조하는 것이다. 즉, 기업경영을 함에 있어 사회 영향(social impact)을 고려하라는 것이다. 이는 기업의 사회적 책임이나 아주 적극적으로 사회적 일자리창출이나 사회서비스를 제공하기 위해 기업하는 사회적기업의 지향점과도 맞닿아 있다. 기업경영과 비즈니스의 가치를 단지 이윤창출이 정량화되는 지표뿐만 아니라 환경과 사회, 거버넌스 관점에서의 재무적, 비재무적 지표를 통해 지속가능발전에 기여해야 한다는 선언이자 실천방법이다.

이 대목에서 SDGs와 ESG를 구태여 구별할 필요가 있는가, 모든 기업이 ESG 경영을 요구받는 시대에 사회적기업과 일반기업은 어떤 차이가 생기는가와 같은 의문을 제기해 볼 수 있다. 첫 번째 질문은 SDGs와 ESG의 차이를 통해 답을 찾을 수 있겠다. SDGs는 유엔이 정한 전 지구적인 목표인 반면, ESG는 기업이 환경 및 사회적 자격을 측정하기 위해 사용하는 평가시스템이다. 예를 들어, SDGs와 ESG는 모두 인권보호와 향상을 지향하지만 ESG는 인권의 넓은 맥락을 고려하는 것이 아니라 공급망과 운영 전반에 걸쳐 사회적, 환경적 책임 측면에서 기업이 얼마나 잘 수행하고 있는지 측정하는 것이다. SDGs가 2030년까지 달성할 전 지구적이며 한시적인 목표치인 데 반해 ESG는 과정과 성과를 측정하는 것으로서 경영조직이 존재하는 한 계속될 방법론이다. 범주로 따지자면 SDGs는 지구촌 모든 구성원들이 추구하는 목표이고, ESG는 경영조직이 SDGs를 실천하는 과정과 성과를 측정하는 실증시스템인 셈이다.

두 번째 질문은 요즘 우리 사회에서 한창 논의되어야 하는 지점이기도 하다. 일반기업과 사회적기업, 공익활동이나 자원봉사단체는 활동방식과 지향점에 있어서 스펙트럼상에 놓여 있다. 과거에는 사회적기업이 지속 가능한 사회를 만들기 위해 필요한 공익적 가치를 추구하고 달성한다는 것만으로도 일반기업에 차별화되는 존재 가치였다면, 기업들이 ESG 경영을 실현할 때 사회적기업은 더 강한 사회적 이슈와 소외되는 문제들을 찾아 나서야 할는지도 모른다. 아무래도 상대적으로 규모가 작은 기업들이나 사회문제 해결을 위해 부가적인 투자를 하거나 많은 부분 헌신을 담보하는 사회적기업들에는 ESG가 추구하는 가치는 당연하면서도 감당하기에는 버거운 문제일 수 있다. 이에 대해 세금과 행정력을 활용해 어떻게 이들이 ESG 경영을 견인하고 지원할 것인가를 다각적으로 검토하는 것이 지방정부의 SDGs와 ESG 정책과제가 될 수 있다.

SDGs가 세계적인 화두이고 같은 맥락에서 ESG가 당연히 요구된다 하지만 기업이 운영에 관한 결정을 내릴 때 사회적 이익을 우선시해야 한다는 규정이나 의무가 현재로서는 없다. 다만, UN PRI나 우리나라 금융위원회에서도 기업 지속가능경영평가에 ESG를 포함하도록 하고 있다. 기업들 스스로도 기업들이 다양한 형태와 수준으로 ESG 경영을 실현하면서 지속 가능한 기업경영 성과지표(KPI: Key Performance Indicator)로 반영될 것이고 일부는 보편적인 지표로 채택될 수 있을 것이다. 현재까지는 대기업이나 공기업, 일부 공익법인들에만 해당되었던 경영공시가 다양한 규모의 기업들에도 필연적으로 확대될 것이다. 이때 지방정부는 우리 지역 기업들의 공급망에 관심을 갖는다면 효율적으로 접근할 수 있는 ESG 정책 과제와 우선순위를 결정할 수 있다.

2) SDGs 구성

SDGs와 ESG의 개념과 특성을 알아보았다. SDGs는 사회발전, 경제성장, 환경보존이라는 세 가지 축과 이들 목표를 달성하기 위한 전제조건 및 방법을 포함하여 5가지 영역, 17개 목표와 169개 세부 목표, 수백 개의 지표로 이루어져 있다. ESG는 환경(E), 사회(S), 지배구조(G)라는 부문과 추구할 가치만이 정해졌을 뿐 구체적인 계획과 지표는 각각의 조직의 자율에 의해 결정되는 것과 다른 점이다.

〈표 2-1〉 SDGs 17개 목표 내용

사회발전	**목표1. 모든 곳에서 모든 형태의 빈곤을 종식시킨다.** SDGs의 첫 번째 목표는 모든 곳에서 모든 빈곤을 끝내는 것입니다. 이 목표에는 절대빈곤의 퇴치와 모든 사람을 위한 사회보장제도를 확립하는 내용이 포함됩니다.
	목표2. 기아를 종식하고, 식량 안보를 달성하며, 개선된 영양상태를 달성하고, 지속가능한 농업을 강화한다. 두 번째 목표는 기아를 종식하는 것입니다. 이를 달성하기 위해서는 빈곤층과 영유아 등 취약계층에게 충분한 영양을 공급하며, 지속 가능한 식량생산 시스템을 통하여 식량안보를 달성해야 합니다.
	목표3. 모두를 위한 전 연령층의 건강한 삶을 보장하고 웰빙(well-being)을 증진한다. 세 번째 목표는 건강에 관련된 목표입니다. 예방 가능한 질병으로 사망하는 어린이의 수를 줄이는 것을 포함하여, 필수적인 보건서비스를 모두에게 공급하는 것, 그리고 보편적인 의료보장시스템을 만드는 내용이 포함되어 있습니다.

사회발전	**목표4. 모두를 위한 포용적이고 공평한 양질의 교육 보장 및 평생교육 기회를 증진한다.** 네 번째 목표는 양질의 교육에 관련된 목표입니다. 남녀 및 장애인, 선주민 등 모든 사람들이 보편적인 교육을 받고 대학, 기술 훈련, 직업 훈련 등 자신에게 필요한 교육을 받을 수 있도록 하는 것이 목표입니다.
	목표5. 성평등 달성 및 모든 여성과 여아들이 자신의 능력을 발휘할 수 있도록 한다. 다섯 번째 목표는 인류의 절반인 여성에 관한 목표입니다. 이는 여성에 대한 차별을 철폐하고, 정치, 경제, 공공 등 모든 부문에서 여성의 동등한 참여를 보장하는 것입니다. 또한 조혼, 강제 결혼, 인신매매 등 여성에 대한 폭력과 나쁜 관행을 근절하는 것도 포함합니다.
	목표6. 모두가 물과 위생설비를 사용할 수 있도록 하고 지속 가능한 유지관리를 보장한다. 여섯 번째 목표는 깨끗한 물과 위생에 관련된 목표입니다. 모든 사람들이 안전한 식수와 위생시설을 보장받는 것을 포함하여, 수질 오염 감소, 수자원 관리 등의 세부 목표가 포함되어 있습니다.
생태계 보호	**목표7. 모두를 위한 적당한 가격이며 신뢰할 수 있고 지속 가능한 현대적인 에너지에 접근하도록 보장한다.** 일곱 번째 목표는 모두를 위한 지속 가능한 에너지를 공급하는 것입니다. 이 지속 가능성을 위해, 적당한 가격의, 신뢰할 수 있으며, 현대적인 에너지를 보편적으로 보급해야 합니다.
경제성장	**목표8. 모두를 위한 지속적, 포용적, 지속 가능한 경제성장을 촉진하며 생산적인 완전고용과 모두를 위한 양질의 일자리를 증진한다.** 여덟 번째 목표는 일자리와 경제성장입니다. 모든 사람들에게 양질의 일자리를 제공하기 위해서는 소규모 창업 지원, 노동자 권리 보호, 지속 가능한 관광 등의 세부 목표를 달성해야 합니다.
	목표9. 복원력이 높은 사회기반시설을 구축하고, 포용적이고 지속 가능한 산업화를 증진시키며 혁신을 장려한다. 아홉 번째 목표는 사회기반시설과 산업화에 관련된 내용입니다. 이는 안전한 사회기반시설 구축, 환경 친화적 공정을 적용한 산업의 확대, 과학기술연구 강화 및 투자 등을 통해 달성할 수 있습니다.

경제성장	**목표10. 국가 내, 국가 간 불평등을 감소시킨다.** 열 번째 목표는 국가 내, 국가 간 불평등을 줄인다는 목표입니다. 이를 위해서는 모든 사람에 대한 차별을 철폐하고 기회를 평등하게 제공하며, 결과의 불평등을 완화해야 합니다. 또한 국제사회에서도 개발도상국의 영향력이 확대될 수 있도록 배려해야 할 것입니다.
	목표11. 도시와 주거지를 포용적이며 안전하고 복원력 있고 지속 가능하게 보장한다. 열한 번째 목표는 지속 가능한 도시와 공동체를 구축하는 것입니다. 이 목표에는 충분하고 적당한 가격의 주택공급, 취약계층에게 편리한 대중교통의 확산, 세계문화와 자연 유산에 대한 보존 등의 세부 목표가 포함되어 있습니다.
생태계 보호	**목표12. 지속 가능한 소비 및 생산 양식을 보장한다.** 열두 번째 목표는 지속 가능한 소비와 생산을 달성한다는 목표입니다. 여기에는 선진국이 우선적으로 지속 가능 생산과 소비가 가능하도록 음식쓰레기를 절반으로 줄이고 폐기물 발생을 대폭 줄여야 한다는 내용이 포함됩니다.
	목표13. 기후변화와 그로 인한 영향에 맞서기 위한 긴급 대응을 시행한다. 열세 번째 목표는 기후변화에 대응하자는 목표입니다. 이를 위해서는 기후변화로 인한 자연재해, 특히 개발도상국에서 자연재해의 피해를 입은 후 복원할 수 있는 능력을 강화하여야 합니다.
	목표14. 지속 가능한 발전을 위한 대양, 바다, 해양자원을 보존하고 지속 가능하게 사용한다. 열네 번째 목표는 해양생태계 보존입니다. 해양오염을 막고, 지나치게 많은 양의 어류 수확을 근절하며, 지속 가능한 어업 및 양식업 등이 가능하도록 하는 목표입니다.
	목표15. 지속가능한 육상 생태계 이용을 보호 · 복원 · 증진하고, 삼림을 지속 가능하게 관리하며, 사막화를 방지하고, 토지 황폐화를 중지하고, 생물 다양성 손실을 중단한다. 열다섯 번째 목표는 육상 생태계 보호를 위한 목표입니다. 이 목표에는 산림, 습지, 산악지역 등 모든 육상 생태계를 보호하고 생물 다양성을 보존하며, 사막화를 방지해야 하는 내용이 포함됩니다.

전제 조건/ 방법	**목표16. 지속가능발전을 위해 평화롭고 포용적인 사회를 증진하고, 모두가 정의에 접근할 수 있도록 하고, 모든 수준에서 효과적이고 책임성 있고 포용적인 제도를 구축한다.** 열여섯 번째 목표는 정의, 평화, 효과적인 제도를 구축한다는 목표입니다. 부정부패가 없으며, 폭력과 차별이 사라진 사회, 그리고 깨끗하고 투명한 정부를 구축하기 위한 내용이 담겨 있습니다.
	목표17. 이행 수단을 강화하고 지속가능발전을 위한 글로벌 파트너십을 활성화한다. 마지막 열일곱 번째 목표는 지구촌 협력을 위한 것입니다. SDGs의 달성을 위한 재원 마련, 선진국과 개발도상국의 기술협력, 평등한 무역, 시민사회를 포함한 다양한 파트너십과 데이터를 통한 모니터링의 중요성을 강조하고 있습니다.

3. SDGs와 ESG 연계 전략

1) SDGs와 ESG 연계의 개념적 당위성

유엔 산하의 국제지속가능발전연구소(IISD)에 실린 잭 커티스와 자크 시한 2021년 2월 1일 자 칼럼에서는 SDGs 달성을 위해 민간기업 경영마저도 2030년까지 SDGs에 집중하여 단계적인 실천을 해 나가야 한다고 3단계 로드맵을 제시하고 있다. 이는 우리 사회가 직면한 가장 근본적인 과제이기 때문이라고 강조하고 있다.

SDGs는 유엔이나 정부만이 제도와 실행을 갖춘다고 해서 이룰 수 있는 문제가 아니다. 2015년 SDGs 채택 이후 지금까지 SDGs 성과를 보고한 2023년 특별판 SDGs에서 보듯이 SDGs는 특정한 부문의 주체가 부분적으로 실천한다고 해서 달성되는 것이 아니다. 모든 인간이 동참해야 할 보편적 지침인 것이다. 정부, 기업, 개인이 제 역할을 하지 않으면 이는 달성되지 않을 일이다. 이러한 맥락에서 기업 경영에서도 SDGs를 실행하는 방법으로 ESG 경영이 제안

되었으며 그것을 실천하지 않을 때에 기업 비즈니스도 제대로 작동될 수 없다는 것이다.

ESG 경영은 기업 비즈니스 전략의 중심에 SDGs를 두어야 한다는 의미이고 그것을 실천하는 구체적인 평가시스템이라고 할 수 있다. 하물며 정부 부문에서의 조직 운영과 정책 방향은 두말할 필요가 없이 SDGs 목표를 중심에 두고 ESG 경영을 하여야 하는 것이다. 또한 기업과 시민의 ESG에 대한 이해를 바탕으로 지방정부와 정책 운영 전략을 수립하고 각각의 주체들이 실행할 수 있도록 정책을 실행하고 시스템을 갖추어야 한다.

ESG라는 말은 2004년(보고서로는 2005년) 유엔글로벌콤팩트(UNGC)의 '누가 이기는가?(Who Cares Wins)' 이니셔티브에서 처음 사용하였다. ESG의 등장은 역사 속에서 기업 및 금융 부문의 지속 가능한 발전 맥락에서 찾을 수 있다. 1992년 리우선언의 영향으로 금융 부문에서는 유엔환경계획 금융이니셔티브(UNEP FI)가 설립되었으며, 2000년대에 들어서는 기업의 사회적 책임에 관한 국제협약인 유엔글로벌콤팩트를 체결하고, 유엔 사회책임투자원칙(UN PRI)을 선포하였다. 유엔글로벌콤팩트는 유엔 세계인권선언(1948), 노동에서의 기본 원칙과 권리에 관한 ILO 선언(1998), 환경과 개발에 관한 리우선언(1992), 유엔 반부패협약(2003)에서 기업 활동에 있어 인권(Human Right), 노동 기준(Labour Standard), 환경(Environment) 및 반부패(Anti-Corruption)에 관한 10대 원칙을 제시하였다. 현재 전 세계 157개국 14,000여 개 회원사(11,000여 개 기업회원 포함)가 참여하고 있으며, 참여한 금융기관들이 UNEP FI에 가입한 이후에 자체 환경방침과 환경리스크평가 등을 도입하는 등 금융산업의 지속가능경영 확산에 기여하고 있다.

글로벌 책임투자 이니셔티브 10대 원칙(2000)은 인권, 노동, 환경, 반부패 4 분야로 나눈다. 인권 분야는 기업은 국제적으로 선언된 인권 보호를 지지하고 존중해야 한다(원칙1), 기업은 인권 침해에 연루되지 않도록 적극 노력한다(원칙2). 노동 분야는 기업은 결사의 자유와 단체교섭권의 실질적인 인정을 지지하고(원칙3), 모든 형태의 강제노동을 배제하며(원칙4), 아동노동을 효율적으로 철폐하고(원칙5), 고용 및 업무에서 차별을 철폐한다(원칙6). 환경 분야는 기업은 환경문제에 대한 예방적 접근을 지지하고(원칙7), 환경적 책임을 증진하는 조치를 수행하며(원칙8), 환경친화적 기술의 개발과 확산을 촉진한다(원칙9). 반부패 분야는 기업은 부당취득 및 뇌물 등을 포함하는 모든 형태의 부패에 반대한다(원칙10).

유엔 책임투자원칙(UN PRI, 2006)은 다음과 같다. 우리는 ESG 문제를 투자 분석 및 의사결정 과정에 포함시킵니다(원칙1). 우리는 적극적인 소유자가 될 것이며 ESG 문제를 우리의 소유권 정책 및 관행에 포함시킬 것입니다(원칙2). 우리는 우리가 투자하는 기업의 ESG 문제에 대한 적절한 공개를 추구할 것입니다(원칙3). 우리는 투자 산업 내에서 원칙의 수용과 이행을 촉진할 것입니다(원칙4). 우리는 원칙 이행의 효율성을 높이기 위해 함께 노력할 것입니다(원칙5). 우리는 원칙 이행을 위한 활동과 진행 상황을 각자 보고할 것입니다(원칙6).

유엔글로벌콤팩트, 유엔 사회책임투자원칙은 회원사들이 기업 운영 및 경영 전략에 내재화하여 지속가능성과 기업시민의식 향상에 동참하도록 권장한다. 금융기업들은 스스로 ESG를 실천하면서 투자대상기업들에도 자연스럽게 ESG가 파급된다. 회원사들은 이런 투자규준을 통해 지속가능발전목표(SDGs) 등 포괄적인 유엔의 목표 달성도 이루고 있음을 정확히 인지하고 있다. 결론적으로 ESG는 철저히 기업과 금융 부문의 SDGs를 실천하는 방법론이라고 해도 무방할 것이다.

2) SDGs와 ESG 연계의 현실적 당위성: 지방정부가 기업 ESG를 다루어야 하는 이유

기업 ESG와 지방정부의 ESG가 다른 점이라면 지방정부는 공공 부문뿐만 아니라 여러 특성을 가진 개인과 조직의 ESG를 동시에 이해하고 관리능력을 갖추어야 한다는 점이다. 기업이나 개인은 지방정부의 ESG까지 고민할 필요가 없는 것 아니겠는가. 지방정부는 공공서비스를 제공하기 위한, SDGs를 전방위적으로 실행하는 하부조직으로서 그 자체로 하나의 조직체계를 갖춘 공익적 경영체이다. 동시에 해당 지역에서 비즈니스를 하는 기업들을 관리하고 그들로부터 세수를 확보하는 관계에 있기도 하다. 물론 기업들을 관리한다는 말이 직접적인 경영에 관여한다는 의미는 아니다. 때문에 지방정부는 SDGs 실행에 있어 공공의 주체로서 자기조직의 운영 메커니즘은 물론이고 관할하는 민간 기업 경영과 시민들의 생활도 ESG 경영시스템으로 작동되도록 주도성과 선도능력(initiative)을 발휘해야 긴밀한 관계이다.

CO_2의 70% 이상이 산업에서 발생한다. 기업이 SDGs를 등한시한다면 지방정부나 개인의 SDGs 목표 달성이란 있을 수 없다. 때문에 필연적으로 기업이 SDGs를 기업경영 전략의 중심에 두어야 하며, 지방정부 역시 그들이 SDGs를 인식하면서 ESG 경영 목표를 수립할 수 있도록 촉진자이자 매개자 역할을 수행할 필요가 있다. 기업이 장기적인 안목을 가지고 ESG 경영을 실천한다면 비

즈니스에 득이 될 것이고 사회적으로도 더할 나위 없이 좋은 일이다. 이미 소비자 역시 친환경적인 제품과 서비스를 선호하기에 시장의 요청 또한 ESG를 요구한다.

그러나 공급자인 기업도, 수요자인 소비자도 현실은 당장의 눈앞에 이익과 투자의 천칭을 두고 저울질할 때 장기적인 ESG의 고비용과 투자를 선택하기가 쉬운 일은 아니다. 기업들은 직원, 고객, 환경 및 사회 전체에 대해 SDGs를 수행하기 위해 할 수 있는 일을 할 책임이 있고, 소비자는 더욱 건강하고 안전한 지구환경을 위한 소비가 최선의 이익이라는 것을 알면서도 당장의 주머니 사정과 당장의 편리성을 포기하기가 쉽지 않은 것이다.

지역사회의 중심인 지방정부는 기업, 시민(소비자), NGO 등 각각의 부문이 SDGs를 실천할 수 있도록 정책을 구현하고 캠페인을 펼쳐야 한다. 특히, 기업의 ESG 경영은 어떤 방법으로든 실행력을 높여야 하는 것이다. 캠페인을 통한 인식개선으로 기업이 지역 수준의 SDGs에 기여할 ESG 경영 방안을 실현한다면 최선일 것이다. 세제지원 정책이나 인센티브, 각종 인허가 등은 기업이 운영을 재정의하는 지속가능성 전략 개발을 보다 촉진할 수 있는 제도적 방법임을 다시금 확인할 수 있다.

3) SDGs와 ESG 연계 전략

유엔SDGs지원협회는 2016년부터 기업이 어떻게 SDGs를 이행하고 영향을 끼치는지 측정하기 위해 지속가능발전목표 경영지수(SDGBI: Sustainable Development Goals Business Index)를 만들고 매년 발표하고 있다. 이는 SDGs 기반 검토를 바탕으로 순위를 매긴 지수로서 2016년부터 매년 10월 발표되어

UNSDGs 투자 및 이행의 표준이자 글로벌 주요 기업의 지속가능경영 표준으로 자리 잡고 있다. 기업 활동에 SDGs를 연계하고 측정하는 방식에 대해서는 SDG콤파스(SDG compass) 문서를 활용할 수 있다.

한편 사회적기업처럼 사회적 영향을 만드는 것이 목적인 조직의 경우, 소셜임팩트 내용을 설명하기 위한 기준으로 SDGs를 사용할 수 있다. 물론, SDGs 내용은 주로 개도국 상황을 중심으로 목표가 설정되어 있고 비어 있는 영역도 많은 한계점이 있지만, 국제 공통의 목표라는 장점 때문에 전 세계 다수의 임팩트 투자사가 소셜임팩트 영역을 분석하는 기준으로 SDGs를 사용한다.

SDGBI는 대표적으로 SDGs와 ESG 연계 전략을 보여주는 최적의 기준으로 평가된다. 이때 SDGs 17개 목표는 너무 포괄적이기 때문에 169개 세부 목표 수준을 기준으로 적용한다.

〈표 2-2〉 UN SDGs와 ESG연계 평가기준(SDGBI)

부문	기준
1. 사회 (5개 기준, 총 44점)	모든 형태의 빈곤, 기아, 영양실조를 종식하고 건강한 삶을 증진한다. (UN SDGs 목표 1, 2, 3) / (5개 기준 × 2점, 총 10점)
	2. 보편적이고 공평한 양질의 교육 확산을 촉진한다. (UN SDGs 목표 4) / (5개 기준 × 2점, 총 10점)
	3. 성평등과 모든 여성과 소녀의 역량을 강화한다. (UN SDGs 목표 5) / (5개 기준 × 2점, 총 10점)
	4. 지속 가능한 모든 도시 달성과 불평등 완화를 위해 사회 부문 간 상호 소통을 개선한다. (UN SDGs 목표 10, 11) / (5개 기준 × 2점, 총 10점)
	5. 평화롭고 정의로운 사회를 위한 포용적 노력을 증진한다. (UN SDGs 목표 16) / (4개 기준 × 1점, 총 4점)

부문	기준
2. 환경 (3개 기준, 총 21점)	6. 기후변화 대응 활동을 수행한다. (UN SDGs 목표 13) / (2개 기준 × 4점, 총 8점)
	7. 환경, 수자원 및 해양자원, 육상생태계 보존에 기여한다. (UN SDGs 목표 6, 14, 15) / (3개 기준 × 2점, 총 6점)
	8. 녹색에너지 및 기술을 개발한다. (UN SDGs 목표 7) / (3개 기준 × 3점, 총 9점)
3. 경제 (2개 기준, 총 20점)	9. 양질의 일자리 개발, 경제성장, 인프라 혁신 및 노사관계를 증진한다. (UN SDGs 목표 8, 9) / (3개 기준 × 4점, 총 12점)
	10. 기업의 사회적 책임 이행으로 지속 가능한 소비와 생산을 촉진한다. (UN SDGs 목표 12) / (4개 기준 × 2점, 총 8점)
4. 정책 (2개 기준, 총 15점)	11. 사회복지를 위한 국회와의 지속 가능한 협력 네트워크 증진 및 제도적 발전을 도모한다. (UN SDGs 목표 17) / (2개 기준 × 3점, 총 6점)
	12. UN, ASD 및 유관 기관 및 네트워크의 글로벌 활동에 참여한다. (UN SDGs 목표 17) / (3개 기준 × 3점, 총 9점)

4. 소결: 정책적 시사점

우리는 'Sustainable Development'를 '지속가능한 발전'이라고 번역하고 있다. 과거에는 'Development'를 거침없이 '개발'이라고 번역하였다. 자연환경은 '경제'와 '안위'라는 우리 인간의 욕망과 목표를 위해 무한히 제공되는 줄 알았던 시절이었다. 이제 더 이상 그런 시대가 아니다. 기후는 하루가 다르게 변화되고 있고, 우리의 생활방식은 쓰레기산과 쓰레기섬을 만들고 있다. 자연환경과 과학기술로도 어찌하기 힘든 위기에 봉착해 있다.

안토니우 구테흐스 유엔 사무총장은 2023년 9월 유엔총회에서 지금처럼 살다가는 SDGs, 즉 '지속가능한발전목표'는 우리들의 묘비에 새겨질 '비문(碑文)이 될 것'이라며 전 세계 각 나라가 SDGs 실행에 더욱 긴장하라고 경고했다.

행복한 미래는커녕 생존을 위협받는다니 당장의 평화로운 우리 일상에서는 와닿지 않는 이야기일 수 있다. 저토록 거친 발언이 단지 약소국들을 겁박하는 말이 아니라는 것을 각종 통계가 말해 주고 있다. 그리고 세계가 더욱 긴장하고 있다.

2023년 7월 10일 발표된 〈지속 가능한 개발 목표 보고서 2023: 특별판〉에서 전 세계적으로 SDGs는 답보상태이거나 오히려 후퇴하고 있으며 더 강력한 행동을 촉구하고 있다. 특히, 기후 위기, 우크라이나 전쟁, 취약한 세계 경제, 코로나19 팬데믹의 지속적인 영향으로 인해 SDGs는 뒷전으로 밀려난 것으로 나타났다. 그로 인해 가장 심각한 영향을 받는 것은 다름 아닌 세계에서 가장 가난하고 가장 취약한 사람들이기에 2030년까지 목표한 SDGs를 달성하고 사람과 지구를 지키기 위해 세계가 강도 높은 실천을 촉구하고, 점검하기로 하였다.

뒤이어 미국 뉴욕의 유엔 본부에서 SDG 정상회의(9월 18~19일)와 2023 기후목표 정상회의(Climate Ambition Summit, 9월 20일), 유엔총회(UNGA)가 개최되었다. 안토니우 구테흐스 유엔 사무총장은 '세계가 절벽을 향해 달려가고 있는데 합의에 이토록 미온적이어서는 안 된다'고 강조하였다.

2023년 9월은 앞으로 SDGs와 ESG가 더욱 강조되는 중요한 전환점이다. 〈한국의 SDG 이행보고서 2023〉에 따르면 우리나라는 코로나19로 위축되었던 경제활동은 회복세를 보이나, 교육 · 불평등 · 기후 · 생태계 분야에서는 SDG 이행 지체 현상이 관찰되었다. SDGs 이행은 사실상 후퇴한 것으로 평가된다. 유엔 정상들의 회담에서 전 세계가 SDGs 가속화를 위해 다각적인 솔루션과 실천방안을 결의한 만큼 앞으로 우리 정부와 지방정부에도 보다 강력한 정책수립과 실행력을 발휘해야 할 시점이다.

앞서 살펴본 바와 같이 SDGs와 ESG는 따로 떨어진 것이 아니다. ESG는 공공과 민간을 가릴 것 없이 조직 경영에 있어 SDGs를 실천하는 하나의 방편이요, 평가시스템인 것이다. ESG는 민간기업과 금융권에 적용해 오던 것이 정부 등 공공조직으로까지 확대되고 있다고 볼 수 있다.

특히 지방정부는 구체적인 정책실행 단위로서 ESG를 고민할 때 입체적인 시야를 갖는 것이 중요하다. 단지 지방정부 조직에 국한되어 '우리 조직은 E(환경), S(사회), G(지배구조)를 위해 무엇을 실천했는가?'를 평가하는 조직운영 윤리나 지침 정도로 여겨서는 곤란하다. 지방정부 조직은 물론 각 지역에 소속된 시민과 기업, 민간단체 등 모든 구성원들이 참여하도록 주도(initiative)하는 공익적 시스템(public service system) 자체이다. 지방정부가 어떤 정책을 펼치고, 어떻게 실행할지 SDGs 17개 목표를 종합적으로 검토하여 ESG 평가시스템을 확산시키고 관리하는 주체인 것이다.

지방정부의 ESG는 SDGs와 따로 노는 별도의 정책 키워드나 정책 서비스 상품이 아니다. SDGs는 인류와 지구의 생존 목표이며, 정부와 공공기관은 말할 것도 없고 이윤을 추구하는 민간기업까지도 동참하지 않고서는 이룰 수 없는 공동의 과제이기에 ESG를 요청한 것이다. 유엔은 물론이거니와 우리 정부에서도 SDGs 17개 목표를 항목별 접근이 아닌 종합적으로 연동하여 사고하며 지역별 세부 정책과 단계별 목표를 생산하여야 한다고 강조하고 있다. 물론 그것을 달성하는 '행동', '구체적인 실천 방법'이 없다면 공염불에 지나지 않는다.

지금까지 지방정부의 공무원들은 SDGs를 실천함에 있어 막연함을 느끼고

난감해하는 모습을 자주 목격한다. 어떤 경우에는 SDGs에 적극적인 환경단체나 시민들의 요구가 부담스러운 민원 같다고 호소하기도 한다. 그리고 유엔부터 상위기관까지 층층시하의 요구와 방침에 다소 제도적이고 시민 개개인에 대한 정량적 정책목표를 짜내기에 급급했던 면도 없지 않다. 이러한 지방정부와 공무원들의 고민을 외면할 수도 없지만 몇 장의 원고로 퉁쳐서 답할 수도 없는 노릇이다. 각 지역의 환경문제와 수준, 소재하고 있는 기업, 시민과의 관계, 행정역량은 모두 다르기 때문에 그야말로 맞춤형 진단과 처방이 필요한 부분이기 때문이다.

이 책에서 다루는 핵심 주제가 지방정부의 ESG이고 이 장의 제목은 SDGs와 ESG 연계이다. 이것은 다른 말로 SDGs와 ESG를 정책이라는 구체적인 활동과 실현방안을 찾는 정책시스템을 구축하는 것이라 할 수 있다. 마치 개별정책들이 구슬이라면 SDGs는 그 구슬들을 꿰어 무엇을 만들 것인가라는 목표 실타래, ESG는 얼마만큼 잘 만들고 있는지 공정과 성과를 평가하는 실타래, 이 구슬들과 실타래로 만들어지는 하나의 목걸이라고 비유할 수 있겠다. 따라서 SDGs 담당자나 ESG 담당자만이 챙기는 하나의 정책과제가 아닌 전 조직적, 전 지역적 통합 솔루션이자 통합 시스템으로 이해했으면 한다.

지방정부 ESG 정책의 중심 줄기는 SDGs, 지방정부 조직뿐만 아니라 기업, 시민, NGO 등이 함께 움직여야 공연하는 뮤지컬 같은 것이다. 오진이나 잘못된 처방으로 소중한 세금과 행정력을 낭비하는 일이 없도록 행정가와 다양한 전문역량을 결합해 기초적인 연구와 학습, 전략가 실행방안 모색을 해 나가는 종합적이고 단계적으로 접근하기 바란다.

지방정부 ESG가 잘 실현될 때의 궁극적인 모습은 기업과 시민이 지역 SDGs를 실천하기 위한 각자의 ESG를 실천하며 역할하는 것이다. 각자가 탄소 배출량을 줄이기 위한 녹색 계획이나 사회적 책임 활동을 하고, 자신의 역할에 맞는 지역사회 프로젝트에 참여한다. 특히 기업들이 자기 회사의 ESG 목표와 진행 상황을 제대로 선정했는지 상의하고, 이를 공개하고 사회를 향해 약속하고 실행할 수 있도록 유도하는 것이 지방정부 ESG의 가장 큰 몫이요, SDGs와 ESG 연계 전략의 요체라고 감히 말하며 이 글을 마친다.

참고문헌

권율(2002), 지속가능발전 세계정상회의의 성과와 과제, 세계경제, pp.8-15.

김화인(2015), 지속가능성(Nachhaltigkeit) 개념의 형성사 : 18세기 독일 산림학 이론과 실제에서의 의미내용을 중심으로, 『인문논총』72:1, pp.453-478.

레이첼 카슨, 김은령 역(2011), 침묵의 봄, 에코리브르.

정영근(2002), WSSD 논의결과 분석 및 후속과제 도출, 한국환경정책 · 평가연구원.

찰스 다윈, 심원 역(2010), 종의 기원, 두리미디어.

통계청 통계개발원(2023), 한국의 SDG 이행보고서 2023, 통계청 통계개발원.

국제신문(2018.05.20.), 1만2000여 명 사망케 한 1952년 '런던 스모그 사건' 원인은?,

http://www.kookje.co.kr/news2011/asp/newsbody.asp?code=0500&key=20180520.99099008485

브리태니커 백과사전(2023.08.31.) 환경(Environment), https://www.britannica.com/search?query=Environment

이과 매너티(2022), https://youtu.be/4XgcyrSbAiU?feature=shared

장재연(2018.03.12), 미세먼지 최악의 도시 뉴욕과 런던, 어떻게 가장 깨끗한 도시가 됐을까?, 환경운동연합 블로그, http://kfem.or.kr/?p=188821

표준국어대사전(2023.08.31.), 환경, 국립국어원, https://stdict.korean.go.kr/search/searchView.do

한국지속가능발전네트워크(2023.08.31.), https://sdsnkorea.org/

IISD(2021), Getting Businesses Back on Track with the SDGs(2021.02.01.), https://sdg.iisd.org/commentary/guest-articles/getting-businesses-back-on-track-with-the-sdgs/

IISD(2023), Debrief Unpacks Takeaways from SDG Summit for the Next 7 Years(2023.09.28.), https://sdg.iisd.org/news/debrief-unpacks-takeaways-from-sdg-summit-for-the-next-7-years/

Ivan M. Johnstone(2023.08.31.), Issues of Sustainability, https://www.issuesofsustainability.org/helpndoc-content/CarryingCapacity1.html, web publication

UN(2023), The Sustainable Development Goals Report: Special edition(2023.07.10.), UN

UN Global Compact(2015), "Investing for Long-Term Value:Integrating environmental, social and governance value drivers in asset management and financial research"

UNEP FI(2023.08.31.), UNEP FI 소개, https://www.unepfi.org/regions/asia-pacific/korea-group/aboutunepfi/

UNASD(2023.08.31.), http://asdun.org/?page_id=2526&lang=en

제3장

탄소중립과 ESG

김성균

김성균(金星均)

박사, 공간사회학자

지역사회개발, 지역개발, 도시계획을 공부하고 생태공동체를 주제로 박사학위를 받았다. 생태공동체를 시작으로 커뮤니티, 마을공동체, 지역정치, 도시재생, 사회적경제, 아나키즘, 에코뮤지엄을 주제로 연구하는 활동가의 삶을 살았다. 주어진 주제는 늘 현장과 부딪치며 그곳의 삶의 이야기를 담으려고 노력했다. 지역개발이 갖는 학문적 한계를 넘어서고자 생태철학을 시작으로 서양철학을 비롯하여 공간과 사회를 관통하는 학문의 근원을 찾아 현장 중심연구를 오늘도 하고 있다. 그는 협동조합 커뮤니티플랫폼 이유에서 활동하고 있다.

지은 책으로 ≪에코뮤지엄: 지붕 없는 박물관≫(2022), ≪더불어 피는 마을 꽃 논골≫(2018), ≪한국, 한국인을 말하다≫(2017, 공저), ≪함께 만드는 마을, 함께 누리는 삶≫(2015, 공저), ≪분명한 전환≫(2015), ≪지리산에 길을 묻다≫(2014, 공저), ≪녹색당과 녹색정치≫(2013, 공저), ≪만안의 기억≫(2013, 공저), ≪지금, 여기의 아나키스트≫(2013, 공저), ≪똥이 밥이다≫(2012, 공저), ≪시민과의 약속, 매니페스토≫(2011, 공저) 등이 있다.

1. 글을 시작하며: 기후위기를 넘어 기후열파 시대로

기후(Climate)는 짧은 시간 시시각각으로 변화하는 날씨 현상인 "기상현상"과 연결되어 있다. 기상현상이 긴 시간 동안의 평균적인 상태를 기후라고 한다. 즉, 기온이 오르고 내리는 현상을 기상현상 과정에서 일정 기간 동안 보여준 평균기온을 기후라고 한다. 기후가 오르고 내리는 것을 보고 영어로 Climate로 쓰는 이유는 등산의 뜻을 지닌 Climbing에서 연유하고 있다. 어느 특정한 날의 기온을 보는 것은 날씨이며, 오랜 기간 날씨의 평균을 보는 것이 기후이다. 기상학자는 날씨는 기분이고 기후는 성품으로 표현하기도 한다.

언제부터인가 날씨에 변동이 생기기 시작했다. 긴 시간을 두고 평균을 내다 보니 변화가 생기기 시작했다. 기후가 변하고 있다는 의미로 기후변화라는 용어가 등장했다. 그 이후, 기후 관련 용어는 기후변화(climate change), 기후비상사태(climate emergency), 지구 온난화(global warming), 지구 가열(global heating), 기후위기(climate crisis), 기후 붕괴(climate collapse), 기후 재앙(climate disaster), 지구 열대화(global boiling), 기후열파(heartache) 등 매우 다양하다. 이 중에 기후와 관련된 몇 가지 용어를 살펴보면 다음과 같다. 기후변동은 긴 시간 동안의 평균값에서 약간의 변화를 보이지만 평균값을 크게 벗어나지 않는 자연적인 기후의 움직임을 의미하며, 기후변화는 자연적 기후변동의 범위를 벗어나 더 이상 평균적인 상태로 돌아오지 않는 평균 기후계의 변화를 의미한다. 지구 온난화는 지구의 장기적인 온도 상승을 의미한다. 결국 기후변화는 지구 온난화를 포함하면서, 온난화에 의해 발생하는 해수면 상승, 산악빙하의 축소, 식물의 개화 시기의 변화 등의 광범위한 결과도 포함하고 있다.

기후위기는 인류의 삶에 재해라는 이름으로 인류사회에 직접적인 영향을 준다. 기후위기는 지구 생태계가 종합적으로 요동치면서 열파, 폭염, 폭우 등 세계 지구 곳곳에서 기상이변이 일어나고 있다. 집중호우는 기후위기로 인하여 약 3.3배 상승한 것으로 보고되고 있으며, 겨울에는 한파를 몰아오고 있다.

2023년 여름의 압도적인 더위, 2023년 7월의 실제 상황이다. "유럽의 외신은 강렬한 여름 폭염으로 지중해 국가에 사망과 산불 발생", "인간이 만든 기후변화가 7월 폭염의 압도적인 기여자", "극심한 더위 산불, 전 세계 강력한 경고", "유럽, 미국 및 아시아에 산불, 건강 경고를 가져오는 극단적인 날씨", "파리지앵, 유럽 폭염 속 사망 위험 가장 높아", "열파가 새 대륙의 일부를 태우고 기온 기록을 깨뜨릴 위험이 있습니다", "탄소를 흡수하는 열대림의 축구장이 5초마다 사라진다", "세계 최고 기온, 이틀 기록 경신", "유럽열파: 로마의 기온 기록을 깨면서 스페인과 그리스가 화재와 싸우고 있다" 등이 최근 외신의 기사 제목이다.

아일랜드의 마이클 D. 히긴스 대통령은 지난 2023년 7월 23일 각국의 지도자에게 기후위기에 대한 강력한 조치 강화를 촉구하였다. 그는 세계의 지도자는 안토니우 구테흐스 유엔 사무총장의 간청에 귀를 기울이고 기후위기에 대한 긴급성을 높일 것을 촉구했다. 구테흐스 유엔 사무총장은 "지구 온난화의 시대는 끝났다. 지금은 글로벌 끓는 시대이다"라고 한 연설을 인용하면서 기후 상승으로 인한 폭염, 산불, 건강에 미치는 영향을 참혹함이라고 표현하면서 "우리 모두는 지도자이자 세계 시민으로서 어떻게 말이 행동으로 이어지는지 평가하고, 실존적 위협에 대한 대응의 시급성을 높이고, 변화를 달성해야 할 때입니다"라고 말했다고 Irish Independent 신문은 전했다. 이러한 위기에도 불구하고 "G20 환경 장관, 기후위기에 대한 합의에 도달하지 못하다"라는 제목의 기사도 나왔다. 위기 앞에 인류는 아직도 갈 길이 멀다는 것을 알 수 있다.

이미 이런 경고는 19세기 말부터 서서히 일어났다. 이때 생태위기에 대해 전 지구적으로 논의되기 시작했다. 그 과정에서 환경철학 또는 생태철학이라는 용어도 등장했다. 생태위기의 원인을 오만한 인간중심주의 때문이야라고 하든가 아니면 인간중심주의는 남성중심적 사고와 사회가 근본적 원인이야라고 지적하거나 아니면 기술만능에 너무 젖어 있어라고 하면서 서로의 공방을 이어갔다. 이러한 위기적 상황을 살리기 위해서는 오로지 자연환경에 근본적 의미를 두고 생태사회를 만들어야 한다는 지적이 나타났다. 이러한 다양한 논란 중에 이를 명확하게 설명하기 시작한 그룹이 UN 기구 중의 하나인 기후변화에 대한 정부 간 회의(IPCC: Intergovernmental Panel on Climate Change)이다. 1988년에 설립된 IPCC는 창립 2년 후에 제1차 IPCC 보고서를 발간하면서 과연 기후변화가 인간의 책임일까라는 의문을 던진다. 5년 뒤 다시 IPCC는 제2차 보고서를 발행하면서 인간은 기후위기의 이유 중의 하나라고 지적한다. 제3차 보고서가 발행된 2001년에는 인간의 책임이 66% 정도는 될 거야라고 언급한다. 2007년에 발행한 제4차 보고서는 인간의 책임이 90%라고 지적한다. 그 이후

2014년 제5차 보고서에서는 인간의 책임이 95% 이상이야라고 하였다. 2022년에 발행된 제6차 보고서에서는 기후위기의 원인은 인간의 책임이 명백하다고 지적한다. IPCC는 1990년 제1차 보고서 이후 기후위기 원인에 대한 인간의 책임론에 의문을 제기한 이래 한 세대가 지난 32년 만에 기후위기에 대한 인간의 책임론을 선언한 것이다.

〈표 3-1〉 IPCC의 기후변화에 대한 인간 책임론 여부

연도	IPCC 보고서	인간 책임론 공론 여부
1990	제1차 보고서	기후변화, 인간의 책임일까?
1995	제2차 보고서	인간도 이유 중의 하나
2001	제3차 보고서	인간 책임 66% 이상
2007	제4차 보고서	인간 책임 90% 이상
2014	제5차 보고서	인간 책임 95% 이상
2022	제6차 보고서	인간 책임 명백

20세기 접어들면서 비약적으로 과학기술의 만능시대라고 할 만큼 최첨단 산업사회에 살고 있지만 한편으로는 생태위기의 시대에 직면해 있다. 이는 동전 앞 · 뒷면 같은 상황이다. 그만큼 우리 가까이 있다는 것을 의미한다. 이렇듯 우리가 처한 현실은 환경의 오염 혹은 파괴가 국지적 · 일시적 수준을 넘어 전지구적 차원의 위험에 이르러 일반 동 · 식물뿐만 아니라 인류의 생존 그 자체가 위협받고 있는 상황을 의미하며, 광의적으로는 인류와 비인류(동식물을 포함한 여타 자연) 사이에서 발생하는 공동체적 관계의 단절인 생태위기를 의미

한다.[1] 생태위기 상황을 분명하게 접할 수 있는 것은 기후가 그 답을 주고 있다. 전례 없는 폭염과 혹한의 계절이 바뀌기 무서울 정도로 지구 곳곳에서 그 위용을 뽐내고 있다.

무서운 여러 사막 중 분명하게 인류에게 보여준 에피소드는 2022년 천연자연 자원의 요람인 오스트레일리아의 산불이었다. 당시 호주의 모리슨 총리는 자국에서 발생한 거대한 산불에 대한 대응은 터무니없는 일이었다고 이야기한 바 있다. 호주 국민은 정부의 대응에 분노하였고 산불 면적이 남한 면적 정도에 이를 정도로 그 규모는 대단했다. 호주 국민 앞의 거대한 산불은 인간의 힘으로 진화하기에는 무용지물이었다. 결국 호주 산불은 인간이 아닌 자연이 진화를 했다. 산불로 인해 앞이 안 보일 정도의 연무가 호주 사회를 뒤덮고 있었을 때 이를 잠재운 것은 아이 주먹만 한 크기의 우박이었다. 한 치 앞도 안 보일 정도의 연무가 호주시 의회를 뒤덮고 있을 때, 2주 후에는 호주 시의회 마당에 우박이 그 자리를 대신했다. 아담 토드(Adam Todd)가 2주간의 차이를 찍은 한 장의 사진이 SNS에 퍼지면서 전 지구적으로 크게 회자되기도 하였다. 인도양을 품은 나라로 칭송받는 호주는 인도양을 끼고 양 끝으로 자리한 아프리카 대륙과 호주 사이의 단 2도 차이의 온도 때문이었다. 마른벼락으로 시작한 호주의 산불은 가뭄, 폭염으로 이어지고 그 과정에서 재와 먼지와 수증기가 응결하여 우박과 폭우를 만들어냈다. 동아프리카 대륙은 대형 비구름이 만들어지고 폭우를 동반하고 메뚜기 떼가 출현하여 식량을 초토화시키는 식량위기 상황까지 직면하게 된다. 동아프리카의 거대한 비구름은 호주에 영향을 주었고 그 영향은

1 김성균(2009), 에코뮤니티, 이매진, p.23.

동아시아에 홍수를 가져왔다. 당시 중국 장시성, 일본 규슈, 한국의 전례 없는 54일간의 장마를 동반했다. 그뿐인가. 파키스탄의 홍수, 500년 만의 최악의 가뭄으로 바닥이 드러난 유럽의 라인강 등 인류가 감당하기 어려운 일이 지구 곳곳에서 일어났다. 2022년에 이어 2023년 유럽은 이미 불의 대륙으로 불릴 만큼 여름 폭염의 위용은 인간이 감당할 수 없는 만큼 거대하다. 결국 이러한 현상은 화석연료 사회의 종말의 결과이자 생태위기 사회임을 분명하게 보여주고 있는 것이다.

한국의 경우, 국립기상과학원(2021)에서 발표한 〈한반도 100년의 기후변화〉 전망보고서는 우리나라의 106년(1912~2017) 동안의 기후변화 추세를 분석하였다. 지난 106년(1912~2017) 동안 우리나라의 연평균 기온은 13.2℃(연평균 최고기온은 17.5℃, 최저기온은 8.9℃), 연 강수량은 1237.4mm, 여름은 19일 길어졌고 겨울은 18일 짧아진 것으로 분석하였다. 최근 30년 기온은 20세기 초(1912~1941)보다 1.4℃ 상승, 평균기온, 최고기온, 최저기온 중 최저기온의 상승폭이 가장 컸으며, 최근 30년 강수량은 20세기 초보다 124mm 증가하였으나 변동성이 매우 큰 것으로 분석했다. 한편, 최근 10년 동안은 서리일수, 한랭일이 많아지며 강한 강수가 감소하는 등 최근 30년 동안과 상반된 현상이 나타난 것으로 분석했다.

2023년 7월 30일 구테흐스 유엔 사무총장은 이러한 현상을 한 문장의 메시지로 정확하게 인류사회에 전했다. 기후 온난화 시대를 넘어 지금은 기후열파 시대라고 엄중한 경고를 했다.

2. 물러설 수 없는 단 하나의 선택, 4.0도인가 1.8도인가

독일 MCC(Mercator Research Institute)[2]는 탄소시계를 발표하면서 지구 온도가 1.5도 상승까지 남은 시간은 6년 10개월(약 2028년 1월 시점)로 예측하였다. 그 결과는 전 세계 옥수수 수확량이 연간 6% 정도 감소할 것이며, 전 세계 어획량은 연간 150만 톤 정도 감소할 것으로 예측했다. 곤충 6%, 식물 8%, 척추동물 4%가 기후에 적합한 영역을 절반 이상 상실할 것이며, 해양 가열, 산성화, 더 강한 폭풍으로 산호초는 70~90% 감소할 것으로 예측했다. 그뿐 아니라 1세기 내에 여름철 북극 해빙은 완전히 사라질 것으로 예측했다. 이러한 예측 기후위기 경고는 여러 기관에서 나타나고 있는 현상이다.

이러한 원인 제공의 근원은 무엇일까라는 질문을 한마디로 정리하면 우리 인류가 믿고 추종해 온 화석연료기반사회의 종말이 가져온 인류의 위기라고 할 수 있다. 인류 위기의 시나리오는 IPCC 제4차 보고서에서 매우 구체적으로 인류사회에 전했다. IPCC 제4차 보고서는 크게는 A그룹과 B그룹으로 구분하고 A그룹은 화석연료의존사회, 다원화사회, 밸런스형사회, 비화석에너지지원의존사회로 다시 분류했다. B그룹은 지속가능성사회와 순환형사회로 구분했다. 이러한 구분에도 불구하고 문제는 인류사회가 무엇을 선택하든지 지구의 기후 온도는 상승한다는 시나리오이다. 이러한 시나리오의 결과를 보여주듯이 2022년, 2023년은 전례 없는 폭염과 산불 등 인류가 감당할 수 없을 정도의 상황이 인류의 눈앞에 펼쳐지고 있다. 인류는 지금 출구가 없는 상황이다. 1990년 대비 2100년의 기온 상승을 4.0도 그 이상의 선택을 할 것인

---

2 https://www.mcc-berlin.net/en/index.html

〈표 3-2〉 IPCC 제4차 보고서의 기후위기 대응 시나리오

구분	A1F1 시나리오	A2 시나리오	A1B 시나리오	A1T 시나리오	B2 시나리오	B1 시나리오
지향하는 사회	화석연료의 존사회	다원화 사회	밸런스형 사회	비화석 에너지 자원 의존사회	지속가능한 사회	순환형 사회
사회적 지향점	현재와 같이 화석연료에 의존하면서 경제성장을 도모하는 사회	인구와 탄소 배출의 지속적 증가와 함께 기술변화가 느린 사회 여전히 경제를 중시하는 사회	경제발전과 신기술도입이 진행되는 사회 화석연료와 비화석연료를 균형 있게 받아들이는 사회	비화석연료에 의존하는 사회	인구와 경제 성장이 A1과 B1의 중간단계의 사회 경제적, 사회적, 환경적 지속가능성에 대한 지역적 해법을 찾는사회	지구 인구는 A1과 같지만 경제구조는 서비스 및 정보 경제 쪽으로좀더급속한 변화에 대응하는사회 자원의 이용을 효율화하는사회 환경 중시 국제협조주의 사회
1900년대 대비 2100년 기준 상승 정도	4.0도	3.4도	2.8도	2.4도	2.4도	1.8도
특징	A그룹 기술 방향의 변화에 영향을 받아 대응하는 사회				B그룹 서비스와 정보경제에 중심을 둔 경제구조에 영향을 받는 사회	

	0도	1도 상승	2도 상승	3도 상승	4도 상승	5도 상승
수자원에 대한 영향	· 습윤열대 지역과 고위도 지역에서는 이용할 수 있는 물이 증가					
	· 중위도 지역과 저위도 지역에서는 이용할 수 있는 물의 감소 및 가뭄현상 증가					
	· 수억 명이 심각한 물 부족에 직면					
생태계에 대한 영향	· 산호의 백화현상 · 생물종 분포 변화 및 삼림화재 증가	· 최대 30%의 생물종 멸종 위기 직면 · 대부분의 산호 백화	· 육상생태계 최대 15%에서 방출하는 탄소량 증가 · 광범위하게 산호 죽음 · 해양 대순환 약화 및 생태계변화	· 최대 40%의 육상생태계에서 탄소 방출량이 흡수량보다 높아짐	· 지구 전체 40% 이상 생물종 멸종	
식량 생산에 대한 영향	· 소규모 농가나 어업 종사자는 조건이나 지역에 따라 손실 발생	· 저위도 지역 곡물생산성 저하 · 중고위도지역의몇몇곡물은 생산성증가		· 저위도 지역 모든 곡물 생산성 저하 · 중고위도 몇몇 지역의 곡물생산성 낮아짐		
연안 지역에 대한 영향	· 홍수 및 폭풍 피해 증가		· 연안 지역 홍수피해 몇백만 명씩 증가	· 세계 연안습지 약 30% 사라짐		
건강에 대한 영향	· 영양실조, 설사, 호흡기 질환, 감염 등에 의한 사회적 부담 증가 · 열파(熱波), 홍수, 가뭄으로 인한 사망자 확률 증가 · 몇몇 감염증을 옮기는 생물분포의 변화		· 의료비 부담 매우 증가			

설명: 굵은 색 글자는 긍정적 요소임. 이 표는 2007년 8월호 〈Newton〉의 특집기사 '기후 온난화' 부분을 재구성하였음.

출처: IPCC 제4차 보고서(2007).

가 아니면 1.8도를 선택할 것인가라는 선택지밖에 없다. 이와 관련하여 최근에 〈1.5도의 미래〉, 〈1.5도 생존 멈춤〉, 〈기후 1.5도 미룰 수 없는 오늘〉, 〈최종 경고: 6도의 멸종〉, 〈위기의 지구 물러설 곳 없는 인간〉, 〈2050 거주불능 지구〉 등의 기후에 대응한 인간의 지혜로운 선택을 알리는 저작이 쏟아지고 있다. 만약 지금 우리가 겪고 있는 기후의 상황이 1900년 대비 200년에 0.35도의 상승에 의한 결과라고 하면 앞으로 발생할 일이 얼마나 무섭고 참혹할 것인가라는 것을 알 수 있다. 이러한 주장 역시 IPCC가 제4차 보고서를 발행하면서 주장했던 시나리오였다.

2022년에 발표한 IPCC 6차 보고서는 더 절박한 위기 상황을 전하고 있다. 이 보고서를 발표하면서 안토니우 구테흐스(Antonio Guterres) UN 사무총장은 인류에 대한 코드레드(비상사태 경보)라고 언급할 정도의 지구적 위기상황을 전했다. 이 보고서는 몇 가지 기후 온난화의 원인을 정리하여 설명하고 있다.[3]

첫째, 온난화 원인이 인류에게 있다는 것에 대하여 의심의 여지가 없다는 지적이다. 연전에는 원인일까라는 의문으로 시작하여 몇 % 정도의 원인을 제공하고 있다고 했으나 제6차 보고서는 기후 온난화의 원인이 인류에게 있다고 지적했다. 보고서 작성은 66개국 200여명 이상의 전문가, 1만 4,000편의 논문 인용, 3회에 걸친 전문가의 검증과 리뷰, 약 7만 8,000개의 코멘트 등을 고려하여 작성된다는 것을 감안할 때 기후 온난화에 대한 인류 책임론은 시사하는 바가 매우 크다. 특히 보고서는 현재의 기온 상승은 과거 수천 년 동안 전례가 없는 일이라고 지적했다.

3 Newton Highlight 145, 아이뉴턴, pp.28-49 재구성.

둘째, 탄소중립을 위한 노력은 21세기 후반에 실현한다는 것이다. 2015년 파리에서 열린 제26차 유엔기후변화협약 당사국 총회(COP2)에서 파리협정이 있었다. 이 협정은 개발도상국을 포함하여 196개국과 지역의 온실가스 배출량 감축에 대한 합의안이었다. 협정 과정에서 체결된 장기적 목표는 지구의 평균기온 상승을 산업화 이전에 비하여 2도보다 충분히 낮게 유지할 뿐만 아니라 1.5도 억제를 위해 노력할 것을 명시했다. 이 목표 달성을 위해 21세기 후반에 실질적인 제로로 할 것도 명시했다. 이러한 목표는 결국 탄소중립을 의미한다.

셋째, 2040년까지 지구 기온이 1.5도 상승한다고 예측했다. 이러한 사실은 불가피한 사실이라는 점도 분명히 했다. 그뿐 아니라, 현재의 지구적 상황을 고려할 때 현재의 감축 속도라면 2100년에는 2.7도 상승할 것으로 전망했다. 지속적인 기후 상승은 강렬한 고온일의 발생빈도가 더 높아진다는 것을 의미한다. 평균기온이 1.5도 상승하면 그 발생빈도는 8.6배에 달하고, 2도 상승하면 13.9배가 될 것이라는 예측이다. 2021년 캐나다 서부의 리턴(Lytton)이 49.6도라는 고온일이 관측되기도 하였다. 이와 같은 고온 일수가 현재의 2배, 3배 빈도로 일어날 것이라는 점이다.

넷째, 아시아의 많은 대도시가 바다에 침수된다는 것이다. 이 시나리오는 최악의 시나리오이다. 산악 지대의 빙하가 녹아내리고 그린란드와 남극 대륙을 덮고 있는 빙상[4]이 녹아 대량의 물이 바다로 흘러 들어갈 뿐만 아니라, 해수면의 기온 상승으로 바닷물 자체의 부피가 팽창하게 되면서 전체적으로 해수면이 상승하게 된다. 이러한 해수면 상승은 앞으로 계속될 것이며, 아시아의 대도시

4 빙상은 두꺼운 얼음을 의미한다.

는 수몰될 가능성이 높게 된다. 2300년 해수면 수의 상승 시뮬레이션 결과 중국의 베이징, 베트남의 하노이, 홍콩, 타이베이, 도쿄, 인천 등 동아시아의 연안 도시가 여기에 해당한다. 이미 인도네시아의 자카르타는 해수면 상승으로 수도 이전을 발표하기도 하였다.

다섯째, 영구 동토가 녹으면서 온난화를 가속화시킬 가능성이 높다. 얼음은 태양광을 반사시키지만, 온난화로 인하여 녹아내린 얼음 위로 노출된 대지는 태양광을 흡수하게 되면서 기온을 상승시키는 원인이 된다. 1979~1988년에 비하여 2010~2019년의 북극해 해빙은 9월에는 약 40%, 3월에는 약 10% 정도 감소한 것으로 보고되고 있다. 결국 북극 지역의 기온은 세계의 평균기온보다 두 배 이상 빠른 상승을 의미한다. 2050년에는 연중 1회 정도는 해빙이 거의 없을 수 있는 상황이 발생할 수도 있다는 지적이다. 결국 영구 동토가 융해되고 동토층에 있던 유기물에서 이산화탄소와 이산화탄소의 25배에 달하는 메탄가스가 발생하면서 인류는 걷잡을 수 없는 불가역적 상황에 직면하게 된다.

여섯째, 극단적인 고온과 큰비의 발생빈도가 증가한다. 온난화는 강수량에 큰 영향을 준다. 갑작스러운 폭우는 일상화되었다고 봐도 과언이 아니다. 이러한 현상은 세계 각지에서 극단적 기후의 발생빈도가 변화해 가고 있음을 의미한다.

일곱 번째, 제어할 수 없는 상황이 도래할 가능성이 높다. 앞으로 인류가 감당할 수 없는 폭우의 빈도는 증가하고, 산악 지역의 비탈면은 붕괴되며, 어떤 지역은 가뭄 발생량이 증가할 것으로 예측했다. 태풍은 전례를 찾아볼 수 없을 정도의 슈퍼태풍으로 바뀌고 있다. 대기 중의 온실가스 농도의 기온의 지속적인 상승으로 인하여 어떤 시점이 되면 그 이전의 상황으로 돌아가기 쉽지 않을 것이라는 전망이다. 결국 작은 변화가 급격한 변화로 바뀌는 전환점에 위치하고 있는 것이 지금의 상황이라는 것이다. 지구 온도가 1~2도 상승하는 사이 기후변화 현상이 서서히 진행되다가 어느 시점부터 한쪽으로 기울어지면서 어느 한순간에 폭발적인 변화를 일으키는 시점에 이르러 돌이킬 수 없는 티핑 포인트(Tipping Point)가 나타나는데, 지금 우리가 그 위치에 있다는 것이다.

여덟 번째, 남은 탄소 예산은 앞으로 17%에 불과한 것이다. 기후 상승을 일정 수준으로 억제하기 위해 상정되는 이산화탄소의 누적 배출량(과거와 미래의 배출량 합계)의 상한치가 탄소예산이다. 보고서는 1850년부터 2019년까지의 인간 활동에 의한 이산화탄소 탄소 누적 배출량이 약 2,390기가 톤(Gt, 1기가 톤은 10억 톤)으로 기술했다. 산업화 이전에 비해 1.5도 이내로 억제하기 위해 남은 탄소예산은 앞으로 약 500기가 톤으로 추정하였다. 이미 배출한 양을 생각하면 예산의 83%는 이미 사용했다는 것을 의미한다. 결국 앞으로 탄소예산은 17%에 불과하다는 논리이다.

아홉 번째, 탈탄소화를 위한 사회시스템과 인식의 전환이 필요하다. 파리협정 이후 1.5도 이내의 억제를 위한 다각적인 노력을 위한 사회시스템과 인식의 전환이 필요하다고 지적했다. 이러한 지적은 탈탄소사회로 이행하는 방법을 구체적으로 사회화시키면서 화석연료를 기반으로 한 문명사회로부터의 전환이 필요하다는 것을 의미한다.

〈표 3-3〉 남은 탄소예산 추정

1850~1900년부터 2010~2019년까지의 지구 온난화	1850~2019년이 과거 누계 CO_2 배출량
1.07(가능성이 높은 범위: L 0.8~1.3)	2390(가능성이 높은 범위: ±240)

1850~1900년을 기준으로 하는 기온 상한까지의 대략적인 지구 온난화	2010~2019년을 기준으로 하는 기온 상한까지의 대략적인 지구 온난화	2020년 초부터의 남은 탄소예산 추정치($GtCO_2$) 기온 상한까지 지구 온난화를 억제할 수 있을 가능성					CO_2가 아닌 온실가스 배출 감축량의 분산
		17%	33%	50%	67%	83%	
1.5	0.43	900	650	500	400	300	CO_2가 아닌 온실가스 배출 감축량의 증감에 따라 왼쪽의 값은 220$GtCO_2$ 이상 증감할 수 있음
1.7	0.63	1450	1050	850	700	550	
2.0	0.93	2300	1700	1350	1150	900	

출처: 뉴턴프레스(2023), 〈Newton Highlight 145: 지구온난화보고서〉, 아이뉴턴, p.47.

이와 같이 IPCC 6차 평가보고서(AR6)에서는 지난 5차 평가보고서(AR5)에서 사용한 대표농도경로(RCP: Representative Concentration Pathways)와 공통사회경제경로(SSP: Shared Socioeconomic Pathways)를 함께 고려한 새로운 시나리오를 도입하였다. 공통사회경제경로는 기후변화에 대한 미래의 완화 적응 노력에 따라 5개의 시나리오로 구별되며, 인구통계, 경제발달, 복지, 생태계 요소, 자원, 제도, 기술발달, 사회적 인자 및 정책을 고려할 것을 요구하고 있다.

〈표 3-4〉 IPCC 제6차 보고서 기후변화 시나리오

구분	의미
SSP1-2.6	재생에너지 기술 발달로 화석연료 사용이 최소화되고 친환경적으로 지속가능한 경제성장을 이룰 것으로 가정하는 경우
SSP2-4.5	기후변화 완화 및 사회경제 발전 정도가 중간 단계를 가정하는 경우

구분	의미
SSP3-7.0	기후변화 완화 정책에 소극적이며 기술개발이 늦어 기후변화에 취약한 사회구조를 가정하는 경우
SSP5-8.5	산업기술의 빠른 발전에 중심을 두어 화석연료 사용이 높고 도시 위주의 무분별한 개발이 확대될 것으로 가정하는 경우

3. 탄소중립을 위한 각국의 노력

기후위기 상황에서 우리의 선택은 단호해야 한다. 1.5도인가 4.0도인가라는 선택지만 놓여 있다. 이를 위한 각국의 노력도 다양하다. 국가에 따라 CO_2, 온실가스, 탄소배출, 온실가스 등으로 사용하면서 감축 목표를 정하고 있다. 국가에서 추진하는 기후위기 대응은 탄소중립이다.

〈표 3-5〉 탄소중립을 위한 각국의 목표

국가	감축 목표	21세기 중반을 향한 목표 (실질적 제로 목표 연도)
중국	2030년까지 GDP당 CO_2 배출 60~65% 감축(2005년 대비)	2060년(CO_2 배출)
EU	2030년까지 온실가스 배출량을 55% 이상 감축(1990년 대비)	2050년(온실가스)
한국	2030년까지 온실가스 배출량 40% 이상 감축(2018년 대비)	2050년(탄소배출)
일본	2030년에 46% 감축(2013년 대비)	2050년(온실가스)
러시아	2050년까지 삼림 등에 의한 흡수량을 뺀 온실가스 실질 배출량의 60% 이상 감축(2019년 대비)	2060년
미국	2030년까지 온실가스 배출량 50~52% 감축(2005년 대비)	2050년(온실가스)

출처: 뉴턴프레스(2023), 〈Newton Highlight 145: 지구온난화 보고서〉, 아이뉴턴, p.35.

탄소중립을 위한 각국의 노력과 시나리오에도 불구하고 영국 리즈대학의 제핌 보건연구원과 스페인 바르셀로나 자유대학의 제이슨 히켈 교수가 선진국을 대상으로 2013~2019년 국내총생산(GDP)성장과 온실가스 감축 성적을 평가한 논문을 〈레싯 지구 보전(Lancet Planet Health)〉에 발표했다. 이 논문에서는 선진국의 탄소중립을 위장환경주의라고 평가하면서 2023년부터 본격적인 온실가스 감축에 들어간다고 하더라도 실제적으로 기대하기가 어렵다는 것이 그의 주장이다. 이어 연구팀은 11개의 선진국 대부분은 할당된 탄소예산을 지키면서 경제 성장을 유지하는 것이 어려운 상황이라고 평가했다. 지금의 상황에서 아무리 탄소중립정책을 전개한다고 하여도 지구 기온 상승 1.7도의 목표를 달성할 수 없다는 지적이다. 그들은 11개국의 평균 배출량 감축 속도는 연 1.6%에 불과하며 이와 같은 속도로 감축을 한다면 11개국이 탄소배출량을 95% 감축하는 데 평균 223년 걸릴 것으로 예측했다.[5] 연구팀의 지적처럼 각국에서 아무리 탄소중립을 위한 노력을 한다고 하더라도 지금의 상황에서는 매우 예측 불가능하며 지속 가능하지 않은 선택이 지속될 뿐이라는 지적이라는 점에서 매우 큰 의미를 갖는 분석이라고 본다.

4. 탄소제로 만들기, 탄소중립

탄소중립은 사용하는 목적, 내용, 분야에 따라 Net CO_2 Emissions, Carbon Neutral, Zero Carbon Emissions, Climate Neutrality, Net zero 등의 용어로 혼

---

5 Jefim Vogel, Jason Hicke(2023. 9.), "Is green growth happening? An empirical analysis of achieved versus Paris-compliant CO2 - GDP decoupling in high-income countries", The Lancet Planetary Health, Vol.7, No.9, pp.726-792.; 중앙일보(2023.9.7.), "선진국 녹색성장? 그린워싱일뿐…탄소중립 2200년 걸린다."

재되어 사용되고 있다. 우리나라는 탄소중립기본법으로 불리는 「기후위기 대응을 위한 탄소중립 · 녹색성장기본법」에 탄소중립에 대한 개념을 정의하고 있다. 이 법안은 기후위기의 심각한 영향을 예방하기 위하여 온실가스 감축 및 기후위기 적응대책을 강화하고 탄소중립 사회로의 이행 과정에서 발생할 수 있는 경제적, 환경적, 사회적 불평등을 해소하며 녹색기술과 녹색산업의 육성 · 촉진 · 활성화를 통하여 경제와 환경의 조화로운 발전을 도모함으로써, 현세대와 미래세대의 삶의 질을 높이고 생태계와 기후체계를 보호하며 국제사회의 지속가능발전에 이바지하는 것을 목적으로 한 법안이다.

이 법안에서는 탄소중립을 대기 중에 배출 · 방출 또는 누출되는 온실가스의 양에서 온실가스 흡수의 양을 상쇄한 순배출량이 영(零)이 되는 상태로 정의하고 있으며, 탄소중립사회는 화석연료에 대한 의존도를 낮추거나 없애고 기후위기 적응 및 정의로운 전환을 위한 재정 · 기술 · 제도 등의 기반을 구축함으로써 탄소중립을 원활히 달성하고 그 과정에서 발생하는 피해와 부작용을 예방 및 최소화할 수 있도록 하는 사회로 정의하고 있다.

정리하면, 탄소중립은 탄소배출을 실질적인 제로상태를 만드는 것을 의미하며, 실질적인 제로는 화석연료의 사용으로 인하여 인위적인 온실가스 배출량과 인위적인 대책을 통한 온실가스의 흡수량을 같게 한다는 것을 의미한다. 이러한 탄소중립에 대해 개념적 틀은 Rogeli et al.(2015)이며, 이를 공식화한 것은 2018년에 IPCC에서 발표한 1.5℃ 보고서로 추정하고 있다. 그 외에도 김기호(2009)[6]는 "국내의 탄소중립의 개념에 관해서는 지구 온난화의 주요 요인인

6 김기호(2009), 탄소중립도시 실현을 위한 인센티브 적용방안에 관한 연구, 협성대학교 석사학

온실가스의 배출을 원천적으로 최소화하며 배출된 온실가스에 대해서도 재생에너지 활용, 습지 및 숲 조성, 생활양식 개선 등의 탄소흡수원을 통하여 궁극적으로 탄소 배출량이 '0(Zero)'이 되는 것"으로 정의했으며, 이정환(2010)[7]은 "기후변화에 대응하기 위한 수단으로써 인간의 경제활동으로 배출되는 탄소량이 전혀 없는 상태가 되는 것"을 정의했다. 노재용(2021)[8]은 "CO_2를 배출한 만큼 흡수하는 대책 등을 통해 총배출량을 '0'으로 만드는 것"으로 정의했다. 정리하면, 탄소중립은 탄소배출을 제로상태로 만드는 것을 의미한다.

〈표 3-6〉 탄소중립에 대한 개념적 틀

구분	개념
IC=0	완전한 탈탄소화 또는 에너지 및 산업공정(CCS 적용)의 순 이산 화탄소 배출량을 '0'으로 감소
NC=0	탄소중립(Carbon neutrality) 또는 순 제로 이산화탄소 배출
E=0; EFC=0; BFC=0; IA=0; LS=0	모든 곳에서의 탄소배출 제로
NGHG=0	탄소중립(Climate neutrality) 또는 순 온실가스 배출

출처: Rogeli et al., 2015: 2, 이동규(2022), 〈탄소중립형 마을계획 요수 및 모델개발〉, 원광대학교 대학원 박사학위 논문, p.54.

위 논문.

7 이정환, 이관규, 홍정기(2010), 도시 산림의 탄소저장능을 활용한 탄소중립지표 개발, 한국환경복원기술학회지 13(3): 94-102.

8 노재용(2021), "탄소중립 달성을 위한 해상풍력발전 활성화 연구", 세종대학교 박사학위 논문.

5. 탄소중립을 위한 키워드와 ESG

「기후위기 대응을 위한 탄소중립 · 녹색성장기본법」은 제2조에 탄소중립과 연관된 용어를 정의하고 있다. 주요 키워드는 기후변화, 기후위기, 탄소중립, 탄소중립사회, 온실가스, 온실가스배출, 온실가스감축, 신재생에너지, 에너지 전환, 기후위기 적응, 기후정의, 정의로운 전환, 녹색성장, 녹색경제, 녹색기술, 녹색산업 등으로 정하고 있다. 이 법안은 탄소중립을 하게 된 이유를 설명하는 기후위기에 대한 문제 제기로 시작하여 그 대안으로 에너지 전환의 필요성을 이야기하고 있다. 그뿐 아니라 그 대안으로 산업의 녹색화를 강조하고 있다. 이러한 산업의 녹색화를 위해 제안된 프로젝트가 RE100이다. 이 프로젝트는 국제적으로 적용되는 대표적인 탄소중립 정책 중의 하나이다. 이 정책은 2014년 영국 런던에 자리한 다국적 비영리기구인 〈더 클라이밋 그룹〉에서 시작된 운동이다. RE100은 재생에너지(Renewable Electricity) 100%의 약자로 기업이 사용하는 전력량의 100%를 2050년까지 풍력 · 태양광 등 재생에너지 전력으로 충당을 목표로 한 국제 캠페인이다. 여기서 논의된 재생에너지는 석유를 기반으로 한 화석연료가 아니라 태양열, 태양광, 바이오, 풍력, 수력, 지열 등 자연으로부터 얻는 에너지를 의미한다. SK그룹 계열사 8곳(SK㈜, SK텔레콤, SK하이닉스, SKC, SK실트론, SK머티리얼즈, SK브로드밴드, SK아이이테크놀로지)이 2020년 11월 초 한국 RE100위원회에 가입신청서를 제출하였다.

현재 우리나라의 전기발전 비율 가운데 원자력이 차지하는 비율이 40%를 넘는다. 원자력으로 발전한 전기를 우리 생활이나 산업에서 사용하기 위해서는 송전탑을 통하여 전기를 공급받게 된다. 2014년 밀양에서는 초고압송전선을 두고 사회적으로 큰 논란에 휘말리기도 했다. 그 당시 나눔문화연구소에서 발행한 〈전기는 눈물을 타고 흐른다〉는 자료집에 의하면, 전국에 3만 9천 개의 송전탑이 있으며, 앞으로 10년 안에 약 1,700여 개의 송전탑이 더 지어질 것이라고 소개한 바 있다. 당시 밀양에 들어선 송전탑은 세계 최대의 송전탑으로 765kV 초고압 송전탑이었다. 울산 신고리 원전에서 서울 수도권까지 전기를 수영하기 위해 당시 한국전력은 2005년 밀양송전탑 공사계획을 확정한 바 있다. 이 법안은 지속 가능한 개발 관련 법안이 아닌 1979년 박정희 정권 당시 만들어진 「전원개발촉진법」에 의한 것이었다. 이 법안은 발전소, 송전탑을 비롯하여 전원사업으로 지정되면 사업자는 19개 법률에 규정된 규제를 피할 수 있으며 토지를 강제수용 할 수 있는 내용을 포함하고 있었다. 여기서 가장 문제가 되는 것은 에너지 독점 시스템이라는 점이다. 중앙집중형 에너지독점시스템은 화력 또는 원자력에서 대량으로 생산한 전기를 전국 곳곳이 하나로 연결된 단일 송전망을 통해 공급하는 시스템이다.

이러한 위험은 후쿠시마 원전 참사가 잘 설명하고 있다. 과학이든 뭐든 그 논리를 떠나 사회 · 심리적 불안이 너무 크다는 점이다. 이는 과학이 사회 · 심리적 요인을 넘어설 수 없다는 것을 의미한다. 2011년 3월 11일 일본 후쿠시마 현 오쿠마마치의 후쿠시마 제1 원자력 발전소에서 동일본 대지진으로 발생한 후쿠시마 원전 참사로 유출된 방사능량은 히로시마 원폭의 168배에 이르는 것으로 추정한 바 있다.

RE100은 단순히 재생에너지 사용 의지를 넘어 에너지 독점, 자립적이고 순환형 에너지 체제 구축과 지역의 자연환경에 맞는 에너지 활용을 최대한 고려하겠다는 것을 의미한다. 지역의 자연환경에 따라 태양을 이용할 것인지 아니면 바람이나 물 또는 땅속의 에너지를 이용할지를 결정하는 생태적 행동이다.

2022년 경제 · 인문사회연구회에서 발행한 〈탄소정책중립연구〉는 탄소중립 정책과제 및 이행방안을 발굴 · 지원을 목적으로 탄소중립 구현을 위한 통합 · 연계 관점의 정책을 모색하기 위해 작성된 보고서이다. 이 보고서에서 제안된 정책제안 중에 전력시장 운영체계 및 구조개선을 제안하였다. 그중에 한국전력의 독점적 소매시장 운영구조는 중소규모 재생에너지를 포함하여 분산에너지원의 확보 및 다양한 서비스 제공에 장애로 작용한다고 지적하였다. 특히 RE100 달성을 위한 재생에너지 구매계약(PPA)을 통한 직접거래는 대규모 수용가의 일부 시장개방과 관련 있으나 그 실적은 매우 저조하다고 평가하였다. 경제 · 인문사회연구회 보고서는 앞서 언급한 바와 같이 중앙집중형 에너지 공급체제의 새로운 전환, 즉 정의로운 전환을 의미한다.

탄소중립 아젠다를 전환의 관점에서 바라보아야 하는가, 특히 정의로운 전환으로 논의되는 이유가 무엇인지 생각할 필요가 있다. 이와 관련하여 2021년 한국법제연구원은 〈한국의 탄소중립 이행을 위한 정의로운 전환의 법적 개념과 정립에 관한 연구〉에서 정의로운 전환에 대한 논의를 한 바 있다. 이 보고서는 탄소중립 이행에 따른 변화와 대응 과제로서 전환의 관점에서 바라보자는 취지로 작성된 보고서이며 이를 정의로운 전환으로 정의하였다. 정의로운 전환은 탄소중립기본법으로 알려진 「탄소중립 · 녹색성장기본법」에 그 의미가 정의되어 있다고 설명하고 있다. 이 법안에서는 정의로운 전환을 "탄소중립 사회로 이행하는 과정에서 직 · 간접적 피해를 입을 수 있는 지역이나 산업의 노동자, 농민, 중소상공인 등을 보호하여 이행 과정에서 발생하는 부담을 사회적으로 분담하고 취약계층의 피해를 최소화하는 정책방향"으로 정의하고 있다. 즉, 탄소중립 사회 이행과정에서 특정 대상자의 사회적 피해를 최소화하자는 취지이다.

6. 글을 마감하며: 탄소중립을 위한 지방정부의 매니페스토

탄소중립과 관련하여 한국환경연구원 산하 지속가능전략연구본부의 녹색전환연구실은 실명제 사업내역서 〈2023-13〉을 공개한 바 있다. 이 자료는 〈국내 ESG 고도화 및 환경규제 효율화 연구〉 정책 제목으로 한 자료이다. 이 사업을 추진하게 된 배경은 기업의 ESG 활동과 지속가능금융이 확대됨에 따라 이를 뒷받침하는 공공정책 및 제도의 고도화가 필요하며, 지속가능성 정보 공개 국제기준 개발 및 공시 의무 도입에 따라 국내 ESG 정보 공개의 고도화가 필요하다는 것이다. 그뿐 아니라 지속가능성 정보 공개 국제기준 개발 및 공시 의무 도입에 따라 국내 ESG 정보 공개의 고도화 및 ESG 정보 공개, 다발적 환경개선 노력 등 기업의 형태 변화를 고려한 환경규제 효율화 및 합리적 개편이 필요하다는 취지의 설명이다. 이러한 목적 이행을 위해 ESG 관련 정보 공개의 고도화, 영향측정, 공공검토, 환경규제 효율화 방안을 모색하고 있다.

서울시는 서울연구원을 통하여 2022년에 〈환경 · 사회 · 지배구조(ESG) 경영 확대를 위한 서울시 정책방안〉을 연구한 바 있다. 이 보고서는 앞으로 기업의 생존전략은 ESG 경영 여부에 달려 있다는 취지의 보고서이다. 이 보고서는 공공기관의 경우 ESG 경영에 대한 인식은 높지만 실질적으로 기관운영 시스템에는 적용되지 않는 것으로 파악했으며, 중소 및 중견기업은 ESG 경영에 대한 인식이 부족할 뿐만 아니라 정부 지원사업에 대한 인지율이 낮은 것으로 평가하였다. 서울시의 이러한 사항을 보완하기 위해 제안된 ESG 경영정책은 ESG 경영이 가능한 선순환구조를 강화하여 이를 지원하는 역할이 필요하다고 보았다. 시장 중심으로 진행되는 것이 ESG 경영의 특성상 서울시가 경영을 관리하거나 규제를 통하여 시장행위자를 통제하는 것은 지양하지만 서울시는 시장행위자가 ESG 경영이 추구하는 가치를 잘 실현하도록 돕도록 하는 역할을 하여야 할 것을 강조하고 있다.

서울시는 공공정책 공기업 ESG 경영 확대와 ESG 경영 민간 확대 지원을 서울시의 ESG 정책 방향으로 정하고 그 과정에서 중앙정부와 지방정부의 역할을 구분하였다.

공공기관에서 운영하는 공기업은 이익을 원칙으로 하고 있지만 국가와 사회의 공익성과 정부 목표의 이행 등의 목표를 수행하여야 하는 역할을 담당하고 있어 공공기관의 ESG 경영에 의한 민간의 참여와 활성화를 견인할 필요가 있다. 2022년에 발표한 대외경제정책연구원의 〈공공기관 ESG 현황과 경영전략: 해외사례를 중심으로〉 보고서에서 "한국의 공기업과 공공기관들은 제대로 된 ESG 경영전략을 수립하지 못하고 있는 실정이다"라고 ESG 경영에 대한 미비

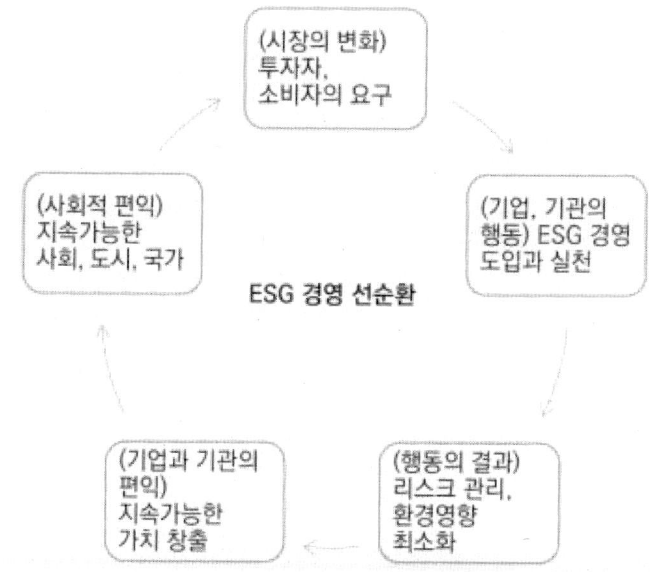

〈그림 3-1〉 ESG 경영과 사회적 편익

출처: 서울연구원(2022), 〈환경 · 사회 · 지배구조(ESG) 경영 확대를 위한 서울시 정책방안〉, p.71.

점을 지적하였다. 이 보고서는 ESG 경영에 있어 환경 분야(E)는 공공 부문의 모범적 역할을 강조한다. 특히 국가적 탄소감축 목표 달성이나 재생에너지 사용, 오염물질과 폐기물 감축, 순환경제의 실현 등을 이행하면서 민간 부문의 참여를 선도하여야 한다고 지적했다. 사회 분야(S)에서 공공 부문은 사회적 가치나 사회적 효용의 증대를 목적으로 설립되었으므로 민간기업에 비하여 사회적 가치를 추구하는 데 목표를 두어 민간 부문의 참여를 이끌어야 한다고 보았다. 거버넌스(G)에서는 공공 부문은 국가 목표의 실현과 사회적 공익에 주안점을 두고 ESG 경영을 위한 지배구조 또는 거버넌스 체계 구축을 강조했다.

〈표 3-7〉 서울시 ESG 정책 방향

<table>
<tr><th colspan="2">구분</th><th>공급기관과 공기업 ESG 경영 확대</th><th>ESG 경영 민간 확대지원</th></tr>
<tr><td colspan="2" rowspan="2">정책목표</td><td colspan="2">(변화하는 기후환경 반영, 중장기적)
중대성 평가 관점에서 바라본 기관(기업)의 가치 창출 지속가능성 확대</td></tr>
<tr><td>기관이 사회와 환경에 미치는 영향 저감 + 기관의 가치(사회복리 후생) 창출 지속 → 사회복리 후생 극대화 + 환경 영향 최소화</td><td>기업이 사회와 환경에 미치는 영향 저감 + 기업의 가치(지속 가능한 현금 흐름) 창출 지속 → 지역경제 활성화 + 환경영향 최소화</td></tr>
<tr><td colspan="2">주체별 역할</td><td colspan="2">· 기업(기관): ESG 경영전략 수립, 핵심 지표 관리, 대내외 정책 정보 공개
· 정부(지자체): ESG 선순환 강화를 위한 감독과 지원</td></tr>
<tr><td>정책
과제</td><td>단기</td><td>· 서울시 출연기관 경영평가 지표 개선
· 서울시 공기업 핵심 가치평가 지표 개정
· 산하기관 ESG 진단, 경영전략 수립, 데이터 구축을 위한 기술 및 재정 지원
· 중대성 평가를 통한 시 재무보고서에 기후리스크 포함</td><td>· 서울시 공공조달 평가항목 개설
· 중소 · 중견기업 대상 ESG 교육, 기술 및 재정 지원
· 여의도 녹색금융 특화지구 지정 및 시범사업</td></tr>
</table>

구분		공급기관과 공기업 ESG 경영 확대	ESG 경영 민간 확대지원
정책 과제	중장기	· 공공기관 경영평가 개선방안 마련 · 기관별 특성에 맞는 ESG 가이드라인 작성, 공공기관 ESG 평가 방안 마련 · 시정활동(Government operation) 영역에 대한 ESG 평가, 서울시 ESG 보고서 발간 등	· 중소 · 중견기업 ESG 지원 플랫폼 구축 · ESG 기금 마련, 투자정책에 ESG 반영
	지속	· 경영평가 지표 지속 개선	· 공공조달 평가항목 지표 개선 (ESG 우수기업, 우대항목 추가)

출처: 서울연구원(2022), 〈환경 · 사회 · 지배구조(ESG) 경영 확대를 위한 서울시 정책방안〉, p.73.

2022년에 경기연구원에서 발간한 〈경기도의 기업 ESG 도입 방안연구〉는 경기도 중소기업의 ESG 도입 및 실효적 운영을 위해 경기도 중소기업 ESG 경영 활성화를 위해 ESG 경영 도입 확대, ESG 경영 우수기업 육성, 지속가능경영 선도를 주요 목표로 설정하였다. 경기도가 ESG 경영 실현을 위해 수요맞춤형 지원, 대외 활성화 기반구축, 중소기업 자체 역량 강화 등을 설정하였다. 경기도 중소기업의 ESG 경영 정착을 위해 기본원칙과 방향은 지원에 초점을 두는 것이었다. 탄소중립 등 중소기업 부담이 큰 환경 부문(E)은 별도의 지원방안을 마련하고, 사회 부문(S)과 거버넌스(G)는 인센티브 제공 등을 통하여 중소기업의 ESG 경영 활성화를 도모하겠다는 것이다. 과제의 실질적 추진을 위해 주무부서 및 보조지원부서, 산하 공공기관을 지정하여 ESG 경영을 추진할 것을 주요 추진과제로 정하였다.

〈표 3-8〉 경기도 중소기업 ESG 경영 비전 및 목표

비전	경기도 중소기업 ESG 경영 활성화		
목표	ESG 경영도입 확대	ESG 경영 우수기업 육성	지속가능경영 선도
전략	수요자 맞춤형 지원	대내외 활성화 기반 구축	중소기업 자체 대응역량 강화
과제	· ESG 경영인식 확산방법 개발 및 지원 · E(환경)에 역점을 둔 지원 강화 · S(사회), G(지배구조) 부분 요소 중 우선순위 중요 분야 중점 지원 · 중소기업의 최우선 정책 수요에 집중지원 추진	· 대외적 활성화 기반 구축 -경기도 중소기업형 평가관리지표 마련 및 활용 홍보 등 · 대내적 활성화 기반구축 -중소기업 ESG 경영 · 경제적 지원 프로그램 도입 등	· 경영진의 ESG 인식 제고와 최소 담당 인력 지정배치 · ESG 요소 중 중요 평가지표 자체 준비 대응력 강화 · E(환경) 부분 자체 대응전략 강화 · ESG 체크리스트를 통한 자가진단 실시 활성화 · 대 · 중소기업 ESG 협업 강화

출처: 경기연구원(2022), 〈경기도의 기업 ESG 도입 방안연구〉, p.146.

이러한 논의를 종합할 때, 탄소중립 시대에 ESG 지방정부 실현을 위해서는 공공 부문의 선도적 역할이 중요하다는 것을 의미한다. 보다 효율적 ESG 경영을 위해서는 OECD의 공기업 지배구조 가이드라인을 권장하고 있듯이 우리나라도 K-가이드라인을 수렴할 수 있는 집중형 관리체계가 필요한 상황이다. 주요 공공기관은 ESG 경영구조의 실행을 위해 이사회의 독립성을 강조하기보다는 이사회 의장과 기관장을 분리하고 독립적인 비상임 사회이사 등을 비롯하여 여성이나 사회적 소수자의 일정 비율의 확보를 통하여 이해관계자 중심의 ESG 경영 이행이 필요하다. 공공기관의 장이나 이사의 선임은 정부의 과도한 개입을 지양하고 영국의 공직임명감독관 제도처럼 각종 공공기관 임원의 임명에 대한 감시, 규제, 공시 등 역할을 할 수 있도록 하여야 한다. 그 외에 공공기관은 민간 부문의 사회적 선도기관으로서 역할도 매우 중요하다. RE100 등의 탄소중립을 실행하는 데 많은 비용과 시간이 소요되므로 사회적 공익 차원에서 공공기관의 선행활동이 요구된다. RE100의 구체적인 이행을 위해 SBTi(Science Based Targets initiative)[9]와 연동하여 실질적인 활동이 가능하도록 할 필요가 있다.

이러한 실현을 위해서는 유엔에서 제사한 SDGs를 OECD의 다국적기업 가이드라인과 공기업 지배구조 가이드라인, 반부패 가이드라인 등 추구가 필요하다. 환경적으로는 2050 탄소중립을 RE100과 SBTi로 실행과 사회적으로는 사회는 적극적으로 사회적 가치 창출과 다양한 이해관계자 중심 체계 구축이 선행되어야 할 필요가 있다.

앞으로 ESG 경영은 사회적 필수가 될 것으로 예상된다. UNGPs는 2011년 기업은 인권을 존중한 책임을 진다는 원칙이행을 발표하면서 국가는 기업으로 인한 인권침해가 발생하지 않도록 법적 조치를 할 의무가 있으며, 기업은 인권을 존중할 책임이 있기 때문에 기업활동을 할 때, 인권실사가 요구되는 이행원칙을 발표한 바 있다. 그 이후 2022년에는 UNGC 기업과 인권지침서 실사 가이드라인을 발표하면서 그중에 인권영향평가를 중요한 의제로 다루었다. 이와 같이 기업의 책임경영이 강조되면서 기업책임경영을 위한 OECD 기업실사 지침(2018), OECD 다국적 기업의 책임경영지침(2023), ILO 다국적 기업의 원칙과 사회정책에 관한 삼자선언, 실행지침(2018), 행동지침(2021) 등 대기업 활동과정에서 나타날 수 있는 공급망 실사가 매우 강조되고 있다.

---

9 SBTi(Science-based Target initiative)는 과학기반감축목표이니셔티브 파리기후협약을 달성하기 위한 기업 및 금융기관의 탄소 감축 목표 기준을 제시하고 모니터링하는 이니셔티브로 현재 전 세계 1,700개가 넘는 기업이 과학기반 감축목표 수립을 위해 노력하고 있다.

이제 ESG 경영은 기업환경의 변화를 예고하고 있다. 기업활동에 있어서 ESG가 중요한 이유는 탄소국경조정제도(CBAM: Carbon Border Adjustment Mechanism)는 EU가 정한 탄소 배출권 거래제(ETS: Emissions Trading Schemes)에 따른 탄소누출(Carbon Leakage) 방지를 위한 탄소비용이 반영되지 않는 수입품은 EU 생산제품과 동일한 수준의 탄소비용을 부과하는 제도가 시행되고 있는 상황에서 앞으로 기업활동의 환경적 측면에 대한 고도화는 매우 중요한 기업활동 중의 하나가 되고 있다. 영국을 비롯한 프랑스, EU, 독일, 네덜란드는 기업의 공급망 과정에서 나타날 수 있는 각종 제도적 장치를 마련하고 있으며, 그 과정에서 노동인권의 중요성도 강조되고 있다. 이와 같이 유럽을 중심으로 진행되고 있는 ESG 관련 규제는 앞으로 더욱 강화될 것으로 예측되며 이는 향후 기업활동의 성패 요인을 좌우하는 주요 지표가 될 것으로 보인다.

〈표 3-9〉 해외의 ESG 주요 현황

구분	주요 내용
영국(2015)	현대노예법 노예제, 인신매매, 강제노동 등 노동에 한정 위반 시 개인 및 법인에 대한 형 또는 벌금 부과
프랑스(2017)	기업경계법 노동(인권, 산업안전 등), 환경 위험에 대한 실사 실시 및 공시 의무 미이행에 대한 벌금 부과
네덜란드(2022)	아동노동 실사법 기업 아동노동 근절 및 예방에 대한 성명서 제출 네덜란드 내 모든 기업 위반 시 82만 유로 또는 전 세계 매출액 10% 벌금 부과

구분	주요 내용
독일(2023)	공급망 실사법 공급망에서의 인권존중, 환경보호 위한 실사 의무화 3,000명 고용기업은 2023년부터 적용 위반 시 연 매출액의 2% 벌금 부과 및 공공조달 제외
EU(2023)	기업의 지속 가능한 공급망 실사 지침(CSDDD) EU대형유한책임회사, 비EU회사 중소기업 대상 위반 시 벌금, 공공조달 입찰 유통 및 수출금지 등

출처: 류윤교(2023), "대기업의 공급망 관리와 우리나라 중소기업의 ESG", 〈중소 · 중견기업의 ESG, 어떻게 준비할 것인가〉 자료집, 법무법인 디라이트, p.38.

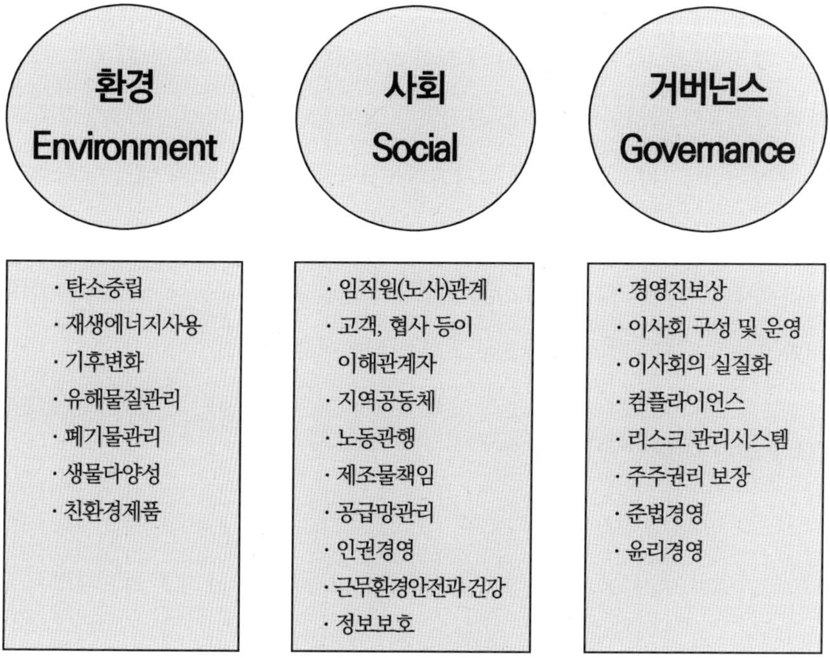

환경 Environment	사회 Social	거버넌스 Governance
· 탄소중립 · 재생에너지사용 · 기후변화 · 유해물질관리 · 폐기물관리 · 생물다양성 · 친환경제품	· 임직원(노사)관계 · 고객, 협사 등이 이해관계자 · 지역공동체 · 노동관행 · 제조물책임 · 공급망관리 · 인권경영 · 근무환경안전과 건강 · 정보보호	· 경영진보상 · 이사회 구성 및 운영 · 이사회의 실질화 · 컴플라이언스 · 리스크 관리시스템 · 주주권리 보장 · 준법경영 · 윤리경영

〈그림 3-2〉 ESG 주요 이슈

출처: 조선희(2023), "중소기업의 ESG 리스크 관리 및 컴플라이언스", 〈중소 · 중견기업의 ESG, 어떻게 준비할 것인가〉 자료집, 법무법인 디라이트, p.134.

ESG 경영을 위한 투자자도 지속 가능한 관점에서 투자하는 경향이 높아지고 있다. 일각에서는 이를 지속 가능한 금융 또는 녹색금융으로 설명하고 있다. 이미 2000년 초반부터 세계적 관심을 갖게 되기 시작한 지속 가능한 금융은 투자자가 제공한 자금으로 이루어지는 사회적 활동의 결과가 지속 가능한가를 판단하는 책임투자의 관점을 지니고 있기 때문에 ESG 경영은 선택의 여지가 없는 필수 불가결한 사항이 되었다. 이제 재무 중심의 유형적 성과를 평가하는 것이 아니라 지적재산권, 영업권, 브랜드 가치 충성고객집단, 혁신기술력, 리더십, 조직문화, 투명성, 건강한 지배구조 등의 무형자산이 ESG 경영의 지속 가능한 금융의 기본원칙이 될 것으로 예상된다. ESG가 기업활동에 있어서 중요한 의제로 등장하는 이유는 재무성과 중심의 유형자산 평가 중심에서 환경적 활동, 사회적 활동과 다양한 거버넌스 환경의 구축이 강조되는 비재무성과가 강조되는 무형자산에 대한 평가가 향후 지속가능성을 확보할 수 있기 때문에 기업활동에 있어서 ESG는 매우 중요한 성과관리 지표가 되고 있다. 이제 ESG 경영은 지역경제의 기반이 될 것으로 예상되며, 이를 위해 변화하는 시장경제를 위해 지방정부는 ESG 관점에서 새로운 전환과 선언이 필요하다.

참고문헌

2007년 8월호, 기후온난화, Newton.

경기연구원(2022), 경기도의 기업 ESG 도입 방안연구.

국립기상과학원(2021), 한반도 100년의 기후변화 보고서.

김기호(2009), 탄소중립도시 실현을 위한 인센티브 적용방안에 관한 연구, 협성대학교 석사학위 논문.

김성균(2009), 에코뮤니티, 이매진.

나눔문화연구소(2014), 전기는 눈물을 타고 흐른다.

노재용(2021), 탄소중립 달성을 위한 해상풍력발전 활성화 연구, 세종대학교 박사학위 논문.

뉴턴프레스(2023), Newton Highlight 145: 지구온난화 교과서, 아이뉴턴.

대외경제정책연구원(2022), 공공기관 ESG 현황과 경영전략: 해외사례를 중심으로.

독일 MCC / https://www.mcc-berlin.net/en/index.html.

류윤교(2023), 대기업의 공급망 관리와 우리나라 중소기업의 ESG, 중소 · 중견기업의 ESG, 어떻게 준비할 것인가 자료집, 법무법인 디라이트.

서울연구원(2022), 환경 · 사회 · 지배구조(ESG) 경영 확대를 위한 서울시 정책방안.

이정환, 이관규, 홍정기(2010), 도시 산림의 탄소저장능을 활용한 탄소중립지표 개발, 한국환경복원기술학회지 13(3): 94-102.

조선희(2023), 중소기업의 ESG 리스크 관리 및 컴플라이언스, 중소 · 중견기업의 ESG, 어떻게 준비할 것인가 자료집, 법무법인 디라이트.

중앙일보(2023.9.7.), "선진국 녹색성장? 그런 워싱일 뿐…탄소중립 2200년 걸린다."

환경연구원(2023), 국내 ESG 고도화 및 환경규제 효율화 연구 보도자료.

Jefim Vogel, Jason Hicke(2023. 9.), "Is green growth happening? An empirical analysis of achieved versus Paris-compliant CO2-GDP decoupling in high-income countries", The Lancet Planetary Health, Vol.7, No.9.

참고자료

〈기후위기 대응을 위한 탄소중립 · 녹색성장기본법〉

제2조(정의) 이 법에서 사용하는 용어의 뜻은 다음과 같다. 〈개정 2022. 12. 31.〉

1. "기후변화"란 사람의 활동으로 인하여 온실가스의 농도가 변함으로써 상당 기간 관찰되어 온 자연적인 기후변동에 추가적으로 일어나는 기후체계의 변화를 말한다.
2. "기후위기"란 기후변화가 극단적인 날씨뿐만 아니라 물 부족, 식량 부족, 해양산성화, 해수면 상승, 생태계 붕괴 등 인류 문명에 회복할 수 없는 위험을 초래하여 획기적인 온실가스 감축이 필요한 상태를 말한다.
3. "탄소중립"이란 대기 중에 배출 · 방출 또는 누출되는 온실가스의 양에서 온실가스 흡수의 양을 상쇄한 순배출량이 영(零)이 되는 상태를 말한다.
4. "탄소중립 사회"란 화석연료에 대한 의존도를 낮추거나 없애고 기후위기 적응 및 정의로운 전환을 위한 재정 · 기술 · 제도 등의 기반을 구축함으로써 탄소중립을 원활히 달성하고 그 과정에서 발생하는 피해와 부작용을 예방 및 최소화할 수 있도록 하는 사회를 말한다.
5. "온실가스"란 적외선 복사열을 흡수하거나 재방출하여 온실효과를 유발하는 대기 중의 가스 상태의 물질로서 이산화탄소(CO_2), 메탄(CH_4), 아산화질소(N_2O), 수소불화탄소(HFCs), 과불화탄소(PFCs), 육불화황(SF6) 및 그 밖에 대통령령으로 정하는 물질을 말한다.
6. "온실가스 배출"이란 사람의 활동에 수반하여 발생하는 온실가스를 대기 중에 배출 · 방출 또는 누출시키는 직접배출과 다른 사람으로부터 공급된 전기 또는 열(연료 또는 전기를 열원으로 하는 것만 해당한다)을 사용함으로써 온실가스가 배출되도록 하는 간접배출을 말한다.
7. "온실가스 감축"이란 기후변화를 완화 또는 지연시키기 위하여 온실가스 배출량을 줄이거나 흡수하는 모든 활동을 말한다.
8. "온실가스 흡수"란 토지이용, 토지이용의 변화 및 임업활동 등에 의하여 대기로부터 온실가스가 제거되는 것을 말한다.
9. "신 · 재생에너지"란 「신에너지 및 재생에너지 개발 · 이용 · 보급 촉진법」 제2조제1호 및 제2호에 따른 신에너지 및 재생에너지를 말한다.
10. "에너지 전환"이란 에너지의 생산, 전달, 소비에 이르는 시스템 전반을 기후위기 대응(온실가스 감축, 기후위기 적응 및 관련 기반의 구축 등 기후위기에 대응하기 위한 일련의 활동을 말한다. 이하 같다)과 환경성 · 안전성 · 에너지안보 · 지속가능성을 추구하도록 전환하는 것을 말한다.
11. "기후위기 적응"이란 기후위기에 대한 취약성을 줄이고 기후위기로 인한 건강피해와 자연재해에 대한 적응역량과 회복력을 높이는 등 현재 나타나고 있거나 미래에 나타날 것으로 예상되는 기후

위기의 파급효과와 영향을 최소화하거나 유익한 기회로 촉진하는 모든 활동을 말한다.

12. "기후정의"란 기후변화를 야기하는 온실가스 배출에 대한 사회계층별 책임이 다름을 인정하고 기후위기를 극복하는 과정에서 모든 이해관계자들이 의사결정과정에 동등하고 실질적으로 참여하며 기후변화의 책임에 따라 탄소중립 사회로의 이행 부담과 녹색성장의 이익을 공정하게 나누어 사회적 · 경제적 및 세대 간의 평등을 보장하는 것을 말한다.
13. "정의로운 전환"이란 탄소중립 사회로 이행하는 과정에서 직 · 간접적 피해를 입을 수 있는 지역이나 산업의 노동자, 농민, 중소상공인 등을 보호하여 이행 과정에서 발생하는 부담을 사회적으로 분담하고 취약계층의 피해를 최소화하는 정책방향을 말한다.
14. "녹색성장"이란 에너지와 자원을 절약하고 효율적으로 사용하여 기후변화와 환경훼손을 줄이고 청정에너지와 녹색기술의 연구개발을 통하여 새로운 성장동력을 확보하며 새로운 일자리를 창출해 나가는 등 경제와 환경이 조화를 이루는 성장을 말한다.
15. "녹색경제"란 화석에너지의 사용을 단계적으로 축소하고 녹색기술과 녹색산업을 육성함으로써 국가경쟁력을 강화하고 지속가능발전을 추구하는 경제를 말한다.
16. "녹색기술"이란 기후변화대응 기술(「기후변화대응 기술개발 촉진법」 제2조제6호에 따른 기후변화대응 기술을 말한다), 에너지 이용 효율화 기술, 청정생산기술, 신 · 재생에너지 기술, 자원순환(「순환경제사회 전환 촉진법」 제2조제6호에 따른 자원순환을 말한다. 이하 같다) 및 친환경 기술(관련 융합기술을 포함한다) 등 사회 · 경제 활동의 전 과정에 걸쳐 화석에너지의 사용을 대체하고 에너지와 자원을 효율적으로 사용하여 탄소중립을 이루고 녹색성장을 촉진하기 위한 기술을 말한다.
17. "녹색산업"이란 온실가스를 배출하는 화석에너지의 사용을 대체하고 에너지와 자원 사용의 효율을 높이며, 환경을 개선할 수 있는 재화의 생산과 서비스의 제공 등을 통하여 탄소중립을 이루고 녹색성장을 촉진하기 위한 모든 산업을 말한다.

제4장

해외 지방정부 ESG

고광용

고광용(高光龍)

고려대학교 행정학 박사수료, 한국조세재정연구원 연구원, 자유기업원 입법정책실장, 광운대 강사, 한국외대 행정학과 강사로 재직한 바 있다. 현재는 고향으로 돌아와 고창군 출연(연) 고창식품산업연구원 지역발전전략팀 재직 중이다.

〈대안으로서의 지역순환경제〉(2023, 공저) 저서가 있고, 〈지역시민사회 거버넌스 주도 지역경제회복 사례 분석 및 전략 개발 연구〉(2022, NGO연구), 〈지역발전특별회계의 문제점 및 개선방향〉(2018, 정치정보연구), 〈한국정부의 지방분권화 성과와 제약요인에 관한 연구〉(2015, 한국지방자치학회보) 등의 연구논문이 있다. 주요 관심 연구 분야는 지방자치와 지방재정, 지역소멸과 지역(순환)경제, ESG이다.

1. 세계적 공공 부문 ESG 트렌드 분석의 필요성

최근 ESG는 기업, 소비자, 투자자 등 민간 부문뿐만 아니라 정부와 공공 부문, 비영리 부문, 일반 시민 등 모든 사회구성원의 관심이 집중되고 있다. 기업의 생존과 성장의 핵심적인 요소로 부상되는 것을 넘어 인류의 미래와 국가경제 흥망을 좌우할 만큼 중요한 요소로 자리 잡아 가고 있기 때문에 공공 부문 주도의 ESG 추진도 대단히 적극적이며 그 트렌드는 비슷하면서도 제각기 다른 양상을 보이고 있기도 하다. 여기서 공공 부문은 중앙정부, 지방정부(지방자치단체), 공공기관(공기업, 준정부기관, 기타공공기관 등)을 포괄하는 개념이다.

ESG는 크게 환경(Environment), 사회(Social). 거버넌스(Governance) 등 3가지로 구성된다. 통상 거버넌스를 지배구조로 해석하나 본고는 Governance 측면에 지배구조보다 훨씬 확장된 개념으로 보고 있기 때문에 일단 외래어를 그대로 쓰고자 한다.

첫 번째, 환경은 최근 기후변화를 넘은 기후비상사태(Climate Emergency)를 맞이한 탄소중립과 재생에너지 확대 등 인류의 공존과 생존을 위해 무엇보다 가장 중요한 요소다.

두 번째, 사회는 임직원, 고객(소비자), 기업과 협력회사 등 공급망(supply chain), 지역사회 등 다양한 이해관계자(stakeholder) 및 거버넌스 주체들에 대한 기업뿐만 아니라 정부와 지자체, 공공기관 등 공공 부문의 사회적 책임과 의무를 강조한다. 인권, 노동, 안전 · 보건 · 복지(후생) 등 이슈, 즉 사회적 가치의 제고를 강조하며, 전통적으로 공공 부문은 그러한 역할을 강조해 왔고, 이윤을 추구하는 기업에 요구하는 것이 ESG 트렌드의 주요 변화 양상이지만, 역으로 정부와 공공 부문으로 하여금 더 큰 역할을 요구하게 하는 사회적 압박의 확대를 세계적 ESG 트렌드의 주요한 특성으로 볼 수도 있을 것이다.

세 번째, 거버넌스는 기업 차원에서 보면, 회사의 경영진과 이사회, 주주 및 회사의 다양한 이해관계자의 권리와 책임 영역으로, 이사회 다양성, 임원 급여, 윤리경영 및 감사기구 등 지배구조와 그 통제장치를 의미한다(관계부처 합동, 2022). 하지만 공공 부문으로 확장해서 생각해 보면, 공공 부문과 관계를 맺는 일반 시민과, 기업, 시민사회단체 등 이해관계자 혹은 거버넌스 주체 등과의 관계에 있어 권리와 책임이자, 공공 부문의 부패방지 및 윤리적 행정, 주민/의회 감사체계 등을 통합하는 거버넌스 차원으로 확장되어 봐야 할 것이다. 아울러 기업에서의 지배구조는 결국, 의사결정체계인 이사회나 경영진에 대한 얘기인데, 공공 부문의 거버넌스 또한 문제 해결을 위한 의사결정기구이자 민관협력을 강조하는 개념으로 확장되어 볼 필요가 있다.

이렇게 기업 관점에서 보는 ESG와 공공 부문 관점에서 ESG로 보게 될 경우, 보다 확장된 개념과 관점이 필요하다. 동시에 민간기업 및 시민사회단체의 자발적인 ESG 노력은 한계가 있으며 국가 및 지방, 공공기관 및 공기업의 공공 차원의 제도적, 실천적 그리고 공공투자를 통한 ESG 활동이 보다 더 기후비상사태 대응 및 탄소중립 실현, 사회적 가치 제고 및 자본주의의 한계 보완, 공동체 및 지역사회 지속가능성 제고를 위해 무엇보다 중요하다는 것은 주지된 사실이다. 이런 측면에서 해외 공공 부문 ESG 추진사례 분석 및 그 시사점 도출의 필요성은 충분할 것이라 사료된다. 본고는 EU의 공공 부문 ESG 추진 사례는 기존에 많은 연구에서 다루어져 개별 국가 중심으로 추진사례를 정리 및 분석했음을 밝힌다.

2. 주요 국가별 공공 부문 ESG 추진 사례

1) 미국

(1) 연방정부

① 환경(E)

미국 바이든 행정부는 집권과 동시에 환경과 사회를 아우르는 매우 공격적인 ESG 정책을 펼치고 있다. 2021년 1월 20일 '공중보건 및 환경 보호, 기후변화 대응을 위한 과학 복원' 행정명령(EO 13990)을 발표했는데 Keystone XL 파이프라인 사업(텍사스~캐나다 앨버타주 1,800km 송유관 건설) 허가취소, 북극 보호 지역 석유 시추 중단, 온실가스 배출의 사회적 비용 추산 등이 담겼다(한상범 외, 2021).

2021년 1월 27일, '국내외 기후위기 대응 행정명령(EO 14008)'을 발표했는데, 크게 다음의 6가지로 요약된다(White House, 2021.1.27.). 1) 기후변화 대응을 국가안보와 외교정책의 핵심 사안으로 다루고 기후특사직을 신설, 기후변화 대응과 국제협력 관련 전권 부여, 2) 국가정보국장에 기후변화가 국가안보와 경제에 미치는 영향 120일 내 보고서 제출 지시, 3) 연방정부 차원 기후변화 대응정책총괄기구로 백악관 내 국내기후정책실(Office of Domestic Climate Policy) 설치, 4) 정부조달 차원에서 연방정부의 각 기관들이 저탄소 전력과 전기차 우선 구매, 5) 기후재정계획(국가온실가스 감축 목표개발 및 전략) 수립(2021년 4월 22일, 기후정상회의에서 미국은 2030년까지 2005년 온실가스 배출량 대비 50~52% 감축 목표 발표, 기후정상회담 직후 백악관은 연방정부 차원 범정부적 대응방안 발표(White House(2021.4.23.)), 6) 공유지 화석연료 신규 채굴 금지 및 진행 중 임대 · 허가 재평가, 화석연료 보조금 폐지 등이 담겼다(한상범 외, 2021).

2021년 5월 20일, '기후관련 금융위험 행정명령(EO 14030)'이 발표됐는데 주요 내용은 기후변화가 초래할 재무적 위험의 측정 · 평가 · 공개, 완화 전략 수립으로 다음의 5가지 내용을 포함하고 있다(White House, 2021.5.20.). 우선, 기후변화가 연방정부 프로그램과 정부 자산/부채에 초래할 재무적 위험 파악 및 공개, 범정부 차원 위험 완화 전략을 국가기후보좌관과 국가경제위원회 위원장에게 120일 내 개발토록 했다. 둘째, 금융안정감독위원회 의장인 재무장관이 연준과 증권거래위원회 등과 협력 기후위험이 연방정부와 금융시스템의 안정성에 미치는 영향 평가 권장, 기후 관련 금융위험 완화 권고사항 정리 FSOC 회원기관 공동 보고서 작성 180일 이내 제출을 지시했다.

셋째, 기후변화 관련 금융위험으로부터 저축과 퇴직연금을 보호하기 위해 취할 조치 보고 지시, 연방퇴직저축투자위원회가 연기금 운영 시 ESG 요소를 포함 비재무적 위험 고려 정도를 평가하도록 했다. 넷째, 기후변화 관련 금융위험 정보를 연방정부 대출 프로그램, 정부조달, 정부계약과 통합 방법을 강구토록 했다. 다섯째, 연방정부 예산계획 수립에 기후위험 반영 미국 관리예산실이 예산편성과 집행 · 감독 등을 통해 기후 관련 금융위험을 감축하도록 했다(한상범 외, 2021).

② 사회(S)

미국 바이든 행정부는 ESG 요소 중 사회적 가치 또한 중요한 정책과제로 인식해, 인종 형평성, 노동권, 최저임금, 성별 임금차별 금지, 산업안전, 교육격차 해소, 사회적 갈등과 소득 양극화 해소 등 연방정부의 사회적 책임을 강조하고 있다. 2021년 1월 20일 발표 '인종 형평성(racial equity) 행정명령(EO 13985)'에 따르면, 1) 각 연방정부기관의 프로그램과 정책 수혜, 기회에서 구조적 인종차별 요소 여부 조사, 2) 관리예산실에 인종과 관계없는 연방자금 분배 형평성 분석 지시(특히, 주택도시개발부에 연방 주택정책의 인종차별 적용 조항 조사/시정) 등이 있다(White House, 2021.1.20.).

2021년 4월 27일 발표 행정명령(EO 14026)에 따르면, 연방정부 계약직 노동자에 대한 최저임금을 기존 시간 10.95달러에서 15달러로 인상하고 최저임금을 물가에 연동시켰으며, 2022년 1월 30일부터 적용했다(White House, 2021.4.27.). 미국 바이든 행정부는 지역경제 활성화와 지역불평등 해소를 목적으로 지역사회재투자법(CRA: Community Reinvestment Act) 개혁과 지역사회개발금융기관(CDFI: Community Development Financial Institution) 역할 강화 정책을 시행했다. 재무부는 CDFI 펀드의 2022년 예산을 3.3억 달러 배정(전년 대비 22.2% 대폭 증가)해 저소득, 지역민, 소상공인, 소기업의 주택건설 및 지역공동체 사업에 지원했다(한성범 외, 2021).

(2) 지방정부

① 캘리포니아주

미국 캘리포니아주는 주정부 가운데 가장 진보적인 ESG 정책을 도입 · 추진 중인데 환경 측면에서 2030년까지 태양광 · 풍력 등 재생에너지원에서 전력의 60% 보장, 1990년 대비 탄소배출량 40% 감축, 2045년까지 전력 생산에서 탄소 제로 달성 및 주 전체 탄소중립 실현을 목표로 삼고 있다(강철구 외, 2023). 또한 2025년까지 주 판매 차량의 22% '제로배출차량(Zero Emission Vehicle, ZEV)', 2030년까지 500만 대 전기차 보급 및 탄소배출권 거래 및 기후투자 프로그램 시행 등을 추진하고 있다.

사회 측면에서 연기금, 구체적으로 공공직원 연금기금(CalPERS) 및 교사연금기금(CalSTRS) 등에 대해 ESG 요소를 투자 분석 및 의사결정 프로세스에 적극 반영했다. 또한 주택담보대출 관리부서에서는 인종차별적 대출을 제한하고 있다. 반면 거버넌스 측면에서 주립 연금 기금은 기후 관련 재무 위험의 공개 및 모니터링을 실시하고 있다(강철구 외, 2023).

미국 캘리포니아주는 2010년 9월 30일 캘리포니아 공급망 투명성법(California Transparency in Supply Chains Act)을 제정해 공급망 관리 중 사회(S) 영역상 아동노동, 강제노동의 감시 및 방지를 도모했다. 동 법은 캘리포니아주 소재 기업들이 제품 생산 과정상 인신매매 및 노예노동 동반 여부를 판별하기 위해 관련 정보공개 의무화 및 감시 소비자 권리 강화 등 윤리경영 및 소비를 촉진하기 위한 목적의 입법이다. 전체 수입액 1억 달러 이상 기업에 공급망 내 인신매매 예방을 위해 기업의 조치나 노력을 미 증권거래위원회에 공시할 것을 의무화했다. 캘리포니아 공급망 투명성법의 주요 내용을 보면, 1) 검증

(인신매매 · 노예노동 위험성 평가), 2) 감사(공급망에서 인신매매 · 노예노동 관련 기준 준수 감사 여부, 3) 내부표준(인신매매 · 노예노동 관련 기준 미충족 직원 · 계약자에 대한 책임 기준 및 해당 절차 유지 조치, 4) 임직원 훈련(직원 대상 인신매매 · 노예노동 관련 교육훈련 제공 여부) 등이다.

〈표 4-1〉 캘리포니아 공급망 투명성법의 주요 내용

항목	공시범위
검증	인신매매 및 노예노동 위험성 평가 여부
감사	인신매매 및 노예노동 관련 기준 준수 감사 여부
내부표준	인신매매 및 노예노동 관련 기준 미충족 직원/계약자에 대한 책임 기준 및 해당 절차 유지 조치
임직원 훈련	직원 대상 인신매매 및 노예노동 관련 교육훈련 제공 여부

자료: 박준태(2021).

② 미국 보스턴시

미국 보스턴시는 시 공공예산 투자 의사결정 과정 및 공공예산 운용에 있어 ESG 요소가 적극 구현되도록 정책을 시행하는데, 환경 측면은 그린빌딩, 스마트성장, 기후변화, 사회 측면에서는 인권과 다양성, 지배구조 측면에서 반부패 및 위원회 독립성 등 총 17개 지표를 고려하고 있다(강철구 외, 2022).

〈표 4-2〉 미국 보스턴시 공공예산 집행과정 ESG 요소별 고려 지표

환경(E)	사회(S)	지배구조(G)
· 그린빌딩/스마트성장 · 기후변화/저탄소 · 청정기술 · 환경오염/독성물질 예방 · 지속 가능 천연자원 · 농업 · 수자원 이용 및 보전	· 담배 · 유해물질 방지 · 지역사회 발전 · 다양성/반편견 이슈 · 작업환경과 안전 · 노동관계	· 위원회 독립성 · 반부패정책 · 위원회 다양성 · 피해보상 · 사회공헌

자료: Martin J. Walsh et al.(2019); 강철구 외(2022), 재인용.

(3) 공공기관/공기업

① 미국 연방저당권협회 페니메이(Fannie Mae)

미국 연방저당권협회(FNMA: Federal National Mortage Association) 페니메이는 연방주택금융청의 관리하에 있는 서민들의 주택구입 시 대출이 용이하게 금융기관 보증을 서주는 공기업이다(이태호 외, 2022). 우리나라로 보면, 정책금융공사와 유사한 성격을 갖는다. 페니메이는 2010년부터 막대한 자본력을 바탕으로 녹색 채권을 발행해 저탄소와 녹색주택 전환 가속화를 목표로 녹색금융 사업을 실시하고 있다. 녹색대출 사업의 가장 큰 성공사례는 미국 시애틀의 Pax Furua 주택으로 단열재를 이용 내부 열이 외부로 나가는 것을 최대한 차단, 에너지 사용을 절감하는 것으로 내부에너지 보존 기술 활용 주택건설 사업이다. 이 주택은 친환경 건축물 인증 기준을 충족함과 동시에 냉난방에 있어 일반 주택보다 80% 에너지 절감, 태양열 이용 온수시스템, 내구성 있는 자재와 건축 기술로 설계되었다.

페니메이는 친환경 주택 담보대출 상품을 출시해 에너지 절감뿐만 아닌 에

너지 비용 절약, 저소득층의 에너지 비용 부담 감소(1년 동안 가구당 평균에너지 비용 235달러 감소, 전체 가구 추산 시 2,000만 달러 에너지 비용 절감), 에너지와 물 사용 개선, 친환경 건축 인증 등 분야 전문인력 수요로 고용 창출(2020년 기준 일자리가 4.3만여 개)에도 긍정적 영향을 미친 것으로 평가되고 있다(이태호 외, 2022).

마지막으로 페니메이는 거버넌스 측면에서 책임 있는 비즈니스 관행 및 윤리적 행동을 중시하며, 경영 안전 및 건전성을 위해 다양성과 전문성을 가진 임원 중심 이사회를 구성 중이다. 이사회는 기업 행동 및 규정준수 수준을 높게 유지하고 위험 관리, 재무회계 및 보고시스템의 투명성을 감독한다. 이사회는 지역사회 책임 및 지속가능성 위원회, 감사위원회, 보상 및 인적자본 위원회, 임명 및 기업지배구조 위원회, 위험정책 및 자본위원회 등을 내부에 두고 각종 ESG 활동을 실천하고 있다(이태호 외, 2022). 이사회 및 직원을 위한 규정집을 두어 책임 있고 윤리적인 의사결정을 가이드하고 있다.

② 미국 철도여객공사(Amtrak)

미국 철도여객공사 암트랙은 연방정부와 주정부들로부터 지원을 받으며 교통부의 운영 아래 미국 전 지역을 대상으로 여객 운송업을 하고 있는 공기업이다. 암트랙은 환경 측면에서 탄소배출량을 2030년까지 40% 감축한다는 장기 목표와 전략을 수립했고, 연료 · 에너지 사용 절감으로 탄소배출량 감축 및 차량발생 폐기물을 최대한 활용하는 방침을 세웠다(이태호 외, 2022). 온실가스는 2010년 대비 2020년에 10년간 31% 감소, 전기사용량은 19% 감축하는 성과를 보였다(이태호 외, 2022).

사회 분야에서 암트랙은 1) 안전시설 교체, 지속적 훈련프로그램 등으로 고객/근로자 안전사고/재해율 감소, 2) 공급망의 다양성 제고(여성 · 장애인 등 사회적 약자 위치 공급자에게 회사 전체 지출의 10% 할애), 3) 지역사회 공헌 차원에서 역사 시설 시 주민친화적 설계(화장실/승차 정보 제공 시설 건설 시 장애인 공간편의성 중시) 등 3가지 주요 목표를 갖고 있다(이태호 외, 2022).

2) 영국

(1) 중앙정부

영국 정부는 우선 환경 측면에서, 2008년에 세계 최초로 「기후변화법(Climate Change Act 2008)」을 제정하고, 2019년 1차례 개정했는데, 2050년까지 탄소배출 제로, 즉 '넷제로(Net-Zero)' 달성을 법정목표로 수립하고, 2020년에는 파리 기후변화협정에 따른 2030 국가탄소감축목표를 1990년 대비 68%(기존 53%) 감축으로 상향했다. 넷제로 전략의 구체적인 정책방안은 1) 해상풍력 발전, 2) 저탄소 수소, 3) 개선된 원자력 발전, 4) 무공해 차량 전환 가속화, 5) 녹색 대중교통 및 자전거 타기, 자연환경 보호 등이다(강철구 외, 2023).

영국은 지난 2020년 11월, 코로나19 팬데믹 회복과 기후변화 대응을 목표로 '녹색 산업혁명'을 발표했다. 그 주요 내용은 TCFD(기후관련 재무정보 공개를 위한 태스크포스, 2015년 G20 재무장관회의 금융안정위원회가 설립한 협의체)의 권고에 따라 1) 2025년까지 경제 전반에 걸친 기후관련 재무정보 의무 보고 도입, 2) 기후 변화와 환경 악화 대처 경제활동 정의 녹색분류체계 구현으로 투자자에게 더 나은 지침 제공 등이다. 이러한 조치들의 주요 목적은 순제로(Net Zero) 경제에 필요한 저탄소 금융 제공을 위한 체계 제공에 있다. 영국은 자체적인 ESG 규제 틀을 마련하고 있는데, EU 택소노미 분류체계에 영국 시장의 특성을 반영하기 위해 영국 녹색 자문그룹(Technical Advisory Group)의 검토와 자문을 거쳐 메트릭스(metrics)가 적용된다(박지혜, 2021).

다음 사회 측면에서 보면, 영국은 '사회적 가치법'을 2012년에 제정한 공공조달에 관한 법률로서, 모든 행정기관이 17만 파운드 이상의 공공서비스 계약 및 제품 조달 시 ESG 요소를 고려(공공조달 평가 시 최소 10% ESG 점수 배정)한 위탁업체 선정을 주요 골자로 한다. 또한 이 법에 따라 코로나19 확산 이후 2021년부터는 다음의 조달정책 5개 영역인 ① 코로나 회복지원, ② 경제적 불평등 완화 및 신규 일자리 창출, ③ 넷제로 기후변화 대응, ④ 장애인 고용 및 불평등 완화, ⑤ 고용인 복지 및 건강 향상, 지역통합 노력 등에 대해 ESG 요소를 의무 반영하게 하고 있다(강철구 외, 2023).

영국 정부는 2015년 현대 노예방지법을 제정, 모든 공급망과 기업 활동에 있어서 노예나 인신매매가 발생하지 않게 연례보고서 발간을 의무화했다. 한편, 2010년 평등법을 통해 종업원 수 250명 이상 중규모 이상 기업에 대해서는 성별 임금격차 공표를 의무화하고 있다(강철구 외, 2023).

(2) 지방정부

영국은 중앙정부의 기후변화 대응을 위한 적극적인 노력에 맞춰 영국 내 지방정부의 75%가 참여 중인 '2030 지방정부협의회(Local Government Association)'가 기후비상사태를 선포하고 각 지방정부별로 탄소배출 감축에 다양한 노력을 기울이고 있다(강철구 외, 2023). 특히 맨체스터(Manchester)시는 2015년 UN SDGs 채택 직후 시 차원의 지속가능발전 목표 이행 10개년 계획 'Our Manchester Strategy 2016-2025' 수립, 2019년 'Manchester Climate Change Framework 2020-25' 발표, 다양한 프로그램과 정책을 시행하고 있다.

맨체스터시는 영국 정부의 2050년 탄소중립 실현 목표보다 12년 빠른 2038년 탄소중립 달성 목표를 세웠고, 2020년에 'Manchester Energy Plan'을 발표했는데, 1) 비재생 · 수입에너지 자원 의존성 감소, 2) 주거 · 상업 · 산업 시설 운영상 에너지 보존과 효율성 제고, 3) 모든 공공건축과 사업체 에너지 소비 감축, 4) 지역재생에너지 자원 개발 촉진, 5) 지역에너지 사업 · 생산 투자 증대, 에너지 관련 지출 감축 등이다(강철구 외, 2023).

(3) 공공기관/공기업

영국의 공공기관들은 기본적으로 2012년 「사회적가치법」에 의거 공공서비스 계약 및 연관된 목적의 공공조달 시 사회적, 환경적 가치를 반영해야 한다. 또한 ESG 관련 정보 공시에 있어, CDP(Carbon Disclosure Project, 탄소정보공개프로젝트), TFCD(Task Force on Climate-Related Financial Disclosures, 기후변화 재무정보공개 TF), GRI(Global Reporting Initiative, 지속가능보고서 가이드라인), PRI(Principles for Responsible Investment, UN 책임투자원칙) 등 4가지 가이드라인을 준수하도록 권고를 받고 있는 상황이다(이태호 외, 2022).

① 왕립 우체국(Royal Mail)-(현재 민영화)

영국 우체국은 당초 국영기업으로 시작했으나, 만성적자로 인해 2014년 민영화되었지만, 공익적 성격이 강해 공공기관에 가깝게 운영되고 있다. DJSI(다우존스 지속가능경영지수 ESG 성과 종합평가) global leader 지수 편입, CDP rating B 등 영국 내 ESG 분야 선두주자로 평가받고 있다. 영국 우체국은 CR(Corporate Responsibility)위원회에서 조직 내 ESG 의제를 관리 및 감독하며, 건강, 안전과 복지, 문화와 다양성, 환경 전략, 이해관계자 등을 다룬다(이태호 외, 2022).

영국 우체국은 지속가능보고서를 매년 내고 있으며, 기후변화와 탄소배출, 문화, 노동과 인권, 고객서비스, 건강과 안전, 복지다양성과 지역사회 등을 중요한 이슈로 다루고 있다. 우선 환경 측면에서, 2050년 넷제로, 모든 차량의 대체연료 전환 계획, 2025년까지 폐기물 · 물 사용량 25% 감축, 2021~2022년까지 1회용 플라스틱 사용 재검토 등 TCFD 권고 이행 계획을 갖고 있다. 사회 측면에서, 영국 우체국은 UN 지속가능발전목표를 추구하고 사회경제적 편익의 공동체 제공이 기업 내 CSR 정책의 핵심이다.

2021년 720만 파운드 지역사회 투자, 2030만 파운드 자금 기부, Action for Children 협력파트너(NGO)로 지난 4년간 200만 파운드 지원, 실종자 찾기 프로그램 운영으로 지역사회 투자 및 공익적 역할을 하고 있다. 노동관계 측면에서는 종업원의 정신건강 증진, 정규직 대비 비정규직에 높은 급여 제공, 장애인 고용 및 차별 없는 고용 실시, 성별임금 격차 감소, 소수인종 배려, 직원역량 증진 코칭 프로그램 운영에 힘쓰고 있다. 공급망 관리기준도 사회적, 윤리적, 환경적 다양성 기준을 적용하고 관리하고 있으며, 현대판 노예 및 인신매매 방지 등 인권 신장에도 힘쓰고 있다(이태호 외, 2022). 마지막으로 거버넌스 측면에서 이사회 10명 중 4명이 여성이며, 사회적 책임위원회를 두고 있다(Royal Mail, 2022).

② 왕립조폐공사(Royal Mint)

로열 민트는 왕립조폐공사로 영국 재무성 소유 동전 주조 공기업이다. 로열 민트의 2020~2021 연차보고서에 따르면, 책임경영을 주요 기조로 삼고, 에너지 · 물 소비, 폐기물 발생과 처리, 오염물질 배출의 위험 인지 및 관리 등 탄소 발자국을 최소화하는 지속가능경영을 채택해 ESG에서 환경 측면에 뛰어난 성과를 보이고 있다(Royal Mint, 2021).

ISO 14991 환경경영인증, 50001 에너지관리시스템인증 보유 및 영국 내 에너지와 탄소배출 보고 의무(UK SECR)에 따라 에너지부에 Scope 1~3 배출량을 계산해 온실가스배출량(GHG)를 매년 보고하고 있다. 전기에너지 사용량 감소를 위한 공정 개선 및 재생에너지 사용 증가 및 대체에너지 생산수단 채택, 신기술 개발 · 사용 등 노력을 통해 지난 5년간 온실가스 배출량 감소에 성공하고 있다(이태호 외, 2022).

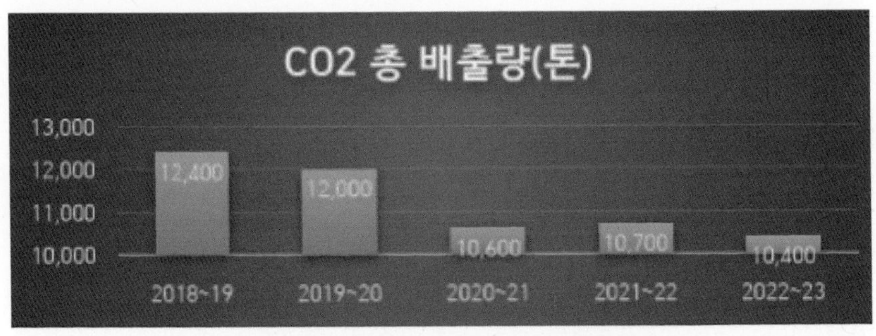

[그림 4-1] 영국 왕립조폐공사(Royal Mint) 탄소배출량 감소 추이

주: Scope 1&2(직접 배출), Scope 3(기업활동에 기인한 간접 배출) 미포함, 자료: Royal Mint(2023).

로열 민트의 2022~2023년 기준, 총 CO_{2eq} 배출량은 10,400톤이다(Royal Mint, 2023). 로열 민트의 재생에너지는 풍력발전(2020~2021년 80만 kWh

생산)과 건물 옥상 태양광(2.7만 kWh 생산)을 직접 생산하고 있다(Royal Mint, 2021).

〈표 4-3〉 영국 왕립조폐공사(Royal Mint) 연례보고서상 Scope 1~3별 탄소배출량 추이

CO_2 배출량(톤)		2018~19	2019~20	2020~21	2021~22	2022~23
Scope 1	천연가스 사용량 (난방 · 보일러)	3,740	3,890	3,750	3,340	2,600
	왕립조폐공사 소유 교통수단 사용	1	1	1	0	16
	보일러굴뚝 배출	0	0	0	0	0
	일시적 배출 (예, 에어컨 · 냉장고 누출)	9	10	186	0	0
Scope 2	전기 사용	6,090	6,230	6,050	5,540	7,000
Scope 3	출장	402	280	32	803	600
	물 공급	15	24	12	17	20
	수질 처리(외부)	70	69	46	45	11
	폐기물 처리	142	252	149	135	123

자료: Royal Mint(2023).

영국 왕립조폐공사는 사회 측면에서 산업안전 규제 준수, 윤리적이고 지속가능한 구매 및 조달정책을 갖고 있다. 거버넌스 측면에서 이사회는 6명의 비상임이사와 4명의 상임이사로 구성되는데, 이사회 다양성을 존중해 남성 대 여성 권장비율이 75:25이지만, 실제 이사회 구성은 55:45이다.

3) 독일

(1) 연방정부

독일은 무디스의 ESG 평가 1등급을 획득할 정도로 ESG 분야에 있어서 가장 앞서가는 나라다. 독일 정부는 온실가스 40% 감축(1990년 대비)을 목표로 했던 2020년 목표 초과 달성, 2030년까지 55% 감축(1990년 대비) 목표 기후보호 프로그램(Klimaschutzprogramm) 2030에 합의, 2050년까지 탄소중립 목표 달성 등 로드맵을 가지고 강력한 정책을 펴고 있다(Kotra 해외시장뉴스, 2021).

독일 연방금융감독청(Bafin: Bundesanstalt fur Finanzdienstleistungaufsicht)은 기업구조, 위기관리, 시나리오 경영, 아웃소싱 포함 전략적 ESG 평가방식 제시 및 위험요소 관리에 대한 가이드라인을 발간했다.

〈표 4-4〉 독일의 지속가능성 위험요소 대처 가이드라인 (Merkblatt zum Umgang mit Nachhaltigkeitsrisiken)

분류	요약
기업전략 및 거버넌스(Business Strategy and Governance)	ESG 역행 정책 검토, 새로운 정책 수립 혹은 ESG 요소 고려 정책 수정
조직 및 과정 (Organization and Processes)	조직 내 의사결정 과정에서 ESG 관련 요소 명시 및 이러한 요소들의 잠재적 영향 고려
위기관리(Risk Management)	ESG 관련 위험성을 위기전략 및 프레임워크 구상, 정책수립, 보고 등 위기관리 전반 포함
시나리오 경영(Stress Tests)	ESG 관련 위험성 고려 시나리오 구성해 기관 대처능력 평가 및 개선
아웃소싱(Outsourcing)	아웃소싱 가이드라인, 협약, 관리 등 과정 전반 ESG 역행 요소 검토
등급 평가(Rating)	ESG 관련 요소가 신용에 미치는 영향, 신용등급평가 포함, 그렇지 않다면 ESG 평가만 실시
공시(Disclosure)	TCFD 권고안 기반

자료: PwC; Kotra 해외시장뉴스(2021.05.02.).

독일은 기본적으로 EU의 규정 및 지침이 그대로 적용되는데, 1) EU 기업 지속가능성 보고 지침, 2) 지속가능금융 공시 규정, 3) EU 녹색분류체계 규정(Taxonomy), 4) 기업 공급망실사법 등이며, 그 외 별도로 독일은 자체적인 공급망 실사법 또한 가지고 있다. 독일은 2023년, 아동 노동, 강제 노동 금지 등 인권보호와 환경보호 강화에 초점을 둔 공급망 실사법(Act on corporate due diligence in SC)을 시행할 예정이다(전경련 Global insight, 2022). 2023년 3천 명 이상 고용기업에서 2024년 1천 명 이상 고용기업으로 확대할 예정이며, 실사의무 대상 기업의 자체 사업영역을 포함 직 · 간접 공급업체까지 적용, 위반 시 최대 800만 유로 혹은 전 세계 연 매출의 최대 2% 벌금 부과까지 가능하도록 되어 있다.

독일 정부는 기업의 지속가능 프로젝트 촉진을 위해 국책은행을 통한 지원도 하고 있다. 대표적으로 독일재건은행은 에너지 효율 기술 도입, 건물에너지 효율 제고, 신재생에너지 프로젝트에 최대 2,500만 유로(한화 약 338억) 저리

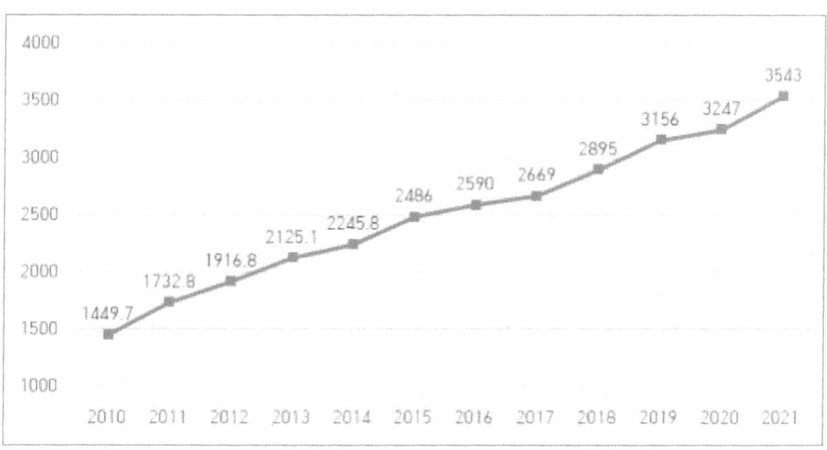

[그림 4-2] 독일 환경은행(Umweltbank) 지속가능 대출 규모 추이(2010~2021) (단위: 백만 유로)

자료: 독일 환경은행; Kotra 해외시장뉴스(2022).

대출을 시행한다.

환경은행 또한 UN SDG의 17개 목표와 적합한 프로젝트만 대출 지원, 건설 프로젝트는 지속가능성 순위 도입, 신용등급과 대출금리 반영 ESG 경영 기준 금융지원을 수행하며, 2021년 대출규모는 약 35억 유로(한화 약 4.7조 원)에 달한다(Kotra 해외시장뉴스, 2022).

(2) 지방정부

독일 지방정부에서 ESG 개념이 등장한 것은 2021년 5월 연방정부 발표 '지속 가능한 금융 전략(Eutsche Sustainable Fiannce-Strategie)'으로, 지속 가능한 공공 부문 자본투자 촉진을 위한 구체적 조치를 마련한 것이다. 이에 따라 주요 대도시로 분류되는 베를린, 본, 쾰른 등 지방정부에서 화석연료 산업과 그 가치사슬(공급망)에 있는 산업 투자를 철수하기로 했다(한국지방행정연구원, 2022). 바덴-뷔르템베르크주, 브란덴부르크주, 헤센주, 노르트라인-베스트팔렌주 등 이들 4개 주의 연기금에는 ESG 포함 지속가능성 기준에 의거 투자를 수행하며, 각종 논란이나 환경 · 사회적 기준 위반 기업에 대해 투자를 제외하고 있다(한국지방행정연구원, 2022).

헤센주와 노르트라인-베스트팔렌주의 경우 자금조달을 위한 채권 발행에도 ESG가 영향을 미치고 있다(한국지방행정연구원, 2022). 헤센주는 2021년 주정부 차원 6억 유로(한화 약 8,400억 원) 규모 헤센녹색채권(Hessicher Green Bond)을 발행했는데, 발행 단계에서부터 주위 환경, 기후변화 노력과 사회 전반 평가, 거버넌스, 주정부 시스템과 정치적 상황까지 채권과 주정부 전반에 대한 평가기관의 ESG 보고서를 제공하고 있다. 한편 노르트라인-베스트팔렌주는 2015

년 이래 9차례 지속가능성 채권 발행 및 보고서를 발간하고 있으며, 2020년 7차 발행분부터 ESG 및 지속가능발전목표 달성 보고서를 발간하고 있다.

(3) 공공기관/공기업

① 독일 지속가능성 규범(The Sustainability Code)

독일은 2017년, 2030 목표 달성을 위한 연방정부 차원의 지속가능성 발전 전략 및 수단을 명시하고 있으며, 이 원칙은 공공기관에도 동시에 적용된다(이태호 외, 2022). 20개 공시항목과 체크리스트로 구성, 구체적 항목별로 단계적인 적용을 할 수 있게 하고 있다. 크게 1~10항은 지속가능성 개념 관련, 11~20항은 구체적 실행 관련 부분이다.

〈표 4-5〉 독일 공기업 대상 지속가능성 규범 20개 항목

항목	점검 내용
1. 전략적 분석과 행동	지속가능성 전략 추구 여부 공시 *주요 섹터에 특정된, 국가적, 국제적 기준 부합 수단
2. 중대성	지속가능성에 중대한 영향 이슈 사업의 여러 측면 공시 *긍정적, 부정적 효과 분석 회사운영 반영 여부 확인
3. 목표	질적, 양적 목표 외 임시정의된 지속가능 목표의 설정 · 운용 · 성취도 모니터링 공시
4. 가치사슬의 깊이	지속가능성의 중대한 측면이 어떻게 가치 증대, 어느 정도 가치사슬 지속가능성 검증 밝힐 것
5. 책임	지속가능성에 대한 기업경영진의 책임 공시
6. 규칙 및 프로세스	지속가능성 전략 운영 비즈니스가 어떤 규칙과 프로세스 통해 구현되는지 공시

항목	점검 내용
7. 통제	지속가능성 관련 성과지표들이 주기적으로 내부 계획 · 통제시스템에 통합되는지 서술, 내부 경영과 외부 소통 사용 데이터 신뢰성, 비교가능성, 일관성 보장 공시
8. 인센티브 제도	임직원들에 대한 목표 부여와 보상이 지속가능성 목표와 연계, 장기적 가치창출 기여 여부 공시 모니터링 주체(감독이사회)가 경영진(경영이사회) 평가 시 이러한 목표 반영 정도 공시
9. 이해관계자 참여	사회경제적 이해관계자 식별 및 지속가능성 프로세스 편입 공시, 이해관계자들과 지속 대화, 경영 반영 서술
10. 혁신/제품 관리	제품과 서비스 혁신이 회사 자원과 활용에 대한 지속가능성 향상 프로세스 공시 가치사슬과 제품의 주기상 주요 제품 및 서비스의 현재 · 미래 영향이 어떻게 평가되는지 추가 서술
11. 천연자원 사용	사업 활동 위해 어떤 자원 어느 정도 사용 공시, 가능한 선택지는 제품과 서비스의 생애주기 동안 배출되는 것들과 물, 토양, 폐기물, 에너지, 토지 및 생물 다양성 요소 투입과 생산물 산출
12. 자원 관리	자원의 효율성, 특히 재생가능 물질에 있어 질적, 양적 목표 공개, 원재료 생산성과 환경시스템 사용에 있어 목표, 달성수단, 리스크 공시
13. 기후 관련 배출량	온실가스(GHG) 규약 혹은 이에 기초한 표준에 따라 GHG 배출량 공개, 배출량 감축 설정 목표 공시
14. 직원의 권리	직원 권리 관련 공인된 표준의 국내외 이행 보고, 회사 및 지속가능성에 대한 직원참여 유도 서술, 설정 목표와 달성 성과도 공시
15. 기회 균등	국내외에서 동등한 기회와 다양성, 직업 건강과 안전, 참여권리, 이주민과 장애인의 통합, 공정한 급여, 일과 삶의 균형 달성 공시
16. 자격	모든 직원의 고용가능성, 모든 직원의 능력 증진 목표 설정 공시, 모든 근로자의 직업능력 확보 및 인구변화와 리스크 적응 조치 공시
17. 인권	공급망까지 포괄 모든 형태 노동착취 근절 및 강제노동 · 아동노동 예방, 인권 존중 수단과 전략 공시
18. 기업 시민권	핵심 비즈니스 활동 수행 지역 기여 공개

항목	점검 내용
19. 정치적 영향력	입법 절차 관련 모든 중요한 기여, 로비리스트에 있는 모든 항목, 중요한 회비 지불, 정당 · 정치인에 대한 모든 기부 등 차별화된 방식으로 공개
20. 법과 정책 준수	불법행위, 특히 부패방지 수단, 표준, 시스템, 금전, 결과 등 공시, 부패/위반 방지 및 금지 조치 설명

자료: The German Council for Sustainable Development(2017).

② 독일 국영철도회사 도이치반(Deutsche Bahn)

독일 국영철도(Deutsche Bahn)는 독일과 유럽의 여러 국가에서 철도 및 관련 사업을 운영 중인 베를린 소재 주식회사이다. 독일 국영철도는 2030년까지 1990년에 비해 온실가스 65% 감축, 2040년 88% 감축, 2045년 넷제로 달성의 목표를 갖고 있다. 공익사업 수행을 위해 설립한 DB재단은 언어 · 교육 지원, 홈리스 어린이 지원, 우울증 환자 지원 등 평등 사회를 위한 자선사업을 시행한다(이태호 외, 2022).

또한, 경영이사회 의장을 겸직하는 최고지속가능책임자(CSO: Chief Sustainability Officer)를 두고 있으며, 감독이사회와 경영이사회는 분기별로 온실가스 감축을 확인하는 작업을 지속적으로 한다(이태호 외, 2022). 이어 독일 국영철도는 2021년 처음으로 TCFD 양식에 따른 공시, 자발적 비재무적 정보 공개, CDP, ISS ESG, Sustainalytics 등의 ESG 평가 등급을 공시하고 있다(이태호 외, 2022). 아울러 2038년 RE100 실현 목표, 자원 보존 및 자원재생률 제고, 2024년까지 회사 간부의 30% 여성 할당 계획이 있다(이태호 외, 2022).

4) 일본

(1) 중앙정부

일본 정부는 2020년에 2050 탄소중립 달성 목표 발표, 2021년 세부 목표로 2030년까지 2013년 대비 온실가스 46% 감축을 목표로 선언했다(대한무역투자진흥공사, 2021), 일본은 2021년 6월, 2015년 채택 '파리기후협약' '기후변화에 관한 정부 간 협의체(IPCC)' 권고에 따라 '2050년 탄소중립 실현을 위한 녹색성장전략을 채택하였다. 특히, 다양한 가인드라인과 사례집을 통해 기업 대응을 촉진하고 있으며 ESG 중 주로 거버넌스와 환경 측면 중심으로 대응을 강화하고 있다(강철구 외, 2023).

〈표 4-6〉 일본 정부 ESG 가이드라인

측면	가이드라인
환경(E)	경제산업성(2018) · 환경성(2019) TCFD 가이던스
사회(S)	경제산업성(2017) 다양성2.0행동 가이드라인
거버넌스(G)	금융청(2014) 일본판 스튜어드십 코드, 경제산업성(2017) 가치협력창조 가이던스 경제산업성(2018) 기업지배구조시스템 가이드라인, 경제산업성(2020) 사외이사 가이드라인

자료: 대한무역투자진흥공사(2021); 강철구 외(2023).

예를 들어, 경제산업성은 이해관계자들의 기후변화 관련 기업정보 공시 요구를 반영한 기후관련 재무정보 공시 TCFD 지침을 2018년에 제정했다. 경제산업성은 기업의 사회적 가치 창출 측면에서 다양성 경영의 방향과 행동을 이끄는 Diversity2.0 행동지침을 2017년 발표했다. 금융청과 도쿄증권거래소는 2015년 3

월, 기업지배구조코드 공표, 기업지배구조시스템(CGS) 실무지침, 사외이사 지침 등 다양한 지배구조 가이드라인 제시 및 이사회의 독립성과 다양성, 준법감시와 감사제도 운용 관련 거버넌스 개선을 꾀하고 있다(강철구 외, 2023).

(2) 지방정부

일본의 수도 도쿄도 북쪽에 위치한 사이타마현은 'CSR챌린지 기업 인증제'를 실시하여 세계적 흐름과 기준에 부합하는 사회적 책임성이 높은 중소기업의 발굴과 육성에 노력하고 있다(박주원 외, 2022). 사이타마현을 시작으로 시즈오카와 요코하마 등 20여 개 일본 내 지자체들이 유사 제도를 시행하고 있다. CSR 인증제도란 인증 여부도 중요할 수 있으나 기업 스스로 경영현황과 개선 사항을 찾아 발전의 계기를 마련하는 데 주된 목적을 두고 있다.

사이타마현의 CSR 기업 선정대상은 관내 기업이면서 최근 3년간 1) 조세 · 보험료 미체납, 2) 노동감독부서의 시정권고 받지 않은 기업, 3) 매년 1회 인증 취득 희망 기업 등 3가지 요건을 갖춰야 한다. 인증절차는 1단계 다음의 자가 체크리스트 평가를 진행한다. 보호CSR 40개 항목(기업생존 필수항목 60% 이상 '예' 해당 조건 인증)과 발전CSR 20개 항목(기업 가치 제고, 30% 이상 '예' 해당 조건 인증), 총 60개의 체크리스트로 구성된다.

2단계는 사이타마현 경제국 경제정책과 전문가의 현장평가 후 CSR추진회의에서 심사를 진행하고, 마지막 3단계에 시장이 지원 기업을 인증하는 절차를 밟는다(사이타마시, 2019; 박주원 외, 2022). CSR 인증을 받은 기업은 인증 로고를 사용하고, 사이타마시가 디렉토리 북(종합정보책자)을 만들어 배포하고 TV나 라디오 출연 등 다양한 홍보, 경영자 및 직원 교육, 컨설팅을 제공하며,

사이타마시의 행정서비스를 우선 대우 대상이 되는 인센티브를 제공한다. 유효 인증기간은 4년이 경과한 후 최초의 3월 31일까지로 기간만료 시 갱신 신고가 필요하다(사이타마시, 2019).

(3) 공공기관/공기업

① 일본담배산업주식회사(Japanese Tobacco)

일본담배산업주식회사는 1985년 4월, 「일본담배산업주식회사법」의 제정과 함께 설립되어 담배, 의약품, 식품, 음료 등을 생산 · 판매하는 공기업이다.

우선 환경 측면에서 이 공기업은 전체 온실가스(GHG) 배출량 감축 노력 및 재생에너지 전기 비중 제고로 2030년까지 탄소중립 달성, 2050년까지 가치사슬 및 자체회사 등 공급망까지 포함한 넷제로 달성을 목표로 삼았다(이태호 외, 2022). 또한 포장지 재활용률을 2025년 85%, 2030년 100% 달성을 목표로 하고 있다(이태호 외, 2022).

사회 측면에서 2030년까지 6억 달러 자금을 지역사회에 투자하고, 직원들의 30만 시간 봉사 계획도 갖고 있다. 일본담배산업주식회사는 유엔 비즈니스 및 인권선언 10주년을 맞이해 인권보고서를 출간했으며, 회계법인 EY의 다양성과 포용성 등 글로벌 평등 인증서(Global Equality Standard Certificate)를 받았다. 이사들의 보수는 ESG 지수에 연동 ESG 경영의 내재화를 꾀하고 있고, 다양성과 포용을 주요 채용기준으로 한다. 상해율은 2023년 25% 감소, 2030년 50% 감소를 목표로 하며, 강제노동, 공평한 임금, 아동노동, 성희롱, 건강과 안전, 차별금지와 평등, 근무시간 등 노동 및 인권, 젠더 문제 등의 중요한 이슈를 찾아 대응책을 마련하고 있다(이태호 외, 2022).

거버넌스 측면에서 최고지속가능책임자(CSO)를 두고 2020년부터 정기적으로 지속 가능 포럼을 개최하고 포럼 의장을 CSO가 맡아 이해관계자 간 주기적 만남과 소통을 이어가고 있다(이태호 외, 2022).

② 일본우정그룹(Japan Post Group)

일본우정그룹은 일본우편(Japan Post), 일본우편은행(Japan Post Bank), 일본우편보험(Japan Post Insurance) 등 3개의 계열사로 구성된 공기업 그룹이다. 2020년 ESG위원회를 만들었고, 지속가능경영의 원칙은 'JP Vision 2025' 1) 지역사회와 함께, 2) 지구와 함께, 3) 사람과 함께로, 환경보전과 사회재활성화 지속가능경영을 하고 있다(이태호 외, 2022).

환경 측면에서, 온실가스 배출량을 2019년 대비 2031년 46% 감축, 2050년 넷제로 달성을 목표로 했으며, 공급망까지 포괄 Scope 1,2,3 배출량을 계산하여 발표하고 있다. 동시에 태양광 발전설비를 구축하고 주차장 내 전기차 충전소를 운영하고 있다(이태호 외, 2022). 온실가스 배출 감축을 위한 재생에너지 사용량 제고, 생산공정상 탄소배출 감축 신기술 개발, 종이 없는 업무환경, 자원재사용 순환경제 정책을 실시하고 있다(이태호 외, 2022).

사회 측면에서, 지역사회에 자금이 흘러가도록 하기 위해 상생의 공급망 관리에 노력하고 있다(이태호 외, 2022). 또한 인권 정책, 이해상충 해결정책, 비정규직 수, 신규 고용 수, 지역별 고용 수, 육아휴직, 가족돌봄 휴가, 초과근무 감축 등 데이터와 산업재해율 · 질병률 등을 공시하고 있다(이태호 외, 2022). 거버넌스 측면에서, 지속가능위원회를 두어 ESG 경영을 총괄 추진하고, 1년에 4번 회의를 개최하며 그 결과를 이사회에 보고한다. 또한 여성관리자 비율을 점차 제고해 2030년 30% 수준을 달성할 계획이다.

3. 글로벌 정부 수준별 공공 부문 ESG 추진 시사점

(1) 국가 및 중앙정부

국가 및 중앙정부 수준에서 ESG 추진은 무엇보다 탄소중립 목표 및 전략을 얼마나 구체적으로 제시하고, 그 실현할 수 있는 법적, 제도적 시스템을 갖추는가가 좌우할 것이다. 전체적으로 보면 탄소중립 목표를 과학자들이 제시하는 시기인 2050년을 명시하고 있으며, 단계별 감축목표는 다음 표와 같이 각기 상이하게 발표하고 있다.

미국은 자국 인플레이션감축 및 보호무역주의 측면에서 전기차 판매율 제고에 힘쓰고 있는 반면, EU의 경우에는 상당히 강력하게 탄소배출 규제와 에너지 소비 절감, 신재생에너지 확대 등을 추진하고 있다. 독일이 그 핵심 선두 국가로 보면 될 것이다. 반면, EU에서 탈퇴한(브렉시트) 영국이지만, EU의 지향에서 크게 벗어나지 않는 차원에서 영국형 탄소중립 실현 및 ESG 추진전략을 모색 및 추진하고 있으며 독일이나 여타 유럽과는 다르면서 프랑스와 결을 같이하는 것은 원전을 확대한다는 것이다. 원전을 저탄소에너지로 인정한다는 것이며 최근 EU 또한 EU택소노미 체계에 안전성을 담보한 신규원전 및 가스를 CFE(Carbon Free Energy)에 신규 편입시키는 양상을 보이고 있기도 하다.

〈표 4-7〉 주요 국가별 탄소중립 목표 전략 비교

국가	탄소중립 목표 및 전략
미국	· (감축목표)'50년까지 탄소중립, '30년까지'05년 대비 50~52% 감축 · (인플레이션감축법) 미국 내 생산기업 한정 전기차 보조금 지원(22년 5월)
EU	· (감축목표)'50년까지 탄소중립, '30년까지'90년 대비 55% 감축 · (탄소국경제도) 철강 등 6개 품목 탄소배출 규제(26년~) · (RePowerEU) 에너지 소비절감, 공급망 다변화, 신재생e 보급확대 발표(22년 5월)
독일	· (감축목표)'50년까지 탄소중립, '30년까지'90년 대비 55% 감축
영국	· (감축목표)'50년까지 탄소중립, '30년까지'90년 대비 최소 68% 감축 · (원전확대) 에너지안보 차원'50년까지 최대 8기 추가건설 계획 발표(22년)
일본	· (감축목표)'50년까지 탄소중립, '30년까지'13년 대비 46% 감축

자료: 관계부처 합동(2023.3.), 국가 탄소중립 · 녹색성장 기본계획(안).

국가별 주요 ESG 정책을 요약 및 정리하면 다음의 표와 같다. 미국은 환경과 사회 측면에서 행정명령으로 강력하게 기후변화 대응을 하고 있으며, 전통적으로 해 온 인종 형평성과 지역사회 지원, 비정규직 노동자 처우개선 등에 집중하고 있다. 영국은 기후변화법을 세계 최초로 제정하고 녹색산업혁명을 발표해 추진하고 있다. 사회 측면에서도 현대 노예방지법 제정, 행정기관의 공공조달 시 사회적 가치 고려, 평등법 제정 등 인권, 젠더, 공공조달의 사회적 가치 제고에 힘쓰고 있다.

독일은 EU의 탄소중립 관련 법 · 제도적 시스템 및 가이드라인을 그대로 적용 · 실천하고 있으며 자체적 공급망 실사법을 시행해 인권을 강조하고 있다는 측면도 돋보인다. 아울러 독일 공공은행을 통한 녹색금융지원에도 투자를 아끼지 않고 있다. 일본의 정부부처 차원에서 거버넌스 측면 기업지배구조 및 이사회 운영 개선, 일본판 스튜어드십 코드를 통해 기업의 윤리적, 사회적 가치 실현을 위한 기업통제를 강조하고 있으며, 무엇보다 경제산업성이 직접 TCFD/다양성2.0행동 지침을 가지고 환경과 사회 측면에 제도적 기준을 제시하고 있다.

〈표 4-8〉 국가별 주요 ESG 정책 비교

국가	측면	구체적 정책
미국	환경(E)	· 행정명령(EO 13990), 공중보건 및 환경보호, 기후변화 대응 과학 복원 · 행정명령(EO 14008), 국내외 기후위기 대응 행정명령 · 행정명령(EO 14030), 기후관련 금융위험 행정명령
	사회(S)	· 행정명령(EO 13985), 인종 형평성(연방정부 프로그램/정책/자금 분배 과정 인종차별 요소 조사/시정) · 행정명령(EO 14026), 연방정부 계약직노동자 최저임금 인상 및 물가연동 · 지역사회재투자법 개혁, 지역사회개발금융기관 역할 강화
영국	환경(E)	· 기후변화법(2008) 세계 최초 제정 · 녹색산업혁명 발표(2020), TCFD/EU녹색분류체계에 영국시장 특성 반영 영국 녹색자문그룹 검토/자문 메트릭스 적용 ESG 규제 틀 마련
	사회(S)	· 사회적 가치법(2012), 모든 행정기관 공공조달 시 ESG 요소 고려 · 현대 노예방지법(2015), 노예 · 인신매매 금지 · 평등법(2010), 중규모 이상 기업 성별 임금격차 공표
독일	환경(E)	· 독일 재건은행/환경은행 신재생에너지/UN SDG 17개 목표 부합 프로젝트 금융지원
	전체	· 지속가능성 위험요소 대처 가이드라인 · EU 기업지속가능성 보고 지침, 지속가능금융 공시규정, 녹색분류체계규정, 기업 공급망실사법+자체적 공급망 실사법 시행(아동노동, 강제노동 금지 및 환경보호)

국가	측면	구체적 정책
일본	환경(E)	· 경제산업성(2018) · 환경성(2019) TCFD 가이던스
	사회(S)	· 경제산업성(2017) 다양성2.0행동 가이드라인
	거버넌스 (G)	· 금융청(2014) 일본판 스튜어드십 코드 · 경제산업성(2017) 가치협력창조 가이던스 · 경제산업성(2018) 기업지배구조시스템 가이드라인 · 경제산업성(2020) 사외이사 가이드라인

다음의 주요국 공급망 ESG 관리 정책을 비교했다. 영국의 현대노예법을 근간으로 하며, 대체로 아동 · 강제노동 금지 등 인권을 강조하는 반면, 국가별로 대상 기업 범주가 조금씩 상이할 뿐이다.

〈표 4-9〉 주요국 공급망 ESG 관리 정책 비교

국가	공급망 ESG 관리 정책
미국	· 노예제 근절 기업인증법(Slave-Free Business Certification Act) 발의, 2020년 7월, 연 매출 5억 달러 초과 기업 대상 공급망 내 강제 노동사례 감사 · 보고 의무 부과
독일	· 공급망 실사법(Act on corporate due diligence in SC), 2023년, 3천 명 이상 고용 기업('23) → 1천 명 이상 고용 기업('24) 대상 아동 · 강제노동 금지 등 인권보호 및 환경보호 강화 · 실사 의무대상 기업 자체사업 영역 포함 직 · 간접 공급업체까지 적용, 위반 시 최대 800만 유로 혹은 전 세계 연 매출 최대 2% 벌금 부과
영국	· 현대노예법(UK Modern Slavery Act) 시행, 2015년 · 기업공급망 현대적 노예제 리스크 관련 조치 문서화 지침, 2020년
일본	책임 있는 공급망 위한 인권존중 가이드라인 발표 2022년 8월, 일본 내 모든 기업 대상 인권방침 및 실사, 해결방안 제시

자료: 전경련 Global Insight(2022).

(2) 지방정부

국가별 주요 지방정부 ESG 정책을 보면 대체로 특징적인 지점은 자체적으로 국가보다 더 높고 시기적으로 빠른 탄소중립 달성 및 재생에너지 발전을 강조한다는 측면이다. 즉, 일부 지역 혹은 지방정부 차원에서는 자연 및 기후조건, 주민협력 유도 및 지자체장의 정치적, 제도적 의지에 따라 얼마든지 RE100 혹은 CF100을 실현할 수 있기 때문에 그런 선제적인 목표 및 전략 제시가 가능하기 때문이다. 그러한 점이 가장 두드러진 곳이 바로 미국 캘리포니아주다. 보스턴시의 경우 예산결정 및 공공투자 의사결정 과정에서 ESG 요소 고려지표를 명확히 제시했다는 특징이 있다.

영국은 전체 지방정부 중 75%가 참여하는 지방정부협의회가 기후비상사태 선포 및 탄소배출 감축 노력을 약속했다는 것이 의미가 있다.

〈표 4-10〉 국가별 주요 지방정부 ESG 정책 비교

국가	지방정부	구체적 ESG 정책	특성
미국	캘리포니아주	· (환경)'30년까지 태양광 · 풍력 전력 60% 포장,'45년 탄소중립 달성,'25년까지 주 판매 차량 22% 제로배출차량,'30년까지 500만 대 전기차 보급 및 탄소배출권 거래, 기후투자 프로그램 시행 · (사회)공급망 투명성법 제정(2010) · (전체)연기금 투자 및 의사결정 프로세스상 ESG 요소 적극 반영	· 구체적인 탄소제로 목표 제시 및 구체적 실천전략 마련 · 사회 측면 노동 및 인종차별 요소 배제, 연기금 투자의 ESG 사회 · 환경가치 반영
	보스턴시	· (환경)그린빌딩, 스마트성장, 기후변화 · (사회)인권, 다양성 강조 · (거버넌스)위원회 독립성/다양성, 반부패, 사회공헌 · (전체)공공예산 투자 및 의사결정 과정 ESG 요소 적극 구현	· 공공예산 투자 시 ESG 고려 지표 명확히 제시

국가	지방정부	구체적 ESG 정책	특성
영국	지방정부 협의회	· (환경)지방정부 75% 참여 2030지방정부협의회 결성, 기후비상사태 선포 및 탄소배출 감축 노력	· 지방정부 집단적 기후위기 대응
	맨체스터시	· (환경)지속가능발전 목표이행 10개년 계획 수립(2015), 2038년 탄소중립 달성 목표 제시 · (환경)맨체스터 기후변화 프레임워크 2020-25 발표	· 목표와 계획, 구체적 액션플랜 제시 및 시행
독일	연방정부 지속가능한 금융전략(2021)	· (전체)지속 가능한 공공 부문 자본투자 촉진 구체적 조치 마련 · (환경)베를린, 본, 쾰른 등 지방정부 화석연료 산업과 가치사슬(공급망) 산업투자 철수	· 대도시 중심 화석연료 산업 투자 철수
	헤센주	· (환경)헤센녹색채권 발행, 발행단계부터 환경, 기후변화 노력/사회전반 평가, 거버넌스 고려, ESG 보고서 제공	· 주별 채권/지방채 발행 시 ESG 요소 고려 및 보고서 발간
	노르트라인-베스트팔렌주	· (전체)2015년 이래 9차례 지속가능성 채권 발행 및 보고서 발간, 2020년 7차부터 ESG 및 지속가능발전목표 달성 보고서 발간	
일본	사이타마현	· (사회)CSR챌린지 기업인증제	· 노동, 직원교육/컨설팅 등 기업의 사회적 책임 강조

독일의 경우는 기본적으로 대도시 중심의 화석연료 산업 투자 철수, 헤센주와 노르트라인-베스트팔렌주 중심의 녹색채권 발행 및 ESG 보고서 정기 발간 등이 모범사례로 꼽힌다. 반면 일본 사이타마현은 CSR챌린지 기업인증제를 통해 기업의 사회적 책임을 보다 강조하는 지방자치단체 정책을 갖고 있다.

(3) 공공기관/공기업

국가별 주요 공공기관 및 공기업의 ESG 정책을 비교하고 그 특성을 도출하면 다음의 표와 같다. 미국의 연방저당권협회는 녹색금융과 이사회의 책임 · 윤리적 운영, 철도여객공사는 탄소중립 목표 제시, 사회적 약자 지원 및 사회적 공헌을 강조하고 있다. 영국 왕립 우체국은 탄소중립 목표 제시 및 이행상황 보고, 지역사회 기여 및 직원 복지 및 인권, 젠더 강조가 특징이며, 왕립 조폐공사는 전기사용량 및 탄소배출 감축 실적 연례보고 및 이사회 다양성을 특징으로 한다.

〈표 4-11〉 국가별 주요 공공기관/공기업 ESG 정책 비교

국가	공기업	구체적 정책	특성
미국	연방저당권협회 페니메이	· (환경)녹색채권 발행 저탄소 녹색주택 전환 가속화 녹색금융 사업 실시 · (사회)지역사회 책임 및 지속가능성 위원회, 저소득층 에너지 비용부담 감소, 친환경 주택담보대출 상품 출시 에너지 비용 절약 · (거버넌스)윤리적 행동 강조, 임명 및 기업 지배구조 위원회, 책임, 이사회/직원 규정집(책임 · 윤리적 의사결정)	· 녹색금융 통한 저탄소 환경 강조 · 지속가능성 제고 및 이사회 운영 관련 체계적 ESG적 운영
	철도여객공사 암트랙	· (환경)탄소배출량 2030년까지 40% 감축 목표, 연료 · 에너지 사용 절감 · (사회)안전시설 교체, 지속적 훈련프로그램 고객/근로자 안전 제고, 공급망 다양성 제고(여성 · 장애인 사회적 약자에 회사지출 10% 할애), 지역사회 공헌 차원 주민친화적 역사 설계(장애인 공간편의성 중시)	· 탄소중립 목표 제시 · 안전, 사회적 약자 지원, 지역사회 공헌 강조

국가	공기업	구체적 정책	특성
영국	왕립 우체국 (Royal Mail)	· (전체)지속가능성보고서 매년 발간 · (환경)2050년 넷제로, 모든 차량 대체연료 전환, 2025년까지 폐기물 · 물 사용량 25% 감축 등 TCFD 권고 이행 · (사회)사회적, 경제적 편익 공동체 제공 등 지역사회 투자 및 자금 기부, 실종자 찾기 프로그램 운영 등, 노동(직원 정신건강 및 역량증진, 비정규직 높은 급여, 장애인 고용, 성별임금 격차 해소, 소수인종 배려) · (사회)공급망 관리(현대판 노예 및 인신매매 방지, 윤리적, 다양성 기준)	· 탄소중립 목표 제시 이행상황 보고 · 지역사회 기여 공익적 역할 CSR 강조 · 직원 건강 · 복지 · 역량증진, 장애인 고용, 성/인종 배려 강조 · 인권 강조
	왕립 조폐공사 (Royal Mint)	· (환경)매년 지속가능경영 보고서 발간(탄소발자국 최소화), ISO 14991 환경경영 인증, 50001 에너지관리시스템인증 보유, Scope 1~3 온실가스배출량 보고, 전기에너지 사용 감소, 태양광 · 풍력발전 · (사회)산업안전 규제 준수, 윤리적, 지속가능한 구매/조달 정책 · (거버넌스)이사회 다양성 존중 남녀 55:45	· 전기사용량/탄소배출 감축 및 실적 연례보고 · 이사회 다양성
독일	공기업 전체 지속가능성 규범 (The Sustainability code)	· (전체)20개 공시항목 및 체크리스트	· ESG 요소 전체 고려 20개 체크리스트 제시 적용
	국영철도회사 (Deutsche Bahn)	· (환경)1990년 대비 온실가스 65% 감축, 2040년 885 감축, 2045년 넷제로 목표, 감독이사회/경영이사회 분기별 온실가스 감축 확인 · (사회)공익사업 수행 DB재단(언어 · 교육 지원, 홈리스어린이 지원, 우울증 환자 지원 등 자선사업) · (거버넌스)최고지속가능책임자 임명, TCFD 양식에 따른 공시, 자발적 비재무적 정보 공개 ESG 평가 등급 공시, 회사간부의 30% 여성 할당	· 탄소중립 목표 제시, 이사회 이행 상황 확인 · 지역사회 공헌 · CSO 임명 및 각종 ESG 평가 등급 정보공개, 공시 · 회사간부 여성 할당

국가	공기업	구체적 정책	특성
일본	담배산업주식회사 (Japanese Tobacco)	· (환경)2030년 탄소중립 달성, 2050년 가치사슬/공급망 넷제로 달성, 포장지 재활용률 25년(85%), 30년(100%) 달성 · (사회)2030년까지 6억 달러 자금 지역사회 투자, 직원 30만 시간 봉사계획, 인권보고서 출간, 글로벌평등인증서 수령, 노동 및 직원안전(상해율 감소 목표 제시, 공평한 임금, 아동/강제노동 금지, 차별금지 등) · (거버넌스)최고지속가능책임자 임명, 정기 지속가능포럼 개최, 이해관계자 간 만남/소통	· 탄소중립 목표 제시 · 지역사회 투자규모 및 시기 명확히 제시 · 노동 · 인권 · 젠더 강조 · CSO 임명
	우정그룹(Japan Post Group)	· (환경)2031년 46% 감축(2019년 대비), 2050년 넷제로 달성 목표, 공급망 포괄 Scope 1~3 배출량 발표, 태양광 발전설비 구축 및 전기차충전소 운영 · (사회)지역사회 자금 투자, 인권정책, 비정규직/신규고용/지역별 고용 수 관리, 육아휴직/가족돌봄휴가/초과근무 감축 및 산업재해율 · 질병률 공시 · (거버넌스)지속가능위원회 ESG 경영 총괄 추진 및 이사회 보고, 여성관리자 비율 2030년 30% 달성 계획	· 탄소배출 목표 제시 및 배출량 보고, 재생에너지 발전 및 충전인프라 구축 · 지역사회 투자 · 인권 · 고용, 직원복지 및 근무시간 안전 강조 · ESG 경영 컨트롤타워, 여성임원 제고 목표 제시

독일은 공기업 전체 대상으로 20개 공시항목 및 체크리스트를 담은 지속가능성 규범이 적용되고 있다는 특징이 있으며, 대표적으로 국영철도회사 도이치반은 탄소중립 목표 제시 및 이사회 이행상황 확인, 지역사회 공헌뿐만 아니라 CSO를 두어 지속가능경영을 총괄하는 직책을 가지고 있다는 특징이 있다. 반면, 일본의 경우 담배산업주식회사와 우정그룹 공통적으로 지역사회 투자 및 CSR 강조, 탄소배출 목표 제시 및 ESG 경영 컨트롤타워, 노동 · 인권 등을 강조하고 있다.

4. 미래 ESG 추진의 이니셔티브: 공공 부문에서 거버넌스로

본고는 전체적으로 세계적 공공 부문 ESG 트렌드를 국가/중앙정부, 지방정부(지방자치단체), 공공기관/공기업 등 정부 수준별 추진사례를 통해 분석하고 그 특징 및 시사점을 도출하고자 했다. 특히 기업과 시민사회단체 등 민간 부문 주도의 ESG를 넘어 공공 부문 중심의 ESG 추진사례를 정리했다. 공공이 갖는 법적, 제도적, 재정적 노력이 사실 민간 부문 ESG 추진을 추동함과 동시에 보다 확장적으로 사회적 가치 제고 및 인류의 공존을 위한 기후비상사태 대응에 더욱 효과적 달성 수단임을 부정하진 못할 것이다.

미국 · 영국 · 독일 · 일본 등 주요 국가의 글로벌 ESG 트렌드를 비교 분석하면서 다음과 같은 시사점을 도출할 수 있을 것으로 보인다. 첫째, 과학자들이 제시한 바와 같이 국가별 그리고 일부 지방정부에서 2050년까지 탄소중립 목표 및 재생에너지 확대를 공통적으로 제시하고 있다는 것이다. 동시에 각 지방정부별 탄소중립 목표 및 재생에너지 확대 전략에 대해서도 동시에 꼼꼼히 챙겨봐야 할 것이다. 일부 지역은 좀 더 강화된 목표를 제시하고 그러한 지방정부에 대한 전략적 지원과 정책적 지원을 아끼지 않을 필요가 있다. 무엇보다 미국 보스턴시처럼 공공예산 투자 우선순위로서 ESG 고려지표를 각 지방정부별로 명확히 제시할 필요가 있다.

둘째, EU뿐만 아니라 영국 · 독일 · 일본 모두 나름의 사정에 맞는 ESG 추진 가이드라인을 갖고 있는데, 큰 틀에서 각 정부 수준별(국가 · 지방정부 · 공공기관별) 지침이 구체적으로 설정될 필요가 있다. 공공 부문의 조직 · 인사 · 예산 운용 및 정책결정 과정에 반영될 수 있게 해야 한다.

셋째, 목표 및 전략, 가이드라인 외에 ESG 추진 모범 사례는 기본적으로 탄소배출량을 구체적으로 측정하고 에너지 절감 및 재생에너지 확대 등 이행상황에 대한 연례 보고를 의무화한다는 것이다. 각 공공 부문이 현재의 ESG 추진의 과거와 현재 추이를 볼 뿐만 아니라 앞으로 방향성을 지속적으로 점검하고 개선할 수 있다는 점에서 중요한 의미를 갖는다.

넷째, 국가별로 드러나지 않지만, 인구감소와 지역불균형, 지역소멸의 위기가 가속화되고 있는 상황에서 이러한 ESG가 지역경제 회생 및 균형발전 전략이 될 수 있게 전환될 필요가 있다. 즉, ESG 중심으로 지역경제를 재설계하고 탄소국경세에 직면한 글로벌 중견 · 대기업의 RE100 · CF100 실현이 가능한 풍부한 무탄소에너지를 발전 · 공급하는 소멸지역으로 이전 및 유치, 지역앵커기관 중심 지역순환경제 등에 보다 많은 공공 부문(중앙과 지방정부, 공공기관)의 재원이 투자될 필요가 있다.

마지막으로, 미래 ESG 추진의 이니셔티브는 그럼에도 불구하고 공공 부문과 민간 부문이 개별적으로 추진되어서는 안 되며, 당연한 얘기지만 지역주민과 기업, 시민사회 등이 포함된 민관이 함께 탄소중립 목표 설정 및 ESG 고려지표 및 실천과제를 함께 논의 및 결정하고 이행하는 구조, 공통문제 해결 및 의제 중심의 거버넌스 주도의 ESG 추진구조로 전환 혹은 작동되게 해야 한다. 기후비상사태에 직면한 현재 상황에서 인류의 공존과 생존, 지구와 미래세대의 지속가능성을 위해서는 공공과 민간이 따로 있지 않기 때문이다.

참고문헌

강철구 · 유혜선(2022), 공공기관 ESG 첫걸음은 맞춤형으로, 경기연구원 이슈&진단 No.511.

강철구 · 전소영 · 강충호(2023), 경기도 ESG 행정체계 구축 방안 연구, 경기연구원 정책연구 2023-19.

박주원 · 난딘체첵 · 김영렬(2022), 국내외 중소기업 ESG 인증제도 사례연구.

박준태(2021), 지속가능 성장을 위한 ESG 생태계 조성 및 입법정책 과제, 국회입법조사처 NARS 정책연구용역보고서.

사이타마시(2019), 중소기업을 위한 CSR 독본.

영국정부, FCA, Lexology, Skadden, EY, 현지 언론 및 KOTRA 런던무역관 자료 종합.

이태호 · 김광기 · 황성주 · 전대현, 공공기관 ESG 현황과 경영전략: 해외 사례를 중심으로, 대외경제정책연구원 ODA 정책연구 22-01.

전경련 FKI(2022.11.24.), 주요국 공급망 ESG 관리 정책 동향 및 모범 사례, Global Insight Vol.95.

한국지방행정연구원(2022.11.), 독일 지방정부의 ESG, 세계지방자치동향 제40호, 장인성 통신원.

한민지 · 최고봉 · 강한나 · 김민철(2021), 유럽연합의 ESG 동향과 국내에의 정책적 시사점, GTC FOCUS 2021, Vol.2, No.3.

한상범 · 권세훈 · 임상균(2021), 글로벌 ESG 동향 및 국가의 전략적 역할, 대외경제정책연구원 ODA 정책연구 21-01.

황인창 · 김고운 · 백종락 · 이윤혜(2022), 환경 · 사회 · 지배구조(ESG) 경영 확대 위한 서울시 정책 방안, 서울연구원 2022-PR-16.

Kotra 해외시장뉴스(2021.05.02.), 독일 ESG 최신 동향, 함부르크무역관 안수언.

Kotra 해외시장뉴스(2021.08.31.), 사례로 알아보는 일본 기업의 ESG 전략.

Kotra 해외시장뉴스(2022.07.14.), 독일 ESG 경영을 이끄는 동력 3가지, 프랑크푸르트무역관 이예나.

Martin J. Walsh et al.(2019), City of Boston Cash Investment Policy.

Royal Mail(2022), Annual Report.

Royal Mint(2021), Annual Report.

Royal Mint(2023), Annual Report 2022-2023.

The German Council For Sustainable Development(2017), The Sustainability Code.

제5장

ESG 진단항목과 지표

마희정

마희정(馬希姃)

경영학 박사 학위 수료, 한세대학교 사회적경제 학과에서 외래교수로 후학양성에 매진했다. (사)파주시공유경제네트워크 이사장, 민주평화통일자문회의 20기, 21기 부회장 등 지역사회 발전에 관심이 많다. 30여 년 기업경영을 토대로 경기도 여성경제인협회 이사, 전경련 ESG 전문가 자격 취득 후 컨설턴트 활동을 하고 있다.

ESG 지표 진단항목의 방향

지방정부가 ESG(Environment, Social, Governance: 환경, 사회, 지배구조) 정책을 실행하는 데 있어서 기본적으로 검토를 해야 할 항목이 있다. 조례 제정, 기본계획 및 실행계획 수립, 담당 부서 지정, 위원회 구성, 예산 편성 등이다. 초기 단계에서 ESG 홍보 및 교육을 통한 학습 과정은 필수적이다. 중요한 것은 무엇을 어떤 방식으로 진행해야 하는지 명확한 목표의 설정이다. 중앙부처가 제시한 K-ESG의 내용을 수용하기에 벅차다. 기업관점의 실행전략이라 어디서부터 해야 할지 고민스럽다. 무작정 따라가기에는 정치적, 환경적 배경이 제각각이다. 지역의 다양한 현실도 고민해야 하는 상황이다. 지방정부 차원의 ESG 실행을 위한 구체적인 방법이 준비되어야 한다. 부서의 업무에 따라 핵심적으로 대응할지 간접 지원을 해야 할지를 정해야 한다. 내용을 파악하고 그에 따른 실행 방법을 설정하는 방법론이 ESG 지표를 설정하는 일이라 할 수 있다.

ESG가 기업을 대상으로 투자하는 새로운 기준으로 등장하였다. 그 기준을 제시하고 그에 합당한 노력을 하고 있는지, 기준을 초과한 실적을 보유하고 있는지 등을 판단한다. 그 기준이 되는 것이 판단할 수 있는 영역에 대한 진단항목과 그에 따른 지표다. 기업의 재무적 성과가 아닌 비재무적 성과를 측정하기 위한 평가지표가 제시되었다. 문제는 전 세계의 투자기업들이 사용하는 ESG 지표의 설정 내용이 제각각이라는 것이다. 환경(E), 사회(S), 지배구조(G) 영역에 따라서 투자기관들이 중요시하는 관점의 차이가 드러났다.

투자기관마다의 투자전략과 방법이 다르고 ESG를 바라보는 생각이 다르다. 법과 제도를 중요하게 생각하는 기관이 있지만, 직접적이고 구체적인 실행 항목을 제시하는 기관도 있다. ESG 진단항목에 있어 대분류의 영역이 다르다 보니 그에 따른 지표도 달라질 수밖에 없다. 본고(本稿)에서는 ESG 항목별 구체적인 지표보다는 큰 틀에서 진단항목을 대상으로 서술하고자 한다. ESG 영역별에 따른 공통점과 차이점을 구분하고자 한다. 기업을 대상으로 하는 진단항목과 공공 영역을 대상으로 하는 진단항목의 차이가 무엇인지를 알아보고자 한다. 이에 따라 각 영역에서 중요시하는 지표의 진단항목을 통해 지방정부의 ESG 지표 방향을 제시하고자 한다.

지방정부는 기업을 대상으로 하는 평가지표와 공공 부문의 평가지표 둘 다 준비해야 한다. 기업과 다른 성격의 행정조직이 대응해야 할 ESG 지표의 내용은 기업과 다르다. 지방정부의 입장에서 공공지표와 지역 내 기업을 지원하고 도움을 주려는 기업 대상 ESG 지표도 준비해야 한다. 기업이 ESG에 대한 대응에 필요한 내용이 무엇인지 파악하고 있어야 행정서비스가 가능하다.

현재 ESG 관련 진단과 지표 설정은 투자하는 기관이나 기업 중심으로 구성되어 있다. 즉 기업활동을 하는 영리기업에 집중되어 있고, 투자 주체마다 바라보는 투자 관점이 다르다 보니 내용도 다양하다. 국내 기업이 수출 등을 위해 준비해야 할 지표를 보기 위해서는 해외 투자기관들이 어떤 항목을 중요시하고 있는지를 살펴볼 필요가 있다. 또한 국내 투자기관과 정부가 제시하고 있는 ESG 기준을 파악하는 것도 중요하다.

ESG 투자를 위한 진단과 지표가 기업을 중심으로 하다 보니 중앙부처, 지방정부, 산하기관 중 제품생산이 아닌 행정서비스를 하는 기관은 사각지대다. 행정이 무엇을 준비해야 하는지조차 알 수 없는 안갯속이다. 이런 환경에서도 일부 지방정부가 공공 부문의 ESG에 적극적으로 대응하는 모습을 보인다. 공공 영역의 진단항목을 설정하거나, 지속가능발전목표(SDGs: Sustainable Development Goals)에서 ESG 지표를 추출하거나, 단체장의 선거공약과 연계해서 지표를 개발하는 곳까지 등장하고 있다.

국내외 ESG 투자기관의 진단항목 기준이나 지방정부가 준비하고 시행하는 ESG 진단항목을 항목별로 비교했다. 해외 투자기관은 UNGC, GRI, Moodys, MSCI, RepRisk, S&P 등 6개 기관의 ESG 진단항목을 살펴보았다. 국내는 중앙부처가 제시한 K-ESG를 시작으로 한국ESG기준원, 국민연금 등 투자기관과 인천광역시, 충청남도, 서울 성동구 등 지방정부의 ESG 진단항목을 비교했다. 이를 통해 민간기업과 공공 부문의 ESG 진단항목의 관점을 살펴본다. 향후 지방정부가 공공과 민간의 ESG 지표를 모두 지역환경과 행정환경에 맞춰서 개발하고 조례를 제정하고 시행하는 참고 자료로 활용되었으면 하는 바람이다.

해외 ESG 평가기관의 진단 관점

유엔글로벌콤팩트(UNGC: UN Global Compact)는 2000년 7월 뉴욕 UN 본부에서 유엔글로벌콤팩트 창설 회의가 개최된 이후 지속해 활동 영역을 확대해 왔다. 핵심 가치인 인권, 노동, 환경, 반부패 분야의 10대 원칙을 기업이 그 운영 및 경영전략에 내재화시키도록 권장하고 있다. UNGC는 이를 위한 실질적 방안을 제시하는 세계 최대의 자발적 기업 시민 구상이다. 또한 기업활동에 있어 친인권, 친환경, 노동 차별 반대, 반(反)부패 등의 10대 원칙 준수를 핵심으로 하고 있다. 인권 2개, 노동 규칙 4개, 환경 3개, 반부패 1개 등 10가지를 원칙으로 내세우고 있다.

인권(Human Rights) 원칙으로는 국제적으로 선언된 인권 보호를 지지하고 존중, 인권침해에 연루되지 않도록 적극 노력한다. 노동 규칙(Labour Standards)으로는 결사의 자유와 단체교섭권의 실질적인 인정을 지지하고, 모든 형태의 강제노동을 배제하며, 아동노동을 효율적으로 철폐하고, 고용 및 업무에서 차별을 철폐한다. 환경(Environment) 원칙으로는 환경문제에 대한 예방적 접근을 지지하고, 환경적 책임을 증진하는 조치를 수행하며, 환경친화적 기술의 개발과 확산을 촉진한다. 반부패(Anti-Corruption) 원칙으로는 부당 취득 및 뇌물 등을 포함하는 모든 형태의 부패에 반대한다(UNGC 홈페이지, 시사상식사전).

GRI(Global Reporting Initiative)는 1997년 세리즈원칙을 제정한 미국의 NGO(국제비정부기구)인 세리즈(환경에 책임을 지는 경제를 위한 연합)와 국제연합환경계획(UNEP) 등이 중심이 되어 설립한 기구이다. 세계 곳곳에 통용되는 기업의 '지속가능성 보고서'의 기준을 입안하기 위한 연구센터다. GRI의 참가자는 세계 각국의 기업, NGO, 고문, 회계사 단체, 사업자 단체 등으로, 환경보고서 작성에 관여하고 있는 단체와 개인이 모두 포함되어 있다. 1999년 3월 기준의 초안이 발표되고, 2000년 6월 제1판 발표, 2002년

5월 초안 공표 후 2002년 4월 상설기관으로서의 GRI가 정식으로 발족하였다(두산백과 두피디아).

미국의 Moodys는 영국의 피치 Ratings와 스탠더드 앤드 푸어스(S&P)와 함께 국가신용도를 평가하는 3대 신용평가기관이다. 이들은 세계 금융시장의 투자를 선도하는 역할로 시장을 좌지우지할 정도로 막강한 영향력을 발휘하고 있다. 신용등급은 일반적으로 투자적격에 대해 10단계로 구분되는데 표기 방식은 평가기관에 따라 조금씩 다르다. 즉, 무디스는 가장 높은 등급을 Aaa, S&P와 피치는 AAA로 표시한다. 최하위 등급은 각각 Baa3 또는 BBB-로 표기한다. 신용등급은 신용 정도에 따라 투자 등급과 투기 등급으로 구분되며, 투자위험이 큰 나라는 투기 등급군으로 분류된다(시사상식사전).

모건스탠리캐피털인터내셔널(MSCI: Morgan Stanley Capital International)이 작성해 발표하는 세계 주가지수는 전 세계를 대상으로 투자하는 대형 펀드, 특히 미국계 펀드 운용에 주요 기준으로 사용되고 있다. MSCI ESG Ratings는 주식 포트폴리오 분석 도구를 제공하는 글로벌 주가지수 산출기관 MSCI에서 투자자 활용을 위해 제공하는 ESG 평가 방법론이다. ESG 공시자료 및 관련 위험을 바탕으로 평가하고 있다. 지수의 산출 방법은 각국 주식시장 전체의 시가총액 60%를 반영하는 종목을 선정한 다음 이들 종목의 시가총액을 합해서 구하는데 주가 등락과 환율 변동에 따라 국가별 편입 비중이 매일 변한다. 외국투자기관들이 해외투자 시 각국 투자 비중을 결정하는 기준으로 MSCI 지수에서 특정국의 비중이 높아지면 외국인 투자가 확대될 가능성이 그만큼 커지게 된다(두산백과 두피디아).

렙리스크(RepRisk)는 ESG 데이터 제공 및 평가기관이다. 렙리스크는 신문, 온라인미디어, 트위터나 블로그를 포함한 소셜미디어, 정부 기관, 규제기관, 두뇌집단, 소식지 등 각종 온라인 소스를 포함, 글로벌 수준부터 지역 수준까지 다양한 데이터를 통해, 기업의 ESG 위험을 평가해 왔다. 28개 ESG 이슈, 73개의 주제 태그에서 파생된 101개의 ESG 위험 요인을 다루며, 렙리스크만의 RRI(RepRisk Index)를 통해 각 기업의 ESG 이슈와 관련된 평판 위험을 수량화한다. 렙리스크는 지난 2006년부터 AI와 머신러닝을 이용, 18만 5,000개 이상의 상장 및 비상장기업, 5만 개 이상의 인프라 프로젝트에 대한 정량적 위험 분석과 측정 기준을 제공해 온, ESG 데이터 분야의 선구자적인 기업이다. 렙리스크의 ESG 데이터는 인권, 노동 관행, 부패 및 환경을 포함한 광범위한 이슈를 다루며, 블랙록과 JP모건을 포함한 글로벌 최대 투자자들에게 제공돼 왔다(IMPACT ON).

스탠더드 앤 푸어스(S&P: Standard & Poor's)는 미국의 국제 신용평가 기관으로 SP 지수, 신용평가, 투자분석, 주식 연구 등 정보를 제공하고 있다. S&P가 보통주 500종목을 대상으로 발표하는 지수를 S&P 500지수라 하고, 이는 미국에서 주가 동향을 나타내는 데 가장 많이 사용되는 대표지수다(시사경제용어사전).

해외 환경(E) 평가지표 진단항목 비교

ESG 평가를 하기 위한 6개 평가기관의 환경(E) 진단항목에서 오염, 기후변화, 물 사용 채택이 많았다. 폐수, 폐기물 등 오염으로 인한 문제에 관한 관심이 가장 많은 것으로 보인다. 물질 만능으로 생성된 플라스틱, 화학제품 개발과정에 나오는 오염수, 이로 인한 지역의 다양한 오염 현상에 대해 투자기관이 주목한 것은 당연한 일일 것이다.

소비자의 눈으로 환경 폐기물 등 배출로 인한 문제가 된 기업에 대한 시선은 차가울 수밖에 없다. 그러한 기업에 투자하는 기업에도 영향이 미칠 수 있다. 육지와 바다는 물론 계곡, 도시 뒷골목에 이르기까지 가리지 않고 쌓여가는 쓰레기 문제가 심각하다. 따라서 기업활동 과정에서 폐기물, 폐수처리를 어떻게 잘하고 있는지 점검하는 것은 필수라 생각하고 있다. 이런 문제 인식이 자연스럽게 대부분 기관이 환경(E) 평가 진단항목의 1순위로 채택하고 있다.

〈표 5-1〉 해외 ESG 환경(E) 평가지표 진단항목 비교

해외 ESG 평가기관	UNGC	GRI	Moodys	MSCI	RepRisk	S&P
환경오염 및 쓰레기 감축(배출) 노력	○	○	-	-	-	-
제품/서비스에 대한 환경 규제 강화	○	-	-	-	-	-
환경 서비스와 친환경제품 새로운 시장 대응	○	-	-	-	-	-
원재료	-	○	-	-	-	-
에너지	-	○	-	-	-	-
수자원 관리(용수, 물 이용)	-	○	○	-	-	○
생물 다양성	-	○	-	-	-	-
(환경법 위반 등) 제재 조치 이력	-	○	-	-	-	-
공급업체 환경 평가	-	○	-	-	-	-
온실가스 배출, 탄소 전환	-	-	○	-	-	○
기후변화(위험)	○	-	○	○	○	-
폐수, 폐기물 및 (지역)오염	○	○	○	○	○	○
자연자본(토지, 숲, 생태 다양성 등)	-	-	○	○	-	○
환경 영향	-	-	-	-	○	-
자원 오남용	-	-	-	-	○	-
동물 학대	-	-	-	-	○	-

두 번째로는 기후변화를 평가 항목으로 중요시하고 있다. 전 세계적으로 온난화 현상, 폭우, 가뭄, 태풍, 폭설, 해수면 온도 상승으로 인한 피해가 지속적으로 증가하고 있다. 특정 국가 또는 지역에서 발생되는 것이 아니다. 지구 곳곳이 병들어가고 있다. 기후변화를 가져오는 원인 중 가장 크게 작용하고 있는 것은 이산화탄소 배출 문제이다. 이산화탄소 배출을 얼마나 줄이고 적게 생성되도록 기술개발 및 관리하는지가 관건이다.

세 번째로는 물, 재생수 등 수자원 관리다. 기후변화는 지역에 따라서는 가뭄으로 이어지고 물 부족 현상이 나타난다. 반도체, 철강, 화학, 시멘트 등 산업에는 더욱 많은 물이 있어야 한다. 기업의 처지에서는 물 공급이 제품생산과 연동되어 있어 수자원 관리에 신경을 써야 한다. 또한 수돗물로 사용된 후 하수구를 통해 버려지는 것이 아닌 재생수로 이용될 수 있도록 순환시스템을 갖추고 있는지도 관심이 쏠리고 있다.

폐기물 및 지역오염 등에서 유일하게 빠져 있는 UNGC의 경우 환경오염 및 쓰레기 감축 노력을 체크하고 있고, GRI는 폐기물, 폐수에 이어 환경오염 및 쓰레기 배출 감축까지 진단하고 있다. Moodys와 MSCI는 토지, 숲, 생태의 다양성 등 자연자본에 대해 얼마나 관리하고 있는지를 파악하고 있다.

그 외로는 평가기관에 따라서 진단항목이 다양하다. 제품 및 서비스에 대한 환경 규제 강화, 친환경제품의 시장 대응력, 원재료, 에너지, 생물 다양성, 환경법 위반, 공급업체 환경 평가(공급망 관리), 탄소 전환, 환경 영향, 자원의 오남용, 동물 학대 등이다.

해외 사회(E) 평가지표 진단항목 비교

ESG 평가를 하기 위한 6개 평가기관의 사회(S) 진단에서 가장 많은 항목을 차지한 영역은 안전이며, 그 다음으로 인권과 지역 기여로 나타났다. 안전의 경우는 고객 안전 보건, 직장 내 보건 및 안전, 산업 안전 보건, 안전관리 등 5개 기관의 항목이 조사되었다.

〈표 5-2〉 해외 ESG 사회(S) 평가지표 진단항목 비교

해외 ESG 평가기관	UNGC	GRI	Moodys	MSCI	RepRisk	S&P
인권(평가), 존중	○	○	-	-	○	-
노사관계, 노동 관행	-	○	-	-	-	-
소비자 이슈	-	-	-	-	-	-
지역 사회발전 · 참여(기여)	-	○	-	-	○	○
지역공동체와 관계(영향)	○	-	-	-	○	-
정부와 지역사회와의 관계(커뮤니티)	○	-	-	-	-	○
성과, 투명성, 책임경영에 대한 시민사회의 평가	○	-	-	-	-	-
고용(열악한 고용 조건)	-	○	-	-	○	-
산업안전 보건(안전관리)	-	○	-	-	-	○
교육(훈련 및 교육)	-	○	○	-	-	-
다양성과 기회균등(노동력 및 다양성)	-	○	-	-	-	○
차별금지(노동자 차별)	-	○	-	-	○	-
결사 및 단체교섭의 자유	-	○	-	-	○	-
아동노동	-	○	-	-	○	-
강제노동	-	○	-	-	○	-
보안 관행	-	○	-	-	-	-
공급망 관리	-	○	-	-	-	-
고객 안전 보건(직장 내 보건 및 안전)	○	○	○	-	○	-
마케팅 및 라벨링	-	○	-	-	-	-
고객정보 보호	-	○	-	-	-	-
(사회 · 경제 법규 등의) 위반 이력	-	○	-	-	-	-
인구	-	-	○	-	-	-

해외 ESG 평가기관	UNGC	GRI	Moodys	MSCI	RepRisk	S&P
노동 및 소득	-	-	○	-	-	-
주거	-	-	○	-	-	-
기본 서비스 접근성	-	-	○	-	-	-
인적자원	-	-	-	○	-	-
제품 책임	-	-	-	○	-	-
이해관계자 갈등	-	-	-	○	-	-
사회적 기회균등(사회적 차별)	-	-	-	○	○	-

산업현장의 안전 문제는 어제오늘의 이야기는 아니다. 산업혁명 이후 기업 활동이 본격화되면서 제품의 대량생산 등에 따른 경제발전은 급속도로 성장했다. 그 과정에 제품생산을 위한 원자재 조달에서부터 제품생산, 판매를 위한 운송, 판매 과정 등 모든 과정에서 발생할 수 있는 위험 요인은 다양하다.

이러한 제품생산 과정에서 그동안 수없이 많은 근로자가 다치거나 심지어는 사망사고에 이르는 경우는 셀 수 없을 정도다. 하지만 산업 발전이라는 명목하에 상대적으로 안전은 등한시된 경우가 많았다. 유독가스 등 화학제품 폭발, 건물 및 다리 붕괴, 기계 오작동에 의한 사고 등 다양한 원인에 의해 발생한 사고가 뒤에서 묻히는 사례는 비일비재했다. 과거에는 이러한 사건 · 사고가 알려지지 않았으나, 언론매체의 발달과 전 세계가 다양한 SNS를 통해 정보공유가 되면서부터 안전에 대한 문제가 급부상되었다.

안방에 앉아서도 어느 국가의 어느 기업이 안전을 소홀히 해서 사건이 나고 근로자가 손해를 입었는지를 상세히 보고 들을 수 있게 되었다. 반복적이며 지속적인 언론보도는 소비자의 주목을 받게 되었다. 소비자는 안전을 준수하지 않는 기업의 제품과 서비스에 대해 부정적인 반응을 보이기 시작했다. 기업 내 산업안전관리도 등한시하고 보건위생에 소홀하며 심지어는 고객의 안전을 생각하지 않는 기업은 퇴출시키려는 분위기가 형성되었다. 실제로 안전사고의 책임이 해당 기업에 있는 것으로 알려지면 소비자의 적극적인 비판과 불매운동 등으로 기업의 주가는 폭락하는 사례가 발생하기 시작했다.

기업으로서는 안전을 중요시하고 준수하지 않으면 최악의 경우는 기업의 도산에 달할 수 있다는 위기의식을 느끼게 된 것이다. 소비자의 요구를 잘 파악하고 있는 투자사 및 평가기관은 안전에 대한 점검을 가장 우선순위에 두게 된 것이다. 기업의 경영활동에서 생산을 위한 기계, 원재료, 품질, 유통 등의 관점에서 생산활동 주체자인 인간에 관한 관심으로 전환된 것이다.

두 번째는 인간에 대한 존엄성의 문제, 인간 존중 등 인권을 중요시하고 있다. 기업의 중심이 인간의 안전을 중시하게 되면서 자연스럽게 인권에 대한 대응을 평가하기 시작한 것이다. 다국적기업이 인건비 절약을 위해 제품 생산기지를 동남아시아, 아프리카 등 일부 빈곤국으로 옮기기 시작했다. 또는 제품의 핵심은 직영으로 생산하고 부속품 등의 생산은 외주로 조달받는 형태로 인건비를 줄였다. 문제는 이러한 과정에서 미성년자의 저임금 노동 등 노동착취 행위가 발생하였다. 근무 시간 미준수는 물론 다양한 형태로 착취가 이루어졌고, 이러한 내용이 언론을 통해 보도되면서 문제가 된 것이다.

ESG 사례 중 나이키의 사건 발생과 대응 노력은 많은 자료를 통해 보고되고 있다. 1996년 6월에 미국 '라이프'지에 나이키의 파키스탄 시알콧 지역 아동노동 착취를 폭로하는 기사가 실렸다. 나이키 농구화가 130달러일 때 일당으로 60센트(시급 6센트)를 받는 12살 파키스탄 미성년 노동자의 인권의 문제와 열악한 작업환경이 드러났다.

하지만 노동자의 작업환경과 인권 등은 해당 국가의 통제를 받고 있다. 미국 정부는 나이키가 개발도상국 노동자를 착취한다는 비판에도 불구하고 미국 노동법을 위반했다는 혐의로 기소할 수 없었다. 이에 미국 전역의 소비자 단체들은 어린이 노동으로 생산된 제품을 사지 않겠다며 반나이키 캠페인을 벌였다(임석준, 2005). 제3세계에 생산시설을 두고 제품을 공급받는 다국적기업은 직접 소유한 공장이 아니면 책임이 없다는 점을 악용한 사례다.

1997년 11월, 나이키 하청업체인 베트남 공장(한국 태광실업의 베트남 공장 태광비나)에서 유해 물질이 검출된 사건이 뉴욕타임스에 보도됐다. 유독물질인 톨루엔이 현지 법정 기준치의 최대 177배까지 초과 검출된 것이다. 톨루엔에 장기간 노출되면 두통 및 어지럼증, 기억력 장애를 일으키는 등 신경계에 해로운 영향을 미치며, 유엔 국제암연구소(IARC)는 톨루엔을 발암성 등급 3군으로 분류한다(The New York Times, 1997.11.08.).

2년 연속 나이키의 인권 문제에 대한 뉴스 보도는 전 세계 기업들이 직영공장은 물론 하청기업의 인권을 고려하지 않으면 살아남기 힘들다는 메시지를 전달한 것이다. 실제로 나이키는 사건 이후 기업책임부(Office of Corporate Responsibility)를 신설하고, 안전과 건강, 경영자 태도, 인력 개발, 환경 관련 내용을 담은 가이드라인을 만들고 시행하는 쇄신 과정을 거쳤다. 이러한 노력으로 2000년부터 나이키의 매출은 회복되기 시작했다.

세 번째는 기업이 지역사회 발전에 적극적으로 참여하거나 이바지하는 행위를 하고 있는지에 대한 진단항목이다. 과거 기업의 행태는 질 좋은 제품을 생산하여 이익 창출에 매진하면 된다고 생각했다. 그러한 과정에는 안전, 인권은 물론 지역과의 상생은 거의 염두에 두지 않았다. 하지만 해당 기업이 운영하는 사업체 또는 생산설비에서 발생하는 소음, 분진, 화학물질 등 다양한 환경의 문제가 지역의 논쟁거리가 되면서 공생의 문제가 등장한 것이다. 기업은 지역사회와 공존을 위한 노력을 기울여야 하는 시대가 도래한 것이다.

지역의 깨끗한 환경을 제공해야 하는 의무를 실천하기 위해 기업의 정보를 공개하고 지역주민이 참여하는 거버넌스 조직을 형성하기 시작했다. 이러한 내용은 지역공동체와의 관계를 어떻게 형성하고 있는지 영향을 얼마나 미치는지에 대한 평가로 이어지고 있다. 또한 지역주민은 물론 정부와 지역사회와의 커뮤니티 형성에도 역할을 하고 있다.

이러한 기업의 노력은 지역주민을 위한 책임경영 및 투명성 등에 영향을 미치며 시민사회의 평가에 대한 진단항목으로 이어졌다. ESG 사회(S) 평가 진단항목은 다양하다. 앞서 언급한 내용 이외에도 열악한 고용 조건, 훈련 및 교육, 다양한 노동력과 기회균등의 부여, 차별금지, 결사 및 단체교섭의 자유 등 노동조합에 관련된 이슈도 많다.

나이키 사례처럼 아동노동, 강제노동 등 공급망 관리를 진단한다. 또한 6개 기관은 개별 이슈에도 관심을 보인다. 보안 관행, 마케팅 및 라벨링, 고객정보보호, 법규 위반 이력, 인구, 노동 및 소득, 주거, 기본 서비스, 인적자원, 제품책임은 물론 이해관계자 갈등에까지 진단 영역으로 포함했다.

해외 지배구조(G) 평가지표 진단항목 비교

ESG 평가를 하기 위한 6개 평가기관의 지배구조(G) 진단항목에서는 회계 투명성, 탈세 등 재무 리스크를 채택한 기관이 많았다. 기업의 지배구조는 소유주 가족 등 특정의 집단이 소유한 주식이 과반이 넘거나 최대 주주의 위치에 있느냐에 따라 결정되는 경우가 대다수다. 기업활동에 있어 필수적인 자금이 어떻게 충당되고 어떤 방식으로 사용되는지에 대한 관심은 투자자 처지에서 매우 중요한 사안이다. 기업의 미래 등을 판단해 투자한 기업 및 개인의 입장에서 매출액과 순이익 등은 최대의 관심사다. 이익이 많이 나야 투자한 주식의 배당을 비례적으로 회수할 수 있기 때문이다.

〈표 5-3〉 해외 ESG 지배구조(G) 평가지표 진단항목 비교

해외 ESG 평가기관	UNGC	GRI	Moodys	MSCI	RepRisk	S&P
조직의 거버넌스	-	○	-	-	-	-
공정 운영 관행(반경쟁 관행)	-	-	-	-	○	-
이사회구조 및 책임성	○	-	-	-	-	-
회계 투명성, 재무 리스크, 탈세	○	-	○	-	○	○
감사위원회 구조/감사 독립성	○	-	-	-	-	-
경영자(임원) 보상	○	-	-	-	○	-
부패와 뇌물 문제 관리	○	-	-	-	○	-
윤리성 및 청렴성	-	○	-	-	-	-
이해관계자의 참여	-	○	-	-	-	-
보고서 관행	-	○	-	-	-	-
경영관리 방식(기업 행동)	-	○	-	○	-	-
제도적 구조	-	-	○	-	-	-
정책 신뢰성 및 효과성	-	-	○	-	-	-
투명성 및 정보공개(보고)	-	-	○	-	-	○
기업의 지배구조(감독)	-	-	-	○	-	○
잘못된 의사소통	-	-	-	-	○	-
사기	-	-	-	-	○	-
조세 최적화	-	-	-	-	○	-
규정 및 기업 가치	-	-	-	-	-	○

기업 투자에 있어 가장 민감하면서도 중요한 부분이다. 매출과 이익이 제대로 정리되지 못하거나 분식회계를 통한 부풀리기 또는 축소를 통한 허위 보고로 나타날 수도 있다. 정상적인 회계보고가 아닌 상태에서 기업의 미래를 가늠하기 쉽지 않다. 기업의 미래를 믿고 투자한 주주들에 대한 배신행위로 비친다. 불법 회계처리 등이 밝혀지게 되면 투자자의 피해는 물론 기업의 존폐위기까지 불러올 수 있어 매우 중요한 평가 항목이다. 이렇듯 기업의 회계 투명성은 ESG의 지배구조(G) 부분에서 가장 중요하다.

지배구조에서 이사회 구성과 활동은 기본 사항이다. 또한 감사위원회 등 감사 관련 시스템과 감사의 독립성에 대한 평가는 매우 중요한 항목으로 인식하고 있다. 그러나 6개 평가기관의 지배구조 평가 항목에서는 각각 1개 기관이 진단항목으로 정하고 있다. UNGC만이 이사회 구조 및 책임성, 감사위원회 구조 및 감사 독립성에 대해 체크하고 있다.

지배구조(G) 평가 진단항목에서 2개 기관이 선택한 내용은 경영자(임원)의 보상, 부패와 뇌물 문제에 대한 관리, 기업 행동에 따른 경영관리 방식, 정보공개 및 보고를 통한 투명성 보장, 기업의 감독 등 지배구조다. 그 밖에 조직의 거버넌스, 공정 운영 관행, 윤리성 및 청렴성, 이해관계자의 참여, 보고서 관행, 제도적 구조, 정책 신뢰성 및 효과성, 잘못된 의사소통, 사기, 조세 최적화, 규정 및 기업 가치 등 다양한 항목이 있다.

기업에 대한 ESG 평가를 위한 진단항목에서 지배구조(G) 부문이 환경(E)이나 사회(S) 부문보다 상대적 미흡함이 보인다. 소비자 등 이해관계자의 관심이 환경문제 또는 사회 안전망에 관한 관심이 비중을 더 차지하는 이유로 해석

될 수 있는 경우라 할 수 있다. 평가하는 기관 및 투자를 고민하는 측에서도 지배구조에 대한 집중화를 보이지 못하고 있는 것 또한 사실이다. 이는 회계 투명성, 감사위원회 독립적 기능 활동, 이사회의 투명한 운영과 보고 등이 핵심임에도 불구하고 분산되어 있다고 느끼게 하고 있다. 다양한 진단항목을 열거하고 있지만 평가기관의 개별 관심은 따로따로이다.

기업이 보여주는 외적인 활동 및 자료보다는 내적인 조직 운영의 구조가 더 중요하다. 따라서 주주 등 투자자의 관심이 많지만, ESG 평가를 위한 진단항목은 타이트하지 못하다. 이는 기업으로서는 외부에 다 공개하고 싶지 않은 부분과 연계되어 있다. 이사진의 분포, 주식에 따른 지배구조 변화, 감사 관련 업무 등은 민감한 영역이다. 기업은 이러한 부분에 대해 집중적으로 평가하는 부분이 불편할 수 있다. 그러한 현실이 반영된 진단항목이라는 비판을 면치 못하는 구조다.

국내 ESG 지표 측정을 위한 기관의 관점

해외 ESG 평가기관들의 영역별 진단항목의 대상은 기업이다. 기업의 투자를 위한 평가 시스템으로 기업의 투명한 책임 있는 경영을 점검하여 투자의 여부를 정하기 위함이다. 기업이 환경을 보호하고 인권을 중시하며 투명한 경영과 지배구조를 얼마나 충실하게 운영하느냐에 따라 투자 및 은행 등을 통한 자금투입이 결정되는 구조다.

반면 본고(本稿)에서는 국내 ESG 평가 진단항목의 대상은 공공 영역을 중심으로 서술하고자 한다. 기업관점의 경우 해외 기관들이 측정하는 항목이 오픈되어 있기에 수출 및 공급망 관리에 유용하게 참고하여 대응할 수 있기 때문이다.

이 책의 ESG 측정 대상이 지방정부이기 때문에 기업관점이 아닌 정부 및 지방정부, 공공기관이 제시하는 평가 진단항목을 참고한다. K-ESG는 산업통상자원부 등 정부 부처가 합동으로 기업이나 공공기관을 대상으로 ESG 준비를 위한 진단항목을 열거하고 있다. 제시한 내용을 토대로 시행하는 기업이나 공공기관이 각 기관의 상황과 환경을 고려하여 채택하여 사용하라는 일종의 지침이다.

한국ESG기준원은 민간단체이지만 국내 ESG 평가 관련하여 선도적으로 기업 및 지방정부의 ESG 측정 결과를 발표하고 있다. 국민연금은 국내뿐만 아니라 해외기업의 투자 결정을 하는 과정에 ESG 진단을 통한 프로세스를 운영하고 있다. 17개 광역시도와 226개 시 · 군 · 구 등 지방정부의 ESG 대응은 기초단계이다. 그런데도 선제 대응하는 인천시, 충청남도, 서울 성동구의 진단항목을 참고로 지방정부가 어떤 항목을 관심 있게 평가하는지를 살펴보고자 한다.

국내 환경(E) 평가지표 진단항목 비교

6개 ESG 평가기관의 진단항목 내용 중 환경(E) 관련해서는 3개 이상 표시된 항목이 없을 정도로 다양한 형태로 나타났다. 환경경영 목표에서부터 환경운영 및 성과에 이르기까지 관점 포인트가 제각각이다. 민간기업과 달리 공공영역의 환경 평가 진단항목은 기후변화, 폐기물 오염, 수자원 관리 등 직접적인 항목에서 벗어난 느낌이다. K-ESG의 경우 기업을 중심으로 한 가이드라는 차원에서 위와 같은 내용을 다루고 있을 뿐이다. 지방정부도 해당 지역의 공공기관뿐만 아니라 기업을 대상으로 한 평가 항목으로 구성되어 있음을 생각하면 환경에 대한 인식 차이가 드러난다.

〈표 5-4〉 국내 ESG 환경(E) 평가지표 진단항목 비교

ESG 진단항목(목표) 환경(E)	K-ESG	한국ESG 기준원	국민 연금	인천 광역시	충청 남도	서울 성동구
환경경영 목표	○	-	-	-	○	-
원부자재	○	-	-	-	-	-
온실가스	○	-	-	-	-	-
에너지	○	-	-	○	-	-
용수	○	-	-	-	-	-
폐기물	○	-	-	-	-	-
오염물질	○	-	-	-	-	-
환경 법/규제 위반	○	-	-	-	-	-
환경 라벨링	○	-	-	-	-	-
대기	-	-	-	○	-	-
기후변화(대응)	-	-	-	○	-	○
생태계	-	-	-	○	-	-
환경전략	-	-	-	-	○	-
환경조직	-	-	-	-	○	-
환경(운영) 및 성과	-	○	-	-	○	-
이해관계자(소통)	-	○	-	-	○	-
자원순환	-	-	-	-	-	○
자연환경 공존	-	-	-	-	-	○
녹색교통	-	-	-	-	-	○
리더십과 거버넌스	-	○	-	-	-	-
위험관리	-	○	-	-	-	-
청정생산	-	-	○	-	-	-
친환경 제품개발	-	-	○	-	-	-

〈표 5-4〉의 환경(E) 진단항목 중 2개 이상 나타난 내용은 환경경영 목표, 에너지, 기후변화(대응), 환경(운영) 및 성과, 이해관계자(소통) 등 5개 항목에 불과하다. 환경 분야는 행정적인 측면과 한 분야에 국한된 항목까지 다양하다. 충청남도의 경우는 환경경영 목표, 환경전략, 환경조직, 환경성과, 이해관계자 등 거시적인 평가체계다. 서울 성동구는 기후변화 대응, 자원순환, 자연환경 공존, 녹색교통 등 직접적인 항목을 다루고 있다. 인천광역시도 에너지, 대기, 기후변화, 생태계로 범위를 구분하고 있다.

K-ESG의 가이드라인 중 온실가스, 용수, 폐기물, 오염물질, 환경법 및 규제 위반, 환경 라벨링의 경우는 공공 부문에서 다루지 않고 있다. 바로 이 지점에서 ESG를 바라보는 견해 차이가 있다. ESG 실행과정에 있어 K-ESG의 기준은 공공 부문과 관련성이 없다고 보는 인식의 오류다. 지방정부 산하기관은 물론 지방정부 청사 등의 온실가스와 용수, 폐기물 문제에 대한 진단도 필요하다. 건물 자체뿐만 아니라 운송수단까지 포함해 행정 및 공공 경영 과정에서 발생하는 수많은 환경문제에 대한 검토가 필요하다. ESG 실천의 좌우명이 된 탄소중립은 기업은 물론 공공기관이 선제적으로 대응해야 하기 때문이다

국내 사회(S) 평가지표 진단항목 비교

6개 ESG 평가 진단항목 내용 중 사회(S) 관련해서는 다양성 및 양성평등 등 포용성, 직장 및 산업현장 안전, 인적자원관리 등 인권, 지역사회 공헌에 관한 내용이 핵심이다. 사회 부문은 해외 평가기관의 영역과 유사하다. 노동 관행이나 개인정보 보호도 관심사다.

양성평등에 대한 인식은 민간 부문이나 공공 부문이나 공통으로 인식을 같이하고 있다. 외국인 등 인종 등에 대한 다양함을 인정하고 장애인 등 사회적 취약계층을 포용하는 자세에 대한 평가다. 이런 분위기는 안전에 대한 관점에서도 같다. 직장 내 안전사고는 증가하는 추세다. 가벼운 부상에서 극한상황이 발생하기도 한다. 산업현장에서의 안전사고 예방을 위한 대책이 형식적이어서는 안 된다. 더욱 자세한 설명서가 준비되어야 하고 무엇보다도 안전을 지키려는 주체들의 의식이 중요하다.

〈표 5-5〉 국내 ESG 사회(S) 평가지표 진단항목 비교

ESG 진단항목 사회(S)	K-ESG	한국ESG 기준원	국민 연금	인천 광역시	충청 남도	서울 성동구
사회 목표	○	-	-	-	-	-
노동(관행)	○	○	-	-	-	-
다양성 및 양성평등 (포용성)	○	-	-	○	○	○
(산업 및 직장 내) 안전	○	○	○	-	-	○
인권(인적자원관리)	○	○	○	-	-	-
동반성장	○	-	-	-	-	-
지역사회(기여), 사회공헌	○	-	-	○	○	-
(개인) 정보보호	○	○	-	-	-	-
사회/법 규제 위반	○	-	-	-	-	-
고용 · 경제 · 노동	-	-	-	○	-	-
지역 상생	-	-	-	○	-	-
일자리	-	-	-	-	○	-
협력관계	-	-	-	-	○	-
교육	-	-	-	-	○	-
윤리경영	-	-	-	-	○	-
주거	-	-	-	-	-	○
보육 · 교육	-	-	-	-	-	○

ESG 진단항목 사회(S)	K-ESG	한국ESG 기준원	국민 연금	인천 광역시	충청 남도	서울 성동구
의료 · 보건	-	-	-	-	-	○
노후 복지	-	-	-	-	-	○
지역사회 소통	-	-	-	-	-	○
문화	-	-	-	-	-	○
리더십과 거버넌스	-	○	-	-	-	-
공정 운영 관행	-	○	-	-	-	-
지속 가능한 소비	-	○	-	-	-	-
지역사회 참여 및 개발	-	○	-	-	-	-
이해관계자 소통	-	○	-	-	-	-
하도급 거래	-	-	○	-	-	-
제품 안전	-	-	○	-	-	-
공정경쟁 및 사회발전	-	-	○	-	-	-

인권 보호에 대한 중요성도 주목받고 있다. 특히 미성년 근로자 또는 장애인 등 취약계층이 차별받지 않도록 인적자원 관리가 필요하다. 인권은 장애, 피부색, 나이, 성별 등과 관계없이 인간이라면 누구나 가지는 기본적인 권리를 말한다. 다시 말해 사회에서 소수자들의 인권을 보호해야 한다는 의미다. 인권을 중요시하기 위해서는 소수자의 다양성을 인정하는 마음가짐에서부터 서로의 차이를 이해하고 존중하는 태도에 이르기까지 다양한 방법이 있다.

기업의 사회적 책임 의무인 CSR의 수준을 넘은 지역사회 기여도와 사회공헌을 충실히 이행하는 태도에 대한 평가도 중요하다. 과거 기업은 지역과 무관하게 제품생산과 서비스를 통한 이익 창출에만 매몰된 경향을 보였다. 기업의 판매 대상이 지역에 국한되지 않고 전국적이거나 전 세계를 대상으로 하고 있어서 지역에 관해 관심이 크지 않았다. 하지만 기업이 해당 지역에서 경영활동을 하면서 직·간접적으로 지역에 미치는 영향이 표출되면서 점검 대상에 포함된 것이다.

기업의 본사 또는 공장의 위치가 어디에 소재하든 상관없이 기업의 경영활동으로 인한 지역주민과의 갈등은 계속 증가하고 있다. 집단시위로 인한 소음, 교통체증, 날림먼지 발생, 대기 가스 등 공해물질 배출, 생산과정에서 발생하는 악취 등으로 인한 갈등유형도 다양하다. 해당 기업의 이미지로 인한 지역의 주택가격 하락 등 간접적인 원인으로도 충돌이 일어날 정도다. 이러한 갈등을 사전에 방지하고 예방하기 위해서는 지역과의 커뮤니티를 구성하고 함께하려는 자세가 필요할 것이다.

기업이라면 지역 상생위원회가 필요하고 공공기관이라면 거버넌스위원회가 역할을 해야 한다. 지역사회와의 호흡을 함께하고 논의할 수 있는 공식적인 위원회 등이 마련되어야 한다. 그리고 위원회 참여 인력에는 내부자, 지역주민, 전문가 등이 적절한 균형을 위해 다양하게 참여할 수 있는 구조를 만들어야 한다. 해당 위원회 활동이 투명하게 공개되고 지역으로부터 신뢰를 쌓는 수준이 되면 기존의 갈등 문제 해결이 더 쉬워질 수 있다. 공급 주체가 소비 주체들과 함께하려는 노력의 평가 항목은 시간이 지날수록 더 중요해질 것이다.

이러한 갈등이 발생했을 때 상호 중재하거나 조정해야 할 기구가 많지 않다. 특히 평소에 관계망을 구축하지 않은 상태라면 더욱 그러할 것이다. 거버넌스의 중요성을 이야기하고 있지만 실제로 민간기업과 지역주민 또는 공공기관과 지역주민, 민간기업과 공공기관 등 주체들과의 네트워크는 미약한 실정이다. 사건 발생 후 뒤늦게 사회공헌 차원이라며 물품 및 자금지원 방식으로는 근원적인 갈등 문제를 해결하지 못한다. 상생위원회, 거버넌스위원회, 민간협력위원회, 지역 협력네트워크 등 다양한 이름으로 공급자와 수요자가 함께 머리를 맞대고 의논할 수 있는 기구가 필요하다. 지역사회 기여는 이러한 논의기구의 설립과 투명한 운영에서부터 시작되는 것이라 할 수 있다.

국내 ESG 사회(S) 평가 진단항목도 해외기관의 사회평가 진단항목처럼 다양한 내용을 담고 있다. 사회 목표, 동반성장, 사회/법 규제 위반, 고용 · 경제 · 노동, 지역 상생, 일자리, 협력관계, 교육, 윤리경영, 주거, 보육 · 교육, 의료 · 보건, 노후 복지, 지역사회 소통, 문화, 지도력과 거버넌스, 공정 운영 관행, 지속할 수 있는 소비, 지역사회 참여 및 개발, 이해관계자 소통, 하도급 거래, 제품 안전, 공정경쟁 및 사회발전 등이다.

한국ESG기준원은 환경, 사회, 지배구조 모두 이해관계자 소통을 평가 진단항목으로 채택하고 있는 것이 특징이다. 인천광역시, 충청남도, 서울 성동구 등 지방정부의 경우는 현장 정책에 중심을 두고 진단항목이 더 구체적이다.

국내 지배구조(G) 평가지표 진단항목 비교

6개 ESG 평가 진단항목 내용 중 지배구조(G) 관련해서는 감사기구 등 감사제도 운용, 이사회 지도력과 구성 및 활동, 주주의 권리가 각각 4개 기관의 진단항목으로 포함되었다. 물론 관점을 기업으로 한정할 것인가, 지방정부에 중심을 둘 것인가에 따라서 지배구조 내용이 달라진다. 충청남도의 경우는 기업의 관점에서 평가 항목을 구성하였다.

기업이든 공공기관이든 감사 기능은 매우 중요하다. 운영 주체인 사람에 대한 업무의 공과를 점검하고 조사하며 개선을 통한 조직 발전을 제시하는 역할이기 때문이다. 이는 내부감사도 중요하지만, 수요자 그룹 또는 외부 전문가들이 함께 참여한 외부감사에 투명한 경영을 보여주는 행위다.

이사회 구성 및 활동은 기업으로서 핵심적 역할을 한다. 지방정부 등 행정의 이사회 역할은 ESG위원회 등 공식 기구가 대체할 수 있다. 물론 이러한 위원회의 독립성을 보장하는 조례 내용이 뒷받침되어 있다면 더욱 효능감 있는 역할 수행이 가능하다.

〈표 5-6〉 국내 ESG 지배구조(G) 평가지표 진단항목 비교

ESG 진단항목 지배구조(G)	K-ESG	한국ESG 기준원	국민 연금	인천 광역시	충청 남도	서울 성동구
이사회(리더십) 구성 및 활동	○	○	○	-	○	-
주주 권리	○	○	○	-	○	-
윤리경영	○	-	-	-	-	-
감사기구(감사제도)	○	○	○	-	○	-
지배구조 법/ 규제 위반	○	-	-	-	○	-
이해관계자(소통)	-	○	-	-	-	-
관계사 위험	-	-	○	-	-	-
배당	-	-	○	-	-	-
투명성	-	-	-	○	-	-
참여	-	-	-	○	-	-
정부 신뢰	-	-	-	○	-	-
조직 다양성(포용성)	-	-	-	-	-	○
책무 · 효율 · 청렴성	-	-	-	-	-	○
공공재정 건전성	-	-	-	-	-	○
주민참여	-	-	-	-	-	○
세금 납부	-	-	-	-	○	-

주주 권리는 기업의 경우 투자를 한 투자자의 권리를 보호한다는 차원에서 당연하다. 지방정부의 경우 주주권리는 세금으로 운영되는 행정의 투명한 운영 과정을 파악할 수 있는 시민감시기구 등이 필요할 것이다. 기본적으로는 시민의 대표 의사결정기구인 지방의회의 역할이 중요하다. 지방의회 의원이 시민의 알권리를 보장하고 충족시키기 위한 본연의 역할에 충실하면 될 것이다. 따라서 지방정부의 지배구조(G) 평가 진단항목에는 지방의회 의원의 참여, 감시 등 역할이 필수적으로 포함되어야 할 것이다.

지배구조 관련 법과 규제사항을 위반했는지 판단도 중요하다. 개별적 진단항목으로는 윤리경영, 이해관계자 소통, 관계사 위험, 배당, 투명성, 참여, 정부신뢰, 조직 다양성, 책무 · 효율 · 청렴성, 공공재정 건전성, 주민참여, 세금 납부로 나타났다.

〈표 5-6〉의 인천광역시, 충청남도, 서울 성동구 등 지방정부는 윤리경영에 대해서는 대응하지 않고 있다. 공공 영역을 중심으로 진단항목을 정하고 있는 인천과 성동의 경우는 감사기구 운용이나 법 규제 위반 등에 대한 항목은 빠져 있다. 이런 현상은 행정의 두 가지 측면에서 해석될 수 있다. 이사회 지도력, 주주 권리, 배당, 관계사 위험 등은 행정이 아닌 기업의 용어이고 영역이라 판단하고 제외했을 것이란 판단이다.

또 하나는 선출직 단체장과 공무원 중심으로 운영되는 지방정부의 입장에서는 평가받고 싶지 않은 영역일 것이다. 지방정부는 ESG의 계획을 수립하고 정책을 전달하고 평가하는 기관이며 해당 기능만 수행하면 된다는 생각에 머물러 있기 때문이다. 선제적으로 선도적으로 ESG를 이끌어 가는 데 있어서 본인들의 평가는 외면하는 모습으로 비칠 수 있다. 사례로 살펴본 3곳 모두 청렴도의 내용을 담고 있지 않은 것을 보면 불편한 내용은 거론하지 않는 모습을 보인다.

국내외 ESG 지표 진단항목의 차별성

기업을 대상으로 하는 해외 ESG 평가 관련 기관의 ESG 진단항목과 국내 기업 대상 측정과 지방정부 3곳이 진단항목으로 선정한 항목의 차이를 비교해 보았다. 해외 6곳과 국내 6곳의 ESG 평가 측정 진단항목 중 2개 이상의 기관이 제시한 내용이다.

환경(E)의 경우 해외기관은 폐수 및 폐기물 등 오염 문제, 기후변화, 용수 등 수자원 관리, 토지 등 생태의 다양성을 거론하고 있다. 국내의 경우 기후변화에 관한 내용만 공통으로 나타났다. 환경경영의 목표 및 운영성과 등 관리적 차원의 진단과 이해관계자의 소통을 중요시하고 있었다. 에너지의 경우 전기자동차, 태양광 등 신재생에너지로의 전환을 항목으로 하고 있다.

사회(S)의 경우 주요 공통지표로는 인권과 노동관계, 다양성과 포용성, 사회공헌과 지역사회 관계, 고객 관계 및 제품 안전성, 거버넌스와 규정 준수 등을 들 수 있다. 해외기관의 경우 지역공동체와의 관계, 정부와의 관계도 중요시하고 있다. 훈련 및 교육과 차별금지, 아동노동, 강제노동, 고용 조건 등 근로환경에 대한 관심이 많았다. 따라서 보편적 평가지표 위에 특수성을 반영한 지표를 가미하는 형태로 운영할 필요가 있다.

지배구조(G)의 경우 기업의 지배구조를 감독하거나 감사하는 감사기구 운용에 공통점이 있었다. 해외기관의 경우 기업을 중심으로 평가하는 상황이라

회계 투명성, 부패, 뇌물 등의 문제, 투명한 정보공개를 거론하고 있다. 기업 운영에 공헌한 경영자의 적절한 보상 체계까지 보고 있었다. 결론적으로 환경(E)에서는 기후변화, 사회(S)에서는 안전, 인권, 지역사회 기여, 다양성 인정을 들었고, 지배구조(G)에서는 독립적인 감사기구 운용이 공통 관심 사항으로 나타났다.

〈표 5-7〉 국내외 평가의 ESG 측정 지표 진단항목 차이

영역 구분	해외 평가기관 진단항목	국내 평가기관 및 지방정부 진단항목
환경(E)	폐수, 폐기물 및 (지역)오염	환경경영 목표
	기후변화(위험)	기후변화(대응)
	수자원 관리(용수, 물 이용)	에너지
	환경오염 및 쓰레기 감축(배출) 노력	이해관계자(소통)
	자연자본(토지, 숲, 생태 다양성 등)	환경(운영) 및 성과
사회(S)	고객 안전 보건(직장 내 보건 및 안전)	(산업 및 직장 내) 안전
	인권(평가), 존중	다양성 및 양성평등(포용성)
	지역 사회발전 · 참여(기여)	인권(인적자원관리)
	지역공동체와 관계(영향)	지역사회(기여), 사회공헌
	정부와 지역사회와의 관계(커뮤니티)	(개인)정보보호
	고용(열악한 고용 조건)	노동(관행)
	산업 안전 보건(안전관리)	-
	교육(훈련 및 교육)	-
	다양성과 기회균등(노동력 및 다양성)	-
	차별금지(노동자 차별)	-
	결사 및 단체교섭의 자유	-
	아동노동	-
	강제노동	-
	사회적 기회균등(사회적 차별)	-

영역 구분	해외 평가기관 진단항목	국내 평가기관 및 지방정부 진단항목
지배구조 (G)	회계 투명성, 재무 리스크, 탈세	이사회(리더십) 구성 및 활동
	부패와 뇌물 문제 관리	감사기구(감사제도)
	투명성 및 정보공개(보고)	주주 권리
	기업의 지배구조(감독)	지배구조 법/규제 위반
	경영자(임원) 보상	-
	경영관리 방식(기업 행동)	-

광명시 SDGs 지표와 ESG 지표 사례

지방정부가 ESG 지표를 개발하는 방법은 K-ESG 지표를 중심으로 공공기관 ESG 공시항목을 토대로 하는 경우가 많다. 기업을 대상으로 하는 ESG 지표의 경우 K-ESG, 한국ESG기준원, 국민연금기금 등에서 제시하는 지표를 활용하는 경우가 대다수다.

정부 산하기관 등 공공기관이 공개하는 ESG 관련 공시항목은 정해져 있다. 환경(E)은 온실가스 감축 실적, 에너지 사용량, 폐기물 발생량, 용수 사용량, 환경 법규 위반현황, 저공해 자동차 현황, 녹색제품 구매실적이다. 사회(S)는 안전 경영책임보고서, 공공기관 안전관리 등급, 개인정보보호, 사회공헌 활동, 인권 경영, 일 · 가정 양립 지원 운영 현황, 동반성장 평가 결과, 장애인 고용현황, 혁신조달 구매실적, 중증장애인 생산품 구매실적, 중소기업 생산품 구매실적이다. 지배구조(G)는 이사회 회의록, 비상임이사 활동 내용, ESG운영위원회, 자체 감사부서 현황, 청렴도 평가 결과다.

「지속가능발전 기본법」 제정 이후에는 지속가능발전목표(SDGs) 관련 지표가 포함된 보고서 작성을 하고 있다. 「지속가능발전 기본법」 제15조(지속가능발전지표 및 지속가능성 평가) 제1항은 "국가와 지방자치단체는 지속가능발전목표를 반영하여 국가와 지방 차원의 지속가능발전지표를 개발하고 보급하여야 한다"로 되어 있다. 이에 따라 개발된 지표에서 환경 · 사회 · 지배구조에 해당한다고 판단한 지표를 추출하는 방식으로 ESG 지표를 선정하고 있다.

경기도 광명시는 UN이 권장하는 지속가능발전목표(SDGs)를 17대 목표, 39개 세부 목표, 115개 지표를 수립했다(광명시, 2023). SDGs 지표 중에서 ESG에 해당되는 지표를 추출한 33개 지표를 선정했다. 광명시 ESG 지표의 선정은 공공기관 경영평가 지표와 SDGs 지표의 연관성을 고려했다. 부문별 핵심 내용은 다음과 같다. 환경(E)은 자원순환 및 재활용 정책, 신재생에너지, 탄소흡수원, 기후교육 등이다. 사회(S)는 삶의 질 개선, 격차 해소, 인권 존중, 지속가능한 일자리, 안전 정책 등이다. 지배구조(G)는 시민 거버넌스, 반부패, 청렴도 향상, 공약 이행 노력 등이다.

구체적인 지표로는 환경(E)은 식생활 교육 예산 및 참가자 수, 유수율, (신)재생에너지 공급률, 전력 자립도, 미세먼지 기준 초과일수, 친환경 자동차 보급률, 기후변화 교육 이수자 수, 온실가스 배출량(공공 부문), 도시공원 조성 면적, 1인당 녹지 면적 비율, 하천 수질 등급 유지율, 도시소 생태계 조성 수, 공공분야 녹색제품 구매율, 생활폐기물 재활용률, 업사이클링 교육 참여자 수 등 15개 지표다.

사회(S)는 복지 사각지대 발굴 달성률, 광명형 생애 복지 수혜율, 아이돌봄서비스 이용률, 마을 학습공간 및 학습공동체 수, 학습공동체 성장지원 프로그램 수, 문화예술공연 및 전시 개최 수, 광명형 교통복지 비율, 지역 안전 등급

지수, 사회적경제기업 수 및 역량 강화 교육 횟수, 사회적경제기업 우선구매 증가율, 스타트업 및 미래산업 창업 발굴 건수, 여성 안전 환경조성 개선율, 공공기관 육아휴직 신청 및 남성 직원 육아휴직 이용률, 방과 후 초등돌봄센터 수, 인권 교육 및 민주시민교육 예산액 및 횟수 등 15개 지표다.

지배구조(G)는 광명시 청렴도, 주민세 마을사업 예산 및 지원 건수, 주민참여 예산 반영 건수 및 예산액 등 3건의 지표를 선정했다.

광명시 ESG 지표 선정 항목은 정부 산하 공공기관 ESG 항목과 큰 틀에서는 유사하지만, 세부 실행계획 지표는 차이가 있다. 지방정부의 특성을 고려하고 단체장의 선거공약 등을 토대로 ESG 실천 지표가 나타나는 경향이 있기 때문이다. 특히 지배구조(G)의 지표는 청렴도 평가 결과 이외 ESG운영위원회와 감사부서 감사내용에 대한 지표가 보이지 않는다.

따라서 지방정부의 ESG 지표를 도출하기 위해서는 K-ESG 등 다양한 평가지표를 참고하며, 지속가능발전목표(SDGs) 지표도 활용한 방식이 필요하다. 지방정부의 ESG 지표개발은 해당 지역의 정치적, 사회적, 경제적, 문화적 배경 등 특성을 고려해야 한다. ESG 추진동력을 얻기 위해서는 지방정부 단체장 공약과도 연계된 지표개발이 ESG 확산의 동기부여를 촉발할 것으로 생각된다.

〈표 5-8〉 광명시 SDGs 연계한 ESG 지표 현황

구분	17대 목표	세부 목표	ESG 지표
환경(E)	안전한 먹거리 공급 및 관리체계 마련	안전한 먹거리 및 직거래 장터 활성화	식생활 교육 예산 및 참가자 수
	안전한 물관리와 공급	안전한 물 공급	유수율
	에너지 자립도시	신재생에너지 활용	(신)재생에너지 공급률
			전력 자립도
	푸른 숲 조성과 기후 위기 대응	미세먼지 저감 노력	미세먼지 기준 초과일수
			친환경 자동차 보급률
		기후 위기 대응	기후변화 교육 이수자 수
			온실가스 배출량(공공 부문)
		도시공원 녹지조성 확대와 쾌적한 환경	도시공원 조성 면적
			1인당 녹지 면적 비율
	안양천 · 목감천 수질 개선과 건강성 복원	걷고 싶은 하천 만들기	하천 수질 등급 유지율
	사람과 동 · 식물이 공존하는 생태계 조성	멸종위기종 관리와 생물 다양성 보존	도시소 생태계 조성 수
	지속 가능한 소비 · 생산과 거래 활성화	광명녹색 기업 활성화	공공 분야 녹색제품 구매율
		자원 재활용	생활폐기물 재활용률
			업사이클링 교육 참여자 수
사회(S)	빈곤 사각지대 해소와 사람을 위한 복지	빈곤층과 복지 사각지대 최소화	복지 사각지대 발굴 달성률
		모든 사람을 위한 보편적 복지	광명형 생애 복지 수혜율
	찾아가는 건강서비스와 생애주기별 맞춤형 돌봄 지원	더불어 사는 돌봄 마을	아이돌봄서비스 이용률

구분	17대 목표	세부 목표	ESG 지표
사회(S)	학습하는 광명, 모두를 위한 교육 · 문화 실현	마을 평생학습 공동체 확대	마을학습공간 및 학습공동체 수
			학습공동체 성장지원 프로그램 수
		모두가 함께하는 문화예술	문화예술공연 및 전시 개최 수
	시민 중심 주거환경과 친환경 교통체계 구축	녹색교통 확충 및 대중교통 환경개선	광명형 교통복지율
		안전한 도시	지역 안전 등급 지수
	광명기업 활성화와 미래산업 기반 조성	광명시 사회적경제 활성화	사회적경제기업 수 및 역량 강화 교육 횟수
			사회적경제기업 우선구매 증가율
		미래산업 확대 및 스타트업 발굴	스타트업 및 미래산업 창업 발굴 건수
	일상에서의 양성평등	여성 아동 친화도시	여성 안전 환경조성 개선율
		일과 가정의 균형	공공기관 육아휴직 신청 및 남성 직원 육아휴직 이용률
			방과 후 초등돌봄센터 수
	인권이 존중되는 평화로운 지역사회	인권 존중이 일상화되는 사회	인권 교육 및 민주시민교육 예산액 및 횟수
지배구조(G)	인권이 존중되는 평화로운 지역사회	인권 존중이 일상화되는 사회	광명시 청렴도
	주민자치와 민간 협치, 앞서가는 광명	주민자치와 역량 강화 및 공동체 활성화	주민세 마을사업 예산 및 지원 건수
		같이 발전하는 민관협치	주민참여 예산 반영 건수 및 예산액

참고문헌

광명시(2023), 광명시 지속가능발전 사업 2022년 성과 및 2023년 계획 보고, 지속가능발전위원회 회의자료, 2023. 5. 4.

경기연구원(2022), 경기도의 기업 ESG 도입 방안 연고, 정책연구 2022-10

기획재정부(2022), 2022년도 공공기관 경영평가 편람

박희준(2016), 기업의 비정부기구(NGO)에 대한 대응 전략, 서울대학교 경영대학 경영연구소, 경영논집, Vol.50, pp. 169-183.

임석준(2005), 소비자 정치와 기업의 사회적 책임: 나이키의 글로벌 상품 사슬을 중심으로, 임석준, 한국정치학회, 한국정치학회보, vol.39, no.2, pp. 237-254

산업통상자원부(2021), 관계부처 합동 K-ESG 가이드라인 V1.0

성동구(2022), 성동형 E+ESG 지표개발 및 활용 방안 연구 용역, 서울대학교 산학협력단(2022.8.4.)

인천연구원(2022), 인천 ESG 지표 개발 연구

윌리엄 맥어스킬(2017), 냉정한 이타주의자 (Doing Good Better: How Effective Altruism Can Help You Make a Difference)

한국ESG기준원, ESG 평가, http://www.cgs.or.kr/business/esg_tab01.jsp

행정안전부 · 지방공기업평가원(2023), 2023년도 지방공기업 경영평가 편람

「지속가능발전 기본법」, 법제처 국가법령정보센터, https://www.law.go.kr/

「지속가능발전 기본법 시행령」, 법제처 국가법령정보센터, https://www.law.go.kr/

경향신문(2019), 나이키의 페미니즘 타고 넘기, https://www.khan.co.kr/opinion/column/article/201907152052005

다우존스 지속가능경영지수(DJSI), https://www.spglobal.com/esg/csa/

매거진한경(2021), 중국 신장 위구르 리스크에서 위기 회복력 보여준 나이키, https://magazine.hankyung.com/business/article/202107229220b

미디어피아(2022), 나이키, 제3세계 아동노동 착취자 비난, ESG로 넘는다, http://www.mediapia.co.kr/news/articleView.html?idxno=60579#0BrP

오마이뉴스(2022), 나이키의 두 얼굴, The New York Times(1997), Nike Shoe Plant in Vietnam Is Called Unsafe for Workers, By Steven Greenhouse, https://www.ohmynews.com/NWS_Web/Series/series_premium_pg.aspx?CNTN_CD=A0002848914&CMPT_CD=P0010&utm_source=naver&utm_medium=newsearch&utm_campaign=naver_news

에코바디스(EcoVadis) 평가, https://support.ecovadis.com/hc/ko

탄소정보공개프로젝트(CDP) Reporting, https://www.cdp.net/en/info/about-us/what-we-do

톰슨 로이터(Thomson Reuters) ESG 스코어, https://solutions.refinitiv.com/esg-data/ 175

ESG경제(2021), 나이키, '쓰레기 신발' 이어 탄소 배출 없는 바이오 소재 제품 만든다., https://www.esgeconomy.com/news/articleView.html?idxno=1116

FTSE4Good Index, https://www.ftserussell.com/products/indices/ftse4good

MSCI ESG Ratings, https://www.msci.com/our-solutions/esg-investing/esg-ratings

제6장

지방정부 ESG 성과관리

자선진

지선진(池先鎭)

관광학 박사, 전경련ESG전문가, SMAT1급(서비스경영자격). 경기도 세계도자기엑스포조직위원회 관광진흥본부, 서울시 관광과, 서울관광마케팅(現서울관광재단) 에 재직했으며, 경기대, 가천대, 명지대 등 대학에서 관광경제학, 지역관광론, 국제관광연구, 관광사회경제론, 관광자원론, 관광산업연구, 관광개발론 등의 교과목을 강의했다. 현재는 용인대학교 관광경영학과 강사, 오산시 정책자문위원으로 활동 중이다. 주요 연구논문으로 "문화관광에서 창조성과 창조적 경험의 의미: 북촌한옥마을 관광객의 관점에서 근거이론 접근", "Contribution of Islamic Culture and its Impact on the Asian Tourism Market", "탈근대 관광의 개념과 그 사회적 형성: 국내 관광상품 기획판매자 심층인터뷰의 해석", "A Case Study of Social Tourism Policies in Republic of Korea" 등이 있다. 주요 관심분야는 지속가능한 관광, community-based tourism, 관광현상의 사회문화적 트렌드, 관광서비스 경영 등이다.

지방정부 ESG의 서막

최근 'ESG'는 기업경영뿐만 아니라 공기업, 공공기관, 정부의 운영 철학으로 채택되고 있다. 이는 ESG가 하루아침 논의 끝에 공표된 개념이 아니라 70년대 지구 환경보호가 사회적으로 이슈화된 이래, 꾸준한 관심을 받고 발전되어 온 결과로 볼 수 있을 것이다. ESG 용어의 등장과정을 간략히 살펴보면, '지구의 날(Earth Day)'[1] 이후 1972년에는 로마클럽 보고서 「성장의 한계(The Limits to Growth)」가 발간되었다. 이 책은 환경 분야의 고전으로 전 세계 37개 언어로 1,200만 부 이상 판매되면서 지구인 모두에게 경각심을 불러일으켰다. 지구 환경에 대한 관심이 고조되기 시작했고, 1983년 유엔은 총회결의를 통해 일명 브룬트란트 위원회로 불리는 '세계환경개발위원회(WCED)'를 설립하기에 이르렀다.

---

1 1970년 4월 22일 미국의 상원의원 게이로 닐슨(Gaylord Anton Nelson, 1916년 6월 4일-2005년 7월 3일)이 하버드 대학생 데니스 헤이즈(Denis Hayes, 1944년-)와 함께 1969년 1월 28일 캘리포니아 산타 바바라에서 있었던 기름유출 사고를 계기로 지구의 날 선언문을 발표하고 행사를 주최한 것에서 비롯된 기념일이다. 2,000만 명 이상의 사람들이 행사에 참가해 연설을 듣고, 토론회를 개최하고, 환경을 깨끗이 하기 위한 실천적인 행동을 했다. 특히, 뉴욕 5번가에서는 자동차의 통행을 금지시키고 60만 명 이상의 사람들이 센트럴파크에서 열리는 환경집회에 참여했다. 2023년 기준, 지구의 날은 53주년을 맞이했다. [위키백과 참고].

지속 가능한 발전을 추구하는 국가들이 '세계환경개발위원회'로 결집하였고, 위원회는 세계 각지 다양한 계층의 의견을 수렴하여 1987년 '우리 공동의 미래' 보고서를 출간하게 된다. 약 900일에 걸쳐 작성된 이 보고서를 통해 지속 가능한 개발(Sustainable Development) 개념이 처음 등장하게 된다. 이어 1997년 '교토의정서'가 채택되면서 선진국의 온실가스 감축 목표치를 규정함으로써 지구온난화로 인한 기후위기에 전 지구적인 실행력을 갖고 대응하기 시작했다. 이어 2000년에 유엔 글로벌콤팩트(UN Global Compact)는 인권 · 노동 · 환경 · 반부패의 4대 분야 10대 원칙을 발표했다. 이러한 흐름을 타고 2004년 유엔 글로벌콤팩트 보고서에 'ESG'라는 용어가 처음 소개되었다.

이제 ESG는 전 지구적인 담론이자 함께 고민하고 해결해야 할 과제가 되었다. 각국 정부는 ESG 관련 법안을 마련하고 있다. 기업은 ESG를 경영철학으로 내걸고 있다. 국제사회 투자환경의 변화에 따라 기업경영의 투명성과 윤리적 경영, 사회적 책임의식 등 기업의 ESG 경영성과가 공시되고 있다.

ESG 경영에 대한 소비자 인식도 바뀌었다. 소비자는 단지 필요한 제품을 구매하여 소비하는 데 그치지 않고 구매 의사결정 시 자신의 가치관을 투영한다. 도덕적이고 긍정적인 브랜드 이미지를 구축한 기업이 생산한 제품을 구매함으로써 선한 영향력에 깊은 '호의와 공감'을 표현한다. SNS에 해당 제품의 구매와 소비를 인증하여 자신의 가치관을 공개적으로 드러내고 기업의 재무적 성과에도 영향을 준다. 반면, 기업 오너의 갑질이나 부정부패 등 반인권적인 기업경영에 대해서는 미닝아웃(meaning out) 함으로써 기업에 영향력을 행사하려는 소비자들도 늘어났다. 10여 년 전 남양유업은 대리점 상품강매 등 ESG에 반하는 경영이 언론에 알려지면서 부도덕한 기업으로 낙인찍혔다. 이어 많은 소비자들이 불매운동에 동참하였고 제품 판매량에 직격타를 맞아 매출감소는 물론 기업경영이 위기에 처하게 된 것은 대표적인 예이다.

블랙록 등 세계적인 자산운용사들이 ESG를 반영하여 투자를 선언함에 따라 국내 주요 대기업들도 ESG 전담조직 설치와 시스템 구축 등 이에 적극 대응하고 있다. 기업의 성장잠재력은 더 이상 생산량이나 매출액과 같은 재무적 성과로만 평가될 수 없다. ESG가 내포하는 비재무적 성과가 장기적으로 재무적 성과에 영향을 미치므로 지속 가능한 발전을 위해서는 반드시 ESG 경영이 내재화 되어야 한다.

기업뿐만 아니라 공기업, 공공기관과 같은 공공 부문에서도 ESG 경영이 주목을 받고 있다. 우리나라 정부는 2021년을 'ESG 경영 확산의 원년'으로 선언한 바 있다. 행정안전부는 지방정부와 공공기관의 평가 시 공공기관의 ESG 경영추진 실적을 35% 이상 반영하겠다고 발표했다. 또, 지방공기업 경영평가 시 ESG 경영원칙 등 사회적 역할과 책임을 강화하는 실천 노력과 성과를 포함시켰다.

ESG는 사회적으로 양극화 해소나 균형발전 등 사회 구성원 모두를 위한 공익적 가치를 지향함으로써 지속 가능한 발전을 추구한다. 이러한 목표를 실현하는 데 유용한 ESG 정책 수립과 운영은 민간보다는 공공 부문의 영역에 해당된다. 이에 각급 정부기관은 사회적 책임이 크며 우리 사회가 직면한 환경문제나, 사회적 불평등 문제, 윤리경영 등 공동체 문제를 해결해 나가기 위해 적극 나설 때이다.

지방정부 ESG 경영과 ESG 행정

기업경영에 ESG가 도입된 데 이어 공공기관 ESG 경영이 활발히 자리 잡고 있는 추세다. 산업통상자원부는 2021년 K-ESG 가이드라인을 공표하였다. 이어 기획재정부도 공기업과 준정부기관 경영실적 평가 시 세부 평가내용으로 'ESG를 고려한 경영목표 및 경영전략 수립'을 포함하였다. 행정안전부는 지방공기업 경영평가 시 '기업성과 공공성의 균형', '재무건전성 강화'와 같은 전형적인 기준에 'ESG 경영원칙'을 추가하여 공기업의 사회적 역할과 책임에 대한 평가를 명시하고 있다. 이제 공기업과 공공기관의 지속 가능한 발전을 위해서는 ESG 경영이 선택이 아닌 필수적인 요소가 되었다.

경영이란 특정한 목적을 달성하기 위해 구성된 조직을 관리하고 운영하는 것을 의미한다. 기업경영의 목적은 사익추구이다. 기업경영의 최종 성과로 평가되는 경제적 이익은 주로 주주에게로 돌아간다. 각급의 정부기관도 조직적으로 관리하고 운영되므로 넓게 보면 경영의 대상이라고 할 수 있다. 다만, 행정의 목적은 기업과 달리 공공의 이익, 즉 공익을 우선으로 한다. 기업이 조직을 운영하여 소비자에게 제품이나 서비스 판매를 통해 경제적 이익을 얻고자 한다면, 지방정부는 조직 운영을 통해 지역 거주민이나 지역기업과 같은 해당 지역 구성원들의 삶의 질 향상이라는 공공의 이익을 도모한다.

지방정부는 ESG 경영을 할까? ESG 행정을 할까?

지방정부는 지역 거주민이나 기업, 단체, 소상공인, 산하 공공기관 등 커뮤니티 구성원들이 ESG 가치를 실천하도록 행정력을 발휘하고 있다. ESG가 갖는 사회적 가치확산을 위해 지역 내에서 수행 가능한 행정정책을 발굴하고 실행하는 데 주력한다.

하남시의 경우, ESG를 중심에 두고 시정을 적극 운영하고 있다. '보다 좋은 현실, 더욱 밝은 미래를 만드는 하남 ESG'를 비전으로 환경, 사회적 가치, 지배구조 분야별로 시책 사업을 수행하고 있다.

환경 분야(E)는 2050 탄소중립도시 달성을 위해 10년 단위 중장기 목표를 설정하고 세부계획을 제시했고, 사회적 가치 분야(S)는 노인, 장애인, 여성 등을 위한 제도개선을 목표로 도시 환경을 개선하고 사회안전을 위한 인프라 구축이라는 정책을 세웠다. 지배구조 분야(G)에서는 시의 주주 격인 시민이 시의 정책을 상시 평가하고 참여하는 시스템을 구축하는 안으로 시민참여위원회 확대, 공공데이터 정보의 시민 공유 확대를 제시했다.

최근 서울 성동구도 지속 가능한 도시 비전의 청사진으로 ESG 행정을 강조하고 있다. '성동형 ESG 지표'를 마련하여 매년 7%씩 생활쓰레기 감축, 2027년까지 50%로 생활쓰레기 줄이기, 친환경 자동차 이용 확대 등 환경 영역에서 구체적인 정책을 도입하여 탄소중립 선도도시 만들기에 앞장서고 있다. 사회 분야에서는 스마트 돌봄서비스 운영, 노인주치의 사업 등이, 지배구조 분야에서는 민관협력 활성화, 마을공동체 활성화 등을 도입했다.

남양주시 역시 환경 부문에 역점을 둔 ESG 관련 정책을 추진하고 있다. 자원 재사용 캠페인을 진행하고, 아이스팩 재사용, 클린시티 구축, 환경교육 프로그램 진행, 환경에 관심 있는 시민을 모집해 에코해설사로 양성하는 프로그램을 운영 중이다. 환경보호는 시민들과의 공감대가 뚜렷하고 계획 수립과 실천이 가시화되기가 비교적 쉽기 때문에 주로 환경(Environment)을 중심으로 ESG 행정을 강조하는 지방정부가 늘어나고 있다.

경기도는 탄소중립을 위한 도전을 선언했다. 2050년까지 경기도를 탄소중립 도시로 전환하기 위해 탄소 저감을 위한 정책과 프로그램을 추진 중이다. 재생에너지의 보급과 사용을 촉진하기 위한 녹색에너지 전환 사업을 추진하고 에너지 효율 증진을 위해 지원한다. 또, 친환경 교통을 확충하고 저탄소 교통수단 보급 등 대기오염을 줄이는 데 힘을 쏟고 있다. 친환경 건축물 인증제도도 도입했다. 에너지 효율적이고 친환경적인 건축을 촉진하고 도시재생 사업을 통해 주민 삶의 질 향상과 도시환경 개선을 추구하고 있다.

다문화 지원, 저소득층 지원, 노인복지 등 사회적 취약계층을 포용하는 프로그램은 경기도뿐만 아니라 많은 지방정부가 추진해 나가고 있는 ESG 행정 정책이다.

이렇게 지방정부 ESG는 조직 운영의 관점보다는 지역사회 구성원 대상의 행정 활동이 주축을 이룬다.

엄격히 말해서 지방정부는 행정기관이지 경영기관이 아니다. 그렇긴 하나, 지방정부 성과평가에 민간 경영기법이 도입된 지 벌써 30년이 되어가고 있다. 한국공공자치연구원은 1996년 국내 최초로 지방정부 성과평가에 민간경영 기법을 도입했기 때문이다. 동 연구원은 '한국지방자치경영대상'을 제정하여 지방정부 경영성과를 평가한다. 성과우수자에 대한 과감한 인센티브 부여, 전문관제 및 보직경로제 운영, 고위공직자 인사검증 고도화, 인사고충상담실 운영, 신규공무원 대상 멘토링 등 조직을 잘 경영하는 지방정부는 우수한 평가를 받는다.

지방정부 ESG는 ESG 경영과 ESG 행정을 포괄한다. 지방정부는 ESG 행정뿐만 아니라 ESG 경영에도 관심을 쏟아야 한다. 지방정부는 ESG 경영철학을 도입하여 내부 역량을 강화하고 지역의 지속 가능한 발전을 도모할 수 있다. ESG 가치 실현의 관점에서 기관을 조직적으로 관리 운영하면서 ESG 행정을 수행하여 지방정부 ESG 시대로 나아가는 것이다. 두 가지 차원에서 지방정부 ESG를 동시에 작동시킴으로써 지역의 지속 가능한 발전을 선도하는 추동력을 발휘할 수 있다. 미래지향적이며 지역의 지속 가능한 발전을 위한 컨트롤타워로 지방정부 ESG 경영과 행정 도입에 대한 통합적인 인식이 필요한 시점이다.

〈표 6-1〉 지방정부 ESG 도입 진단 체크리스트 예시

요소	관리지표	내용
ESG 전반	ESG 실행	· ESG 실행에 대한 단체장의 공약 이행 및 실천 의지가 있는가? · 자체적인 ESG 지표가 개발되어 있는가? · ESG 지표에 따른 세부실행 목표가 설정되어 있는가? · 조직 내 ESG 전담인력이 배치되어 있는가?
E 환경	환경경영 체계	· 조직 내 환경관련 업무를 담당하는 인력 또는 부서가 지정되어 있는가? · 예산운용이 환경경영과 가능한 연계 통합되어 있는가? · 환경보호 투자 현황은? · 친환경제품 구매, 친환경 제품 공공조달 계획이 있는가?
	탄소중립/ 온실가스 배출	· 조직이 직접 발생시키거나 에너지 사용을 통해 간접적으로 발생시키는 온실가스 배출량을 측정 및 관리하고 있는가? · 신재생에너지 사용 현황과 계획이 있는가? · 저공해자동차 보유 현황은?
	자원사용/ 폐기 및 재활용	· 조직의 수자원 사용량과 폐기물 배출량은 법적 요구수준을 충족하고 있는가? · 조직 내 수자원 사용량 절감 및 폐기물 감축/재활용 확대에 대한 계획이 수립되어 있는가?

요소	관리지표	내용
E 환경	사회공헌	· 예산운용이 사회책임경영과 가능한 연계 통합되어 있는가? · 사회봉사 공헌활동을 얼마나 하고 있는가? · 조직이 고용한 임직원들은 공정한 대우와 보상을 받고 있는가? · 기업 및 단체의 ESG 지원 활동 현황은? · 지역민을 위한 생활 복지제도는? · 지역민의 주거생활 만족도는?
S 사회	차별 및 괴롭힘 금지	· 조직 내에서 발생하는 고충에 대해 논의할 수 있는 의사소통 채널이 존재하는가? · 조직문화 및 근무 만족도에 대해 주기적으로 평가/측정할 수 있는 시스템이 존재하는가? · 조직 내 근로자에 대한 부당한 대우, 괴롭힘 또는 성희롱 등의 인권침해 발생 시 이를 처리하는 적절한 프로세스가 마련되어 있는가?
	안전 및 보건	· 공정 및 사업장 내 위험작업을 식별하고 관리하며 위험작업에 대한 적절한 완화조치를 이행하고 있는가? · 직원에게 안전/보건 교육을 제공하고 있는가?
	지적재산 및 정보 보호	· 조직 내 모든 지적재산 및 주요 정보의 반출/입이 적절한 보안관리 시스템하에서 행해지는가? · 직원 대상 정보보안 교육을 실시하는가? · 인적, 물리적 보안리스크를 주기적으로 점검하는가?
G 지배 구조	투명경영	· 투명경영을 위한 위원회 개최 및 주민참여 현황은? · 주요 현안에 대한 의사결정에 앞서 단체장의 조직 내 일부 또는 지역구성원과 충분한 소통을 이행하는가?
G 지배 구조	반부패/ 준법경영	· 자체 감사부서 여부와 활동 현황은? · 조직운영상 준수해야 하는 경제/사회/환경 측면의 법규 동향을 모니터링하고 관련 리스크가 없도록 관리하고 있는가? · 윤리경영에 대한 직원 행동강령/방침 등이 명문화되어 있는가? · 계약체결 시 발생 가능한 리스크를 관리하고 입찰 단계부터 거래 성사, 용역 종료 시까지 법률 및 절차상의 공정성을 준수하고 있는가? · 직원의 윤리규정 준수에 대해 주기적으로 점검하고 내부에서 발생 가능한 부패/뇌물수수/청탁 등의 리스크를 관리하고 있는가? · 청렴도 평가결과는?

자료: 강철구 · 유혜선(2022)을 참고하여 재작성.

지방정부 ESG 실행

지방정부가 ESG 경영을 천명하며 경영시스템으로 내재화한 사례가 매우 드문 것이 사실이다. 그러나 많은 경우, 지방정부는 이미 부분적으로 ESG 경영을 하고 있다. 예를 들어, 녹색제품 인증제품 의무구매 제도는 지방정부에서 실행하고 있는 대표적인 ESG 경영에 해당된다. 예산 사업별로 온실가스 배출영향을 분석해 온실가스 감축이 예상되는 사업은 확대하고 배출이 예상되는 사업은 규모를 축소하거나 배출 상쇄방안을 마련하는 '기후예산제도'도 ESG 경영에 속한다.

제로 웨이스트, 물과 에너지 절약, 건물 온실가스 총량제 등과 같은 친환경적인 기관 운영도 지방정부 ESG 경영에 해당된다. 건물에 온실가스 총량제를 도입하여 개별 건물별 온실가스 배출 총량을 관리할 수도 있다. 조직의 인사관리 측면에서 종합적인 ESG 경영시스템과 전담기관을 갖추는 것도 ESG 경영 기법의 하나다. 조직 운영 방식을 ESG 요소 중심으로 체계적으로 개편하고 이를 대내외적으로 드러내어 ESG 경영에 동참하고 있음을 알리고 홍보 효과도 노릴 수 있다.

거버넌스 관점에서 구성원의 청렴이행, 부조리 · 청탁 · 부패 등을 척결하고 주민과의 소통과 참여의 창구를 열어두는 것도 ESG 경영이다. 서울시는 행정서비스헌장 규정(대통령훈령 제257호)에 따라 2010년부터 서울특별시행정서비스헌장을 규칙으로 정하여 이행하고 있다. 시민의 알권리 충족과 비밀보장, 시정 및 보상조치, 시민만족도 조사와 결과 공표, 시민 협조사항 등 공통이행기준을 마련해 전사적으로 운영한다.

지방정부는 필요한 물품에 대해 구매력을 사용하여 ESG 경영을 실행할 수 있다. 이는 지속가능성 기준을 공공조달 프로세스에 통합하는 것이다. ESG 원칙을 준수하는 공급업체를 대상으로 입찰 및 계약함으로써 지속 가능한 제품이나 서비스에 대한 생산과 소비를 증대시키는 것이다. 제품구매 시 기업의 ESG 측면에서의 성과를 평가하고, ESG 원칙을 준수하는 기업을 우대하는 방식을 취할 수도 있다. 이를 위해 기업들은 ESG 관련 정보를 제출하고, 지방정부는 이를 기반으로 ESG 적합성을 평가하여 공공조달 과정에서 ESG를 이행한다. 공공조달 계약서에 ESG 요구사항을 포함시킬 수도 있다. 예를 들어, 친환경 제품 사용, 노동법규 준수, 사회적 책임 활동 등의 내용을 계약서에 명시하여 ESG 이행을 조건화하는 방식이다. 기업의 ESG 성과를 평가하여 계약연장이나 추가 혜택을 부여할 수도 있고, 성과가 부족한 경우에는 제재를 가할 수 있다.

구체적으로 지방정부 ESG 어떻게 실행하고 있을까?

지난 2021년 탄소중립기본법이 공표된 이래 환경 부문은 범국가적으로 상당한 실행력을 갖고 있다. 각 지방정부는 친환경 교통정책을 수립하여 전기차 교체를 지원하고 있으며 버스 등 대중교통 수단에 친환경 차량 도입을 촉진하고 있다. 카페나 식당 내에서 플라스틱 빨대나 플라스틱 컵과 같은 '일회용품 없애기'는 사회적으로 상당 부분 안착되었다. 서울시는 최근 '일회용 플라스틱 감축 종합대책'을 세워 폐플라스틱은 10% 줄이고, 재활용률 10% 올리기에 돌입했다. 자원재활용과 친환경적 소비확산이라는 측면에서 매우 고무적인 일이다.

온실가스 감축을 위한 자구책을 마련하여 실행 중인 지방정부는 충청남도를 꼽을 수 있다. 2018년 기준 충청남도 온실가스 배출량은 161.3백만 톤으로 전국 총배출량 727.6백만 톤의 22.2%를 차지하였다. 2005년 대비 2018년 온실가스 배출량은 129.4%로 전국 평균 29.7%를 훨씬 웃돌았다. 충청남도는 보령, 당진, 태안 등 화력발전소가 결집해 있고, 석유정제, 제조업, 건설업 등 산업 부문에서 탄소배출량이 타 시도에 비해 매우 높다. 이에 충청남도는 2019년 동아시아 도시 중 최초로 '기후 비상상황'을 선포했고, 전국 최초로 '탈석탄 금고'를 도입하여 탄소제로 실현을 위해 앞장섰다. 2021년 마련된 지역균형뉴딜 시책은 '정의로운 탄소중립 선도', '신성장 그린산업 육성', '생태계회복 그린가치 창출' 분야 총 107개 세부 계획을 포함하고 있다.

〈표 6-2〉 충남의 지역균형 그린뉴딜 시책

분야	시책(개)	사업비(억 원)	일자리(명)	검토시책	중점시책
그린뉴딜정책	107	368,403	202,212		
[1] 정의로운 탄소중립 선도	35	183,458	98,468		
① 탄소중립 에너지 대전환	20	173,153	93,492	고용안정패키지, 항만건설	탈석탄 대체 에너지산업
② 고탄소 주력산업 구조혁신	7	7,582	3,764	그린스타트업 타운조성	RE산단, 그린 수소생산단지
③ 자원순환 경제 활성화	8	2,723	1,212	공공폐기물처리	바이오가스생산
[2] 신성장 그린산업 육성	45	151,051	86,286		

분야	시책(개)	사업비(억 원)	일자리(명)	검토시책	중점시책
① 수소에너지 생태계 조성	11	80,430	44,253	아산스마트 그린시티	수소산단
② 친환경 미래 모빌리티 산업	17	48,579	31,992	충청산업철도	
③ 융합기술 기반 친환경 생명 산업	17	22,042	10,041	그린바이오 스마트시티	
[3] 생태계 회복 그린가치 창출	27	33,894	17,458		
① 생태복원과 활용	17	28,363	15,995	역간척, 오염 토양복원	탄소흡수원 조성
② 스마트 그린 인프라 조성	10	5,531	1,463	노후상수도 개선	

자료: 이상신 · 정종관(2021), ESG 충청남도 정책 도입방안, p.7.

온실가스 직접 배출량을 줄이기 위해 2021년에는 15개 시 · 군과 공동으로 '2050 탄소중립' 이행 실천을 선언하는 등 미래세대 기후변화에 대비하고 있다. 주요 내용으로는 첫째, 탈석탄 · 탄소중립 금고 지속 확산 및 화석에너지에서 재생에너지로의 전환 촉진, 둘째, 주민 중심 그린뉴딜 추진과 에너지 전환기금 조성 확대 등 정의로운 에너지 전환 정책 추진, 셋째, 지역사회, 주민, 전문가, 기업 등이 참여하는 거버넌스형 탄소중립 실천 시책 개발 등이다.

충청남도 사례에서 주목할 만한 점은 '정의로운 탄소중립 선도'와 '정의로운 에너지 전환' 추진이다. 정의로운 전환(Just Transition)이란 탄소중립 사회로 이행하는 과정에서 직 · 간접적 피해를 입을 수 있는 지역이나 산업의 노동자, 농민, 중소상공인 등을 보호하여 이행 과정에서 발생하는 부담을 사회적으로 분담하고 취약계층의 피해를 최소화하는 정책 방향을 말한다. 「기후위기 대응을 위한 탄소중립 · 녹색성장기본법」(약칭 탄소중립기본법) 제2조 13의 규정에 명시된 사항이다. 화력발전소와 제조업이 밀집해 탄소배출량이 타 지역보다 많은 충남의 특성상 온실가스 감축 목표 달성을 위해서는 산업구조 전환이 요구된다. 산업구조 전환 과정에서 겪게 될 관련 분야 노동자와 중 · 소상공인의 일자리 감소 등의 충격이 불가피할 것이므로 그러한 부담을 사회적으로 함께 해결해 나갈 자구책 마련은 필수적일 것이다.

시 · 도뿐만 아니라 시 · 군 · 구와 같은 지방정부도 ESG에 대한 태도 변화를 보이고 있다. 지역 상황과 특색에 맞는 맞춤형 ESG 종합실행계획을 수립하고 이행하는 지방정부는 아직 드물지만, 서울시 성동구 등 일부 지방정부의 시도가 매우 두드러진다. 성동구는 '성동형 ESG 정책 종합계획'을 수립하여 실행하고 있다. 'Data 기반 생활쓰레기 감축 시스템'은 온실가스를 1,411톤 감소하는 등 큰 효과를 거둔 것으로 알려졌다.

성동구가 추진하고 있는 주민 생활 맞춤형 ESG 정책들은 사회적 문제를 지역밀착형으로 해결하기 위한 노력들이다. 예를 들어 커피박 재활용 사업이 그것이다. 성수동 카페거리가 조성되면서 일반폐기물인 커피박이 증가하자 이를 활용해 지속 가능한 자원 순환도시 조성을 시도한 것이다. 약 210개소 커피숍 참여하에 기술력을 보유한 관내 기업과 협업하여 커피박을 활용해 재생 플라스틱, 재생목재 등으로 재자원화하는 사업을 추진하였다. 이에 성동구는 행정안전부와 한국일보가 공동주최하는 「제18회 대한민국 지방자치경영대전」에서 환경관리 분야로 최우수상을 수상하였다. 그뿐만 아니라 환경, 사회, 거버넌스에 경제 분야를 추가한 총 82개의 지표로 구성된 '성동형 E+ESG 지표'를 개발해 장기적으로 지속 가능한 도시구현을 위한 성과관리 토대를 마련했다.

일반적으로 지방정부에서 실행하는 ESG는 조례의 규정에 따라 기업 및 소상공인, 산하 공공기관을 장려하거나 규제하는 데 행정력을 발휘하고 있다. 지방정부에서 실행할 수 있는 ESG 행정은 다음과 같다.

첫째, 인센티브 및 지원이다.

지방정부는 ESG 이니셔티브를 촉진하기 위해 기업 및 산하 공공기관, 시민단체 등을 대상으로 다양한 인센티브와 지원을 제공할 수 있다. 긍정적인 ESG 성과를 나타내는 기업에는 재정적 인센티브, 세제 혜택, 보조금, 저금리 대출 등을 제공하여 지속 가능성에 대한 분위기를 조성하고 책임 있는 행동을 보상함으로써 지역 내 ESG 경영을 촉진시킨다.

지방정부가 ESG 이니셔티브를 장려하기 위해 제공하는 인센티브는 다양하다. ESG 원칙을 따르고 지속 가능한 실천을 보여주는 기업과 조직에 세금 혜택, 감면, 환급, 보조금, 장려금 등 재정적인 혜택을 제공하는 것이다. 예를 들어, 친환경 기술을 개발하거나 탄소배출을 줄이는 등 ESG에 부합한 사업과 기업에는 세금 감면 혜택을 제공하고, 반대로 환경에 해로운 기업이나 조직활동에 대해서는 과세를 강화하는 방식이다.

긍정적인 ESG 성과를 보이는 기업과 조직에 저금리 대출 프로그램을 제공하거나 공공계약에서 우대하는 방법을 채택할 수도 있다. ESG 이니셔티브를 추진하는 기업과 조직에 대해 컨설팅 프로그램을 지원함으로써 ESG 목표를 설정하고 이행하기 위한 전문가 조언과 가이던스를 제공하는 것도 가능하다.

둘째, 각종 규제 조치이다.

인센티브와 반대로 지방정부는 ESG 미이행에 대해 디센티브를 부과할 수 있다. 예컨대, 환경파괴, 노동법규 위반, 사회적 부조리 등 불법 행위에 대해 벌금이나 과태료를 물거나, 공공계약 시 입찰제한, 정부 지원 프로그램 혜택 제한 및 배제, 과세, 재정 지원 및 기술 지원을 제한할 수 있다. 정부의 공식적인 입장이나 성명, 미디어 등을 통해 ESG 원칙을 따르지 않는 조직을 공개함으로써 그 이미지와 평판에 흠집을 내어 부정적 영향을 줄 수도 있다.

지방정부는 지역기업이나 산하 공공기관에 ESG 표준 및 요구사항을 지키도록 법제화할 수도 있다. 지방 조례와 같은 법적 규정을 통해 산하 공공기관이나 지역 기업들이 환경보호, 노동 조건, 양성평등, 기업 지배구조 등 ESG 원칙을 준수하도록 법적 규제가 가능하다.

지방정부에서 취할 수 있는 ESG 규제 조치는 다양한데 다음과 같은 몇 가지 예를 들 수 있다.

먼저, 환경 규제이다. 지방정부는 대기오염, 수질오염, 폐기물 처리, 자원보전 등과 같은 환경보호와 관련된 규제를 위해 환경 기준설정, 허가요건, 모니터링, 보고 등을 포함한 다양한 규제를 할 수 있다. 다음으로 노동 및 사회규제이다. 이는 노동 조건, 노동자 권리 보호, 사회적 평등, 안전 및 건강 등과 관련된 규제로 노동법, 노동기준, 사회보장, 성차별 금지 등을 포함한다. 기업 지배구조에 대해 규제 조치를 취할 수도 있다. 지방정부는 지역기업의 투명성과 책임성을 강화하기 위해 기업 지배구조에 대한 규제를 시행할 수 있으며, 기업의 이사회 구성, 내부 통제 시스템, 회계 및 재무보고 기준, 주주 권리 보호 등을 다룰 수 있다. 마지막으로, 보고 및 투명성 규제이다. 지방정부는 기업과 기타 조직에 ESG 정보의 보고 의무를 부여할 수 있다. 이를 통해 지역기업은 환경개선 성과, 사회 영향, 지배구조 실천 등 정보를 공개하고 투명성을 제고할 수 있다.

셋째, 역량 강화 프로그램 운영이다.

지방정부는 커뮤니티 내에서 ESG 관련 문제에 대한 인식을 높이고 구성원의 역량 강화를 위한 정책을 실행할 수 있다. 전문가 초청 세미나, 워크숍, 교육 캠페인 등을 진행함으로써 기업과 개인이 ESG의 중요성을 이해하고 실천 방법을 배울 수 있도록 행정적으로 지원한다. ESG에 대한 정보제공 및 가이던스, 캠페인 및 이벤트를 통해 기업과 개인의 이해와 능력을 향상시킬 수 있다. 또한, 기업과 개인, 단체에 친환경 기술 개발 지원, 지속 가능한 인프라 구축, 연구 개발 자금 지원 등을 포함하여 ESG 이행을 위한 인프라 및 기술 지원을 제공함으로써 지속 가능한 실천 역량을 강화할 수 있다.

넷째, 공공-민간 파트너십 및 공공 이니셔티브

지방정부는 지역기업, 시민사회, 국제기구 등 다양한 이해관계자와의 협력과 파트너십을 구축하여 ESG 이행을 강화할 수 있다. 국내외 ESG 관련 네트워크를 활용하여 포럼에 참여함으로써 다양한 이해관계자들과 연결되고, 지식 정보 및 경험을 교류할 수 있다. 결국 이를 통해 다양한 사례를 배울 수 있으며, 벤치마킹하여 지역의 ESG 활성화를 기할 수 있다.

공공-민간 파트너십을 통해 정보와 전문지식을 확대하고, 네트워크를 활용하여 지속 가능한 프로젝트를 실행하는 데 의미 있는 변화를 끌어낼 수 있다. 예컨대, 산업체, 시민단체, 학계와의 다자간 회의나 워크숍 개최 등 다양한 협력을 통해 지방정부는 ESG에 대한 이슈와 해결책을 함께 논의하고 공유할 수 있다. 이는 ESG 정책 수립에 있어서 적절한 방향성을 제시하고, 현실적인 적용 방안을 찾는 데에 도움이 될 것이다.

더 나아가 지방정부는 산업체나 단체와의 업무협약을 체결하여 ESG 활성화를 위한 협력관계를 구축할 수 있다. 이러한 협약은 서로의 역량과 자원을 결합하여 ESG 관련 프로젝트를 진행하고, 협력 사항을 정식으로 제도화하는 데에 도움이 된다. 또한 지역기업, 시민, 단체들을 대상으로 ESG 활성화를 위한 협력체를 구성하여 역내 모든 이해관계자가 공동으로 협력하여 지속 가능한 발전을 이루도록 추진할 수 있다.

한국환경공단이 기업과 파트너십을 구축한 사례가 대표적이다. 한국환경공단은 기업들과 협력하여 친환경 기술 개발, 환경관련 연구, 환경 캠페인 및 교육 등 다양한 프로젝트를 추진하고 있다. 기업의 환경에 대한 책임을 강화하고 ESG 이니셔티브를 확대하고 있다.

다섯째, 모니터링 및 보고

지방정부는 ESG 정책의 진행 상황을 추적하고 영향을 평가하기 위해 모니터링 및 보고 체계를 구축할 수 있다. 지역기업의 경영에 대한 데이터 수집, 성과분석 및 정기보고 등을 통해 시민과 이해관계자에게 ESG 정보를 공개한다. ESG 보고 지침이나 표준을 통해 기업이나 개인, 단체 조직에 ESG 정보제공을 요구할 수 있으며, 데이터 품질을 개선하고 투명성과 책임성을 제고할 수 있다.

여섯째, ESG **이행 실천과 지속적 피드백**

ESG 정책 구현은 반복적인 프로세스이다. 지방정부는 스스로 ESG 정책 수립과 실천, 공공 부문의 ESG 이행 사례 등을 통해 ESG 이행을 본보기로 제시하고, 지역기업이나 단체에 리더십을 보여줌으로써 지역 내 ESG 실행에 동기 부여하고 지속화할 수 있다. 정부는 변화하는 환경에 맞는 최신 데이터를 기반으로 도전 과제 정책을 지속적으로 검토하고, 업데이트하고, 이해관계자에 대한 정기적인 평가와 피드백을 통해 정책을 효과적으로 유지되도록 할 수 있다.

지방정부 ESG 모니터링과 평가

ESG가 기업의 중요한 가치로 부각되면서 경영시스템 전반에서의 ESG 내재화를 위한 기업들의 대응 니즈가 증가하고 있다. 우리나라도 SK그룹이 2018년 ESG 경영을 선언한 데 이어 삼성전자, LG 등 국내 유수한 대기업들은 이미 ESG 경영에 돌입했다. 기업이 재무적 성과뿐만 아니라 비재무적 성과관리에 나섬에 따라 이를 자문, 컨설팅하며 평가하는 서비스 시장이 등장했다. Dimon 등에 따르면, ESG 평가기관은 전 세계적으로 약 600여 개에 달하며, 평가 시장은 2024년까지 연간 5억 달러에 달할 것으로 전망된 바 있다. 해외의 경우, ESG 평가기관은 전문 평가회사(예: MSCI, FTSE)와 신용평가회사(예: Moody's, S&P), 재무 정보회사(예: Refinitive, Sustain analytics)로 구분되며, 국내는 한국ESG기준원(舊 한국기업지배구조원), 서스틴베스트, 대신경제연구소 등 평가기관이 컨설팅하고 있다.

평가대상의 가치나 수준 등을 판단하는 것을 '평가(Evaluation)'라고 한다. 이와 비슷하게 모니터링(Monitoring)이란 계획 대비 진전된 사항을 추적하고 특정한 목적을 달성했는지 점검하기 위한 일상적 정보수집 및 분석을 의미한다. 평가와 모니터링은 성과를 측정하여 판단한다는 점에서 비슷하나 빈도, 자료, 주체 등이 다르다. 모니터링은 활동의 진행이나 지연에 대한 시행 초기 단계의 성과지표를 통해 프로그램을 지속적으로 평가하는 것이다. 주로 주기적이며 지속적인 활동으로 성과지표를 추적하는 활동이 모니터링에 해당된다. 평가는 활동의 특정 목표에 대한 관련성, 효과성, 효율성, 책무성 및 영향 등을 조사하는 것이다. 정책이나 신규사업 기획 단계에서 성과지표를 작성하고 집행과정에서 지속적으로 모니터링하는 등 모니터링과 평가는 선제적이며 상호보완적인 성과관리 방안이 될 수 있다.

〈표 6-3〉 모니터링과 평가

구분	모니터링	평가
주체	내부인력	전문성을 지닌 내·외부인력, 외부기관 의뢰를 통한 객관성 확보
목적	계획 대비 실행과정과 현황 점검 문제점 여부 파악	성공이나 실패의 원인 규명
기간 및 시점	정기적, 지속적	한시적 (특정 사업·프로젝트·프로그램이 이행되기 이전, 도중, 이후)
지표활용	사업의 성과지표를 그대로 활용	성과지표의 적정성과 유효성도 평가대상이 될 수 있음
분석범위	계획 및 목표 대비 잘되고 있는가에 주목, 인과관계 분석은 다루지 않음 - 무엇이 변하였는가? - 문제는 없는가?	도출된 결과나 문제점, 혹은 성공에 대한 인과관계를 분석하는 과정 - 왜 변화가 일어난 것인가? - 어떻게 변화가 일어난 것인가?

자료: 이혜미(2021), KOICA(2019)를 참고하여 재작성.

전통적인 방식의 모니터링과 평가(M&E)는 사업 이행에 초점을 두어 투입-

활동-산출물 평가에 그쳤으나 성과 중심적 모니터링과 평가(M&E)는 이에 더 나아가 성과와 영향을 결합한다. 즉, 어떤 정책이나 프로젝트에 대한 평가가 투입, 활동, 산출물에 그치지 않고 그에 따른 성과와 영향으로 확장된다. ESG 정책실행에 있어 투입과 활동, 산출물에 더해 성과와 영향을 모니터링하고 평가하여 사업실행 및 성과관리를 병행할 수 있다.

기업의 경우, 평가기관마다 다양한 평가지표 및 모델을 가지고 ESG 경영성과가 평가된다. 기업의 ESG 성과평가에 이용되는 자료는 공개된 기업정보나 기업의 지속가능경영보고서, 직접 조사를 통한 자료 등이 활용된다. 이러한 평가자료는 정량적인 자료에 국한되지 않으며 정성적인 자료를 객관화하거나 가중치를 두는 방식으로 포함시켜 종합적인 평가가 되도록 고려된다.

공공기관은 기업과 달리 정부의 통제로 인해 경영의 자율성이 제약된다. ESG 경영을 신축적으로 수행하는 데 어려움이 있으므로 각 기관별 성격에 맞는 ESG 기본계획 수립과 실천을 위한 CEO의 리더십이 매우 중요하다. 2021년 3월부터는 공공기관 통합공시에 ESG 항목이 대폭 확대되었다. 공공기관이 ESG 경영성과를 가시화하여 경영평가에 적극 대비해야 하는 상황이다. 공공기관 ESG 경영실적 평가에는 다음과 같은 지표가 사용될 수 있다.

〈표 6-4〉 공공기관 ESG 경영실적 평가 관리지표 예시

요소	기본 공통(기본적)	기관 특성(선택적)
E 환경	· 환경경영 방침 및 전략 · 신재생에너지 사용 확대 · 온실가스배출량 · 에너지사용량 · 폐기물발생량 · 용수사용량 · 환경법규 위반 현황 · 저공해자동차 현황 · 친환경제품 사용	· RE100 가입 · 탄소중립 이행계획 및 달성도 · 환경보호투자 · 친환경 공정 및 공급망 구축 · 친환경기술 개발 및 적용 · 이해관계자 참여 및 대응 활동
S 사회	· 사회책임경영 방침 및 전략 · 인권경영 · 개인정보보호 · 동반성장 평가결과 · 노동관행 개선 · 보건안전 프로그램 · 직원 인적자원개발 · 사회적 약자 보호 및 취약계층 고용증대 · 재능기부 및 사회공헌 활동 · 직원 복리 및 근무환경 개선	· 공정한 기회 프로그램 · 사업장 안전관리 · 협력사 공급망 성과 · 산업재해율 · 기업 ESG 지원 활동 · 사회책임경영 실천 교육
G 지배 구조	· 윤리경영 방침 및 전략 · 청렴도 평가결과 · 내부고발자제도 운영 · 자체 감사부서 현황 · 이사회 운영성과 · 윤리경영활동 · 반부패활동 · 준법경영 · 윤리투명성 실천 교육	· 고객 및 주주권리 보호 · 지배구조 법규제 위반 현황 · 사외이사 도입 · 공시제도 대응 · 이해관계자 보호 및 소통 · 조세투명성 강화

자료: 강철구 · 유혜선(2022), 공공기관 ESG 첫걸음은 맞춤형으로, 경기연구원, p.18.

지방정부 ESG는 각 지역의 특색과 정책 방향 등에 따라 다양한 지표를 활용하여 그 성과를 평가할 수 있다. 일반적으로 ESG 관련 전 지구적 구상인 지속가능성장 목표(UN SDGs), GRI(Global Reporting Initiatives), 환경경영 ISO14001, 사회책임경영 ISO26000, 안전보건경영 ISO45001 등이 지향하는 목표와 가이던스를 기반으로 지자체의 환경(E), 사회적 가치(S), 거버넌스 및 행정 전반(G)에 대한 평가 기준을 도출하여 적용한다.

성과평가 항목과 부문별 가중치는 평가자의 주관적인 인식과 가치관에 따라 달라질 수 있다. 지방정부 ESG의 경우, 환경 부문(E)은 기후변화 대응, 폐기물 관리, 친환경 생활 등의 항목으로 평가할 수 있으며, 사회 부문(S)은 보건 및 안전, 주거와 생활, 고용과 노동, 사회공헌, 복지 및 연구, 정부 합동 평가 등이다. 지배구조(G)는 단체장 공약, 재정건전도, 주민 및 여성참여, 대외평가 등이 주요 평가 항목이 된다. 지방정부 ESG 성과평가는 기업에 비해 환경 부문에 가중치를 높게 주는 경향이 있으며 단체장의 의지와 공약 이행, 경제 부문이 평가에 포함되는 특징이 있다.

지방정부 ESG에 대한 성과평가는 평가 주체에 따라 크게 두 가지로 구분할 수 있다.

첫째, 상위 행정기관 및 외부 전문기관에 의한 지방정부 ESG 평가이다.

시 · 도나 시 · 군 · 구와 같은 지방정부는 상위레벨의 정부기관에 의한 평가 대상이 된다. 예컨대, 국민권익위원회는 모든 행정기관에 대해 청렴도 평가를 수행하고 그 결과를 공개하고 있다. 행정안전부는 지난 2011년부터 기초 지방정부(시 · 군 · 구)의 종합적인 행정역량을 평가해 오고 있다. 생산성이 높은 자치단체란 지역이 지닌 인적, 물적, 사회적 자본역량을 효과적으로 활용하여 경제, 환경, 문화, 복지 등 주민 삶의 질을 향상시키고 지속 가능한 성장을 유도한 자치단체를 의미한다. 여기에 ESG 항목을 포함시키고 있으며 지방정부의 경쟁력 강화를 유도하기 위해 '지방자치단체 생산성대상'을 공표하고 있다.

지방정부 ESG 성과평가는 전문적인 외부 평가기관에 의해 수행되기도 한다. 전문성과 독립성을 지닌 대학교 연구소와 전문 연구기관이 평가 주체가 되어 지방정부 ESG 성과평가를 시행하고 결과를 언론에 공표하거나 포럼 등을 통해 공유한다. 이러한 평가는 독립적인 시각에서의 평가와 비교를 통해 각 지방정부의 ESG 성과를 확인하고 개선점을 도출할 수 있다. 지방정부별 상대평가 결과를 점수화하고, 대외 수상실적과 사건 및 사고 등에 대해 가감점을 부여함으로써 이슈별 경중을 심사하여 결과를 도출한다. 외부기관에 의해 지방정부가 ESG 인증을 받음으로써 지속 가능한 경영과 ESG 운영성과에 대한 신뢰를 높일 수 있다. 다만, 일률적 잣대로 비교 · 평가되므로 다량의 탄소배출이 수반되는 제조업 비중이 큰 지역은 환경부하가 커서 불리하게 나타나는 경향이 있다.

두 번째로 지방정부 자체적인 ESG **성과평가이다**.

지방정부가 지역 내 ESG 생태계를 활성화시키고자 자체적인 지표를 설정하고 성과평가를 수행하는 것이다. 이는 주로 지방 조례의 규정에 따라 제도적으로 실행되는데 지역기업이나 산하 공공기관의 ESG 경영에 대한 평가가 주를 이룬다. 평가대상은 지방정부 관할 지역 내 공공기관, 중소기업, 소상공인, 지역기업, 사회적, 경제적 기업 등 지역 내 단체나 개인이 된다. 전문성을 갖춘 위원회나 자문단, 혹은 관련기관 협력체계 등을 통해 평가하는 방식이다.

지방정부 ESG 성과평가와 분석을 위해 활용되는 측정도구는 각 부문별 공시 지표이다. 탄소배출량, 에너지 효율성, 재생에너지 비중, 폐기물 처리율 등의 지표를 사용하여 환경적인 성과(E)를 측정할 수 있다. 사회적인 성과(S)를 측정하기 위해는 소득격차, 고용률 또는 이직률, 비정규직, 사회공헌 등의 지표를 사용할 수 있다. 거버넌스(G)에는 이사회, 윤리경영 등의 지표가 사용된다. ESG 성과평가와 분석 보고서를 공개하여 시민, 기업, 단체 등 다양한 이해관계자들의 의견을 수렴하고 개선사항에 대한 피드백을 얻을 수 있다. 성과평가 결과를 제도적으로 확장하여 'ESG 우수기업 인증제도' 등으로 활용함으로써 지역 내 ESG 실천 분위기를 확산시키는 효과를 기대할 수도 있다.

지방정부는 각 기관별 정책 목표, 시책 및 사업 분야, 구성원 특성 등 내 · 외부 환경요인이 다르기 때문에 ESG 중 가중치 부여 요인이 다를 수밖에 없다. 각급 행정부서와 산하 공공기관, 기업 등의 경영전략, 경영성과, 내부리스크 등 조직진단, 이해관계자 의견조사 등을 통해 ESG 평가 모델이 정립되어야 하는 이유이다. 지방정부는 지역 특성에 따른 평가지표 설정을 통한 관리체계를 마련할 필요가 있다.

지방정부 ESG 성과관리

일반적으로 공공 부문에서 성과관리란 성과목표에 대한 성과측정 기준을 세우고, 목표 성과치가 충족되었는지 평가를 하는 것이다. 그 결과를 바탕으로 보상이나 제재를 함으로써 관료들의 행위를 통제하고 지방정부의 책임성을 확보할 수 있다. 성과관리의 목표는 행정서비스의 비용을 줄이면서 질을 높이는 데 있다.

기업의 경우, 사익을 추구하는 생산활동 과정 전반에 ESG 가치를 포괄적으로 반영할 것이 요구된다. 지방정부 차원에서 ESG 구현은 사회적 자기 구속력을 갖기가 어려운데, 이러한 한계를 넘어서서 어떻게 ESG 철학을 지방 행정과 조직 운영에 지속 가능하게 적용해 나갈 수 있을지가 관건이다. 지방정부 ESG 성과관리가 매우 중요한 이유이다.

지방정부의 ESG 성과를 평가하고 관리하는 것은 책임성을 확보하려는 제도라는 점에서 '관리적 기제' 성격을 갖는다. 효율적인 ESG 성과관리를 위해 지방정부는 다양한 인센티브 제도를 활용하기도 한다. 행정안전부는 '사회적 가치 구현 지자체 우수사례 경진대회', '적극행정 우수사례', 시 · 군 · 구의 종합적인 행정역량을 평가하는 '지방자치단체 생산성대상' 등을 통해 우수기관에 포상하여 지방정부의 경쟁력을 강화하도록 유도하고 있다.

그 밖에 각급 지방정부는 자체적인 ESG 평가 결과에 따라 보조금, 포상, 컨설팅 비용 지원 등 인센티브를 제공함으로써 해당 지역 구성원들이 ESG 실행에 더 좋은 성과를 낼 수 있도록 관리하고 있다. 서울시는 내부적으로 지역 소재 기업을 대상으로 '서울시 환경상'을 실시하고 있다. 부산시는 국내지방자치단체 가운데 최초로 ESG우수기업인증제를 도입했다. 인력 · 비용 등의 부담으로 대응에 어려움을 겪는 지역 중소벤처기업이 성공적인 ESG 경영을 도입할 수 있도록 ESG 관련 중소벤처기업을 발굴한다는 계획이다. ESG 분야 교육컨설팅을 지원하고, 우수기업으로 선발된 기업에 기술금융 확대, 연계투자, 기술이전거래 등 혁신적 성장을 지원한다.

경기도는 '착한기업제도'를 활용해 사회공헌 실적이 있는 기업을 지원한다. 지역경제 발전기여, 윤리경영, 사회공헌 등 ESG 가치를 창출한 기업을 심사평가해 지원하고 있다. 13개 착한기업을 심사하고 3년간 이를 인증할 수 있는 착한기업 현판인증서, 착한기업 상표 사용권을 수여한다. 또 마케팅 시 제품 제작, 경영컨설팅 등을 위한 판로개척비도 3년간 총 2,000만 원을 지원할 계획이다.

상위 행정기관 및 외부 전문기관에 의한 지방정부 ESG 평가결과는 언론이나 인터넷, 행정망 등을 통해 공개될 필요가 있다. 정부 ESG 성과평가 결과에 대한 정보공개와 시민소통을 통해 각급 지방정부 단체장은 내부적으로 새롭게 정책을 수립하고 조직을 정비하는 좀 더 미래지향적인 발전을 위해 경주하게 된다.

이 밖에 지방정부 ESG 성과관리가 필요한 이유는 사회에 부정적 영향을 미치는 지방정부의 ESG 리스크를 근절할 수 있기 때문이다. 갑질, 특혜, 성희롱, 차별 등 내부리스크가 ESG 성과관리를 통해 근절될 수 있다. 지역 내 기업의 ESG 성과관리를 통해 지역공동체에 ESG 실천 환경을 조성할 수 있다. 공급망 실사 위반기업에 대해 공공조달을 제외하거나 ESG 평가등급을 통해 네거티브 스크리닝(No-go)을 할 수 있으며, ESG 관리에 대한 지속적인 메시지 전달로 지역공동체에 ESG를 효율적으로 확산시킬 수 있다.

지방정부는 기업과 달리 경제적 사익을 목적으로 하지 않는다. 행정력이 미치는 지역 커뮤니티의 모든 구성원의 행복과 더 나은 삶을 위해서 ESG 틀을 구비하고 실천하자.

정부의 경우 생산량이나 판매량, 매출총액 등과 같은 재무적 성과기준이 없으므로 성과관리 시 정량적 평가를 위한 지표설정과 신뢰성 있는 자료확보 및 계량화가 중요하다. 정량적 평가와 정성적 평가가 동시에 고려되어야 하며, 성과관리 범위는 환경관련 부서에 그칠 게 아니라 전사적인 차원에서 ESG 성과관리가 적용되어야 한다. 각급 지방정부는 정책에 ESG 관점을 도입하여 자발적인 평가를 진행하는 노력이 필요하다.

조직운영과 관리 측면에서 지방정부 ESG 성과평가 항목은 단체장의 리더십, 전략경영, 혁신성과, 조직인사관리, 재무관리, 일자리 창출 및 일 · 가정 양립, 소통 · 참여, 윤리인권, 재난안전, 지역상생 등의 항목의 성과가 포함될 수 있다. 행정정책 성과는 주요사업 성과 및 주민만족도를 정성적, 정량적으로 평가할 수 있다. 지방정부는 이에 대한 정보를 공개하고 우수사례를 공유하여 확산시키며 부진기관에 대한 후속조치를 통해 지속적인 관리를 수행해야 한다. 요컨대, 지방정부 ESG 성과관리 과정은 다음 그림과 같이 진행될 수 있다.

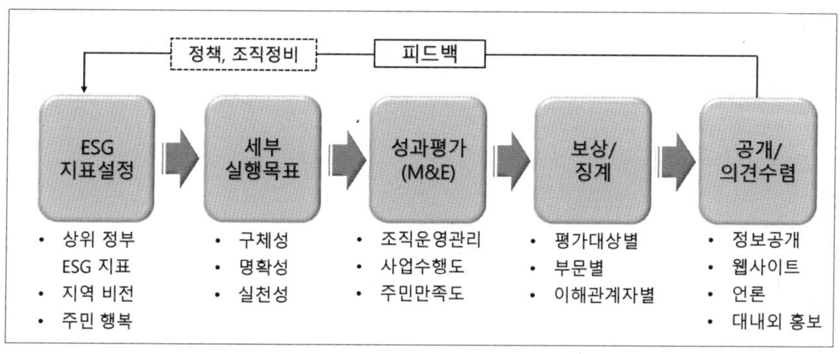

[그림 6-1] 지방정부 ESG 성과관리 흐름도

지방정부 ESG 성과확산을 위하여

지방정부 ESG는 기업 ESG 경영에 비해 환경 부문에 비중이 큰 반면, 거버넌스 부문의 비중이 작고, 단체장의 실천 의지가 매우 중요하다는 특징이 있다. 또한, 지방정부는 녹색제품 구매, 장애인단체 생산품 조달구매, 여성단체 생산품 구매, 청렴이행서약서, 행정서비스헌장, 각종 민원처리 등 이미 ESG를 실행하고 있으나 체계적인 성과평가와 관리가 미흡하다. 대부분의 대기업뿐만 아니라 많은 정부산하 공공기관이 ESG 철학을 기반으로 조직을 운영하는 반면, ESG 통합 플랫폼과 전담조직을 갖춘 지방정부는 거의 찾아보기 어렵다.

지방정부 ESG 성과관리는 지역 내 ESG 생태계 조성과 장기적으로 지속 가능한 ESG 실천의 밑거름이 된다. ESG 성과 확산을 위해 지방정부는 다음과 같은 조치를 취할 수 있다.

첫째, ESG **통합 플랫폼 구축과** Digital ESG **경영시스템 도입이다.**

ESG 성과확산을 위해 커뮤니케이션 플랫폼을 구축해 지역 내 ESG 가이드라인 토대를 마련할 필요가 있다. 지방정부는 웹사이트, 소셜미디어, 온라인 포털 등을 활용하여 ESG와 관련된 정보를 공유하고 적극적인 커뮤니케이션에 나서야 한다. 또한, ESG 이슈, 사례 연구, 정책 업데이트 등을 제공하고 이해관계자들과의 지속적인 상호작용과 의견교류로 정책 실행력을 높일 수 있다.

지방정부는 Digital ESG 경영시스템 도입을 통해 ESG 운영 체계를 마련해야 한다. 이는 ESG 경영정보 및 성과를 웹상에서 종합적으로 관리하는 DX(Digital Transformation) 활동으로 지방정부 ESG 정보를 일목요연하게 파악하고 목표 대비 성과를 관리할 수 있다. ESG 데이터 접근성을 높여 지역구성원들에게 편의를 제공할 수 있으며, ESG 이행 모범사례를 공유하고 투명성을 강화하여 다른 기업이나 조직들에게 영감을 줄 수 있다. ESG 성과 데이터와 ESG 이행을 통해 얻을 수 있는 혜택을 가시적으로 보여줌으로써 ESG에 대한 인식과 참여를 촉진시킬 수 있다.

둘째, 지방정부는 ESG **정책수립과 추진을 위한 전담조직 설치이다.**

지방정부 ESG를 내재화함으로써 지역 내 다양한 이해관계자들에게 ESG 실천 의지를 확산시키고 일관된 방향으로 나아가도록 유도할 수 있다. 지역의 현황과 특색에 따라 정책목표가 설정되어야 하고 이에 맞는 명확한 ESG 성과지표 개발과 구체적인 사업내용의 일정별 추진을 위한 전담인력 배치가 우선되어야 한다. 지역의 환경, 사회, 거버넌스 문제와 관련된 구체적인 목표와 전략을 설명하는 지방정부 ESG는 국내 상위기관 또는 국제적인 지속 가능성 프레임워크와 일치하도록 전문가 자문이나 협의회 등 참여 프로세스를 거쳐 장기적인 안목으로 계획되어야 한다. 선거를 위한 일회성 정책이 아닌 미래지향적 관점에서 추진되어야 한다. 지방정부는 전담조직을 개설하여 ESG를 선도적으로 이행하고 거주민이 체감할 수 있는 정책을 발굴하여 ESG를 확대할 수 있다.

셋째, 지방정부 ESG **협의체 구성이다**.

기업, 시민단체, 학계 등과 공동 협의체를 구성하여 ESG 실행에 대한 의견을 수렴하고 협력관계를 구축할 필요가 있다. 이를 통해 ESG에 대한 지속적인 대화와 공동 작업을 수행하고 지방정부 ESG 정책을 보다 효과적으로 추진할 수 있다. 사회 전반적인 ESG 캠페인과 교육 프로그램 운영도 협의체를 활용한 좋은 성과확산 방안이 될 수 있다.

넷째, 지방정부 ESG **보고서 작성과 공개이다**.

아직까지 지방정부가 자체 ESG 보고서를 작성하고 공개하여 ESG 이행 상황을 투명하게 밝히고, 이해관계자들에게 정보를 제공하는 경우는 극히 드물다. 이는 ESG의 중요성과 이행을 강조하고, 신뢰와 투명성을 높이는 데 도움이 된다. ESG를 실행하기 위해서는 장기계획에 따른 단기적 성과목표가 명확해야 한다. 이에 따라 성과목표 달성을 위한 세부 정책과제가 도출될 수 있다. ESG

실행 계획에 따른 정책과제를 수행하고 이를 평가하여 보고서를 작성하고 공개함으로써 환류체계를 작동시키는 것이 중요하다. 성과에 대한 인센티브는 인사 및 성과보수 등에 참고하여 반영하고, 조직관리와 예산조정을 통해 지속적인 성과관리가 되어야 한다. 성과관리 전략에 대한 시행계획을 마련하고 ESG 성과관리팀 운영, 외부전문가 의견수렴 등 효율적인 제도운영 방안도 마련될 수 있다. 성과관리 품질 제고를 위해 ESG 교육을 실시하여 전문지식을 공유함으로써 전 조직원의 역량 강화도 필요하다.

정부는 ESG 가이드라인 제공, 정보제공 플랫폼 구축, 공공 부문 ESG 이행 선도 등 글로벌 ESG 규제에 대비하기 위해 한 걸음씩 나아가고 있다. 이에 더 나아가 정부조직 운영과 행정구현의 실행력을 갖는 실천 주체로서 ESG 철학의 이행과 관리에 적극 나설 때이다. 지방정부 ESG가 실효성을 갖고 지역사회 구성원의 ESG 동참을 선도하는 데 필요한 행정력을 발휘하기 위해서는 지방정부 ESG 실행의 법적 근거가 되는 조례 제정이 필수적이다.

경기도 내 중소기업 ESG 실태조사 결과에 따르면, 도내 538개 중소기업 중 52%가 ESG 경영을 인지하고 있으나 ESG를 추진 중이거나 추진계획인 기업은 15.8%에 불과한 것으로 나타났다. 조직 내 ESG 전문인력 부족(49.4%), ESG 도입에 필요한 정보 부족(38.8%), 제한된 재원(29.4%)으로 많은 중소기업은 애로를 겪고 있다. 막대한 비용 부담으로 ESG 경영 도입에 어려움을 갖는 대다수 중소기업의 입장을 간과한 채 형식적이고 강압적인 공급망 관리는 소상공인과 소기업에는 폭력적인 강요나 강제가 될 수 있다. '사다리 걷어차기'와 같은 피해를 줄이고 지역구성원 모두의 상생을 위한 ESG 전환과 실행을 위한 지방정부의 관심과 제도적 노력이 절실히 필요하다.

저출산과 수도권 인구집중, 일자리, 교육 문제 등으로 '지방소멸'이라는 이슈가 사회적으로 부각될 정도로 지역 변방의 문제는 최악의 상황에 직면해 있다. 미래사회에서도 지역공동체를 지속 가능하게 하려면 이러한 위기는 지혜롭게 극복되어야 한다. 지방정부 ESG는 사회 곳곳에 실행력을 갖고 스며들어야 하며 그 성과는 체계적으로 관리하여 지속적으로 확산시켜야 한다. 미래의 필요를 충족시킬 능력을 저해하지 않으면서 현재의 필요를 충족시키는 발전을 표방하는 지속가능성(sustainability)의 미래지향적 가치와 ESG 철학은 맞닿아 있다.

참고문헌

강철구 · 유혜선(2022), 공공기관 ESG 첫걸음은 맞춤형으로, 이슈&진단 No.511, 경기연구원.

국민권익위원회(2023), 2022년도 행정기관 · 공직유관단체 종합청렴도 평가 결과.

기획재정부(2022), 2022년도 공공기관 경영평가 편람.

김민경(2022), ESG 개념을 접목한 구로구 도시계획 이슈와 과제, 구로구.

박준태(2021), 지속가능 성장을 위한 ESG 생태계 조성 및 입법정책 과제, 국회입법조사처.

산업통상자원부(2021), K-ESG 가이드라인 v1.0.

석종훈(2023), 경기도 중소기업 ESG 레벨업 정책, 중소 · 중견기업의 ESG, 어떻게 준비할 것인가? 세미나 자료집, 법무법인디라이트 · 법률신문사 주최, pp.58-79.

온실가스종합정보센터, 광역지자체 기준 지역별 온실가스 인벤토리(1990-2018).

유훈(2021), The Way to ESG: ESG에 대한 이해와 추진전략, 중견기업이슈리포트, pp.7-22.

이상신 · 정종관(2021), ESG 충청남도 정책 도입방안, 충남연구원.

이혜미(2022), UN SDGs 및 소비자 중심의 ESG 경영을 위한 전략적 성과관리 방안, 소비자정책동향 제118호.

한동숙(2022), 공공기관의 ESG 도입을 위한 정책 방안, 재정포럼, pp.1-26.

한상범 · 권세훈 · 임상균(2021), 글로벌 ESG 동향 및 국가의 전략적 역할, 대외경제정책연구원.

한준 · 이정철(2022), 인천 ESG 지표 개발 연구, 인천연구원.

행정안전부 · 지방공기업평가원(2023), 2023년도 지방공기업 경영평가 편람.

행정안전부(2023), 2023년 지방자치단체 정부혁신 종합계획.

환경부(2022), 2022년도 성과관리 시행계획.

황용식(2022), 상생발전을 위한 공공기관 ESG 경영전략, 제4회소셜밸류라운드테이블, pp.1-22.

황인창 · 김고운 · 백종락 · 이윤혜(2022), 환경 · 사회 · 지배구조(ESG) 경영확대 위한 서울시 정책방안, 서울연구원.

KOICA(2019), 국제개발협력 프로젝트 실행과 관리, 한울아카데미.

Dimson, E., Marsh, P., Staunton, M.(2020), Divergent ESG ratings, The Journal of Portfolio Management 47(1), 75-87.

동아일보 "서울시가 '제2의 석탄' 플라스틱과의 전쟁에 나선 이유", 2023.9.7., https://www.donga.com/news/article/all/20230907/121069464/1

법제처 국가법령정보센터, https://www.law.go.kr/LSW/lsSc.do?dt=20201211&subMenuId=15&menuId=1&query=%ED%83%84%EC%86%8C%EC%A4%91%EB%A6%BD%EA%B8%B0%EB%B3%B8%EB%B2%95#undefined

서울시 성동구, 성동구 지자체 최초 ESG 지표개발…지속가능도시 선도 보도자료, 2022.9.14.
서울시 성동구, 성동형 ESG행정으로 지방자치경영대전 '최우수상' 쾌거 보도자료, 2022.11.14.
서울시, 행정서비스헌장, https://eungdapso.seoul.go.kr/gud/service/service_info.do 2023.9.15. 검색.
서울시, 2023 서울특별시 환경상 수상 후보자 추천 공모, https://news.seoul.go.kr/env/archives/523521 2023.9.15. 검색.
서울시, 민원답변 ESG(환경-사회-지배구조), https://opengov.seoul.go.kr/sanction/28653041 2023.9.15. 검색.
조선일보, "[메타버스 날개 단 ESG] 지자체가 ESG 행정 외친 이유는", 2022.4.13., https://it.chosun.com/site/data/html_dir/2022/04/12/2022041202102.html
행정안전부, 주민 삶의 질을 높인 우수 지방자치단체 선정-행안부, 「2021년 지방자치단체 생산성 대상」평가 결과 발표 보도자료, 2022.2.2.

제7장

ESG 그린워싱과 리스크

김연

김연(金孌)

경영학 석사, 전경련 ESG 전문가, 경기도교육청 주민참여예산 자문위원회 운영위원, 경기구리지역자활센터 운영위원, 구리시사회적경제협회 사무국장으로 활동하고 있다. 서울시 사회적경제 관련 중간지원조직 협치 활성화 연구, 한국학중앙연구원 ESG 전략체계 수립 및 성과지표 개발, 구리시 사회적경제 확산을 위한 전략, 성남시 사회적경제 · 창업보육 D/B구축 용역 연구조사, 화성시 사회적경제 정책 거버넌스 활성화 연구 등 공동연구원 실적이 있다. 주요 관심 연구 분야는 사회적경제, ESG, 거버넌스다.

1. 왜 그린워싱인가

전 세계가 기후위기 시대에 직면해 있다. 온난화, 환경문제, 코로나19, 2023년 5월부터 몇 달째 꺼지지 않는 캐나다 산불 등의 여파로 환경에 대한 관심이 그 어느 때보다 높아지고 있다. 따라서 기업은 물론 공공기관, 정부 모두가 더 이상 친환경 이슈를 지나칠 수 없게 되었다.

정부의 정책들은 녹색, 친환경 등을 강조하고 시민들 또한 소비자로서 친환경에 대한 인식과 관심도 높아지고 있다. 돈을 더 지불하더라도 친환경 제품을 구매하겠다는 소비자들이 늘어나면서 지속가능성과 환경에 대한 소비자 인식도 변화되고 있다. 또한 기업을 평가하는 기준에 친환경적 요소가 큰 비중을 차지하는 ESG 경영이 화두가 되면서 친환경적 이미지는 기업에 긍정적 이미지뿐만 아니라 경제적 이익도 가져다주게 되었다.

그러나 기업의 친환경 주장은 40%가 근거가 없다고 한다. 기업이 친환경제품을 생산하거나 친환경을 위한 생산방식에 투자하기보다 광고 마케팅으로만 친환경을 외치는 이른바 '그린워싱'이 일어나기 때문이다. 환경 이슈가 커질수록 그린워싱도 다양한 방법으로 많아지고 있다.

이전의 그린워싱이 단순히 친환경적인 이미지를 보이기 위한 위장이었다면 요즘의 그린워싱은 조금 더 조직적이고 교묘해졌다. 그 영역도 확대되어 기업뿐만 아니라 공공기관, 금융기관, 제도, 정부 부처, 지방정부에까지 무엇인가를 속여 이득을 취하는 모든 행태를 아우르는 말이 되었다.

2. 그린워싱 개념과 판단기준

그린워싱이라는 단어는 1986년 미국 환경운동가 제이 웨스터벨트(Jay Westerveld)가 피지 여행 후 쓴 에세이에서 처음 사용한 것으로 알려져 있다.

1983년, 제이 웨스터벨트는 피지섬의 한 호텔 객실에서 환경보호를 위해 수건을 재사용해 달라는 안내문을 발견한다. 그러나 리조트에서 환경보호와는 거리가 먼 새로운 방갈로를 짓고 있는 광경을 보고 수건 재사용은 환경을 보호하기 위함이 아니라 단지 세탁비를 절감하기 위함임을 알게 된다. 이에 제이 웨스터벨트는 에세이에 녹색으로 이미지를 세탁한다는 뜻의 '그린워싱'이라는 용어를 쓰게 되었다고 한다.

그린워싱은 '위장환경주의' 또는 '친환경 위장술'을 가리키는 말이다. 이는 실제로 기업이 친환경적이지도 않고 심지어는 환경에 악영향을 끼치면서 광고 등을 통해 친환경인 것처럼 속여 홍보하고 경제적 이득을 취하는 행위를 말하는 것이다.

2010년 환경 마케팅기업 테라초이스는 'The 7 Sins of Green washing(그린워싱의 7가지 죄악)'이라는 보고서를 발표했다. 이 보고서에서 그린워싱의 7가지 판단기준에 관해 서술하였다.

〈표 7-1〉 7가지 그린워싱의 판단기준

상충 효과 감추기	친환경적 일부 속성에만 초점을 맞춰 전체적인 환경 여파 숨기기
증거불충분	친환경적이라는 주장을 뒷받침할 증거, 인증 없이 친환경제품 주장
애매모호한 주장	정확한 의미 파악이 어렵거나 광범위한 용어를 사용
관련성 없는 주장	무관한 내용을 연결해 왜곡
거짓말	취득되지 못하거나 인증되지 않은 마크를 도용
유해 상품 정당화	친환경적 요소는 맞지만, 환경에 해로운 상품에 적용하여 본질을 속임
부적절한 인증라벨	유사 이미지를 부착하여 공인 마크로 위장

출처: 테라초이스, 한국소비자원 내용 재구성.

상충 효과 감추기(두 가지 악 중 덜한 것)

일부 친환경적인 속성만 강조하고 전반적인 환경파괴에 대한 영향을 감추는 경우이다. 예를 들어 제품의 원료나 제조방식은 그대로인데 포장용지만 재활용 종이를 사용한다거나 제품 제조 중 약간의 유기농 원료를 사용한 것을 친환경 제품이라고 홍보하는 방식이다. 석탄발전소에 탈황[1] 시설 등 배출저감장치 시설 하나를 설치해 놓고 탈황 시설을 하지 않는 석탄발전소보다 더 친환경적이니 친환경 석탄발전소라고 명명하는 것 등이다.

증거불충분

많은 제품이 천연, 유기농, 친환경이라고 주장하지만 제삼자의 인증이나 성분 목록 등을 소비자가 확인할 방법이 없는 경우를 말한다. 예를 들어 BPA-

1 황산화물에 의한 대기오염을 방지하기 위해 연료와 배기가스로부터 황산화물을 제거하는 것을 뜻한다.

free[2] 제품에 BPA가 안 들어갔다고 해서 친환경제품이라 할 수 없는데 이를 이용한 마케팅을 통해 친환경 기업이라 홍보하거나 러그(rug)에 재활용 함량을 2%에서 3%로 올리고는 '기존보다 50% 더 많은 재활용 소재 사용'이라 표시하는 경우다. 2%에서 3%로 증가 수치만 계산하면 기존제품보다 50% 더 많이 사용한 것은 맞다. 하지만 소비자가 러그의 50%가 재활용 소재인 듯 오해하게 하는 경우도 이에 속한다.

모호한 주장

자세한 설명 없이 친환경과 관련된 용어를 남발하여 소비자의 이해를 저해하는 행위이다. 예를 들어 성분에 관한 상세한 설명 없이 녹색, 지속 가능, 에코와 같은 단어를 상품에 무분별하게 사용하는 것이다. 에코백이라지만 실제로는 수백 년간 썩지 않는 합성섬유로 만들어졌다거나 '비건 가죽'이라 불리는 인조가죽도 그 예이다. 문제는 에코레더, 비건레더로 판매되는 의류 대부분이 석유기반의 합성소재이기 때문이다. 이처럼 친환경, 에코, 유기농이란 단어가 근거가 없거나 사실과 다른 주장을 말한다.

관련성 없는 주장

염화불화탄소(CFC)[3]는 몬트리올 의정서[4]에 따라 금지됐지만 CFC 불포함을

---

2 BPA는 비스페놀A의 약자로 플라스틱에서 발견된 유해 물질의 하나이다.

3 온실가스 중의 하나로 오존층을 파괴하는 주범으로 알려지면서 우리나라는 2010년부터 프레온가스의 사용을 금지하였다.

4 오존층 파괴 물질에 대한 규제 목적으로 1989년 1월에 발효된 국제 협약이다.

내세워 광고하는 경우이다. 이처럼 사용할 수 없는 화학물질을 기업이 마치 선택적으로 사용하지 않고 있는 그것처럼 홍보해 친환경으로 오인하게 하는 경우이다.

거짓말

'무독성'이라 표시된 제품에서 포름알데히드 같은 독성이 검출된다든지 친환경 인증을 받지 않고 친환경 라벨을 붙이는 경우 등이다.

유해 상품 정당화

유기농 담배, 친환경 살충제, 환경친화적 SUV가 대표적인 예이다. 상품 일부가 친환경적이긴 하지만 실제로는 환경에 해로운 제품을 소비자로 하여금 친환경적 제품으로 오해하게 만드는 것이다.

부적절한 인증라벨

친환경 라벨이나 색상, 또는 형태를 비슷하게 만들어 사용하는 경우이므로 친환경 라벨을 주의 깊게 살펴볼 필요가 있다.

3. 그린워싱의 유형과 사례

세계적인 이슈로 떠오르고 있는 지속가능성과 환경에 대한 소비자 인식이 기업에 큰 영향을 미치고 있다. 기업들도 ESG 경영을 표방하면서 그린워싱에 관한 관심도 높아졌다. 그린워싱에 대한 관심이 높아진 만큼 그린워싱의 다양한 유형과 사례도 많이 늘어나고 있다.

2023년 1월 글로벌 싱크탱크 플래닛트래커(Planet tracker)가 공개한 '그린워싱 히드라' 보고서는 기업들의 그린워싱 형태를 6가지로 구분했다.

그린라이팅 Greenlighting	기업이 자사의 제품 운영에서 일부 친환경적인 기능을 강조하여 다른 부분에서 발생하는 환경 영향을 가리는 행위
그린라벨링 Greenlabeling	근거가 없거나 사실과 다르거나 부분적으로 오해의 소지가 있는 내용으로 홍보하는 것
그린크라우딩 Greencrowding	개별기업이 이니셔티브, 연합 등 친환경 그룹에 숨어 지속 가능한 정책을 느리게 실천하는 것을 정당화하는 것
그린린싱 Greenrinsing	기업이 ESG 목표를 발표한 뒤 달성하기 전에 목표를 장기적으로 변경하는 행위
그린허싱 Greenhushing	기업이 투자자의 감시, 당국의 조사 등을 피하려고 의도적으로 친환경, 지속가능성에 대한 목표, 성과를 과소 보고하거나 숨기는 행위
그린시프팅 Greenshifting	기업이 기후변화, 환경파괴의 책임을 소비자의 잘못으로 전가하려는 전략

그린라이팅(Greenlighting)

그린라이팅은 친환경적인 요소를 강조하여 다른 부분에서 발생하는 환경파괴를 감추는 것으로 그 판단기준은 앞에서 언급한 '상충 효과 감추기'이다. 그린라이팅의 사례로는 홍콩상하이은행, 네슬레, 더 메탈스 캠퍼니 등이 있다.

홍콩상하이(HSBC) 은행은 버스정류장에 광고하였다. 고객의 탄소중립 전환지원 계획과 200만 그루의 나무 심기 정책을 통해 기후변화에 대응하고 있다고 홍보하는 내용이었다.

그러나 영국 광고표준위원회는 HSBC가 화석연료 기업에 투자하면서 해당 광고로 인해 HSBC를 친환경적인 기업으로 오해할 수 있다는 점을 들어 그린워싱 판정과 해당 광고 금지 처분을 내렸다. 다시 말해 석유회사가 쓰레기 줍기 행사를 개최하거나 나무를 심거나 후원한다고 해서 친환경적 기업으로 광고하는 행위는 그린워싱이란 뜻이다.

네슬레의 캡슐커피도 논란이 되었다. 1톤의 알루미늄을 생산하려면 2인 가구가 5년 넘게 사용할 수 있는 전기가 필요하다. 식음료 기업 네슬레는 캡슐커피의 생산을 위해 연간 8,000톤의 알루미늄과 연간 8톤의 이산화탄소를 배출한다고 한다. 이런 사실은 숨기고 알루미늄 커피캡슐을 수거하여 재활용하는 행사를 하여 친환경 마케팅만 강조한 꼴이 되었다.

베트남의 생수 브랜드 비워터(BeWater)사와 미국 에버앤에버(Ever&Ever) 제조사인 볼코퍼레이션(Ball Corporation)은 플라스틱 대신 알루미늄 포장재를 사용하여 일회용 플라스틱 포장재를 사용하지 않는 것이 친환경적인 대안이라고 홍보했다. 플라스틱보다 알루미늄이 재활용 가능성이 높긴 하지만 재활용 재료가 되기 위해서는 여러 가지 수거 시스템이 준비되어야 한다. 그러나 수거 시스템이 준비되어 있지 않아 재활용 재료 확보가 어렵고 알루미늄 채굴과정에서 물과 에너지를 극도로 많이 사용하기 때문에 오히려 플라스틱보다 환경에 해로울 수도 있다는 지적이 있다.

캐나다의 광산기업 더 메탈스 컴퍼니(The Metals Company)는 홍보영상에 광산 폭발 장면을 보여주면서 자연이 고통받고 사라지고 있어 심해 채굴이 더욱 안전하다고 홍보했다. 그러나 심해 채굴 또한 해양 생물을 위협하고 희귀 생물도 멸종될 수 있을 뿐만 아니라 해양 생태계를 교란하고 먹이사슬을 붕괴시키는 등 더욱 큰 문제를 일으킬 수 있다. 이 때문에 심해 채굴이 지상 채굴보다 더 안전하다고 할 수 없는 그린워싱인 것이다.

SK E&S는 가스 만드는 과정에서 생기는 이산화탄소를 일부 잡아 두는 탄소 포집 저장 기술로 인해 '탄소 없는 친환경 LNG'라는 광고를 썼다. 그러나 이때 잡아 가둔 이산화탄소보다 더 많은 이산화탄소가 운송과 최종 소비 과정에서 발생했다. 이는 마치 탄소가 없는 것 같아 친환경적으로 생각할 수 있는 이미지를 심어줄 수 있는 그린워싱이다.

그린라벨링(Greenlabeling)

근거가 없거나 사실과 다르거나 부분적으로 소비자에게 오해하게 하는 그것을 의미한다. 앞에서 언급한 증거불충분, 애매모호한 주장, 관련성 없는 주장, 거짓말, 유해 상품 정당화, 부적절한 인증라벨이 그 판단기준이 된다.

아디다스는 '스탠스미스'라는 신발을 출시하면서 신발의 50%가 재활용된다고 홍보했다. 하지만 어떤 식으로 어떻게 재활용되는지 구체적 증거를 내놓지 못해 '프랑스 광고윤리위원회'로부터 유죄 판결을 받았다.

이니스프리는 2020년 '안녕, 나는 종이 병이야(Hello, I'm Paper Bottle)'라는 문구를 넣어 상품을 출시했다. 해당 문구처럼 종이로 만들어진 줄 알고 있었으나 안에는 플라스틱 용기로 제작된 것이었다. 결국 플라스틱 용기에 종이로 한 번 더 포장한 사실이 드러나면서 논란이 되었다.

버거킹은 지구 온난화의 주범으로 주목받는 축산업의 이미지를 탈피하고자 했다. 방귀 덜 뀌는 소로 햄버거 만들겠다며 레몬그라스를 먹은 소고기 패티 사용[5]으로 메탄을 줄이겠다는 캠페인을 벌였다. 하지만 온난화의 문제가 되는 육류 소비는 그대로였다. 레몬그라스를 먹은 소고기 패티가 메탄가스를 적게 방출한다는 연구의 신뢰성도 떨어져 그린워싱이라 비난받았다.

2015년 아우디폭스바겐의 '디젤게이트(Dieselgate)'는 대표적인 그린워싱 사례다. 당시 국내 자동차 시장의 아우디폭스바겐은 아우디 디젤 차량에 친환경 시스템이 설치돼 있어 유럽의 배출가스 기준을 충족하는 것처럼 광고했다. 그러나 인증시험 상태에서만 유해 물질을 덜 배출하고 실제 주행 상태에서는 유해 물질이 다량 배출되도록 배기가스 저감 장치를 조작하는 소프트웨어를 탑재했다는 사실이 드러났다. 이 일로 아우디폭스바겐은 2019년 공정거래위원회로부터 373억 원의 과징금을 부과받았다.[6]

사우디의 네옴시티 계획도 그린워싱 논란이 되고 있다. 사막 한가운데 초대형 신도시를 짓겠다고 했는데 이때 필요한 전력과 담수 공급에 대한 문제를 '재생에너지를 이용한 담수화' 설비라고 했다. 이는 실현 불가능한 것으로 나타났다. 또한 시민 2만 명을 이주시키겠다고 했는데 강제 이주 위기에 처한 인권탄압 문제까지 논란이 되고 있다.[7]

호주의 석유회사 산토스(Santos)는 2040년까지 탄소중립을 하겠다고 밝혔

---

5 농민신문, '방귀 덜 뀌는 소' 햄버거 패티 마케팅 논란, (https://www.nongmin.com/article/20200721324862).

6 SK ecoplant, 새빨간 거짓말보다 나쁜 녹색 거짓말, 그린워싱, (https://news.skecoplant.com/plant-tomorrow/4220/), 2022.08.05.

7 경기대뉴스, 피어오르는 "제2의 중동 붐", 하지만 부족한 문제의식, (http://kgunews.com/m/view.php?idx=4080&mcode=m66x1td) 2022.12.28.

다. 그러나 탄소중립을 하는 방법이 문제가 되었다. 입증되지도 않은 기술인 탄소 포집으로 탄소중립을 하겠다는 것이었다. 이는 선언의 신빙성이 떨어지는 그린워싱인 것이다.[8]

2021년 남양유업은 '불가리스' 제품에 코로나19를 저감하는 효과가 있다고 발표해 회사의 호재로 활용했다. 그러나 임상실험 입증 등 논란 끝에 식약처에서 식품광고법위반으로 고발과 함께 영업정지 2개월의 행정처분을 받았다. 이외에도 모호한 문구나 식물성을 강조해 마치 동물성이 함유되어 있지 않은 것 같은 오해를 하게 하는 먹거리 그린워싱 사례도 있다.[9]

〈표 7-2〉 먹거리 그린워싱 사례

구분	그린워싱 사례	현황
GS25	'식물성 대체육 상품'이라고 쓰고 쇠고기 함유	리뉴얼 해 판매
CU	'채식 유부 김밥'에 동물성 단백질(글리신) 함유	리뉴얼 해 판매
이마트24	'플랜트 튜니마요 샌드위치'에 우유 함유	판매
버거킹	'0% Beef'라고 쓰고 동물성 소스 사용	단종
투썸플레이스	'식물성 단백질 샌드위치'에 소고기, 닭고기 함유	판매

출처: 동아일보, 2022.03.22.

---

8 IMPACT ON, 넷제로 계획 문제 삼아 소송지…호주2위 정유사 산토스 제소당해, (https://www.impacton.net/news/articleView.html?idxno=2431), 2021.09.01.

9 동아일보, "식물성 대체육이라더니…웬 쇠고기", (https://www.donga.com/news/Economy/article/all/20220322/112462015/1), 2022.03.22.

그린허싱(Greenhushing)

기업이 투자자의 감시나 당국의 조사 등을 피하기 위해 의도적으로 친환경 또는 지속가능성에 대한 목표나 성과를 과소 보고하거나 숨기는 경우를 말한다.

프랑스 명품 업체 샤넬이 '녹색 부채(負債)' 논란에도 침묵으로 일관하고 있다는 비판을 듣고 있다. 블룸버그 등에 따르면 2020년 샤넬은 '2030년까지 탄소 배출량 10% 감축 목표를 달성하지 못하면 수백만 유로를 추가로 더 내겠다'는 조건으로 6억 유로(8,200억 원) 규모의 'ESG 채권'을 발행했다. 하지만 당시 샤넬은 이미 그 같은 탄소 배출량 감축 목표를 달성한 상태였음이 회사 내부 문서를 통해 최근 드러났다. 현지 언론들은 "샤넬이 이미 목표를 달성한 사실을 숨기고 친환경 명분으로 채권을 발행해 낮은 금리로 자금을 조달했다"라고 비판했다.[10]

그린크라우딩(Greencrowding)

개별기업이 연맹 · 연합 등 '군중(crowd)' 속에 들어가 친환경이지 않은 활동을 숨긴다는 뜻으로 친환경 단체의 회원이 되어 친환경 활동을 하는 것처럼 홍보하지만 실제로는 오히려 친환경 정책을 더디게 하는 행위를 하는 것을 말한다.

AEPW의 사례다. '플라스틱 폐기물 근절을 위한 동맹(AEPW: Alliance to End Plastic Waste)'은 플라스틱 쓰레기를 없애기 위해 15억 달러를 지출했다고 밝혔다. 그러나 그 자금은 엑손모빌, 쉘과 같은 빅오일 기업과 화학기업인

---

10 조선일보, "척만 하네" 비난 커지자…. 이젠 친환경 숨기는 기업들, (https://www.chosun.com/economy/market_trend/2022/11/17).

다우, 포장 용기 회사인 베리, 실드에어, 소비재회사인 펩시코와 P&G, 국내 기업인 SKC 등 대부분 플라스틱 생산자의 주머니에서 나왔다. 2019년 출범 당시 1,500만 톤의 플라스틱을 5년간 제거하겠다는 목표를 세웠으나 2021년 기준 3만 4,000톤의 플라스틱을 제거해 목표의 0.2%밖에 미치지 못했다. 게다가 3만 4,000톤도 재활용보다는 매립되거나 소각된 것으로 확인되었다. 이는 목표와는 달리 오히려 재활용 정책을 방해하는 교묘한 형태의 그린워싱이라고 '프래릿 크래커'는 주장했다.[11]

그린시프팅(Greenshifting)

환경파괴의 책임을 기업이 아니라 소비자에게 집중시켜 소비자의 잘못으로 전가하려고 하는 것으로 2004년 영국 석유기업 BP가 공개한 '탄소발자국 계산기' 사이트가 그렇다. 탄소발자국 계산기는 여행, 출퇴근, 식습관 등 일상생활에서 발생하는 탄소 배출량을 계산할 수 있다. 하지만 이 마케팅은 개인의 탄소 배출량에 시선을 끌어 소비자의 책임을 부각했다는 비판을 받았다.

2021년 5월 미 하버드대는 미국 정유기업 엑손모빌의 대외 커뮤니케이션을 분석했다. 그 결과, '소비자', '수요', '에너지 효율성' 등 소비자의 책임과 관련된 용어를 주로 사용하고 있다는 점이 발견됐다. 그린시프팅은 주로 화석연료 기업들의 마케팅에 이용되는데 재활용이 어려운 물건을 판매하면서 깨끗하게 씻어 분리배출을 잘하라고 하거나 소비자에게 텀블러를 가지고 다니라고 하면서 소비자에게 책임을 전가하는 것을 말한다.

11 IMPACT ON, 플라스틱폐기물제거연합(AEPW)을 둘러싼 의혹 팩트 체크, (https://www.impacton.net/news/articleView.html?idxno=5567) 2022.12.29.

그린린싱(Greenrinsing)

기업이 ESG 목표를 달성하기 전에 그 목표를 정기적으로 변경하는 것으로 상황에 따라 목표 수치를 조정하여 마치 목표를 달성한 것처럼 홍보하는 것을 말한다.

코카콜라와 펩시콜라가 대표적인 사례이다. 코카콜라와 펩시콜라는 2009년과 2010년에 페트병 재활용 목표를 밝혔다. 그러나 이후 그 기간이 오기 전에 두 기업은 각각 3차례와 2차례에 걸쳐 목표를 수정했다. 이전에 비해 재활용 목표는 강화되었지만 목표 연도를 늦추는 방법을 선택한 것이다. '플래닛 트래커'는 기업이 달성하기 어려운 목표를 설정하면 그린린싱이 일어날 확률이 더 높다고 설명하고 있다.[12]

〈표 7-3〉 코카콜라 재활용 목표

목표 설정 연도	내용	목표 연도
2009년	음료병에 재활용 PAT 25% 사용	2015년
2011년	음료병에 재활용 또는 재생 PAT 25% 사용	2015년
2016년	총 PAT의 20% 재활용 재생 PAT 25% 사용	2020년
2018년	포장재의 50%에 재활용 소재 사용	2030년

자료: Planet tracker.

12 그리니엄, 그린워싱에도 종류가 있다? 기업과 소비자가 주의해야 할 그린워싱 6가지, (https://greenium.kr/greenbiz-industry-planettracker-greenwashinghydra/), 2023.02.03.

〈표 7-4〉 펩시콜라 재활용 목표

목표 설정 연도	목표 내용	목표 연도
2010년	음료병 재활용률 50%	2018년
2018년	플라스틱 포장재 25%에 재활용 재료 사용	2025년
2019년	천연 플라스틱 사용량 35% 감축	2025년
2021년	플라스틱 포장재 50%에 재활용 재료 사용	2030년

자료: Planet tracker.

그린라이팅의 판단기준은 상충 효과 감추기가 될 것이고 그린라벨링의 판단 기준은 증거 불충분, 애매모호한 주장, 관련성 없는 주장, 거짓말, 유해 상품 정당화, 부적절한 인증라벨 등이 될 것이다. 그린크라우딩, 그린린싱, 그린허싱, 그린시프딩과 같이 그린워싱 유형이 다양화된 만큼 판단기준도 더욱 정교해져야 할 것이다.

그린워싱의 새로운 유형: 그린부메랑(Green Boomerang)

그린워싱 사례가 다양해지고 있다. 플래릿트래커가 발표한 '그린워싱 히드라' 보고서에 언급한 6가지 그린워싱 형태에 속하지 않는 사례가 나타났다. 기업의 의도와는 다르게 외부적 환경이나 요인 때문에 그린워싱 논란이 되는 경우인데 기업의 의도와는 달리 기업이 미처 생각하지 못한 상황들이 벌어져 다른 결과로 돌아오는 것이다. 소위 '그린부메랑'[13]이라고 할 수 있다.

2021년 스타벅스는 플라스틱 리유저블 컵(reusable cup, 다회용 컵)에 음료

13 부메랑효과: 의도를 벗어나 오히려 위협적인 일로 다가오는 상황을 말한다.

를 담아주는 이벤트를 열었다. 스타벅스는 일회용 컵을 줄이자는 취지로 다회용 컵에 음료를 담아주었다. 그러나 친환경적 행위를 했음에도 불구하고 오히려 환경파괴를 유발한다는 비난을 받았다. 기업의 의도와는 달리 그린워싱 논란에 휘말린 것이다.

고객들은 한정판 리유저블 컵을 구하기 위해 1시간 이상 줄을 섰다. 비대면 주문 방식인 사이렌오더 애플리케이션에 동시 접속자가 몰려 커피를 주문한 직장인들은 기다리다 음료를 가져가지 못하는 상황이 발생한 것이다. 취소되지 않는 음료와 다회용 컵 수십 잔이 전량 폐기되었다. 리유저블 컵을 받기 위해 1시간 이상 기다릴 만큼 인기를 끌었지만 결국 새로운 플라스틱을 만들어내는 굿즈 마케팅이라는 비판을 받았다.

그린워싱에 대한 관심이 높아 있다. 지나치게 타이트한 잣대를 댄다면 아마도 그린부메랑 사례가 많아질 것이다. 스타벅스의 사례처럼 일회용 컵을 줄이자는 취지로 다회용 컵에 음료를 담아주는 친환경적 행위를 했음에도 불구하고 진행방식이나 예기치 못한 상황에 의해 기업의 의도와 달리 그린워싱 논란에 빠지는 경우가 생길 수도 있다. 기업 측에선 의도와 다른 결과 때문에 억울함도 있을 것이다. 그뿐만 아니라 그린부메랑으로 인해 기업의 친환경 활동이 위축될 수도 있어 우려가 된다.

4. 금융 그린워싱

최근 몇 년 동안 지속 가능한 투자, 즉 ESG 투자가 늘어나면서 금융 그린워싱 사례도 증가하고 있다. '녹색' 또는 'ESG'라는 이름을 붙여 출시한 채권, 펀드, ETF[14] 등에서 금융 그린워싱이 주로 일어나고 있다.

골드만삭스 자산 운용(Goldman Sachs Asset Management) 사례다. 골드만삭스는 'ESG'나 '청정에너지'라는 단어가 들어간 펀드를 운용하면서 술, 담배, 원유, 석탄, 가스, 무기 등으로 수입을 얻는 기업은 배제하겠다고 홍보해 왔다. 하지만 그 투자 대상을 조사하는 과정에서 정책과 과정을 준수하지 않았다고 하여 400만 달러의 과징금을 미국 증권거래소(SEP)가 부과했다.[15]

HSBC와 JP모건체이스 등 ESG 경영을 선언했지만, 여전히 화석연료 파이낸싱 규모가 1,108억 달러로 그린워싱 논란에 있다.[16]

도이치자산운용(DWS)은 2020년 지속가능보고서를 통해 ESG 기준에 따라 자산 9,000억 달러 중 반 이상을 투자했다고 했다. 그러나 이는 금액을 부풀린 것으로 밝혀져 ESG와 관련된 투자사기 혐의로 압수수색을 당하고 최고 경영자가 물러나기에 이르렀다.[17]

ESG 경영으로 인해 '친환경'은 기업의 생존과 맞닿아 있다. 이에 친환경을

---

14 ETF(Exchange Traded Fund), 주식처럼 거래할 수 있고, 특정 주가지수의 움직임에 따라 수익률이 결정되는 펀드이다.

15 조선일보, 미 증권 당국 '무늬만 ESG' 골드만삭스 펀드에 54억 원 과징금, (https://biz.chosun.com/international/international_general/2022/11/23/K2W43FIIT5EU7FK6WMPJPSCLEA/) 2022.11.23.

16 뉴데일리경제, 무늬만 ESG '성과 허위공시'…금융권 그린워싱 주의보, (https://biz.newdaily.co.kr/site/data/html/2021/12/03/2021120300090.html), 2021.12.03.

17 ESG 경제, 도이치자산 뵈르만 CEO 전격사퇴, '그린워싱' 혐의 검찰 수사 영향, (https://www.esgeconomy.com/news/articleView.html?idxno=2226), 2022.06.03.

마케팅 수단으로만 활용한 기업들의 그린워싱 논란이 끊이지 않고 있는 상황이다. 금융기관도 시대에 발맞춰 ESG, 친환경, 청정에너지 등의 이름으로 펀드를 내놓으면서 자본이 몰리고 있다. 하지만 많은 ESG를 표방한 그린펀드들이 친환경기업에 투자되어야 함에도 불구하고 친환경적이지 않거나 오히려 환경파괴적인 기업에 투자됨으로써 기존 펀드와 큰 차이가 없어 그린워싱이라는 지적을 받고 있다.

5. 공공기관 그린워싱 논란

공공기관이나 지방정부도 다양한 방법으로 그린워싱 논란이 일어나고 있다. 경기도 남양주시는 진정한 ESG 행정 선도에 앞장서서 다양한 혁신적인 사업을 하고 남양주시만의 ESG 행정이라고 홍보했다. 혁신적이라는 사업은 아이스팩 재사용, 하천 계곡 정비, 재활용 분리수거 인프라를 구축한 클린시티 구축, 환경운동의 일환인 에코플로깅 등 대부분 환경정화 활동이다. 하지만 이는 기존에 했던 환경운동에 ESG만 덧씌운 느낌을 지울 수 없다.

영월시설관리공단은 2022년 사회적 책임을 선도하는 공기업으로 지속 가능한 발전을 위한 친환경 경영을 통한 환경 영향 최소화, 투명한 경영환경, 사람 존중의 안전관리, 지역사회에 기여를 담은 ESG 경영을 선포하고 실천 의지를 보였다.

그러나 영월시설관리공단 홈페이지 어디에도(이사장 인사말 또는 미션과 비전, 설립목적과 연혁, 주요 사업안내, 조직도, 직원업무 현황 등) ESG에 대한 언급은 없었다. 반면, 영월문화관광재단은 ESG 경영 선언문을 홈페이지에 게재하고 있다. 미션으로 문화 균형성, 영월인 주도성, 문화자산 확장성, 경영혁신을 들었으며 경영혁신안에 재단의 전문성과 사회적(ESG) 책임 강화라고 명시되어 있다. 영월문화재단은 ESG 경영에 대한 의지가 보이지만 영월시설공단은 선포식은 요란하게 했는지 모르지만, 실천 의지는 알 수가 없었다.

중소벤처기업부가 탄소중립 기금 300억 원을 투입해 관리하는 창업센터에 입주한 업체들을 보면 탄소 배출을 많이 하는 제조업체들이 다수 포함되어 있어 탄소중립 기금이 오히려 탄소 배출에 투자되고 있는 것이 아니냐는 그린워싱 논란이 있다.

한국전력공사도 그린워싱에 대한 논란이 있었다. 2020년 세계금융시장을 대상으로 발행된 '글로벌 그린본드'는 신재생에너지 효율화, 국내외 재생 사업 등 친환경에만 투자하도록 제한된 5,500억 원 규모의 채권이다. 이 채권의 발행으로 한전은 공공기관으로서 그린본드(green bond)에 앞장선다며 당시 최저 금리인 1.188%로 성공적인 발행이라는 평가를 받았다.

하지만 한전은 인도네시아 소재 화력발전소에 투자를 확정하고 국내외 환경단체의 반대에도 불구하고 베트남 붕앙 2호기 신규 석탄발전소에까지 투자했다. 이에 미국 에너지 경제 · 재무 분석연구소는(IEFEA) 한전의 그린본드에 의문을 제기하며 한전의 ESG 경영 방식에 문제가 있음을 지적했다. 친환경 사업을 위해 조성한 펀드를 대기오염의 주범인 석탄 화력발전소에 투자하는 모습이 친환경주의를 빙자한 그린워싱이 아닐 수 없다.[18]

행정안전부는 환경오염을 줄이는 방법으로 폐현수막 재활용사업을 지원한다

18 딜사이트, 한전 끊이지 않는 '그린워싱' 논란, (https://dealsite.co.kr/articles/67998), 2020.12.02.

고 발표했다. 그러나 행안부의 폐현수막 활용방안은 탄소중립이라는 탈을 쓴 그린워싱이라고 녹색연합은 꼬집었다. 특히 총선이나 지방선거 후 폐현수막 쓰레기는 두 배로 많아진다. 행안부는 이렇게 많아진 폐현수막을 재활용해 보자는 것이다. 그러나 행안부와 같은 정부 부처가 해야 할 일은 폐현수막 재활용사업을 지원하는 일이 아니라 공직선거법을 개정하여 현수막 사용을 최소화할 수 있게 해야 한다는 것이다. 다시 말해 행안부는 현수막 문제를 현수막 재활용이 아닌 현수막 사용 최소화 방안을 먼저 고려해야 한다는 것이다. 그러므로 행안부의 현수막 재활용지원정책은 그린워싱이라 볼 수 있다는 녹색연합의 의견도 있다.[19]

보건복지부는 장애인의 소득 보장과 생활에 도움이 되길 바란다며 '장애인 연금 최대 40만 3,180원 지급'이란 기사를 냈다. 전년도 대비 물가 상승률을 반영한 것으로 생색내기 정책이라는 의견이 있다.[20]

금융기관에서는 온실가스 배출량과 관련해서 기업이 직접 소유하거나 통제하는 연소에서 발생하는 직접배출인 스코프 1과 기업이 간접적으로 발생하는 스코프 2인 간접배출량은 적다.

그러나 금융기관이 투자, 대출, 보험 등 금융 비즈니스를 하는 과정에서 온실가스를 상당히 많이 배출한다. 결국 소유 자산을 제외한 간접배출인 스코프 3이 다량 발생하게 된다는 것이다. 금융기관에서도 탄소 배출량을 줄이기 위해

---

19 녹색연합, [성명] 환경오염 가중하는 폐현수막 재활용 국비 지원, 행정안전부의 그린워싱을 규탄한다, (https://www.greenkorea.org/activity/living-environment/zerowaste/92531/) 2022.03.14.

20 에이블뉴스, 그린워싱이 장애인 정책에 주는 시사점, (https://www.ablenews.co.kr/news/articleView.html?idxno=201245), 2023.02.16.

노력을 해야 하지만 조직 내의 스코프 1, 2만 줄이는 방식으로 대응하고 있다. 2021년 금융기관들은 '2050 탄소중립 달성을 위한 기후금융 지지선언식'에서 적극적으로 실행하고 실천하겠다고 하였지만 결국 상징적인 행동만 한 그린워싱에 지나지 않았다.

녹색기업인증이라는 제도가 있다. 기업경영의 과정에서 환경성을 개선 기준에 따라 인증해 주는 제도이다. 녹색기업인증 제도는 2000년대 초부터 운영되었다. 최근 인증된 기업 중에 8곳의 화력발전소가 들어가 있어 의아했다. 화력발전소가 녹색기업인증을 받을 때 온실가스와 관련된 배점 구성이 700점 만점 중에 단 15점에 불과했다. 이는 온실가스 배출량이 늘어도 녹색경영 전담 기구를 설치한다든지 사내 환경 교육을 했다든지로 만회할 수 있는 점수이기 때문이다. 석탄발전소가 더욱 노력해야 할 부분은 온실가스 감축인데 녹색기업인증을 너무 쉽게 받을 수 있게 한 것이 아니냐는 의문이 든다.[21]

기업 중심의 ESG 경영이 지역사회의 지속 가능한 발전 전략으로 등장하면서 많은 공공기관이나 지방정부가 ESG 경영을 도입한다고 홍보하고 있다. ESG 위원회를 만들고 결의대회를 하는 등 홍보는 떠들썩하지만, 대부분이 단기적 대응이다. 그 속을 들여다보면 그간 해 왔던 환경정화 사업이거나 홍보에 비해 흉내만 내는 등 실천이 미비한 ESG 워싱 논란이 제기되고 있다.

공공기관의 그린워싱은 기업의 그린워싱과는 사뭇 다르다. 기업의 경우 친환경이 맞는가 아닌가의 관점이다. 하지만 공공기관의 그린워싱은 위 사례에

21 녹색연합, [후기] '기후정의 길 찾기 세미나' 기업의 그린워싱 사례와 문제점, (www.greenkorea.org/activity/weather-change/climatechangeacction-climate-change/101304/), 2023.07.05.

서 보듯이 정책과 제도에 맞는 사업을 하고 있는가, 공공기관의 위치에 맞는 사업을 하고 있는가, 행정적 지원을 잘하고 있는가, 단체장의 공약이 잘 이행되고 실천되고 있는가, 등 공공기관 본연의 업무를 충실히 잘하고 있는가에 초점이 맞춰져 있다.

6. 그린워싱 문제점과 규제 방안

최근 몇 년 동안 그린워싱은 더욱 보편화되고 지능화되었다. 친환경적인 거짓된 이미지만으로 경제적 이득을 취하는 그린워싱이 만연한다면 소비자는 친환경제품에 대한 신뢰도가 낮아질 수밖에 없다. 그렇게 되면 친환경제품을 기업의 상술로 인식하는 소비자가 많아지게 될 것이고 자연스럽게 친환경제품을 찾는 소비자가 적어지게 된다.

이는 친환경 기업들이 친환경제품을 생산하거나 개발할 의지를 사라지게 만드는 것이다. 소비자가 그린워싱에 속아 가짜 친환경제품을 사용하거나 친환경 제품을 찾는 소비자가 적어진다면 이는 친환경 시장의 붕괴로 이어질 뿐만 아니라 환경파괴를 가속하는 것이기도 하다. 이런 그린워싱에 대한 피해를 막기 위해서는 그린워싱인지 아닌지를 판단하기 위한 구체적 가이드라인이 필요하다. 그리고 거짓, 허위 광고가 없는지 꾸준히 단속해야 한다. 환경인증제도와 친환경제품에 대한 정보를 소비자에게 제공해야 하며 친환경이 위조되거나 부풀려져 있는지 꼼꼼히 따져봐야 한다.

국내 그린워싱의 대응 방안으로는 법적 대응과 입법 규제가 있다. 법적 대응으로는 소비자 사기 소송이 있다. 이는 대중적 관심을 끄는 일에는 성공할지 모르나 소송 기간도 길고 비용이 많이 든다는 단점이 있어 대응하기가 쉽지 않다. 그러나 앞으로 ESG 경영이 확대되어 자리를 잡게 된다면 외국의 사례에서 보듯이 법적 대응과 그 책임에서 벗어나기는 쉽지 않을 것이다.

입법 규제로는 「표시 · 광고의 공정화에 관한 법률(표시광고법)」과 「환경 기술 및 환경산업지원법(환경기술산업법)」이 있다. 「표시광고법」은 '환경 관련 표시 광고에 관한 심사 지침'을 마련하고 「환경기술산업법」은 '환경성 표시 · 광고 관리제도에 관한 고시'를 두어 허위 친환경 광고에 대해 규제하고 있다.

그 구성은 목적, 적용 범위 및 용어의 정의, 환경 관련 표시 · 광고의 기본원칙, 일반원칙, 사업자 자신에 관한 환경 관련 표시 · 공고, 특정 용어 및 표현의 사용, 환경마크 등의 사용, 표시 · 광고의 방법, 재검토 기한과 부칙 등으로 구성되어 있다. 공정거래위원회 관할의 「표시광고법」은 표시 광고의 공정화에 관한 법률 표시 방법인데 제3조(부당한 표시 · 광고 행위의 금지) 및 같은 법 시행령 제3조(부당한 표시 · 광고의 내용)의 규정에 따라 '환경 관련 표시 광고에 관한 심사 지침'이 있다.

이 심사 지침에 의해 제품의 환경성 외 환경에 관련된 부당한 표시 광고의 심사 기준을 제시한다. 환경부가 관할하는 「환경기술산업법」은 제16조의10부터 제16조의14, 제31조, 같은 법 시행령 제22조의10부터 제22조의15 및 시행규칙 제33조의16 규정에 따라 부당한 환경성 표시 · 광고 판단기준 등에 관한 세부 사항을 정한 '환경성 표시 · 광고 관리제도에 관한 고시'가 있다.[22]

---

22 김민아 · 김재영, '환경 관련 표시 광고에 관한 심사 지침 개선 연구', 한국소비자연구원, (정책연구 22-06), p.86, 87.

「표시광고법」이나「환경기술산업법」 모두 소비자를 속이거나 소비자가 잘못 알게 할 우려가 있는 행위를 하여서는 아니 된다는 금지 행위를 4가지로 규정하고 있다. ① 거짓 · 과장의 표시 · 광고, ② 기만적인 표시 · 광고, ③ 부당하게 비교하는 표시 · 광고, ④ 비방적인 표시 · 광고로 규정하고 있다. 이를 위반 시 시정조치를 취하고 있는데 ① 해당 위반행위의 중지, ② 시정명령을 받은 사실의 공표, ③ 정정광고, ④ 그 밖에 위반행위의 시정을 위해 필요한 조치로 시정되지 않을 경우 매출액의 2%를 초과하지 않는 범위 내의 과징금을 부과하거나 매출액 산정이 어려울 경우 5억 원을 초과하지 아니한 범위에서 과징금을 부과하도록 하고 있다.

또한 벌칙으로 부당한 표시 광고 행위 시「표시광고법」에서는 2년 이하의 징역 또는 1억 5천만 원 이하의 벌금을「환경기술산업법」에서는 2년 이하의 징역 또는 2천만 원 이하의 벌금을 내도록 하고 있다.

〈표 7-5〉 표시광고법과 환경기술산업법 비교

구분	표시광고법	환경기술산업법
목적	공정한 거래 질서 확립 및 소비자 보호	환경보존, 녹색성장 촉진 및 국민경제의 지속 가능한 발전
소관 부처	공정거래위원회	환경부
규제 대상	사업자 또는 사업자 단체	제조업자, 제조판매업자 또는 판매자
관련 고시	환경 관련 표시 · 광고에 관한 심사 지침	환경성 표시 · 광고 관리제도에 관한 고시
과징금	매출액의 2%를 초과하지 아니한 범위 (매출액 산정이 곤란한 경우 5억 원을 초과하지 아니한 범위)	

구분	표시광고법	환경기술산업법
벌칙	부당한 표시 · 광고 행위 시 2년 이하 징역 또는 1억 5천만 원 이하 벌금	부당한 표시 · 광고 행위 시 2년 이하 징역 또는 2천만 원 이하 벌금

「표시광고법」과 「환경기술산업법」 이외에도 금융 투자 상품과 관련한 「자본시장과 금융투자업에 관한 법률」, 먹는 샘물 및 정수기 등 관련 「먹는물관리법」, 안전 확인 대상 생활 화학 제품 관련 「생활 화학제품 및 살생물제[23]의 안전관리에 관한 법률」, 그 외에 친환경 농업육성 및 유기식품 등의 관리지원에 관한 「화장품법」 등에서도 규정을 두어 제품의 환경성과 관련된 부당한 표시나 광고를 금지하고 있다.

우리나라는 그린워싱이 적발되어도 대부분 솜방망이 처벌에 그치는 경우가 많다. 최근 3년간 국내 그린워싱 적발 건수는 4,940건이다. 이 가운데 4,931건(99.8%)은 법적 강제력이나 불이익이 없는 행정지도 처분을 받았다. 시정명령을 받은 경우는 9건(0.2%)에 불과했다고 한다.[24] 위에서 언급한 '표시광고법'이나 '환경기술산업법'에 2년 이하의 징역이나 과징금 또는 벌금을 부과할 수 있다고는 하나 지금까지 환경부에서 과징금이나 벌금을 부과한 사례는 없다.

그렇다면 해외의 사례는 어떠한가? 해외에는 그린워싱에 대한 규제를 엄격히 하고 있다. 코카콜라는 인공 향료를 사용했음에도 100% 천연이라는 광고를

23 살생 물질이란 유해 생물을 제거, 무해화 또는 억제하는 기능으로 사용하는 화학물질, 천연물질, 미생물을 말한다.

24 ChosunMedia 더나은미래, https://futurechosun.com/archives/73143, 세계는 '그린워싱'규제강화…한국은 적발돼도 솜방망이 처분, 2023.03.02.

해 제소당했다. 트레이더조의 딸기 패스트리는 딸기가 주재료인 것 같지만 사실은 사과가 대부분이었다는 이유로 제소당했다. 블루다이아몬드의 바닐라 맛 아몬드 밀크와 요거트 제품들은 천연바닐라로 향을 낸 것이 아닌데 소비자가 천연바닐라로 향을 낸 것 같은 오해를 하게 했다는 이유로 소송에서 260만 달러의 합의금을 지급했다.

켈로그, 포스트의 시리얼은 건강에 좋은 것처럼 광고하지만 그 안에는 다량의 설탕이 함유되어 있었다. 이에 대해 소비자들이 집단소송을 했고 켈로그는 1,300만 달러에 합의했다. 또한 포스트도 1,500만 달러에 합의했다. 그리고 "건강" 또는 "건강에 좋은" "영양가 있는"이라는 문구는 제품 칼로리의 10% 이상 설탕이 첨가된 제품에는 사용하지 않기로 하였다.

네슬레는 포장재에 친환경적이라 썼지만, 네슬레 코코아 재료의 원산지인 코트디부아르에서 아동노동 착취가 이루어졌다고 하여 제소당했다. 네슬레는 소송 기각 신청을 하였지만 기각되었다.

네덜란드 소비자시장국(ACM)은 의류 브랜드 H&M과 데카트론에 기업의 제품과 웹사이트에 지속가능성 관련 표기를 했다. 그러나 조사 과정에 친환경성을 입증하지 못해 각각 50만 유로(약 7억 원), 40만 파운드(약 6억 4,000만 원)의 과태료를 냈다.

에너지 기업 '틀루(Tlou)에너지'는 아프리카 보프와나 등에서 전력공급과 에너지 개발 사업을 하면서 탄소중립적인 전기를 생산한다고 홍보했지만, 이것이 그린워싱이라는 이유로 호주증권투자위원회(ASIC)로부터 벌금 5만 3,280 호주달러(약 4,743만 원)를 부과받았다.

〈표 7-6〉 국가별 그린워싱 규제 현황

네덜란드	소비자가 제품의 지속가능성에 대해 오인하게 하면 최대 90만 유로(약 12억 원) 또는 연 매출의 1% 규모의 과징금
호주	소비자를 오인하게 하면 1,000만 달러(약 133억 원) 혹은 연 매출의 10% 규모의 벌금
프랑스	기업의 제품, 광고 등이 그린워싱으로 판단되면 허위 홍보비용의 80% 이내 벌금
영국	그린워싱으로 소비자보호법 위반 시 기업 대표자에게 최대 2년 이하 징역
한국	환경성 관련 부당한 표시 · 광고 시정명령이나 과징금, 2년 이하의 징역 또는 2,000만 원 이하 벌금 (환경기술산업법)

자료: 더나은미래, 2023.03.02. 재인용.

네덜란드는 소비자가 제품의 지속가능성에 대해 오인하게 하면 최대 90만 유로(약 12억 원) 또는 연 매출의 1% 규모의 과징금을 부과한다. 호주의 경우는 1,000만 달러(약 133억 원) 혹은 연 매출의 10% 규모의 벌금을 내게 한다. 영국은 그린워싱으로 소비자보호법 위반 시 기업 대표자에게 최대 2년 이하 징역을 선고한다. 그러나 우리나라에서는 벌금과 과태료 제도가 있으나 부과한 예가 없어 그 실효성을 알 수가 없다. 정부는 그린워싱에 대한 문제점들을 더 심각하게 받아들여 더욱 강력한 규제를 도입해야 한다.

2023년 6월 공정거래위원회가 그린워싱 방지를 위한 '환경 관련 표시 · 광고에 관한 심사 지침' 개정안을 행정예고 했다. 환경부 또한 2023년 이내에 '환경 기술 및 환경산업 지원법' 개정을 예고했다. 전 세계적으로 그린워싱에 대한 규제가 강화되는 가운데 국내에서도 본 개정안을 통해서 그린워싱에 대한 규제가 한층 더 강화되기를 바란다.

그렇다고 정부의 규제와 상시적인 감시체계로만 그린워싱이 해결되는 것은 아니다. 그린워싱을 방지하기 위한 정부의 노력은 규제강화뿐만 아니라 어느 활동이 사회적으로 유익한 활동인지 지속할 수 있는 활동인지 아닌지를 분류할 수 있는 분류체계를 구축해 대응도 하여야 한다. 이런 녹색분류체계를 그린텍소노미라고 하는데 그린텍소노미가 구축되어야 친환경 기업인지 친환경 활동인지 분류할 수 있기 때문이다.

그리고 기업과 소비자 간의 정보 비대칭에 대한 문제를 해결하여야 한다. 그린워싱은 제품에 대한 정보를 축소하거나 과장하여 소비자가 오해하게 만드는 경우가 대부분이므로 가장 근본적인 정보의 비대칭 문제를 해결하지 않으면 안 된다. 또한 ESG에 대한 정보공개를 의무화해야 한다. 그리고 소비자가 정보를 잘 획득할 수 있도록 하는 소비자 교육도 필요하다. 이렇게 소비자 교육이 이루어진다면 그린워싱을 지켜보는 민원 시스템을 만들 필요가 있다. 신고라든지 환불, 보상과 같은 민원과 관련된 기관의 확대가 필요하고 프로세스를 적용하여 체계적인 관리를 하여야 할 것이다. 또한 친환경에 대한 정보를 소비자가 알 수 있도록 지속적인 소통창구도 필요하다.

정부가 아무리 적극적으로 대응한다고 하더라도 소비자가 움직이지 않는다면 그린워싱의 악순환에 빠질 수밖에 없다. 지속적인 소통창구를 통해 소비자는 소비자로서의 주권 의식을 가지고 그린워싱에 대응해야 한다. 기업 또한 그린워싱 방지를 위해 스스로 실천하는 노력을 하여야 한다. 앞에서 언급한 여러 그린워싱의 사례들을 보면 기업의 그린워싱이 단기적으론 경제적 이익이 있어 보이나 결국엔 매출 감소로 이어지기 때문이다. 다시 말해 그린워싱을 방지하지 않으면 기업의 지속가능 경영이 어려워진다는 이야기이다.

플라스틱 빨대 사용을 줄여 거북이를 살리자는 캠페인을 본 기억이 있다. 바다 환경을 오염시키는 데 빨대가 차지하는 비중이 과연 얼마나 클까? 빨대가 아니라 바다 환경오염을 일으키는 장본인은 글로벌 어업기업이다. 대규모 어업에 따르는 어망들이 바다에 버려지는 양이 어마어마하다는데 빨대 얘기만 하는 것이 아니냐는 우려가 된다. 시민운동이나 환경캠페인을 벌일 때 환경오염에 대한 책임이 소비자가 아니라 기업에 있다는 것을 잊어서는 안 된다. 대기업에 대한 감시가 소홀해서는 안 된다는 것이다.

블루워싱,[25] 브라운워싱,[26] 임팩트워싱,[27] woke워싱[28] 등 워싱의 종류도 굉장히 다양하다. 워싱은 어떤 성과에 대해 허위, 과장된 정보를 시장에 제공하는 것으로 이 모든 워싱들은 ESG 워싱으로 통합된다. ESG는 환경 이외에 사회, 거버넌스(지배구조) 등을 포괄하고 있어 그만큼 광범위한 워싱이 일어나고 있어 그것을 고려한 법적, 제도적 개선이 필요하다. ESG 경영이 급속도로 확장되고 있다. 그린워싱에 대한 문제점들과 해결 방법 등은 기존의 그린워싱을 뛰어넘어 ESG 제도화 측면에서 바라봐야 할 것이다.

---

25 기업이 인권 또는 사회적 책임을 다한다고 선전하고 이를 지키지 않으면서 경제적 이득에만 사용하는 것을 말한다.

26 기업의 환경성과가 좋지 않을 경우 고의로 해당 성과를 노출하지 않는 것이다.

27 공익성이나 사회적 임팩트에 대한 효과가 부풀려져 과장된 것이다.

28 ESG에 깨어 있는 척 행세한다는 의미이다.

7. 지방정부 ESG 리스크 관리의 시작은 조례 제정

코로나19 이후 사회적 양극화가 더욱 심해지고 고용시장, 실물경제가 악화하고 기후환경이 위기에 놓여 있는 현실에서 이런 다양한 문제들을 해결하기 위한 정부의 역할은 커지고 있다. 지방정부는 어떻게 보면 하나의 큰 기업이다. 기업을 운영하는 CEO가 있다면 지방정부는 단체장이 CEO와 같은 역할을 한다. 기업의 지속가능성을 담보할 수 있는 기준이 ESG 경영이라면 시민이 낸 세금을 운영하는 지방정부의 지속가능성을 담보할 수 있는 기준은 ESG 행정일 것이다.

그래서 기업의 ESG 경영과 지방정부의 ESG 행정이 다르지 않다고 본다. 균형발전이나 사회문제, 환경문제 개선 등 지역사회의 공통된 문제를 해결하는 과정에서 ESG 행정은 좀 더 집약적인 효과를 끌어낼 수 있을 것이다. 사회 가치 실현과 공공성의 주체로서의 지방정부의 역할이 증대되고 있는 만큼 지방정부 역시 ESG 행정에 참여하고 리스크에 적극적으로 대응하여야 한다.

지방정부의 ESG 행정은 기업이 ESG 경영을 도입하고 잘 실천할 수 있도록 지원하는 것과 지방정부가 직접 ESG 행정을 펼치는 것이다. 기업의 ESG 경영 도입을 위해 컨설팅과 교육 그리고 지원 사업 등 지방정부의 지원은 기업의 ESG 경영 확산에 중요한 요소가 된다. 또한 지방정부가 직접 ESG 행정을 실천하기 위해서는 담당 행정 역량을 키워야 하고 인적자원도 키워야 한다. 지역의 다양한 이슈에 귀 기울여 주민들의 다양한 요구에 소통할 수 있는 자문단도 있어야 한다. 이렇게 지방정부가 ESG 경영이나 ESG 행정 확산을 위한 시정을 펼치기 위해서는 행정력을 뒷받침할 ESG 지원조례가 제정되어야 할 것이다.

보통 지방정부 단체장의 임기가 4년이고 임명직이 아닌 선출직이다. 따라서 지역주민 삶의 질적 향상을 높이기 위한 정책들도 내놓겠지만 선거의 승리와 재선에 더 초점이 맞춰져 있을 수밖에 없다. 그래서 단기간에 뭔가 성과 내는 것을 정책의 중심에 두는 경우가 많다. 이렇게 되면 ESG라든가 지속 가능한 발전이라는 것들은 후순위로 밀릴 수밖에 없다.

또한 담당 공무원들의 마인드도 굉장히 미약해 실제 행정에 반영하기가 쉽지 않다. 어떤 정책을 만들고 이 정책이 지속가능성을 가지고 실천해 나아가려면 어느 정도의 제도화가 필요하다. 이러한 지방정부의 제도적 지원을 확보하기 위해서는 반드시 ESG 관련 조례가 필요하다. ESG 조례 제정을 통해 행정지원의 실천력을 확보해야만 하는 것이다. 많은 지방정부가 ESG 행정을 강조하고 있다. ESG 행정 선포식을 하기도 하고 포럼을 열기도 했다. ESG 경영기법을 시정에 본격적으로 도입하겠다, 시정 운영의 중심에 두겠다고도 했다.

그러나 정작 이런 홍보를 한 지방정부도 ESG 관련 조례조차도 마련되지 않고 있다. 행정지원이 없이 어떻게 ESG 행정을 펼친다는 것인지 의문이 든다. ESG 관련 조례 재정이 되었는지가 지방정부 ESG 리스크 관리의 시작일 것이다.

2021년 광주광역시의 '광주광역시 ESG 경영지원 조례'가 제정되기 시작하면서 '충청남도 중소기업 · 소상공인 ESG 경영 활성화 지원 조례', '충청북도 기업 ESG 경영지원 조례', '경상북도 기업 ESG 경영지원 조례', '경기도 ESG 경영 활성화 지원 조례', '전라북도 중소기업 ESG 경영 활성화 지원 조례', '울산광역시 ESG 경영 지원 조례', '대구광역시 ESG 경영 활성화 지원 조례', '부산광역시 기업 ESG 경영 지원 조례', '전라남도 이에스지(ESG) 경영 활성화 지원 조례', '강원특별자치도 환경 · 사회 · 지배구조(ESG) 경영 활성화 지원 조례', '경상남도 ESG 경영 확산 및 지원 조례' 그리고 2023년 7월 13일 '경상북도 공공기관 ESG 경영 지원 조례'가 제정되면서 17개 시도 중 12개의 시도 조례가 제정되어 있다.

반면, 기초 시군구는 226개 중 4.9%인 11개 시군구만이 조례가 제정되어 있어 ESG 행정을 펼쳐 나갈 때 제도적 지원이 없어 행정지원을 받거나 제도 수립을 하는 데 어려움을 겪을 수밖에 없다. 그래서 ESG 행정의 시작은 ESG 지원 조례 제정이 될 것이다.

지방정부가 행정에 ESG를 반영하기 위해서는 ESG 확산을 위한 제도 수립과 지원 활동을 하여야 한다. 지방정부는 지역별 특수성에 근거한 정책을 만들고 그 정책이 지속가능성을 가지기 위해 제도화할 필요성이 있다. 그래서 ESG 지원조례를 통해 법제화된 제도를 마련해야 한다는 것이다.

8. 지방정부 ESG 리스크 관리는 새로운 경쟁력

지방정부들은 점차 ESG 행정으로의 변화를 꾀하고 있다. 어찌 보면 ESG는 이윤을 추구하는 기업보다는 환경, 사회적 책임, 윤리 등 거대한 담론을 이야기하는 공공의 영역에 더 잘 어울릴지도 모르겠다. 그만큼 공공의 이익과 지속가능성을 목표로 하는 지방정부의 ESG 행정으로서의 변화는 당연한 일이다.

이치한(2022)은 지속가능발전목표 달성을 위한 행정 역량이 부족한 점, 지역적으로 지속가능성 기반이 미흡하여 사회적 안전망 및 서비스 등 정주 요건 등을 충족하지 못하는 점, 또한 다양한 이해관계자에게 ESG 정보를 제공하기 위한 인프라와 운영역량이 미흡하다는 점 등은 지방정부의 ESG 문제 해결에 있어 커다란 걸림돌이 되고 있으며, 지방정부의 ESG 도입과 확산을 유도하지 못하는 원인이 되고 있다고 했다.[29] ESG 행정은 지역사회 구성원 전체를 대상으로 하고 있다. 그만큼 다양한 이해관계자가 존재하고 그 이해관계자들의 요구를 고려하여 추진해야 하므로 다양한 ESG 위험에 노출되어 있다. ESG 행정은 지방정부가 가지고 있는 위험을 낮추고 리스크 관리를 통해 기회를 높여주는 것이다.

인구 감소, 고령사회, 주택공급, 녹지, 쓰레기, 미세먼지, 돌봄, 빈부격차, 교육, 기후 위기, 복지 사각지대, 청년 일자리, 노인 돌봄, 탄소 배출, 환경오염, 저출산, 열린 행정 등 지방정부마다 이슈와 리스크도 다양할 것이다. 그러므로 지방정부마다 위험 요소에 맞춘 ESG 행정을 하는 것이 중요하다. 이는 위험관리 차원이 아니라 리스크를 적극적으로 대응해 새로운 차별성을 부각하고 경쟁력의 수단으로 삼는 방법으로 본다면 그 무엇보다 경쟁력 있는 지방정부가 될 것이기 때문이다.

9. 지방정부의 거버넌스를 통한 ESG 워싱 방지

지방정부의 ESG 행정은 단체장의 강력한 지도력도 필요하겠지만 이것만으로는 한계가 있다. 앞서 말한 것처럼 선거를 통해 선출된 단체장이 바뀌더라도 일괄된 정책으로 행해지기 위해서는 지방정부의 구성원인 시민들이 ESG 경영

---

29 이치한(2022), "ESG 지방정부의 평가와 시사점", 제1회 지방자치단체 ESG Korea Awards & 포럼, 행복경제연구소, 2022.2.18.

이 지방정부 행정에 왜 필요한지 공감대를 갖고 ESG 문화에 동참하는 것이 중요하다. 그러기 위해서는 교육이 필요하다.

지방정부는 환경문제나 이슈, 탄소중립 등을 시민들에게 알리고 적극적으로 대응할 수 있도록 도와야 한다. 주민이 내용을 알아야 참여하고 협의하여야 주민들의 의사가 적극적으로 반영될 수 있기 때문이다. 그렇게 주민과 가까이 있는 지방정부의 역할이 커져야 한다. 지방정부의 법제화된 제도가 마련되었다면 ESG 행정을 위한 조직이나 위원회 등이 만들어졌는지 그리고 만들어진 조직들이 잘 운영되어 시민들과 잘 연계가 되어 있는지 살펴봐야 한다.

많은 지방정부가 ESG 행정을 펼친다고 하고 환경정책에 몰두하고 있다. 하지만 정작 ESG 행정을 성공적으로 끌어내는 데 필요한 요건은 환경이 아닌 거버넌스이다. 탄소중립, 인권, 신재생에너지 등 비용이 들어도 미래 세대를 위해 감내해 나가야 할 것들은 주민들의 동의가 없이 이루어 내기 쉽지 않다. 그래서 ESG 관련 다양한 이해관계자들과 유기적인 대화가 필요할 것이다.

성공적인 ESG 행정을 위해서는 그 대화들을 근거로 정책을 만들고 정책이 지속가능성을 가지고 실천하기 위해 제도화할 필요가 있다. 조례 등을 통해 제도화되고 정책화된 것을 ESG 행정에 반영하여 결과를 공개하고 다시 이해관계자들의 의견을 들어 다시 반영하고 정책을 보완해 나아가는 ESG 행정의 선순환 구조가 필요할 것이다. 이런 선순환 구조가 만들어지고 다양한 이해관계자들이 자신의 위치에서 ESG 관련 활동을 수행할 수 있도록 한다면 ESG 워싱은 일어나지 않거나 미연에 방지할 수 있지 않을까 한다.

이렇게 보면 ESG 행정은 소통과 협치를 통해 시민이 주인이 되어 가는 과정인 듯하다. 성공적인 ESG 행정은 다양한 이해관계자들의 대화를 근거로 정책을 만들고 소통과 협치를 통해 실천하고 보완하며 시민이 정책뿐만 아니라 실행의 전 과정에 함께 함으로써 주인이 되는 민주주의의 실천인 것이다.

ESG 행정 또한 다양한 워싱들이 이루어지고 있다. 시민들이 함께하지 못한다면 보여주기식의 그린워싱일 수밖에 없다. 그러므로 지방정부는 리스크 관리를 위해 주민들의 관점에서 ESG를 실천해야 한다. 'ESG 경영의 최대 리스크는 그린워싱이다'라는 말이 있다. 그린워싱이 최대 리스크인 만큼 ESG 행정을 펼치겠다는 홍보뿐만 아니라 정책들이 시민과 함께 마련되고 실천되었다는 기사들을 많이 접하길 바래본다.

참고문헌

김민경, ESG 개념을 접목한 구로구 도시계획 이슈와 과제, 구로구, 2022-17-1.

김민아 · 김재영, 환경 관련 표시 · 광고에 관한 심사 지침 개선 연구, 소비자연구원, 정책연구 22-06.

김순은, ESG 경영과 자치분권의 미래: 자치분권 2.0 개막과 의의, 한국도시행정학회 학술발표대회 논문집, 2022.06(137-146).

김지환, 경기도 지방정부 및 공공기관의 ESG 경영 추진 현황과 과제, 환경경영연구 제14권(13-31), 2022.

민은주, 탄소중립을 위한 시민사회의 거대한 움직임, 기독교사상, 2021년 8월호.

배군영 · 관윤영, 녹색 표시 그린워싱 모니터링 및 개선, 소비자연구원, 정책연구 12-02.

성창훈, 정부의 ESG 인프라 확충 정책 방향, 산업연구원, 2022.

이상신 · 정종관, ESG 충청남도 정책 도입방안, 이슈 리포트, 2021.08.24.

이정임, 친환경 위장제품(그린워싱)의 현황과 과제, 경기연구원, 2016.06.31.

이치한, "ESG 지방정부의 평가와 시사점", 제1회 지방자치단체 ESG Korea Awards & 포럼, 행복경제연구소, 2022.2.18.

존윌리스 · 탈리아보필리우 · 아라아나마닐라 · 이사벨라레이놀즈, Greenwashing-Hydra, 플래닛크리커, 2023.01.

채원효, 지방자치단체 ESG 경영에 관한 탐색 연구, 도시행정학보 제35집 제4호, 2022.12(1-18).

최유경 · 김혜리, E.S.G. 제도 구축의 관점에서 본 그린워싱(Green washing) 현황과 법제 개선 방안, 環境 法硏究 第45卷 1號

황인창 · 김고은 · 백종락 · 이윤혜, 환경사회지배구조(ESG)경영 확대 위한 서울시 정책 방안, 서울연구원, 2022.12.29.

https://www.nongmin.com/article/20200721324862

https://news.skecoplant.com/plant-tomorrow/4220/)

http://kgunews.com/m/view.php?idx=4080&mcode=m66x1td,)

http://kgunews.com/m/view.php?idx=4080&mcode=m66x1td,)

https://www.donga.com/news/Economy/article/all/20220322/112462015/1)

https://www.chosun.com/economy/market_trend/2022/11/17)

https://futurechosun.com/archives/72207)

https://greenium.kr/greenbiz-industry-planettracker-greenwashinghydra/

https://biz.chosun.com/international/international_general

https://www.esgeconomy.com/news/articleView.html?idxno=2226),

https://biz.newdaily.co.kr/site/data/html/2021/12/03/2021120300090.html)
https://dealsite.co.kr/articles/67998),
https://www.greenkorea.org/activity/living-environment/zerowaste/92531/
https://www.ablenews.co.kr/news/articleView.html?idxno=201245)
www.greenkorea.org/activity/weather-change/climatechangeacction-climate-change/101304/),
https://futurechosun.com/archives/73143
https://newsroom.koscom.co.kr/32271

제8장

ESG와 공공디자인

안수지

안수지(安秀枝)

디자인학 박사, 전경련ESG전문가, 한국섬진흥원 컨설턴트, BIKY전문위원

디자인경영을 전공하고, 기초자치단체 디자인경영을 위한 통합디자인 연구 논문으로 박사 학위를 받았다. 가평군에서 도시디자인 분야 공무원으로 재직했으며, 홍익대학교 IDAS에서 BK21플러스 사업 산학협력연구교수, 삼육대 조교수(겸임), 경기대 등에서 강사로 재직했다. 도시재생현장과 강원도교육청 중등학교에서 디자인씽킹을 활용한 퍼실리테이터로 활동해 왔다. 울산문화재단 정책연구실 재직 시 문화도시 정책 연구 업무를 수행했으며 현재는 지역에서 문화교육강사로 활동하며 화가로 작품활동과 동시에 환경을 중심으로 한 문화와 디자인 분야 연구를 진행하고 있다. 지은 책으로 〈농사와 디자인〉(2014, 공저)이 있다.

들어가는 글

공공디자인은 공공의 장소와 물리적 시설을 조성하기 위해 계획과 설계에 반영하는 디자인으로 2000년 초반부터 그 중요성이 부각되었다. 2019년 4월 '(재)한국공예디자인문화진흥원'이 공공디자인 진흥 업무 전담기관으로 지정되었으며, 같은 해 5월 '공공디자인 종합정보시스템'을 개발하고 '공공디자인 전문인력 증명서'를 발급하는 등 공공디자인 진흥의 기반을 마련하였다.

2020년 4월에는 '공공디자인의 진흥에 관한 통합형 조례, 공공디자인 행정 업무 안내서'와 2021년 2월에 '공공디자인 표준 과업 제안요청서'를 보급하였다. 2022년 10월에는 '제1회 공공디자인 페스티벌 〈무한상상, ○○디자인〉'을 개최하고 12월에는 '부처별 공공디자인 컨설팅 운영 및 가이드라인'을 개발하는 등 공공디자인 진흥을 위한 다양한 방안을 마련하였다.

이에 현재 대부분의 지방정부에서는 지역의 정체성을 담은 공공디자인 관련 조례와 가이드라인을 제정해 시행 중에 있다. 또한 공공 영역의 하드웨어 사업을 시행하는 부처에서도 공공디자인 가이드라인 지침을 마련하여 의무적으로 적용하게 하고 있다. 이렇듯 지방정부는 물론 정부 부처와 산하 공공기관 등 공공의 영역에서 공공디자인의 중요성이 커지고 있다. 관련 사례로 2021년 해양수산부는 친환경적인 항만시설을 조성하기 위해 항만시설의 계획 · 설계 등 초기단계부터 공공디자인의 개념을 의무적으로 적용하도록 하는 '항만공간의 공공디자인 가이드라인'을 마련[1]하고 2022년부터 시범 적용하기로 한 것도 같은 맥락이다.

이와 더불어 최근 국내외적으로 ESG가 기업은 물론 국가의 경쟁력을 평가하는 평가기준으로 중요하게 부각되고 있다. 지방정부 대부분의 유무형 정책사업은 해당 지역의 기업과 주민에게 ESG 측면에서 아주 밀접하게 연계된 것들이 대부분이다. 예를 들어 지방정부의 공공사업은 공공공간, 공공건축물, 공공시설물을 신축, 설치, 리모델링 하는 하드웨어 사업이 있는데 이는 ESG에서 환경(Environment)영역과 연관이 있다. 또한, 공공서비스가 제공되거나 더 많은 지역주민의 참여와 의견수렴을 필요로 하고 있으며, 이를 반영하는 비율도 높아지고 있는데, 이는 ESG에서 사회(Social), 지배구조(Governance)영역과 관련된 현상이라 할 수 있다.

모든 공공 정책사업 전체가 사실상 '공공디자인' 대상 사업이라고 해도 과언이 아닐 것이다. 그만큼 공공 부문의 유무형 사업에 있어서 공공디자인의 과정과 방법론, 결과는 중요하다. 따라서 최근 이슈가 되고 있는 ESG도 공공디자인의 대상이 되는 지방정부 사업에 다양한 관점에서 검토하고 적용할 수 있을 것이다.

이에 공공디자인을 ESG 관점에서 들여다보고 공공디자인 사업의 계획과 설계 과정에서 ESG를 어떻게 적용할 것인가를 살펴보고자 한다. 공공디자인의 개념 정의로부터 시작해서 공공디자인의 영역, 공공디자인의 다양한 사례를 살

1 출처: 해양수산부 보도자료, 2021.7.8.(목).

펴보고, ESG 관점에서 공공디자인을 바라볼 때 어떤 부분을 더 중요하게 볼 것인가를 시사점과 방향성을 통해 제시하고자 한다.

1. 공공디자인의 정의와 트렌드

공공디자인의 정의는 법적 정의, 학술적 정의로 구분하여 볼 수 있다. 그런데 그 개념은 시대의 흐름과 정책, 정책소비자의 니즈의 변화에 따라 개념과 정의, 그리고 범위가 변화되고 있다. '법적정의'는 먼저 「공공디자인 진흥에 관한 법률」 제2조(정의)에서 정의하고 있는 법적 정의와 제10조의 시행원칙, 그리고 제19조의 공공디자인종합계획의 수립 관련 조항을 살펴보도록 하겠다. 다음으로 '학술적 정의'는 관련 분야 학술논문에서 정의하고 있는 공공디자인의 정의를 살펴본 후 공공디자인의 최근 트렌드를 고찰해 보도록 하겠다.

(1) 법적 정의

관련법과 조례 등

「공공디자인 진흥에 관한 법률」 제2조(정의), 공공디자인이란 일반 공중을 위하여 국가, 지방자치단체, 「지방공기업법」에 따른 지방공기업, 「공공기관의 운영에 관한 법률」 제4조에 따른 공공기관(이하 "국가기관 등"이라 한다)이 조성 · 제작 · 설치 · 운영 또는 관리하는 공공시설물 등에 대하여 공공성과 심미성 향상을 위하여 디자인하는 행위 및 그 결과물을 말한다.

제2조 제3항에서는 "공공시설물 등"이란 일반 공중을 위하여 국가기관 등이 조성 · 제작 · 설치 · 운영 또는 관리하는 다음 각목의 시설물과 용품, 시각 이미지 등을 말한다고 정의하고 있으며 다음의 각호와 같다. 가. 대중교통 정류소, 자

전거 보관대 등 대중교통시설물, 나. 차량 진입 방지용 말뚝, 울타리 등 보행안전 시설물, 다. 벤치, 가로 판매대, 퍼걸러(pergola: 서양식 정자) 등 편의시설물, 라. 맨홀, 소화전, 신호등 제어함 등 공급시설물, 마. 가로수 보호대, 가로 화분대, 분수대 등 녹지시설물, 바. 안내표지판, 현수막 게시대, 지정벽보판 등 안내시설물, 사. 그 밖에 가목부터 바목까지의 시설물에 준하는 시설물이 그것이다.

공공디자인 조례의 적용대상 및 범위

광역시도의 공공디자인 조례에서도 대부분 공공디자인의 적용대상을 각 광역시도와 지방공기업, 출자 · 출연기관, 공공기관 등으로 명시하고, 적용범위(유형)를 시설물, 용품, 시각 이미지 등으로 표기하고 있다.

〈표 8-1〉 조례의 적용대상 및 범위[2]

구분	적용대상	적용범위(유형)
법률	국가, 지방자치단체, 공기업, 공공기관	시설물, 용품, 시각 이미지 등
서울	서울시, 지방공기업, 출자 · 출연기관	시설물, 용품, 시각 이미지 등
부산	부산시, 지방공기업, 공공기관	시설물, 용품, 시각 이미지 등
인천	인천시, 지방공기업, 출자 · 출연기관	시설물, 용품, 시각 이미지 등
대구	대구시, 지방공기업, 공공기관	시설물, 용품, 시각 이미지 등
광주	광주시, 지방공기업, 공공기관	시설물, 용품, 시각 이미지 등
대전	대전시, 지방공기업	시설물, 용품, 시각 이미지 등
울산	울산시, 지방공기업, 공공기관	시설물, 용품, 시각 이미지 등
경기	경기도, 지방공기업, 출자 · 출연기관	시설물, 용품, 시각 이미지 등

2 최조순 외 2인, 공공디자인 관련 조례 제정 동향 및 함의-광역지방자치단체 조례를 중심으로-, 도시디자인저널, 2022, Vol.4, No.1, p.28.

구분	적용대상	적용범위(유형)
강원	강원도, 지방공기업, 공공기관	시설물, 용품, 시각 이미지 등
충북	충청북도, 지방공기업, 출자 · 출연기관	시설물, 용품, 시각 이미지 등
충남	충청남도, 지방공기업, 공공기관	시설물, 용품, 시각 이미지 등
전북	전라북도, 지방공기업, 출자 · 출연기관	시설물, 용품, 시각 이미지 등
전남	전라남도, 공공기관	시설물, 용품, 시각 이미지 등
경북	경상북도, 지방공기업, 공공기관	시설물, 용품, 시각 이미지 등
경남	경상남도, 지방의료원, 지방공기업, 공공기관	시설물, 용품, 시각 이미지 등
제주	제주도, 지방공기업, 공공기관	시설물, 용품, 시각 이미지 등

제10조 공공디자인사업(시행의 원칙)은 "1. 공공의 이익과 안전을 최우선으로 고려하며, 아름답고 쾌적한 환경을 조성하도록 한다. 2. 연령, 성별, 장애 여부, 국적 등과 관계없이 모든 사람들이 안전하고 쾌적하게 환경을 이용할 수 있는 디자인을 지향한다. 3. 국가 · 지역의 역사 및 정체성을 표현하고, 주변 환경과 조화 · 균형을 이루도록 한다. 4. 공공디자인에 관한 국민들의 의견을 적극적으로 수렴하며, 의사결정 과정에 국민들이 참여할 수 있는 다양한 방안을 마련한다. 5. 공공시설물 등을 관할하는 관계 기관과 적극적 협력체계를 통하여 통합적 관점의 공공디자인이 구현될 수 있도록 한다. 6. 그 밖에 이 법에서 정한 사항을 따르도록 노력하여야 한다"고 규정하고 있다.

이상과 같이 공공디자인진흥에 관한 법률에서 정의하고 있는 공공디자인의 범위는 공공시설물의 공공성과 심미성 향상을 위하여 디자인하는 행위 및 그 결과물과 더불어 모든 사람을 위한 디자인을 지향하며, 국민의 의견을 적극 수렴하며 의사결정과정에 있어 국민들의 참여를 지향하고 있다.

「공공디자인 진흥에 관한 법률」 제19조에 의거하여 수립된 제1차 공공디자인 진흥 종합 계획(2018~2022)은 '생활 안전을 더하는', '모든 이를 위한', '생활 편의를 더하는', '생활 품격을 높이는', '기초가 튼튼한' 공공디자인 5대 추진 전략을 제시하고 공공공간과 건축물, 공공시설물과 용품, 시각 이미지, 서비스에 이르는 포괄적이고 세부적인 공공 영역의 질적 향상을 도모한다.

공공디자인에 대한 인식이 사회 전반에 자리 잡을 수 있도록 중앙정부와 광역시도와 기초 시군구가 협력망을 구축하고 공공공간의 조성과 우수 공공디자인 사례 선정 및 국민 아이디어 발굴, 전문인력의 양성과 초등학생 및 중학생·일반인 대상 교육, 토론회 등 공공디자인 활성화 기반을 조성하고 문화를 확산하기 위한 다양한 활동들을 추진하고 있다.[3]

이와 관련된 사례는 3. ESG 분야별 공공디자인 사례에서 살펴보도록 하겠다.

(2) 학술적 정의

디자인의 목적은 사람을 이해하는 것(Design for Understanding People), 그리고 사람을 행복하게 해 줄 수 있는 것을 만들어내는 것이다. 디자인은 인간의 생활을 편리하고 행복하게 만들어주고 사용자의 니즈와 문제를 발견하고 해결해 줄 수 있다. 또한 디자인은 그 속성에 공공의 성격을 담고 있다. 따라서 공공디자인이란 단지 기술과 형태의 조화뿐 아니라, 인간의 필요에 맞는 사물과 환경을 제공하며 그들의 복지를 증진시키는 데 목표를 두어야 한다.

공공디자인의 일반적 정의는 공공장소의 여러 장비 장치를 합리적으로 꾸미

---

3 공공디자인 종합정보시스템(https://www.publicdesign.kr/cms/content/view/855).

는 것으로 제품 · 산업디자인 등 사적 영역이 아닌 정부, 지방정부, 공공기관 등이 설치를 관리하는 기반시설 · 가로시설물 등을 위한 공적 영역의 디자인이다. 다시 말해서 공공디자인이란 국가 공공기관의 관리 안에서 국민의 다양한 사회 문화적 가치와 요구를 조절하는 것이라 할 수 있다.

공공디자인의 실행 주체는 국가와 지방정부, 공공기관 등과 같은 공적 기관이 되고, 이용하게 되는 대상은 불특정 다수의 시민이다.[4] 시민이 최종 사용자가 되는 공공디자인은 '공익'이라는 최종 목표를 가지며, 시민 요구에 대한 이해를 바탕으로 계획되어야 한다. 시민의 직접적 요구는 물론이거니와 잠재적 요구가 무엇인지를 구체적으로 파악하는 것이 중요하다. 또한, 모든 공공디자인 사업은 국민의 세금으로 조성된 공적자금을 사용하므로, 자원의 낭비가 없어야 하며, 불필요하거나 중복되는 과정이 없도록 효율적인 프로세스로 진행되어야 한다.

공공디자인은 불특정 다수가 함께 공공의 문제를 해결하는 과정이며, 따라서 공공적 가치로서 공공생활의 질을 높이고 시대적, 문화적 요소들을 기반으로 지속 가능한 디자인적 접근을 통해 공공의 공간을 완성하는 인터페이스로서의 목표와 지향점[5]이라 할 수 있다.

공공 영역을 배경으로 하는 공공디자인은 공공디자인의 대상물이 가지는 형태, 색채, 이미지, 기호 등은 모두 국가의 권력에 의한 통제로부터 자유로워야

---

4 황미영, 국내 공공디자인 연구동향에 대한 메타분석, 한국실내디자인학회논문집 제25권 3호(통권 116호), 2016.06. p.103.

5 황미영, p.105.

한다. 국가권력에 일방적으로 표방되거나, 관료적 기준과 절차에 의해 획일적으로 규율되는 것이 아니라, 민간의 공공적 창의성이 발현되고, 시민사회의 다원성이 허용되며, 민주적인 방식과 절차로 디자인이 이루어지는 것이 되어야 한다. 또한 공동체적 규범과 규칙을 존중하는 방식으로 순화되어 표출되는 '공공의 미학'을 띠어야 한다.[6]

(3) 공공디자인 트렌드

사회가 변화하면서 공공디자인의 분야는 폭넓고 다양해지고 있다. 공공디자인의 개념이 대두된 초창기에는 사회기반시설에 국한하여 공공디자인 개념을 적용하였지만 이제는 사용자의 행동을 유도하고 지역의 가치관과 문화까지 아우르는 무형의 대상도 포함하고 있다.

공공디자인의 개념도 단순히 심미성만을 추구하는 것이 아닌 제작과 설치 과정에서 환경친화적이고 시설의 활용에 있어 사용자를 배려하며, 운영관리 과정에서 소통과 협력의 방향을 모색하는 등 ESG에서 다루고 있는 환경, 사회, 지배구조(거버넌스) 부분을 모두 포함하려는 추세다.

공공디자인을 통해 환경문제를 해결하고 사회적 소수자를 배려하며, 다양한 구조의 조직원의 의견을 수렴하여 반영하는 등, 공공디자인은 우리가 살아가는 생활 전반에 적용할 수 있다. 따라서 공공디자인을 통해 ESG의 기반을 만들고 참여를 유도할 수 있다. 이는 유무형의 공공디자인에 대한, 공공디자인에 의한 캠페인 등을 통해 실현할 수 있으며, 국가와 지역의 경쟁력도 함께 높일 수 있다.

---

6 조명래, 공공디자인, 공공영역을 디자인하라, 건축과 사회, 2008 봄, p.55.

공공디자인과 유니버설디자인

유니버설디자인은 산업혁명 이후 기능과 효율 중심의 사고와 가치관을 넘어 개인의 '가치와 삶의 방식'을 존중하는 인간중심 패러다임에 영향을 주었다. '차별' 없는 '평등'의 개념을 통해 '연령, 성별, 장애의 유무, 능력의 차이를 두지 않는 평등한 디자인, 모두를 위한 디자인'이 공공 영역에서 유니버설디자인이 추구하는 가치다. 유니버설디자인은 모든 사람들을 위한 디자인(Design for all)으로 연령과 성별, 국적(언어), 장애의 유무 등과 같은 개인의 능력과 개성의 차이와 관계없이 처음부터 누구에게나 공평하고 사용하기 편리한 제품, 건축 · 환경, 서비스 등에 대한 디자인을 의미한다. 영국의 건축가이자 인권운동가인 셀윈 골드스미스(Selwyn Goldsmith)가 그의 저서 〈장애인을 위한 디자인(Designing for the Disabled)〉에서 개념을 제시하였으며 미국의 노스캐롤라이나 주립대학의 유니버설디자인센터 로널드 메이스(Ronald Lawrence Mace)가 유니버설디자인 7가지 원칙을 제시하면서 확산되었다.

공공디자인과 친환경디자인

세계 각국에서 시행하는 유명 디자인 어워드들은 친환경적인 디자인과 공공성을 가진 디자인을 핵심평가요소로 설정하고 있다. 이러한 이유로 현재 국내의 각 지방정부에서 발행한 공공디자인 가이드라인에도 친환경과 공공성을 주요 핵심가치와 과제로 삼고 있다. 이와 같은 상황으로 인해 공공디자인 사업에 친환경이 결합되는 부분이 많은데, 최근에는 건축 영역까지도 그 범위가 확장되어, 옥상 녹화 등의 그린 공공디자인 영역이 법적으로 규제화되는 상황으로 발전하고 있는 중이다.

또한 시설물의 소재에 있어서도 과거에는 철물 위주의 시설물이 위주였다면 현재는 목재를 적용한 시설들이 주를 이루고 있으며 담쟁이나 새덤식재, 잔디 등을 이용하여 친환경 분위기를 연출하기도 한다.[7]

2021 공공디자인토론회에서 헨리창 아사바스카 대학교 교수는 "녹색 건물은 자원을 효율적으로 사용해 에너지 사용량이 적은 건물을 말한다. 기존 건물보다 탄소 배출을 적게 하고 유엔의 지속가능발전목표 달성에도 기여한다. 녹색 건물을 설계할 때는 에너지와 기후, 물 효율성, 지속 가능한 부지, 위치 및 연계성, 혁신과 디자인, 인식과 교육, 실내 환경 성능과 자재, 자원을 고려하며, 전 세계적으로 2030년까지 모든 신규 건물의 탄소중립을 의무화하고 2050년까지 100% 탄소중립을 목표로 하고 있다[8]고 말하며 건축물의 자원효율화의 중요성을 언급했다.

공공디자인과 시민참여

홍태의는 '텍스트마이닝을 통한 공공디자인 인식조사 연구'[9]에서 공공디자인은 인식 향상을 위하여 민간의 참여를 유도하고 있으며, 공공디자인의 정의가 단순히 공공시설물에만 국한된 것이 아닌 다양한 아이디어를 통해 우리 사회에 실질적으로 실현할 수 있는 방안에 대한 확장성을 가지고 있음을 시사하고, 사람 중심의 공공가치를 추구하며 타 분야와의 협업을 통해 공공디자인을 활성화하고 시민들이 자유롭게 의견을 제시하는 상향식으로 전환하고 있음을 이야기하고 있다.

---

7 최정수 기자, 환경을 위한 안전 디자인, '그린 공공 디자인', 오마이뉴스, 2015.10.14.

8 도시품격을 더하는 공공디자인, 문화+서울, 2021.12. Vol.178, p.28.

9 홍태의 외 2인, 텍스트마이닝을 통한 공공디자인 인식조사 연구, 도시디자인저널, 2022, Vol.4, No.1, p.32.

환경과 인간을 배려하고 소통을 중요시한다는 측면에서 ESG와 공공디자인은 매우 밀접한 상관관계가 있음을 알 수 있다. 이에 ESG의 기본 개념을 적용하여 공공디자인의 ESG 영역을 분류해 보고 각각의 개념을 정리해 보고자 한다.

2. K-ESG 가이드라인과 공공디자인

공공디자인은 공공의 영역에 대한 디자인이다. 공공의 영역은 하드웨어인 물리적 공간과 시설, 소프트웨어로 통칭할 수 있는 서비스 영역, 그리고 관과 시민이 소통할 수 있는 참여의 영역으로 구분할 수 있다. 본 절에서는 ESG의 개념과 지방정부의 공공디자인 영역의 해당 부분을 매칭하였다. K-ESG의 개념과 가이드라인 중 공공디자인 영역에 해당하는 기본 가이드라인 진단항목과 추가 진단항목 중 환경, 사회, 지배구조의 매칭 가능한 진단항목을 공동저자들과 협의를 거쳐 선택하였다. 해당 분류는 K-ESG 가이드라인의 분류번호를 표기하여 알아보기 쉽도록 했다.

K-ESG 가이드라인은 산업과 기업 등의 경제 영역뿐만 아니라 공공의 영역, 즉 지방정부에서 공공건축물 및 공공시설물의 설치와 관리 운영 시 공공이 먼저 가이드라인을 따르고 운영함으로써 공공 영역에서의 ESG 이해도를 높이고 동시에 민간 영역에 긍정적 영향력을 미칠 수 있도록 하기 위함이라 이해할 수 있겠다.

다음은 환경, 사회, 지배구조 영역을 구분하여 각 영역에 필요한 공공디자인에서 중요하게 검토해야 할 진단항목을 검토하여 서술한 내용이다.

(1) 환경(Environmental)

지방정부 공공디자인의 환경 영역은 직 · 간접적으로 기후변화와 환경오염 등에 영향을 줄 수 있는 공공건축물, 공공시설물 등의 건축과 설치와 관련된다. 예컨대 공공건축물의 경우 얼마나 친환경적인 소재를 사용하는지, 에너지효율을 극대화할 있는 구조나 설계인지, 재생 및 신재생에너지를 사용하는지, 친환경 인증제품 및 서비스비율 등의 요소를 포함한다. K-ESG 가이드라인 환경 분야에서 제시하는 진단항목 중 다음의 4개 항목이 공공디자인과 관련하여 중요하게 적용해야 할 항목이라 할 수 있다.

환경경영 목표수립(E-1-1): 지방정부에서 공공디자인에 환경 영역에 대한 대응을 하기 위해서는 해당 지방정부의 환경경영 목표수립 시 공공디자인 영역에 대한 내용 포함, 공공디자인위원회에 ESG 관련 전문가도 포함되도록 조례 개정 등을 통해 방안 마련.

환경경영 추진체계(E-1-2): 지방정부의 공공디자인 사업 실행 및 운영관리를 위한 환경성과 향상과 환경 개선 등의 활동을 통해 환경영향 관리, 원부자재/에너지/폐기물 등의 효율적 관리와 지역 이해관계자와 협력하여 체계적으로 대응하는 방안 마련.

재생에너지 사용비율(E-4-2): 지방정부의 공공건축물과 공공시설물의 운영을 위한 '재생에너지 사용비율'을 점검, 에너지 체계를 재생에너지로 전환하여 총에너지 사용량 대비 재생에너지가 차지하는 비율을 점검.

친환경인증 제품 및 서비스 비율(E-9-1): 지방정부의 운영을 위한 제품의 조달과 사용 등의 과정에서 환경영향을 파악, 지방정부가 선제적으로 공공 영역의 환경영향을 확대하고 부정적 환경영향은 축소하고 있는지를 확인.

(2) 사회(Social)

지방정부 공공디자인의 사회 영역은 연령, 성별, 국적, 장애 등에 따른 차별 없이 모두가 공평하고 안전하게 공공의 시설을 누릴 수 있어야 한다는 법률적 관점에서 유니버설디자인과 관련된다. 또한 인권과 관련하여 지역주민들의 공공서비스디자인의 향유 영역이 해당된다. K-ESG 가이드라인에서 사회 영역에서 제시하는 다음의 6가지 항목을 공공디자인 분야에 적용할 수 있다.

목표수립 및 공시(S-1-1): 지방정부가 생각하는 사회 분야의 이슈에 대하여 공공디자인을 통해 사회적 가치에 대한 구체적인 목표를 설정하고 노력하는지 확인, ESG보고서를 통해 도출된 중요한 사회 분야 이슈에 대하여 정성 · 정량적인 목표를 이해관계자에게 공개.

인권정책수립(S-5-1): 지방정부는 공공디자인 관련 정책사업 운영과 관련되어 있는 지역의 구성원(기업, 주민)이 직면하거나 해당 구성원에게 잠재되어 있는 인권 리스크를 관리할 수 있는 공식적 정책을 마련, 지역주민이 정책사업으로 인하여 거주환경, 안전 보건 등을 침해당하지 않고 생명, 건강, 재산을 보호할 수 있는 정책이 필요.

전략적 사회공헌(S-7-1): 지방정부는 지역사회 구성원(주민, 기업)과 함께 지역사회 일원으로서 공동의 환경 · 사회문제 해결에 필요한 활동에 앞장서는 등 전략적 사회공헌을 추진, 지방정부는 사회적 기대를 충분히 고려한 사회공헌 추진방향을 수립하고 운영하며 그러한 구성원을 지원.

구성원 봉사참여(S-7-2): 지방정부는 지역사회 구성원의 봉사활동의 니즈를 파악하여 참여 의지가 있는 구성원이 참여할 수 있는 활동에 대한 인센티브 제도를 운영, 봉사 참여와 수여를 통해 지역사회에 필요한 서비스를 충족, 공공서비스의 시민 참여 디자인 방법 등을 활용하여 설계.

소비자 안전(S-소비자-추가2): 지방정부가 설치한 공공건축물과 시설물 또는 서비스가 소비자의 안전에 위해가 되지 않도록 체계를 반영.

소비자 안전(S-소비자-추가3): 지방정부가 공공시설사업 시 발생 가능한 문제 해결을 위해 관련 규정과 담당조직을 마련하여 지역사회 구성원들의 불만을 줄이기 위한 노력.

(3) 지배구조(Governance)

지방정부 공공디자인 분야의 지배구조 영역은 관과 민이 소통하고 시민의 의견을 도시계획에 반영하는 등 의사결정과정에 시민이 참여할 수 있는 다양한 채널을 마련한다는 관점으로 볼 수 있다. 이를 위해 K-ESG 가이드라인 중 지배구조 영역에서 제시하는 다음의 1가지 항목을 공공디자인 분야에 적용할 수 있다.

이사회 내 ESG안건상정(G-1-1): 지방정부의 공공디자인 관련 의사결정기구에서 ESG 관련 안건을 상정하여 심의 의결할 수 있도록 하여 ESG 관련 사안의 중요성을 부각, 기존의 공공디자인위원회에서 ESG안건을 다룰 수 있도록 조례개정 등이 필요.

이상과 같이 K-ESG 가이드라인 진단항목과 공공디자인의 영역 매칭에 대하여 살펴 보았다. 영역별 개념 이해는 아래의 (추가) [그림 8-1]의 다이어그램을 참고하기 바란다.

[그림 8-1] K-ESG 가이드라인 진단항목과 공공디자인의 영역 매칭

3. ESG 분야별 공공디자인 사례

ESG 분야별 공공디자인 사례는 환경, 사회, 지배구조 각 분야에 해당하는 공공디자인 국내외 사례를 조사하였다. 환경 분야는 친환경 공공디자인 사례를, 사회 분야는 유니버설디자인 사례와 서비스디자인 사례를, 지배구조는 사회참여디자인 사례를 소개하고자 한다.

(1) 환경(Environmental)

솔라트리(Solar tree): 영국의 산업디자이너 로스 러브그러브의 솔라트리(Solar tree)는 태양광 가로등이다. 태양광을 주 에너지원으로 활용할 수 있도록 상단에 태양광 집광판을 설치하고 이 집광판을 통해 모인 에너지를 통해 밤에 빛을 비춰 줄 수 있도록 디자인했다. 신재생에너지를 활용한 친환경적 디자인 사례다.

화장품 공병을 활용한 '슬래스틱'으로 만든 공중화장실 디자인: 아모레퍼시픽은 2021년까지 총 2,354톤의 화장품용기를 수거하여 화장품 용기가 자연을 훼손하지 않도록 다양한 재활용 방법을 연구하고 있다. 2025년까지 공병 재활용 100% 달성을 목표로 제시하고 2020년에는 이른바 '슈퍼 콘크리트로 불리는 UHPC(Ultra High Performance Concrete)와 플라스틱 공병을 배합하여 제작한 벤치를 천리포수목원 및 서울시 종로구의 공공공간에 기부하여 설치하였고, 3명의 작가와 협업을 한 공병 재활용 벤치 작품을 아모레 스토어 광교 일대에 전시하였다.

화장품 공병 폐기물을 활용한 기부 벤치 디자인: 2020년 8월부터 종로구에서 시작한 '벤치 더 놓기 프로젝트'는 '당신의 자리'라는 벤치를 보급하여 시민들에게 휴식공간을 제공하였다. 이 기부벤치는 삼표그룹과 아모레퍼시픽의 콘크리트와 화장품 공병을 재활용해 만든 친환경 벤치다. 삼표그룹은 기술연구소를 통해 개발한 특수 콘크리트를, 아모레퍼시픽은 버려져 쓰레기가 될 화장품 플라스틱 공병을 활용한 것이다. 기업들이 기부한 업사이클링 벤치를 통해 기업의 사회공헌(CSR)과 환경에 대한 관심을 공유하고 의식을 전환시키는 측면에서 공공디자인적 가치를 지닌다.

아름다운 재단 유자학교, 유해물질로부터 자유로운 ECO 교실 만들기: 아름다운재단은 '학생도 교사도 행복한 ECO-교실 만들기' 지원사업을 통해 초등학교에 사용된 자재 및 비치된 교구 등에 대해 유해물질 배출량을 조사했고, 유해물질이 검출된 제품은 친환경 제품으로 시범 교체하는 등 학교 환경을 바꿔왔다. 안전하고 건강한 사회를 위한 아름다운재단의 노력은 현재도 계속되고 있다. 아름다운재단은 올해 '학생도 교사도 행복한 ECO 교실 만들기 지원사업'을 진행하며 전국 15개 초등 교실의 유해물질 안전성을 조사하고, 발견된 위험 제품을 친환경 및 안전 인증 제품으로 교체하는 작업을 이어가고 있다. 또한 이 과정에서 어린이 화학안전을 위한 기준을 만들고, 교육당국 · 제조유통사 · 시민단체가 협력하여 안전한 제품의 생산 및 사용 기반을 마련할 수 있도록 교실환경 혁신 가이드라인을 제시할 전망이다.[10]

이상과 같이 환경 영역의 사례는 신재생에너지를 활용하는 공공시설물, 기업과 정부가 함께하는 업사이클링 공공시설물 설치와 학교공간에서 부터 친환경 제품을 사용하는 등의 작은 실천 등 다양한 사례가 있다. 조금만 관심을 가지고 살펴 본다면 우리 주변에서 쉽게 찾아 볼 수 있다. 더 많은 관심과 정책개발을 통해 공공디자인을 통해 환경영역에 대한 인식확산이 확대되길 기대해 본다.

(2) Social

서울시 유니버설디자인 정책: 서울특별시 유니버설디자인센터의 '유니버설디자인 서울'은 '누구나 누리는 내일'이라는 유니버설정책 브랜드를 내걸고 서울시가 유니버설디자인을 통해 이루고자 하는 공존과 변화에 대한 정책을 시행하고 있다.

10 출처: https://beautifulfund.org

현재를 살아가는 '나의 하루'와 '나의 일' 곳곳에 유니버설디자인을 더하여
시민의 '미래'를 누구나 차별없이 행복한 일상을 누리는 내일로 변화시키겠습니다.

[그림 8-2] 서울특별시 유니버설디자인 정책 슬로건

출처: https://www.sudc.or.kr

서울시는 2007년 5월 서울시 디자인 총괄본부 '공공디자인 가이드라인 제정', 2010~2013년 복지시설 유니버설디자인 가이드라인 개발, 2016년 서울특별시 유니버설디자인 도시조성 기본조례 제정, 2017년 유니버설디자인 통합가이드라인 개발, 2018년 제1차 유니버설디자인 기본계획 수립, 2020년 서울시 유니버설디자인 종합계획 수립, 2020년 유니버설디자인센터 설치, 2021년 서울시 공공건축물 및 시설물 유니버설디자인 의무적용 등, 다양한 공공디자인 정책의 발전적 프로세스를 통해 유니버설디자인 정책을 확산시키고 있다.

서울특별시 유니버설디자인 종합계획은 "모두가 존중되는 사람중심 도시"라는 정책 비전 아래 1. 市 전반 유니버설디자인 확산을 위한 추진 체계 확립, 2. 공공건축물 등 설계부터 준공까지 UD 적용 강화, 3. UD 적용의 실제적 수단, UD 가이드라인 재정비, 4. 인증제를 통한 실무 중심 UD 확산, 5. UD 라이프스타일 플랫폼을 통한 디자인 산업 활성화, 6. 도시재생과 연계한 UD 테스트베드 우수

모델 확산, 7. 유니버설디자인 확산을 위한 전문인력 양성 및 교육, 8. 市 주요사업 UD 적용 의무화를 위한 제도개선 사업을 단계별로 이행하고 있다.

또한, 서울특별시 유니버설디자인 도시선언을 통해 소통과 참여의 기회를 제공하고 실천적 디자인문화를 확산하며, 포용성 있는 디자인표준을 정립하고 확산 기반을 마련하여 누구에게나 안전하고 편리한 공간을 조성하겠다고 밝히고 있다. 유니버설디자인 적용과 확산을 위해 컨설팅과 유니버설디자인어워드를 시행하고 있으며 체험관 'UD 라이프스타일 플랫폼(UDP)'을 운영하고 있다.

마지막으로 '서울특별시 유니버설디자인 도시조성 기본 조례' 제10조에 따라 '서울시 유니버설디자인 적용지침'을 고도화하여 배포하고 있다. 해당 지침은 크게 '보도', '공원', '공공건축물', '공공주택'의 4개 영역으로 대분류하여 구성하고 해당 영역에 세부 내용은 총 21개로 소분류하여 구성하였다.

〈표 8-2〉 서울시 유니버설디자인 적용지침

구분	서울시 유니버설디자인 적용지침			
대분류	보도	공원	공공건축물	공공주택
소분류	S1. 보행 안전 공간 S2. 보차교행 구간 S3. 보행자 우선도로, 생활도로 등 S4. 보도상의 시설물 등 S5. 안내 시설	P1. 접근 공간 P2. 내부 이동 및 이용 공간 P3. 위생 공간 P4. 안전 환경 P5. 안내 및 기타 편의 시설	B1. 보도와 대지의 접점 공간(공지) B2. 접근 공간 B3. 내부 이동 공간 B4. 위생 공간 B5. 피난 및 대피 B6. 안내 및 기타 이용 시설	H1. 옥외공간 H2. 주거동 H3. 단위세대 H4. 주거동 외 시설 H5. 운영 및 유지관리

출처: 서울특별시 유니버설디자인센터 홈페이지.

전라북도, 인권 친화적 공공시설기반구축을 위한 도민인권 실태조사: 전라북도는 공공청사 등에 대한 인권 친화도 제고를 목표로 도민과 가장 밀접한 공공시설인 주민센터의 인권 친화적 시설 설치 여부 등을 종합적으로 평가하고 개선방안을 마련하기 위하여 '도민인권 실태조사'를 실시했다.

'인권친화시설'의 개념은 장애유무, 연령이나 성별, 언어와 민족의 차이, 그리고 일시적 기능상의 불편함 여부에 관계없이 모든 시민이 아무런 어려움 없이 시설물을 자유롭게 접근하고 이용할 수 있는 시설로 정의[11]한다. 전라북도의 인권친화시설은 장애인과 노인 등 이동약자를 대상으로 가장 정량화된 무장애 생활환경 지표와 함께 모든 도민의 보편적 이용기준을 제시하고 있는 유니버설 디자인 그리고 공공시설물의 공익적 가치를 결합한 공공디자인의 지표를 종합

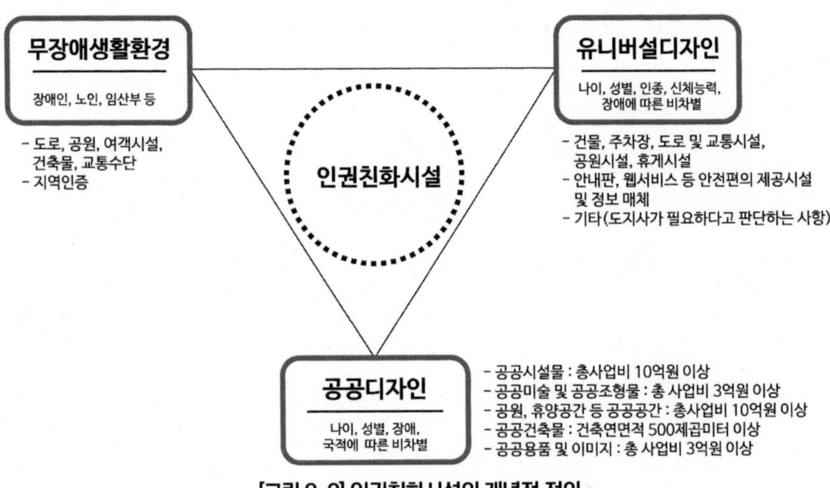

[그림 8-3] 인권친화시설의 개념적 정의

출처: 전라북도 도민인권 실태조사(인권친화시설).

11 도민인권실태조사(인권친화적 시설), 전라북도, 2020. p.10

하여 중요지표로 측정기준을 제시[12]하였다.

각 공공청사시설에 대한 인권 친화도를 측정하기 위한 지표를 건물 진입부터 시설물의 이동과 이용에 이르는 전 과정을 평가구분 12개, 지표구분 46개의 적합기준을 지정하여 조사하였다. 12개 지표구분은 주차장, 출입구, 출입문, 건물경사로, 계단, 승강기, 화장실, 임산부 휴게실, 기타시설(민원실 접수대 등), 피난시설이다.

〈표 8-3〉 전라북도 인권친화시설 평가구분 및 지표

평가 구분	주차장	출입구	출입문	건물 복도	계단	승강기	화장실	임산부 휴게실	기타 시설	피난 시설
지표 수	4	2	5	4	5	5	5	4	4	4

또한 각 지표는 장애인과 노인 등 이동약자를 대상으로 정량화된 무장애 생활환경 지표, 모든 도민의 보편적인 이용기준을 제시하고 있는 유니버설디자인, 공공시설물의 공익적 가치를 결합한 공공디자인의 지표를 활용하여 구성하였다.

(3) Governance

국민디자인단: 디자인, 공공서비스 혁신의 주역으로

국민디자인단이란 2014년부터 2020년까지 1,491개 과제, 1만 3천800여 명의 참가자들이 참여해 정책과 공공서비스를 디자인한 정책워킹그룹이다.

---

12 위의책, p.54

의제설정, 정책결정, 집행, 환류 등 정책과정 전반에 정책 공급자인 공무원과 수요자인 국민, 서비스디자이너 등이 함께 참여하여 서비스 디자인 방법을 통해 공공서비스를 개발, 개선시켰다. 국민디자인단 활동은 정부의 정책추진 방식을 수요자 중심으로 변화시키기 위한 시도였다. 중앙부처, 지방자치단체, 공공기관을 대상으로 신규, 기존사업을 변화시키기를 희망하는 정책을 중심으로 혁신 사례로 만들어 궁극적으로 정부 정책의 기획 방법을 공급자 중심에서 수요자 중심으로 전환시키는 것을 목표로 하였다.

사업내용은 행안부 및 산업부 협업으로 공공서비스디자인 개발 방법을 도입해 국민이 정책 수립의 전 과정에 참여함으로써, 수요자 중심의 이익과 발전에 기여하는 사회적 가치 중심의 정책디자인 활동으로 전개되었으며 주요 진행내용은 다음과 같다.

〈표 8-4〉 국민디자인단 사업내용

구분	단계별 내용
1단계 이해하기	국민 관점에서 문제 다시 정의 및 접근
2단계 발견하기	현장조사(관찰, 체험, 심층 인터뷰) 후 숨겨진 수요 발견
3단계 정의하기	해결책을 위한 국민디자인단 정책 워킹 그룹 활동
4단계 발전하기	문제 해결안을 위해 실현 가능한 방향으로 범위를 좁혀 확정
5단계 전달하기	국민디자인단 결과물 소개(프레젠테이션), 실제 적용 검토

국민디자인단은 공공정책에 대한 국민의 기대수준이 높아져, 공무원의 단편적인 전문지식만으로는 해결하기 어려운 복잡한 정책들을 국민들이 잠재되어 있는 진정한 욕구를 찾아내고 해결할 수 있도록 해당 정책에 이해관계자들이 직접 참여하여 정책을 디자인할 수 있는 장을 마련했다는 데 큰 의의가 있다.

서울시 디자인거버넌스

서울시 디자인거버넌스는 시민이 직접 제안하여 사회문제를 발굴하고 다양한 주체들이 함께 소통하고 참여하여 공공의 문제를 디자인으로 해결해 가는 민관 협력체계이다. 시민이 직접 제안하여 사회문제를 발굴하고 디자인으로 해결해 감으로써 모두가 공감하는 디자인정책을 실현하기 위해 만들어진 소통과 참여의 장이다.

시민, 학생, 디자이너 및 다양한 분야별 전문가, 기업 등이 함께 참여하여 공공의 문제를 해결해 나가는 소통과 참여의 장으로 시민들의 자유로운 제안을 통해 시범사업 주제를 공모하고, 시민 투표를 거쳐 시범사업 주제가 선정된다. 또한 모든 사업의 진행 과정 · 결과는 홈페이지에 공유되어 시민들의 피드백을 받고 자유롭게 확산 · 활용된다.[13]

SEOUL DESIGN GOVERNANCE
OPEN
디자인의 모든 과정을 시민에게 개방합니다.
OPINION
모든 과정에서 시민들의 의견을 수렴합니다.
OPPORTUNITY
모든 프로젝트에서 시민과 전문가들에게 참여기회를 제공합니다.
EFFICIENCY
프로젝트 진행 시 지역의 자원(사람, 문화, 공간 등)을 활용하여 예산과 자원을 효율화 합니다.
PUBLIC
결과에 대해 시민에게 공유하고 평가 받습니다.

[그림 8-4] 디자인거버넌스 추진 프로세스

출처: 디자인서울 홈페이지.

서울시는 2015년부터 디자인거버넌스 사업을 추진하고 있으며 학생, 주민, 교수, 전문가, 프리랜서 등 다양한 분야의 참여자들이 모여 복잡 다양해지는 사회문제에 대해 실현 가능하고 실효성 있는 해결책을 마련하기 위해 노력하고 있다.

---

13 디자인서울 홈페이지(https://design.seoul.go.kr/sdg/help/notice).

디자인거버넌스에 올라온 시민제안은 환경 · 위생, 복지, 안전, 경제, 건강, 기타 분야 총 325건이며 환경 · 위생 분야가 116건으로 가장 많다. 이 중에 완료된 프로젝트는 총 30건으로 환경 · 위생 5건, 복지 12건, 안전 6건, 경제 1건, 건강 4건, 기타 2건이다.

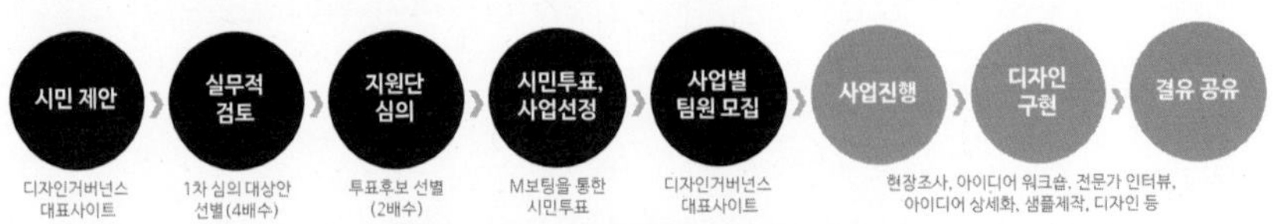

[그림 8-5] 디자인거버넌스 추진 프로세스

출처: 디자인서울 홈페이지.

강원도교육청 학교공간 감성화 사업

강원도교육청에서 진행한 '학교공간 감성화 사업'은 감성디자인과 폭력예방디자인(CPTED)의 두 가지 분야로 구분되어 있으며, 단순한 시설개선 차원을 넘어 학교 내 · 외부에 사용자의 편의와 더불어 공간별 적절한 색채사용을 통해 공간을 재조성하여 사용자의 니즈에 따른 공간을 제공하고 있다. 강원도교육청의 학교공간 감성화 사업은 교육부에서 2019년도부터 추진한 학교공간혁신사업에 앞서 2014년도부터 본격적으로 수행되었기 때문에 교육부의 학교공간혁신사업 정책수립에도 많은 기여를 하였다.

2020년부터 2021년까지 공간혁신 대상 학교 32곳 중 '청소년 감성디자인 교실'과 '공간혁신 영역단위 사업'의 우수학교 각각 3곳을 선정했고, 그중, 필자가 촉진자로 활동한 인제 기린고등학교는 미디어에 익숙한 학생들의 정서와 의견을 반영하여 교실 앞면에 판서와 빔프로젝터 영상이 동시에 가능한 백색보드판을 설치하고, 교실 뒷면에는 편안한 휴식을 위한 계단식 휴식공간을 설치했다.

[그림 8-6] 인제 기린고등학교 학교공간혁신사업 사용자(학생, 교사) 의견 반영 과정

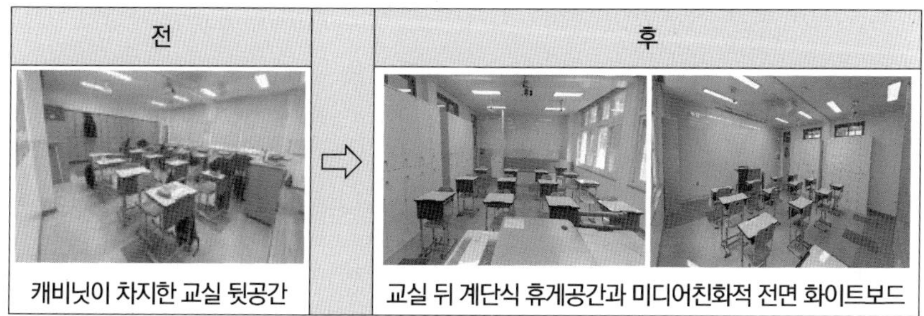

[그림 8-7] 인제 기린고등학교 학교공간혁신사업 전후 사진

이상과 같이 ESG 개념을 바탕으로 공공디자인 사례를 소개하였다.

4. 시사점과 방향성

ESG는 지구에서 함께 살아가기 위해 필요한 기본적인 요구사항이다. 환경적으로 인간이 지구의 모든 생명과 공존할 수 있는 최소한의 조건들이며, 인간들 간에 서로 공평하고 공정하게 차별 없는 세상을 만들어가는 데 필요한 사항들이며, 모든 조직원이 최소한의 권리와 의견을 함께 공유하고 나눌 수 있도록 하는 필요

조건이다. 공공디자인은 공공의 이익을 위해 공공과 그와 연계된 이해관계자(시민, 기업)가 함께 만들어가는 공간이자, 공감할 수 있는 서비스이다.

최소한의 환경에 대한, 사회와 인권에 대한, 그리고 조직(기업, 마을, 도시, 국가 등)에 대한 공평한 가치관만 가지고 있더라도 우리 사회는 더 살기 좋은 세상이 될 것이다. 공공의 공간과 공공서비스는 큰 이변이 없는 한 질적으로 점점 더 나아질 것이다. 수많은 재정의 투입과 더불어 실제 사용자의 의견을 반영하려는 정책적 노력이 더해지는 결과일 것이다.

2000년대에 들어서면서 공공 영역 디자인의 중요성이 강조되었고 공공건축과 시설물이 질적으로 많이 향상되었다. 단순히 소재나 디자인만 향상된 것이 아닌 유니버설디자인과 시민참여디자인 등을 통해 인권이 반영되고, 시민의 직접적인 니즈가 반영된 결과라 할 수 있다. 시민의 의견을 반영하면 할수록 시민은 공공 영역과 공공정책에 더 많은 관심을 갖게 되고 더 애정 어린 의견과 적극적인 문제 해결을 시도하게 된다.

ESG는 자칫 경제영역에만 해당되는 것으로 오인할 수 있다. 그리고, 공적 영역에서 먼저 다가가고 관심 갖지 않으면 그린워싱처럼 보기에만 그럴듯한 정책으로 전락할 수 있다. 진정성 있는 환경에의 관심, 공정한 사회 구현, 조직원의 권리를 보장하는 지배구조는 저절로 이루어지는 것이 아닐 것이다. 이러한 사회적 현상도 공공 영역의 디자인을 통해 만들어갈 수 있도록 관련 정책부처에서 관심 가져봄직하다. ESG는 단순히 '환경'만을 다루는 정책이 아니다. 더욱이 경제와 경영 분야에만 필요한 정책이 아닌, 공공의 영역에서 먼저 고민하고 실천해야 하는 정책이다. 시민이 살아가고 누리는 모든 공공공간과 공공서비스 분야에서 함께 만들어가고 누구나 공평한 권리를 누릴 수 있도록 해야 한다. 그러한 차원에서 ESG정책은 하드웨어적 부분을 디자인함과 동시에 정책과 사업의 추진과정에서 시민이 참여할 수 있는 기회 또한 공공디자인 관점에서 디자인되어야 하고, 공공디자인은 ESG관점에서 검토되어야 함을 다시한번 강조하고 싶다.

참고문헌

조명래, 공공디자인, 공공영역을 디자인하라, 건축과 사회, 2008 봄.

최조순 외 2인, 공공디자인 관련 조례 제정 동향 및 함의-광역지방자치단체 조례를 중심으로-, 도시디자인저널, 2022, Vol.4, No.1.

홍내의 외 2인, 텍스트마이닝을 통한 공공디자인 인식조사 연구, 도시디자인저널, 2022, Vol.4, No.1, p.32.

황미영, 국내 공공디자인 연구동향에 대한 메타분석, 한국실내디자인학회논문집 제25권 3호(통권 116호), 2016.06.

도민인권실태조사(인권친화적 시설), 전라북도, 2020.

산업통상자원부(2021), 관계부처 합동 K-ESG 가이드라인 V1.0.

해양수산부 보도자료, 2021.7.8.(목).

공공디자인 종합정보시스템(https://www.publicdesign.kr/cms/content/view/855).

디자인서울(https://design.seoul.go.kr/sdg/help/notice).

아름다운재단(https://beautifulfund.org).

오마이뉴스, 2015.10.14., 환경을 위한 안전 디자인, '그린 공공 디자인', 최정수 기자.

제9장

ESG 교육 프로그램

박금옥

박금옥(朴錦玉)

경영학 석사, CSR 경영관리사, 전경련ESG전문가로 서영대학교 사회적경제과 강사로 활동하고 있다. 파주시 사회적경제, 마을공동체지원센터에서 사회적경제 분야 담당(사회적경제 컨설팅. 교육 사업 운영)으로 재직, 경기도 양평군 사회적경제 5개년 계획연구 등 다수 연구 실적이 있다.

공감대 형성을 위한 ESG 교육 필요성

글로벌 기업경영의 투자 지침으로 시작된 ESG가 전 인류 공동체의 지속 가능한 발전을 위한 핵심 전략으로 확대되고 있어, 민간기업뿐만 아니라 공공기관, 대학, 사회복지기관 등 다양한 조직 영역에서도 중요한 아젠다로 떠오르고 있다. 이러한 사실은 ESG 관련된 여론조사의 결과에서도 잘 나타난다.

2021년 10월 경기도 공무원과 31개 시군의 과장급 이상 공무원, 경기도 산하 공공기관 부서장 이상 총 90명을 대상으로 한 '경기도 지방정부 및 공공기관에 대한 ESG 대응 실태 조사' 결과에 따르면 '기관의 ESG가 필요한가?'에 대한 질문에 79.8%가 '필요하다'고 응답하여 지방정부 및 공공기관의 ESG 경영 인식 수준은 매우 높은 것으로 나타났다(김지환, 2022).

같은 해 12월 대한상공회의소가 한국생산성본부와 공동으로 국내 기업 300개사를 대상으로 실시한 'ESG 확산 · 정착을 위한 기업 설문조사' 결과도 비슷했다. 응답 기업의 70%가 ESG에 대해 '중요하다'(매우 중요 27.7%, 다소 중요 42.3%)고 답해 기업의 높은 ESG 인식 수준을 확인할 수 있었다. 그러나 기업의 ESG 경영 수준은 5점 척도 기준 2.9점으로 높은 인식 수준에 비해 낮게 나타났다. 이는 ESG가 기업 투자를 위한 평가 수준을 넘어 협력업체의 공급망 관리까지 준비해야 하는 현실과 대기업에 납품하는 중소중견기업의 공시의무 확대가 기업경영에 직접적인 영향을 미치고 있어, ESG 경영이 중요하다는 데에는 공감하고 있으나 인력과 자금의 문제 등 기업경영의 어려움으로 인하여 현실적인 실행단계에서 주저함을 보여주고 있다. 기업들의 고민은 깊어져 가고 선명한 출구전략이 보이지 않는 상황이다.

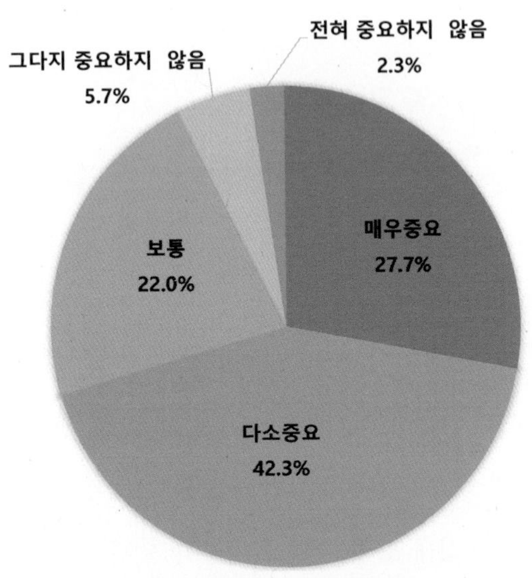

[그림 9-1] 기업의 ESG 중요성 인식 수준

시민 인식도 ESG 경영에 긍정적인 반응이다. 2021년 5월 대한상공회의소가 국민 300명을 대상으로 '기업의 ESG 활동이 제품 구매에 영향을 주는가?'에 대해 조사했다. 설문조사 결과 응답자 63%가 '영향이 있다'라고 응답해 시민도 기업의 ESG 활동에 높은 관심을 보였다. 이뿐만이 아니다. 그해 12월 국내 취업 플랫폼 잡코리아가 대학생 649명을 대상으로 진행한 'ESG 경영 인지정도 조사' 결과도 ESG 경영의 의미를 알고 있는 대학생의 비율이 78.6%로 나타났으며, MZ세대 구직자 1,183명을 대상으로 진행한 'ESG 경영 기업취업 선호도' 조사 결과에서도 84.1%의 구직자들이 ESG 경영을 실천하는 기업에 대한 입사 희망을 보였다.

이러한 흐름을 방증하듯 수많은 교육 프로그램이 ESG라는 꼬리표를 달고 개설되고 있다. 먼저 ESG 관련 민간 자격증 등록 현황을 보면 2012년에 1건이 등록된 후 10여 년 만에 우후죽순 유행처럼 퍼져 나가고 있다. 2021년 5건 등록을 시작으로 2022년에는 29건, 2023년도에는 8월말 기준으로 81건이 집계되어 급격한 증가세를 보이고 있다. 이러한 추세라면 2023년 말에는 100여 건의 ESG 관련 자격증 신청이 이루어질 것으로 예상된다.

〈표 9-1〉 연도별 ESG 관련 민간 자격증 등록 추이

연도	2012	2021	2022	2023. 8월 말 기준
ESG 민간 자격증 등록 건수(개)	1	5	29	81

대학에서도 기업경영의 필수 가치인 ESG가 영역을 확장 중이다. 2021년 연세대학교는 법률대학원 법무 학과에 'ESG와 메타버스의 법적 과제'와 미래 캠퍼스 일반대학원 환경금융학과에 'ESG 통합 지속 가능 투자' 과목을 개설하여 차세대 ESG 전문 인재를 양성하고 있다. 인하대학교도 '녹색금융 특성화대학원'을 신설하여 ESG 전문인력 양성에 나서는 등 국내 10여 개 대학이 ESG 관련 학과를 개설하고 교육 커리큘럼을 확대하고 있다.

지난 정부에서 사회적경제 관련 학과 개설 및 교육 프로그램이 들불처럼 번져 정부의 사회적경제 확대 정책에 부응한 대학의 부단한 노력이 있었다. 그러나 현 정부에서는 사회적경제 관련 학과의 움직임이 위축되고, 반면 그 자리를 대신하듯 ESG 관련 활동이 증가하는 추세다. 이처럼 ESG 교육이 유행에 그쳐서는 안 될 것이다. 유행이 아닌 지속 가능한 교육으로 정착할 수 있는 생태계 조성이 필요하다.

또한 지속 가능한 발전 목표를 위한 수단이 ESG가 전부인 것처럼 포장해서도 안 될 것이다. UN이 지속가능한발전목표(SDGs)를 권유하고 있지만 아직은 걸음마 단계다. SDGs조차 소화하지 못하고 있는 행정에 ESG 실천은 이중 고통으로 받아들일 수 있다. ESG 확산을 위해서는 천천히 그러나 객관적이고 합리적인 교육이 이뤄져야 한다.

ESG가 왜 중요한지, 대상은 누구인지? 어떤 교육 프로그램인지, 교육을 통해 무엇을 준비하고 실천해야 하는지 등 교육의 목적을 명확히 해야 한다. 이를 통해 우리 사회가 환경을 보호하고 인권을 보장하고, 투명한 사회가 될 수 있다. 현재 ESG는 기업을 중심으로 공공기관의 관심사로 인식되고 있다. 건강한 ESG 생태계가 우리 사회에 안착하기 위해서는 공공 영역을 필두로 기업은 물론 학계와 시민사회에 이르기까지 사회 구성원 전체의 관심과 참여가 중요하다.

특히 중앙부처와 지방정부, 산하 공공기관 등 공직사회 구성원은 ESG에 대해 더 많은 관심을 가져야 할 때다. 정부의 공약 이행의 수준을 넘어 국가의 필수 의무 사항으로 요구받고 있는 현실을 반영해야 한다. 지방정부 평가나 공공기관 경영평가를 받아야 하는 수단이 아닌 솔선수범하는 자세와 중소기업을 지원하는 중추적인 역할에 매진해야 한다. 그러기 위해서는 ESG 교육이 선행되어야 하며 기업인을 포함한 공공 부문에 종사하는 모든 사람이 대상이 되어야 한다. 정책공급자의 ESG 인식 내재화가 선행되어야만 기업의 ESG 대응이 효율적으로 이뤄지기 때문이다.

이에 현재 운영되고 있는 공공기관, 민간단체, 학계의 교육 현황과 사례를 통해 지방정부의 역할과 방향을 제시해 보고자 한다.

1. 공무원 인재 양성 교육기관 ESG 교육 현황과 사례

1) 나라배움터(국가공무원인재개발원) 온라인 교육 과정 현황

나라배움터는 국가공무원, 지방공무원, 공공기관 임직원 등의 역량 강화와 자기주도 학습을 지원하여 정부혁신을 주도할 핵심 인재 양성을 위한 대표적인 공무원 온라인 교육 통합 플랫폼이다. 각급 기관, 공공기관, 교육훈련기관 등이 공동 활용하여 공무원의 상시 학습을 지원하고 있다.

ESG가 주요 쟁점으로 부각된 2021년부터 2023년 8월 말 현재까지 공무원을 대상으로 개설된 온라인 교육 개수는 2021년 1,717개, 2022년 1,217개, 2023년 921개로 총 3,855개였다. 이 중 ESG 교육은 2021년 3개, 2022년 5개, 2023년 7개의 강좌가 운영되어, 3년간 ESG 강좌 운영 누적 수는 총 15개로 나타났다.

〈표 9-2〉 나라배움터 온라인 강좌 개설 현황

연도	계	국정철학 공직 가치	지도력 자기 계발	CIT 정보화	직무 공통	직무 전문	글로벌	어학	인문 소양	생활 · 건강	ESG 강좌
2023	921	90	198	154	106	42	60	30	180	61	7
2022	1,217	85	253	206	131	55	128	33	251	75	5
2021	1,717	58	243	172	70	70	101	692	246	65	3

세부적으로 살펴보면 2021년 개설 · 운영된 강좌로는 2시간 5분으로 제작된 동영상 '지속 가능한 경제와 ESG', 교육과 식품업계에서의 ESG 경영을 주제로 한 '이슈 브리핑-식품업계의 ESG는?', 그리고 지속 가능 경영의 대표적인 기업 파타고니아의 사례를 통해 기업의 나아갈 방향을 제시하는 '지구를 살리는 기업, 파타고니아의 ESG 경영 스토리' 등 3개다.

2022년에는 공공기관 사용자를 대상으로 한 중증 장애인 생산품 우선 구매 제도 및 구매 방법 안내 교육인 'ESG 경영 필수 중증 장애인 생산품 우선구매'와 '공무원이 알아야 할 ESG'가 추가로 개설되었다. '공무원이 알아야 할 ESG'는 ESG 개념과 이해를 통해 공무원의 역할을 재정립할 수 있는 교육 과정이다.

2023년 추가된 교육은 ESG의 개념, 투자, 경영을 이해하고 향후 기업과 금융, 인적자원개발, 노사관계 등에 미치는 영향 등의 내용을 담은 '지금 이 시대에 필요한 ESG', 'ESG경영처 주관 법정의무교육(환경경영교육)'이 있다. 'ESG경영처 주관 법정의무교육(환경경영교육)'은 주택도시보증공사 의무교육으로 기후변화 위기 대응 및 탄소중립의 내용을 포함하고 있다. 이처럼 공무원, 공공기관 대상 ESG 온라인 교육은 총 7개다. ESG 관련 이슈가 점점 확대되고 있는 현실에 비하면 신규 과정 개설은 정체되어 있다. 강의 시간 구성도 'ESG경영처 주관 법정의무교육(환경경영교육)'을 제외하고는 평균 1시간 남짓으로 구성되어 있어 ESG를 이해하는 데 다소 어려움이 있어 보인다.

〈표 9-3〉 나라배움터 ESG 교육 강좌 현황

	교육명	분류	개발연도	시간
1	지속 가능한 경제와 ESG	경영 · 경제	2021	2:05
2	이슈브리핑-식품업계의 ESG는?	ICT · 정보화	2021	0:50
3	지구를 살리는 기업, 파타고니아의 ESG경영 스토리	공통	2021	1:48
4	ESG경영필수 중증장애인생산품 우선구매	공직관	2022	1:00
5	공무원이 알아야 할 ESG	공통	2022	1:40
6	지금 이십 대에 필요한 ESG	서울대학교 운영	2023	1:00
7	ESG경영처 주관 법정의무교육(환경경영교육)	주택도시보증 공사 운영	2023	6:41

그 외 공공기관 담당자를 위한 교육도 산발적으로 진행되고 있다. 공공기관 경영평가 및 사회적 가치 담당자를 대상으로 사회적가치연구소와 공공서비스경영연구소가 진행한 '공공기관 사회적 가치 창출을 위한 ESG 경영 활동 방안'이 지난 2022년 1월에 개설되었다. 주요 내용은 한국형 ESG(K-ESG)를 이해하고 공공기관의 사회적 가치 및 ESG 성과측정 · 평가 방안 등이며 온오프라인으로 운영되었다. 같은 해 3월 국토교통부 사무관 30명을 대상으로 '공공기관 ESG 전략'이 온라인 교육으로, 11월에는'공공기관 ESG 경영의 이해'가 사회서비스원 종사자 40명을 대상으로 진행됐다. 이뿐만 아니라 광역시도 및 기초시군구도 ESG 교육에 박차를 가하고 있다. 이는 17개 광역시도 및 226개 기초시군구도 정책과제에 ESG 활동 지표를 포함하고 있어 ESG 평가에 자유롭지 못하기 때문이다.

2022년 1월 부산광역시 부산진구청은 5급 이상 간부 공무원을 대상으로 '지속가능발전과 탄소중립 실현을 위한 ESG 경영 교육'을 실시했다. 그해 10월에는 경기도 군포시가 ESG 가치관 확립을 통해 다양한 지속가능발전 시책 발굴과 추진을 위해 '탄소중립 및 ESG 경영'에 대한 교육을 시행했다. 5급 이상 간부 공무원 60명을 대상으로 ESG 교육을 한 것이다. 이어 11월 광명시에서는 공직사회의 지속 가능한 발전 인식을 확산하고 ESG 경영 실천을 모색하기 위하여 '영화로 생각하는 지속 가능한 발전교육'이 공무원뿐만 아니라 공공기관 임직원까지 확대하여 진행되었다.

2023년에도 공무원을 대상으로 한 교육 과정이 실시되고 있다. 지난 5월 전남도의회에서 공무원 100명을 대상으로 벌인 'ESG 시스템' 교육이, 7월에는 경기도 의왕시에서 실시한 공무원 인식개선을 위한 '지속 가능한 미래를 위한 공공행정 ESG 마인드 특강'이 이뤄졌다. 이 외에도 각 중앙부처, 지방정부, 공공기관 등이 ESG 관련 교육을 실시하고 있는 추세다. 그러나 일회성 · 단발성으로 이루어지고 있어, 보다 중장기적으로 교육과정 설계가 요구된다.

2) 서울특별시 인재개발원(서울특별시)

서울특별시 인재개발원은 1961년 개원하여 61년의 긴 역사가 있다. 서울시 공직자의 공직 가치관을 내재화하고 혁신적인 정책을 실현하기 위한 목적으로 설립되었다. 서울시 직원(본청, 사업소, 자치구 및 공사, 출연기관)을 대상으로 교육을 담당하는 서울시 대표 교육기관이다.

2023년 온라인 교육 운영과정은 총 310개이며 이 중 ESG 관련 온라인 교육 강좌는 3개로 나타났다.

〈표 9-4〉 서울특별시 인재개발원 온라인 강좌 개설 현황

연도	계	핵심가치 공직가치	인문소양	리더십	직무 공통	직무 전문	IT 직무	개인 학습	ESG 강좌
2023	310	29	22	15	74	114	52	4	3

세부 과정으로는 'e-지속 가능한 경제와 ESG', '공무원이 알아야 할 ESG', 그리고 'e-지금 시대에 필요한 ESG' 교육이 개설되었다. 나라배움터(국가공무원인재개발원) 온라인 교육 과정 중 같은 제목의 강좌가 포함되어 있어 공유연계를 통해 운영되고 있는 것으로 보인다.

ESG가 중요하게 부각되는 실정에 서울특별시의 정책을 만들고 현장에서 실현하고 있는 공무원을 대상으로 하는 ESG 교육으로는 다소 빈약해 보인다.

〈표 9-5〉 서울시 인재개발원 ESG 교육과정

	교육명	대상	시간
1	e-지금 이 시대에 필요한 ESG	시, 자치구, 투자출연기관	1시간
2	e-지속 가능한 경제와 ESG	시, 자치구, 투자출연기관	2시간
3	e-공무원이 알아야 할 ESG	시, 자치구, 투자출연기관	1시간 40분

3) 경기도 인재개발원(경기도)

경기도 대표 공직 인재 양성 교육기관인 '경기도 인재개발원'에서 실시하고 있는 2023년 온라인 교육은 986개로 나타났다. 이 중 ESG 강좌는 6개로 제작 연도는 모두 2021년이다. 내용을 살펴보면 'ESG X Tech: DX시대의 ESG 경영 전략' 교육은 ESG에 관심 있는 직장인, ESG 경영확산으로 수립된 정책적 규제에 대응하기 위한 새로운 기술 개발을 고민하는 기술자, 변화하는 비즈니스 트렌드의 흐름에 맞춰 조직의 기술혁신을 고민하는 경영인을 대상으로 하고 있다.

〈표 9-6〉 경기도 인재개발원 ESG 교육 과정(온라인) 현황 (2023. 8월 말 기준)

	교육명	대상	제작년도	시간
1	ESG X Tech: DX시대의 ESG 경영 전략	관심 직장인 ESG ESG경영 수립 개발자 ESG 조직혁신 경영인	2021	4
2	ESG 혁명 대비전략- 전 사원을 교육하라!	ESG 리스크 대비 기업임직원 기업공시 담당자	2021	8
3	ESG, 미래를 이끄는 지속 가능한 비즈니스 전략	ESG경영 이해를 위한 경영진 ESG고려 사회책임투자 시행자	2021	6
4	경기관광축제 아카데미, 지역축제 ESG접목(일반)	경기도 소속 전 직원, 교육참여기관	2021	1

	교육명	대상	제작년도	시간
5	글로벌 경영트렌드, ESG 성공 전략	기업 ESG실무자, 기업임직원	2021	4
6	지구를 살리는 기업, 파타고니아의 ESG경영 스토리	ESG 경영을 위한 임직원 사회책임연구 욕구 임직원	2021	5

'ESG 혁명 대비전략-전 사원을 교육하라!' 과정은 ESG 규제강화에 따른 리스크에 대비하거나, ESG의 개념 및 주요 내용에 대해 알고자 하는 임직원, 기업의 공시 관련 담당자를 대상으로 하고 있다. 'ESG, 미래를 이끄는 지속 가능한 비즈니스 전략' 교육은 ESG에 대해 체계적으로 알고 싶은 조직의 구성원 및 경영진, ESG 경영을 도입하고자 하거나 도입했으나 방향성을 제대로 세우지 못한 경영진, ESG 요소를 고려한 사회책임투자를 시행하고자 하는 투자자를 대상하고 있다. 경기도 소속 전 직원이나 경기도인재개발원 이러닝 교육 참여기관을 대상으로 운영되고 있는 교육은 '경기 관광 축제 아카데미, 지역축제 ESG 접목(일반)'이 있다. 이 외에도 '글로벌 경영트렌드, ESG 성공 전략' 과정은 기업의 ESG, 지속가능경영 및 기업사회공헌 관련 실무자나 관리자, 기업 임직원을 대상으로 하고 있다. ESG에 관심이 있는 임직원을 대상으로 파타고니아 기업경영사례를 통해 ESG 경영 전략 방향을 제시하는 '지구를 살리는 기업의 ESG 경영 스토리'가 있다. 대상자는 직장인, ESG 프로그램 개발자, 기업 대표 및 임직원, 사회책임 투자자, ESG 실무자 등 맞춤형 교육으로 진행하고 있다. 그러나 강의내용이 2021년도를 기점으로 제작된 강좌다. 2022년과 2023년에 봇물 터지듯 빠르게 변하고 있는 ESG 환경을 담아내는 교육 프로그램이 필요하다. 이론과 사례는 고정되더라도 정책과 기업환경의 변화는 새롭게 수정 및 보완해야 할 필요가 있어 보인다.

2. 대학의 ESG 관련 교육 현황과 사례

1) 대학의 ESG 학과 및 교과목개설 현황

국내 대학들도 ESG의 세계적인 추세에 맞춰 빠르게 대응하고 있다. 미래의 핵심 ESG(환경 · 사회 · 지배구조) 경영 전문가 양성을 위한 ESG 교육을 본격적으로 열고 있다. 대학이나 대학원 과정에 ESG 관련 교과목을 개설한 사례는 다음과 같다. 2021년 연세대학교가 법률대학원 법무 학과에 'ESG와 메타버스의 법적 과제'와 미래 캠퍼스 일반대학원 환경금융학과에 'ESG 통합 지속 가능 투자' 과목을 개설하여 차세대 ESG 전문 인재를 양성하고 있다. 서울과학종합대학원대학교, 홍익대학교, 한양대학교, 동아대학교, 숙명여자대학교도 ESG 관련 교과목을 개설하였다.

2022년에는 건양대학교, 강원대학교가, 2023년에는 경주대학교가 교과목을 확대한 것으로 나타났다. 이 외에도 검색에서 누락된 학과와 교과목이 더 있을 것으로 보인다.

〈표 9-7〉 대학교 ESG 관련 교과목개설 현황

대학	학과	과목명	개설 시기
연세대학교 법률대학원	법학과	ESG와 메타버스의 법적 과제	2021
연세대학교 일반대학원	환경금융학과	ESG 통합 지속 가능 투자	2021
서울과학종합대학원	MBA	AI와 ESG	2021
홍익대학교	경영대학원	ESG 투자	2021
한양대학교	학부 교양	ESG 컨설팅	2021
동아대학교	학부 교양	ESG 경영 실천을 위한 함께 해결하는 사회문제	2021

대학	학과	과목명	개설 시기
숙명여자대학교	기후환경 에너지학과	기업과 ESG환경전략 탄소배출권 금융시장론	2021
건양대학교	학부 교양	ESG가치	2022
강원대학교	학부 교양필수	지속가능발전의 이해	2022
경주대학교	ESG경영학과	인문학과 ESG경영 융합 과목	2023

2) 대학의 ESG 학위과정(석 · 박사과정) 현황

대학원의 학위과정에도 ESG 관련 학과와 과목이 꾸준히 늘어나는 추세다. 인하대학교는 기업의 사회적 책임(CSR)과 지속가능경영 교육을 추구해 온 경험을 토대로 2020년 12월 '녹색금융 특성화대학원'을 신설했다. 녹색금융에 특화된 교육 과정을 통해 국내 녹색금융 산업 발전을 선도할 전문 인재 양성에 앞장서고 있다. 연세대학교는 국내 최초로 '녹색금융 특성화대학원'을 설립했다. 탄소중립 · 기후변화 · 환경에 대한 기술적 지식과 데이터 기반 분석 능력을 갖춘 녹색금융 전문가 양성에 이바지하고 있다. 한양대학교에서는 '글로벌 기후환경학과'와 경영전문대학원에 'ESG 트랙 과정'을 개설하여 운영하고 있다. 특히 'ESG 트랙과정'은 온라인 기반으로 운영되고 있어 시간과 장소에 구애받지 않고 교육받을 수 있도록 설계되었다.

ESG 교육 과정이 주로 경영학과나 경영대학원 중심으로 이루어지고 있는 가운데, 최근 공학대학원으로는 처음으로'융합 ESG학과'를 개설한 아주대학교는 학계의 관심을 끌었다. 융합 ESG 학과는 특정한 전공의 시각에서 벗어나야 하고 환경 분야는 공학 지식이 기반이 되는 것을 고려하여 여러 전공 지식을 모아 개설했다는 후문이다.

2023년 8월 말 기준으로 국내 ESG 관련 석사나 박사 학위과정을 운영하는 대학은 총 12개이다. 이 중 '녹색금융 특성화대학원'을 설립한 인하대학교와 연세대학교는 석 · 박사 학위 과정을 모두 운영하고 있다. 관련 대학들의 ESG 과정 개설 시기를 분석해 보면 2020년에 1개 대학이, 2021년 5개, 2022년 3개, 2023년 3개로 나타나 ESG 교육과정이 2021년부터 본격화되고 있음을 알 수 있다. 이는 ESG 민간자격증 등록의 가속화, 행정기관의 ESG 관련 학습 프로그램 개설 시기와도 맞물린다. 이처럼 국내의 ESG가 2021년부터 가시화된 것을 감안하면 아직 가야할 길이 멀다. 그러나 세계의 급변하는 ESG 투자환경에 대응하기 위해서는 다각적인 방안 노력이 시급하다. 이 외에도 조사에서 누락 된 대학 과정이 상당수 있을 것으로 보이며, 앞으로 ESG 학위과정이나 교과목개설은 꾸준히 확대 · 운영될 전망이다.

〈표 9-8〉 대학원 ESG 관련 학위과정 현황

연번	대학	주요 교과목	학위과정(석사 · 박사)	개설 시기
1	인하대학교 녹색금융 특성화대학원	ESG 평가와 투자성과분석 기후변화와 전략	녹색금융 전공 (석 · 박사)	2020
2	단국대학교 경영대학원	ESG 경영, ESG 금융론, 기업의 사회적책임과 ESG 경영	ESG 경영(석사)	2021
3	연세대학교 녹색금융특성화대학원	ESG통합 지속가능투자, 기후변화와 거시경제	환경금융학 (석 · 박사)	2021
4	한양대학교 글로벌 기후환경학과	탄소중립전략, 기후금융과 ESG투자론	환경정책학(석사)	2021

연번	대학	주요 교과목	학위과정(석사 · 박사)	개설 시기
5	한양대학교 경영전문대학원	ESG필드스터디, ESG 개론, 사회적가치경영, 지배구조 등	ESG MBA 과정	2021
6	한성대학교 경영전문대학원	ESG개론, 기업윤리 ESG평가 컨설팅 방법, ESG진단컨설팅	컨설팅학(석사)	2021
7	경주대학교 문화관 광복지대학원	SDGS, ESG실천기법	SDG, ESG 경영학 (석사)	2022
8	서강대학교 경제대학원	ESG개론, ESG환경금융, ESG평가방법론	ESG 경제학(석사)	2022
9	우석대학교 경영문화대학원	ESG경영개론, 사회적 가치와 ESG, ESG평가방법론 등	ESG 경영학과(석사)	2022
10	KAIST 녹색성장지속가능대학원	녹색경영론, 기후변화와 녹색경영, 윤리 및 안전	녹색경영정책 프로그램(석사)	2023
11	한림국제대학원	ESG리스크평가관리 ESG지속가능경영, 실무	ESG탄소경영통합 (석사)	2023
12	아주대학교 공학대학원	ESG와 그린 ICT 전략 ESG 기술고도화 전략, ESG개론	공학석사(융합ESG) (석사)	2023

3) 국내 논문, KCI 등재 현황(10년간)

지난 10년간 한국학술지인용색인(KCI: Korea Citation Index)에 등재된 ESG 관련 논문 현황을 살펴보면 2013년 총 3편이 등재되었다. 이후 논문은 소강상태를 보이다가 2019년 8편, 2020년 23편으로 증가했으며 2021년은 122편으로 전년 대비 530%로 가파른 증가세를 보였다. 그뒤 2022년 400편, 2023년 8월 말 기준 451편이 등재되어 ESG 관련 논문 수는 총 1,017편으로 조사되었다. 이는 10년 전을 참작하면 가히 폭발적인 증가이다. 학계의 관심과 관련 논문이 이처럼 쏟아져 나오는 것을 보면 ESG에 대한 높은 영향력과 파급효과를 미루어 짐작할 수 있다. ESG가 2006년 코피 아난 UN 사무총장이 금융업계에 제안한 책임투자원칙(PRI: Principles for Responsible Investment)에서 시작되었으나, 2020년, 전 세계적인 코로나19 위기 이후 투자자들의 요구와 기업경영의 규제 강화가 확대되면서 ESG 경영이 본격적으로 가시화된 것이다.

〈표 9-9〉 연도별 ESG 논문 KCI 등재 현황

연도	2013	2014	2015	2016	2017	2018	2019	2020	2021	2022	2023. 8 기준
계	3	0	1	3	2	4	8	23	122	400	451
학술지	2	0	1	1	1	3	6	16	95	276	258
박사논문	0	0	0	0	1	0	2	3	7	46	69
석사논문	1	0	0	2	0	1	0	4	20	78	124

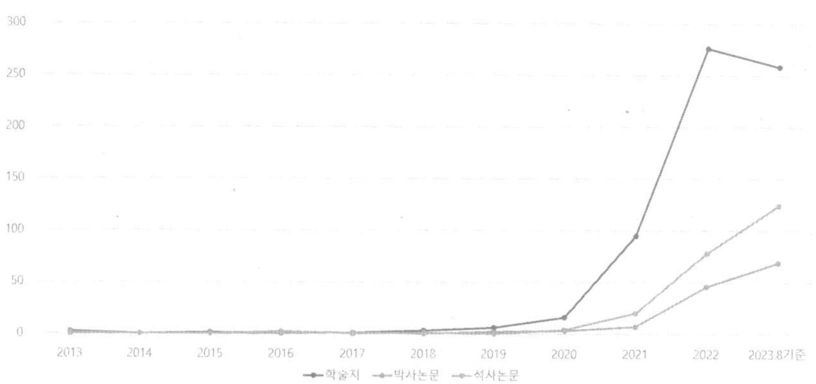

[그림 9-2] 연도별 ESG 논문 KCI 등재 현황

4) 대학의 비학위과정 현황 및 사례

ESG 교육은 학위과정뿐만 아니라 비학위과정도 이러한 흐름을 보인다. 경영전문대학원을 중심으로 기업 CEO, 임직원 등을 대상으로 하는 '최고위 과정'에 ESG 전문가 과정을 담고 있다. 대학에 따라서는 ESG 관련 민간 자격증 과정을 운영하는 곳도 나타났다.

서울대학교 경영대학원에서는 'ESG 경영 최고위 과정'을 운영하고 있다. 총 20주 과정으로 대상자는 사회공헌 담당 임직원이나 기업 CEO, 기관장 등으로 규정하고 있다. 이수자 특전으로 총장 명의의 이수증, 대학 발간 간행물, 시설 등 이용, 경영 대학에서 주최하는 각종 세미나 및 포럼 참석에 우선권을 부여한다. 또한 환경대학원에서도 'ESG 전문가 과정'을 함께 운영하고 있어 ESG 전문가 양성에 박차를 가하고 있다.

고려대학교 국제대학원의 'ESG & 인권 경영 최고위 과정'은 기업 대표나 임직원, 기관의 리더를 대상으로 하고 있으며 과정 내에 국내 워크숍을 포함하고 있다. 수료 특전도 있다. 수료증 수여, 글로벌 포럼 참석 자격 부여, 부속 의료원 등 기관 이용료 감면, 도서관, 연구시설 이용, 교우회 만찬, 등산대회, 골프대회, 송년회 등으로 지속적인 네트워크 활동을 지원한다.

카이스트 대학은 기업 최고경영자 또는 임직원, 정부 기관의 고위직 공무원, 국회의원 등 국가와 조직의 ESG 경영 혁신을 주도해 나갈 특별 경력자를 대상으로 'ESG 최고경영자과정(KEEP)'을 운영하고 있다. 또 서울과학종합대학원은 'ESG 경영 최고위 과정'을 조직의 관리자, ESG 경영 전문가가 되고자 하는 산업계 종사자, 공공기관 인권 경영 및 경영평가 담당자를 대상으로 온오프라인 교육과정을 동시에 운영하여 사용자 편의성을 높이고 있다.

최고위 과정에 ESG 민간 자격증을 함께 취득할 수 있도록 설계한 대학교도 있다. 건국대학교는 'ESG 최고경영자과정' 이수자에게 'ESG 경영 전문위원' 민간 자격증을 취득할 수 있는 자격을 부여하고 있다. 신한대학교는 'ESG 활동 전문가' 자격증 과정(한국 가치융합협회)을 운영하고 있다. 연세대학교도 객관적이고 중립적인 시각으로 ESG 경영을 하는 기업의 제품과 서비스를 소비하며 평가하고 알리는 역할을 담당할 전문가 양성 프로그램인 'ESG 인플루언서 자격증 과정'을 온라인으로 운영하고 있다.

미래 ESG 경영을 이끌어갈 경영자를 양성하기 위해 최고위 과정 및 자격증 과정은 시의적절하다. 그러나 대부분 유료 교육으로 진행되고 있어 교육비에 대한 부담이 문제가 되기도 한다. 조사결과 비용은 최소 30만원 에서 최고 1,900만원으로 십인십색이었다. 이는 교육 일정 및 방법 등 교육 설계의 다양성에서 기인 된 것으로 보인다.

〈표 9-10〉 대학교 비학위과정 ESG 교육 현황

연번	대학명	과정명	비용 (만 원)	기간	자격증 (유/무)
1	고려대학교(경영대학원)	ESG 최고경영자과정	1,200	16주	무
2	고려대학교(국제대학원)	ESG&인권경영 글로벌 비즈니스 최고위과정	750	15주	무
3	서울대학교(경영대학원)	ESG 경영 최고위 과정	1,300	20주	무
4	서울대학교(환경대학원)	ESG 전문가 과정	660	14주	무
5	KAIST 대학	ESG 최고경영자	600	13주	무
6	연세대학교 (환경금융대학원)	ESG 최고책임자 (CSO) 과정	1,900	10주	무
7	서울과학종합대학원	ESG 경영 최고위 과정	500	13주	무

연번	대학명	과정명	비용 (만 원)	기간	자격증 (유/무)
8	서강대학교 (경영전문대학원)	ESG MiniMBA 리더십 과정	650	16주	무
9	건국대학교 (경영전문대학원)	최고경영자/ESG 경영 전문위원 자격증	500	14주	유
10	신한대학교대학원	ESG활동전문가 자격증 과정	200	12주	유
11	중앙대학교	탄소중립 ESG 최고위과정 기초/고급(정부지원)	30	20회	무
12	연세대학교	ESG 인플루언서 자격증 과정(온라인)	200	20차시	유

반면 교육비 부담을 줄이기 위해 노력하는 대학도 눈에 띈다. 중앙대학교의 경우 'ESG 최고위 과정'에 실제 지속가능경영보고서 작성을 실습하는 실무 학습 중심으로 구성하고, 중소기업 종사자들도 ESG 경영에 참여할 수 있도록 정부 지원을 받아 학비 부담을 줄이고 있다. 이 뿐만 아니라 많은 대학에서 ESG 관련 포럼, 아이디어 경진대회, 공모전 등을 진행하고 있으며, 수많은 ESG 관련 자료와 동영상(유튜브) 자료들이 제작되어 배포되고 있다. 앞서 거론된 대학교 외에도 비학위 · 민간 자격증 과정 등 ESG 교육을 운영하는 학교가 추가로 있을 것으로 보인다.

ESG 관련 교육이 대학교나 민간연구소 등에서 활발히 이루어지고 있으나, 문제는 급변하는 ESG 국제 환경에 얼마나 발 빠르고 긴밀하게 대응하고 있느냐다. ESG 교육은 학문적 충실성보다는 기업 경영 활동에 중심을 두고 있는 실천적 정책이라 할 수 있다. 이러한 실정을 고려해야 더욱 효율적인 교육이 이루어질 수 있다. 단순히 자격증 취득이나 학위 취득을 위한 형식적 교육은 지양되어야 하며, ESG 관련 교육 프로그램과 평가 체계가 필요한 시점이다.

① 서울대학교 'ESG 경영 최고위 과정(ELP: ESG Leaders Program)'

서울대학교는 ESG 중심으로 2022년 'ESG 경영 최고위 과정'을 개설하여 2023년 2기 과정을 운영하고 있다. 교육 참여 대상자로는 ESG, 지속가능경영, 사회공헌 담당 임원 및 기업 CEO, 기관장 등이다. ESG 개념 및 동향, 국제표준, 정책, 에너지, 공급망, 고객, 내부통제, 기업윤리, 보상, 측정 및 평가 등 기초에서 고급 주제에 이르기까지 포괄적인 주제를 다루고 있다.

프로그램 과정은 총 20주, 주 1회 2강좌로 구성되어 있으며 ESG와 관련된 20개의 모듈로 진행한다. 개요 부분에서는 ESG 개념 및 동향, ESG 역사, ESG 국제표준 등을 포함한다. 세계위협으로 다가온 환경(Environment) 부분에서는 상품, 서비스 디자인 전략, 기후변화와 탄소중립, 환경오염, 에너지 등의 내용을 담았다. 사회(Social)는 인권, 사람, 임직원, 고객관리 등의 내용이다. 거버넌스(Governance)는 이사회나 감사위원회, 내부통제, 기업윤리, 보상구조 등을 포함하여 ESG를 세부적으로 다루고 있으며 이 외에도 2회의 워크숍을 통해 역량을 다진다.

특히 서울대 ELP 과정의 교육 내용은 공공기관이나 시민단체의 관점보다는 기업 입장에서의 대응 전략 및 관련 사업 기회에 초점을 맞추어 운영되고 있어, 환경뿐만 아니라, 사회, 지배구조 관련 내용을 폭넓고 깊이 있게 다루고 있다(한경닷컴, 2023).

〈표 9-11〉 서울대학교 ESG 경영 최고위 세부 프로그램 과정

구분	주제	내용	시간
1	Overview	· ESG 개념 및 동향, ESG 발전역사, ESG 국제표준	8
2	Environmental	· 상품, 서비스 디자인 전략, 기후변화와 탄소중립, 환경오염, 에너지	13
3	Social	· 종업원 · 임직원 관리, 공급망 관리, 고객관리, 커뮤니티	11
4	Governance	· 이사회 및 감사위원회, 내부통제, 기업윤리, 보상구조	11
5	Application	· ESG 측정 및 평가, ESG 금융, ESG 공시 및 인증, 법적 관점 및 소송	11
6	Workshop	· 2회 운영(1박 2일, 2박 3일) 진행	5일

② 연세대학교 'ESG 인플루언서 자격증 과정'

연세대학교의 'ESG 인플루언서 자격증 과정'은 연세대학교 Learn Us와 MKYU가 기업의 경영 활동을 ESG 관점에서 모니터링하고, 올바른 가치 소비 문화를 확산시키는 소비자 인플루언서를 배출하고자 공동 개발한 자격증 과정이다. 이는 소비자인 시민이 ESG 문화를 선도하고, 나아가 미래 지속 가능한 사회에 긍정적인 영향력을 발휘하는 등 ESG 핵심 역할의 주체자로 선정시키기 위함이다.

〈표 9-12〉 연세대학교 'ESG 인플루언서 자격증 과정' 세부 프로그램 과정

PART	주제	내용	시간(분)
1	ESG 및 ESG 인플루언서의 개념 바로 알기	- ESG 개념과 등장 배경, 미래전망 - ESG 열풍이 불러온 라이프 스타일 - ESG 인플루언서의 개념과 비전	약 100

PART	주제	내용	시간(분)
2	ESG 영역별 세부 항목 이해하기	- ESG에 대한 오해와 진실 - 환경(Environmental) - 사회(Social) - 지배구조(Governance)	약 120
3	ESG 모니터링 지표로 기업 평가하기	- 실전 ESG 지표로 모니터링하기 - E 지표항목 및 체크리스트 - S 지표항목 및 체크리스트 - G 지표항목 및 체크리스트	약 120
4	ESG 인플루언서 활동의 트렌드 살펴보기	- ESG 인플루언서 기초 - ESG 캠페인 도전하기 - 봉사, 기부, 펀딩에 ESG 접목하기 - 디지털 플랫폼과 ESG 인플루언서 활동의 이해 - 소비자 참여형 기업 ESG 활동 모니터링하기	약 100
5	실전! ESG 인플루언서 활동하기	- 사회적기업의 제품 또는 서비스 리뷰하기 - 기업의 ESG 캠페인 기획안 작성 - 기업의 ESG 언어 이해와 적극적 소비자 활동	약 60

총 20강, 동영상 강의로 구성되어 있으며, 분량은 강의당 20분에서 30분이다. 일반적으로 ESG 강의나 교육이 기관, 기업 등을 대상으로 하는 것과는 다르게 이 교육은 개인, 소비자 대상의 강의로 교육생들은 기업과 소비자의 중립적이고 객관적인 입장에서 기업의 제품과 서비스를 소비하며 평가하고 알리는 역할을 하게 된다. 기업의 ESG 활동을 모니터링하고, 환경 단체와 연계해 다양한 프로젝트를 진행하는 등 사회에 선한 영향력도 행사하는 역할을 한다. ESG 인플루언서 자격증은 시민사회 구성원으로서 기업의 ESG 경영에 대한 이해를 돕고 기업의 ESG 성과 평가를 통해 ESG 경영의 목적을 실효성 있게 발전시키는 데 중요한 역할을 할 것으로 기대된다(연세대학교, 2023).

3. 민간 영역에서의 ESG 교육 현황과 과제

1) ESG 민간 자격증 등록현황

ESG 관심은 기업뿐만이 아니다. ESG 산업에 참여하고자 직장인 등의 자격증 도전이 증가하고 있다. 이에 ESG 민간 자격증 시장도 주목받고 있다. 국내 최초 ESG 관련 민간 자격증은 2012년 글로벌 녹색 경영 연구원이 등록한 'ESG 녹색 경영컨설턴트'다. 이후 2021년 국제경영원의 '전경련 ESG 전문가' 자격증 등록을 시작으로 2023년 8월 말 기준으로 총 116개의 ESG 관련 민간 자격증이 등록되었다.

연도별 발급 건수를 살펴보면 2012년 1건, 2021년 5건, 2022년 29건이 신규로 등록되었다. 2023년도 역시 8개월 만에 81건이 추가되면서 ESG의 열풍을 짐작할 수 있다.

2021년부터 채 3년도 되지 않아 ESG 민간 자격증이 급속히 증가하고 있다. 등록 기준 장벽이 낮다 보니 [그림 9-3]과 같이 동일 명칭, 유사한 명칭의 자격증이 중복적으로 나타났다. 현재 국가자격과 동일한 명칭이나 특정 금지 분야만 제외하고는 명칭 사용에 대한 제한이 없다. 법령상 누구나 신청만 하면 민간 자격을 등록 · 관리할 수 있기 때문이다.

지난 8월까지 등록된 ESG 민간 자격증을 분석한 결과 가장 많이 사용하는 자격증 명칭은 'ESG 경영컨설턴트', 'ESG 전문가'로 8개 기관이 등록하였다. 다음으로 5개 기관에서 등록한 동일 명칭으로 'ESG 컨설턴트', 'ESG 평가사', 'ESG 지도사'가 있으며 4개 기관이 등록한 'ESG 경영 전문가', 'ESG 인플루언서'가 있다. 'ESG 교육전문가', 'ESG 진단 평가사'는 3개 기관이, 'ESG 경영 평가사', 'ESG 관리사', 'ESG 심사원', 'ESG 전문 강사'는 2개 기관이 동일 명칭으로 등록된 것으로 조사되었다.

이처럼 다수의 동일 또는 유사한 명칭을 사용하고 있는 자격증이 적지 않아 현장의 혼란을 초래할 수 있다. 민간 자격증의 경우 규제나 규정이 약해 누구나 등록할 수 있다. 자격증 등록에 있어 진입 장벽이 낮고 등록 이후 사후관리도 미비하다. 이러한 시스템은 향후 ESG 자격증의 난립과 운영 · 관리부실로 이어질 소지가 다분하다. 신뢰와 실용성 확보를 담보하는 ESG 자격증만이 현장에서 효과적인 전문가 역할을 할 수 있을 것이다. 대학 및 교육기관은 보다 체계적이고 전문적인 교육운영과 차별화된 검정 과정을 마련해야 한다.

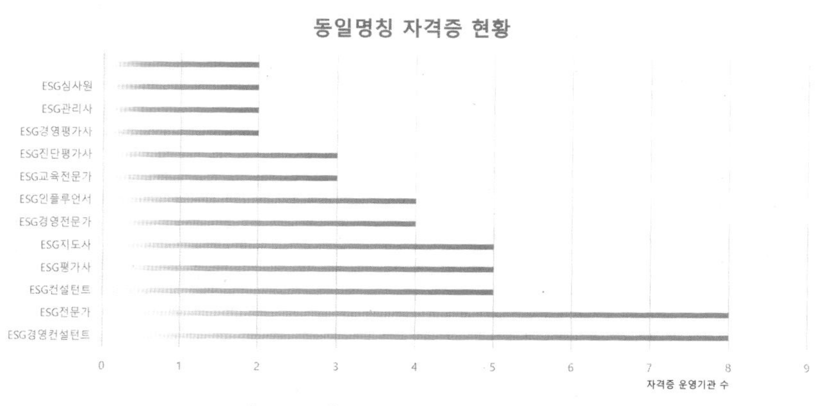

[그림 9-3] 민간 자격증 동일 명칭 현황

2) ESG 민간자격 운영기관 현황

ESG 민간 자격증 운영기관의 조직 형태를 살펴보면 법인이 70%, 단체와 개인이 각각 15%로 조사되었다. ESG 자격증을 운영하는 조직 형태는 법인이 대다수로 나타났다. 개인회사 자격으로 운영하는 곳이 있다는 것도 흥미롭다.

ESG 민간 자격증을 등록하는 지역을 살펴보았다. 서울특별시가 59개로 가장 많았으며 다음으로 경기도가 26개로 나타났다. 부산광역시가 6개, 충청북도와 경상남도가 각 5개, 인천광역시 4개, 대구광역시 3개, 강원특별자치도와 충청남도, 경상북도는 각 2개, 세종특별자치시와 전라남도가 1개씩 등록되어 있다. ESG 관리기관이 전혀 없는 광역시도는 5개로 조사되었다. 전국적으로 ESG가 최고의 관심을 끌고 있는 상황에서 지역별 편차가 드러나는 것은 의외라 할 수 있다. 또한 서울과 경기 지역이 국내 전체의 약 73%를 차지하고 있는 것도 ESG 관심이 어디에 몰려 있는지를 가늠할 수 있다. 지방정부의 역할이 그 어느 때보다도 중요한 시기다.

〈표 9-13〉 민간 자격증 지역분포현황

지역	서울	부산	대구	인천	광주	대전	울산	세종	경기	강원	충북	충남	전북	전남	경북	경남	제주
자격증 수	59	6	3	4	0	0	0	1	26	2	5	2	0	1	2	5	0

ESG 민간 자격증 발급등록 기관(주무관청) 현황이다. 산업통상자원부가 87개로 ESG 민간 자격증 발급이 가장 많았고, 중소벤처기업부 20개, 환경부 6개, 교육부 2개, 행정안전부 1개 순으로 나타났다.

3) ESG 민간자격 전문성 및 실효성

ESG 관련 민간 자격증 1호는 2012년 글로벌 녹색 경영 연구원에서 등록한 'ESG 녹색 경영컨설턴트'이다. 기업 대표나 임직원 등을 대상으로 매년 '녹색 경영 CEO 아카데미'로 운영되고 있으며, 과정 이수자는 자격증을 취득할 수 있다. 올해로 21기 수료생 23명을 배출하여 지금까지 총 561명이 자격증을 취득했다. 다음으로 등록된 자격증은 2021년 '전경련 ESG 전문가'로 1호 자격증이 등록된 지 약 9년이 지난 시점이다. 이후 폭발적으로 늘어나 2년여 만에 〈표

9-14〉와 같이 2023년 8월 말 기준 총 116개 ESG 민간 자격증이 등록되었다. 이는 코로나19 이후 급격히 부각된 ESG 이슈와 맞물린 결과로 보인다.

2012년부터 2023년 8월 말까지 발급기관에 등록된 ESG 민간 자격증의 운영 현황을 살펴보면 2022년 기준 35개의 ESG 자격증 등록 이후 1회 이상 검정시험을 진행한 기관은 9개이며 자격증 수는 11개로 나타나 자격증 발급률은 31.4%에 불과했다(116개 중 81개는 2023년에 등록된 자격증으로 발급 현황이 집계되지 않아 제외함).

자격 검정 횟수가 가장 많은 자격증은 '한국 사회공헌연구원'이 발급한 'ESG 진단 평가사'로 총 8회 실시하였다. 다음은 'ESG 녹색 경영컨설턴트'로 총 7회, 다음 순으로 'ESG 교육전문가'와 'ESG 지도사'가 3회 진행한 것으로 나타났다. 그리고 '스마트시티 ESG 전문가'와 'ESG 전문가자격'은 각각 2회, 나머지는 각 1회 검증 과정을 거쳤다. 자격증 발급량이 가장 많은 곳은 전국경제인연합회 '전경련 ESG 전문가'가 1,578건으로 가장 많았다. 두 번째는 538건을 발급한 'ESG 녹색 경영컨설턴트', 세 번째는 'ESG 진단 평가사'가 177건, 네 번째는 '121'건을 발급한 'ESG 교육전문가'로 나타났다.

ESG 민간 자격증 응시자는 총 3,000명이었으며 이중 자격증 취득은 2,609명으로 응시자 대비 합격률은 평균 86.7%로 분석되어 자격증 취득 과정에 난이도 및 변별력 확보가 필요할 것으로 보인다. 민간 자격증이라 할지라도 과도한 자격증 남발은 ESG 생태계의 부실로 이어질 수 있어 더 유효한 자격증 관리가 필요한 실정이다.

〈표 9-14〉 ESG 관련 자격증 발급현황(2022년 기준)

연번	자격증명	기관	검정 연도	자격 등급	검정 횟수	접수 (명)	응시 (명)	취득 (명)	합격률 (%)
1	ESG 녹색경영 컨설턴트	글로벌녹색 경영연구원	2012~2019	단일등급	2	588	521	425	81.6%
			2020	단일등급	1	29	29	24	82.8%
			2021	단일등급	1	30	23	21	91.3%
			2022	단일등급	3	79	73	68	93.2%
			소계		7	726	646	538	83.3%
2	전경련ESG 전문가	국제경영원	2021	단일등급		415	415	328	79.0%
			2022	단일등급		1,394	1,394	1,250	89.7%
			소계		1	1,809	1,809	1,578	87.2%
3	스마트시티 ESG 전문가	한국스마트 시티학회	2021	단일등급	1	15	15	15	100.0%
			2022	단일등급	1	15	15	15	100.0%
			소계		2	30	30	30	100%
4	ESG교육 전문가	아름다운 학교 운동본부	2022	1급	1	70	40	28	70.0%
			2022	2급	2	350	120	93	77.5%
			소계		3	420	160	121	75.6%
5	ESG진단 평가사	한국사회 공헌 연구원	2022	단일등급	8	179	179	177	98.9%
			소계		8	179	179	177	98.9%
6	ESG지도사		2022	단일등급	3	42	42	42	100.0%
			소계		3	42	42	42	100%
7	ESG경영 컨설턴트	건국대학교	2022	전문위원	-	-	-	-	0.0%
				1급	-	-	-	-	0.0%
				2급	1	27	27	23	85.2%
			소계		1	27	27	23	85.2%
8	ESG전문가 자격	한국교육 연구소	2022	1급	2	25	22	22	100.0%
				2급	-	-	-	-	0.0%
			소계		2	25	22	22	100%
9	ESG보고서 검증원		2022	단일등급	1	24	24	24	100.0%
			소계		1	24	24	24	100%
10	ESG경영 지원사	한국ESG경영 지원협회	2022	단일등급	1	23	23	23	100.0%
			소계		1	23	23	23	100%
11	ESG컨설팅 전문가	바른교육	2022	단일등급	1	38	38	31	81.6%
			소계		1	38	38	31	81.6%
11개 자격		9개 기관	검증현황 (명)			3,343	3,000	2,609	87.0%

ESG 교육은 정부 기관, 기업, 대학교 담장을 넘어 전 국민을 대상으로 빠르게 확산되고 있으며 교육 대상과 목적에 따라 기대하는 효과도 다르다.

첫째. 행정공무원에게는 ESG 인식 수준 및 전문성 향상을 통해 ESG 대응 전략과 발전 방향을 정책에 담고 실행할 수 있는 핵심역량을 키워 기업 · 기관을 견인할 수 있는 중추적 역할을 기대할 수 있다.

둘째. 정부 부처나 지방정부 산하기관의 ESG 교육은 공공 산하기관의 ESG 확산 생태계 조성과 기관의 성과측정 평가에 도움이 될 것이다.

셋째. 기업의 임직원과 담당자에게는 추구하는 기업의 핵심가치를 담은 ESG경영을 내재화하여 지속 성장할 수 있는 기반 마련의 토대가 될 것이다.

넷째 시민을 위한 ESG 인식확산 교육은 현명한 가치소비 문화 정착과 환경 실천을 유인하는 효과를 기대할 수 있다.

교육백년지대계(教育百年之大計)라는 말이 있다. 국가의 미래와 발전에 있어서 교육이 그만큼 중요하다는 뜻일 것이다. ESG에 관한 양질의 다양한 교육 과정의 확산이 건강한 ESG생태계 구축의 초석이 되길 바란다.

참고문헌

김지환(2022), 경기도 지방정부 및 공공기관의 ESG 경영 추진현황과 과제, 환경경영연구 14, pp.13-30.

Digital Tody(2021), 대한상공회의소 'ESG경영과 기업의 역할에 대한 국민인식' 조사.

ESG 민간자격 정보서비스, https://www.pqi.or.kr

연세대학교, LearnUs추진본부 LearnUs추진팀.

연합뉴스, 기업 10곳 중 7곳 'ESG 중요성' 인식 2021-12-29 06:00, https://www.yna.co.kr/view/AKR20211228150500003

2022.09.15., ESG 대학생 ESG경영 관심조사, 자료제공 잡코리아, https://www.mhj21.com/151580

경기도 인재개발원, https://edu.gg.go.kr/

국가인재원 나라배움터, '21년 운영과정 목록.'

나라배움터(국가공무원인재개발원), https://e-learning.nhi.go.kr/

민간자격 정보서비스, https://www.pqi.or.kr

서울대학교 ESG 경영 최고위 과정, https://mdc.snu.ac.kr/elp

서울특별시 인재개발원, https://hrd.seoul.go.kr/index.jsp

2020, 공무원 사이버교육 총괄표.

2022, 교육 운영계획 국가공무원인재개발원.

2023, 국가인재원 나라배움터, '23년 운영계획 및 과정 안내.'

2023, 서울시 과정별 운영계획 e-러닝(310개 과정).

제10장

지방정부 ESG 전략

박연숙

박연숙(朴蓮淑)

사회복지학 석사, 중앙대학교 박사학위 과정, 전경련 ESG 전문가로 화성시여성기업인협의회 회장을 역임했다. 화성시의회 8대 의원으로 화성시의정회 사무총장, 경기도교육청 교육정책자문위원회 위원, 21기 민주평화통일자문회의 자문위원, 공정과 상식 회복을 위한 국민연합 경기지역본부 공동대표, 국가발전정책연구원 사무처장을 맡고 있다. 지방정부의 공공정책과 지역사회 거버넌스에 관심이 많다.

중소기업을 위한 ESG는 지방정부 미션

세계 경제 시대에 강력한 이슈(Big Issue)로 떠오른 ESG(환경 · 사회 · 지배구조)가 기업은 물론 공공기관 등 행정의 영역에서도 초미의 관심을 끌고 있다. ESG가 기업의 환경을 고려한 원자재 사용, 안전관리, 인권 등을 고려한 사회공헌, 이사회 등 투명한 윤리경영의 기준을 제시하고 있다. ESG 계획과 실천 과정, 그리고 평가를 통해 ESG 등급이 낮으면 투자 및 판매에 절대적인 불이익이 예상된다. ESG를 잘 실천하는 기업은 기업의 선한 이미지와 긍정적인 평가로 기업의 운영자금 활용에 있어 투자금이 증가한다. 또한 기업의 이미지가 중요해지는 시점에서 소비자의 구매도 확대될 수 있다. 다시 말해, ESG 우수기업에는 많은 투자금이 몰리고 기업이 생산하는 재화 및 서비스 판매 확대로 기업이 성장할 수 있는 발판이 마련되는 것이다.

역으로 ESG에 대해 무관심하거나 소극적인 대응을 하는 기업에는 외부 투자금이 감소하거나 주주들의 외면이 시작된다. 소비자에게 투명하지 못한 기업, 갑질이나 하는 기업의 이미지가 덧씌워지면 순식간에 매출 급감이 이루어지거나 파산할 수도 있다. ESG를 둘러싼 다양한 위험이 기업의 발전 및 성장 여부를 결정하는 중요한 변수로 작용하고 있다.

문제는 ESG에 적극 대응하기 위해서는 비용이 수반된다는 것이다. 원자재 등 모든 제품의 친환경의 전환, 공장설비에서 발생하는 탄소배출 억제 등 환경적인 부분을 보완하고 개선하기 위한 비용이 소요된다. 생산 비용 절감을 위한 인력 활용에 있어 나이와 성별을 고려하고 취약계층 등 다양한 인력 운용이 필요해졌다. 고용인과 피고용인의 경직된 관계가 아닌 노동조합과의 평등한 위치 설정 등 탄력적인 조직 운영까지 고려해야 한다.

여기에 '과반수 주식을 보유한 사주 가족 또는 일부 특정 인원이 운영하는 기업이 아니다'라는 이미지까지 보여줘야 한다. 사주 갑질 등과 같은 실수 하나에 기업이 흔들릴 정도의 위협을 줄 수 있는 사회 환경이 형성되어 있기 때문이다. 지배구조(G) 개선에는 비용 수반이 많지 않겠지만, 환경(S)과 사회(S) 부문에 대한 ESG 대응을 위해서는 기업의 처지에서는 깊은 고민이 시작되었다.

글로벌 기업경영을 하는 대기업과 일정 규모와 시스템을 유지하고 있는 중견기업의 경우, ESG 대응을 위한 비용지출은 필수 불가결한 것으로 판단한다. 국내 투자를 받기 위한 전제조건은 물론 외국에 수출하는 기업으로서 ESG 가이드라인에 부합하는 대비를 해야 하기 때문이다. 제품 판매가 이루어지지 않으면 기업은 파산의 길로 들어설 수밖에 없다. 또한 소비자의 수많은 감시와 기업의 이미지를 고려하지 않으면 기업으로 생존하기 어렵다는 것을 알고 있다.

따라서 매출과 이익의 상당한 부분의 미래를 위한 투자전략으로써 투입하는 방식으로 이해한다. 장기적으로는 ESG 대응을 위한 투자가 더 큰 이익을 가져다줄 수 있다는 확신이 있어서 적극적으로 방어하고 있다.

이러한 투자유치 등을 위한 ESG 대응과 도입에 있어 대기업과 다국적기업은 보이지 않는 전쟁을 하고 있다고 해도 과언이 아니다. 일사불란한 조직운영과 막대한 자금투입, 그리고 파격적인 홍보전략을 앞세운 기업 간의 경쟁이 시작되었다. 이러한 현상은 경쟁기업보다 더 많은 자금을 유치하여 원활한 기업운영을 하려는 전략이다. 그리고 제품의 품질을 넘어 선한 기업 이미지로 소비자의 마음을 잡는 전략의 일환이다.

문제는 이러한 거대 '고래들의 싸움에 새우 등이 터질 수 있는' 환경이 조성되었다는 것이다. 수출하는 기업에 납품하는 중소기업에도 같은 ESG 가이드라인을 준수하라는 요구가 시작된 것이다. 공급망 관리 차원에서 압박이 시작되었다. 완성품을 만들기 위한 작은 부품을 생산하는 과정에서의 환경요소를 평가하고, 해당 기업이 투명한 경영을 하는 기업인지를 증명하라는 것이다. 대기업 또는 다국적기업에 품질만 좋으면 잘 납품하던 중소기업의 처지에서는 청천벽력으로 다가온 것이다. ESG 준비를 위해 생각지도 못했던 자금지출 및 인력고용 등 획기적으로 대응하는 경영 전환을 해야 하는 시대가 된 것이다. 이른바 그동안 제품의 품질로 경쟁했던 기업들이 생각지도 못했던 비용지출 등 투명경영의 요구로 기업 운영의 어려움이 시작된 것이다.

2022년 말부터 2023년 초까지 대한상공회의소, 중소기업중앙회, 경기도연구원 등 다양한 기관에서 ESG에 대한 중소기업의 인식 조사가 있었다. 조사보고서에는 ESG를 대하는 중소기업의 인식에 관한 현실이 그대로 드러났다. 중소기업의 과반수는 ESG에 대한 정확한 인식도 미흡하고 준비할 수 있는 여력도 부족한 것으로 나타났다. 특히 ESG를 담당할 인력과 응대할 자금이 가장 어려운 것으로 답변했다. 계속된 경제침체와 코로나19 여파 등으로 인해 기업경영의 어려움을 겪고 있는 상황에서 추가로 준비해야 할 ESG는 커다란 부담으로 느끼고 있다.

ESG 대응을 하는 대기업이나 중견기업도 중장기적인 전략의 일환으로서 생존전략의 핵심 영역으로 준비하고 있다. 중소기업 또는 소상공인의 경우 기업 생존을 위해 필요하다고 인지해도 중장기적 전략은 고사하고 단기적 대응조차 어려운 경영 현실에 주저하고 있다. 왜 ESG 대응이 필요한지, 무엇을 어떻게 준비해야 하는지, 담당자와 필요 자금은 어떻게 마련해야 하는지 등 암울한 생각에서 벗어나지 못하고 있는 것으로 알려졌다.

대기업, 다국적기업과 달리 ESG 대응에 있어 조직 및 자금 등 필수적인 내용조차 준비하지 못하고 방황하는 중소기업에 대한 대책 마련이 시급하다. 지역 내 중소기업을 대상으로 ESG 관련 교육 몇 번 시키고, 필요한 기업에 시범적으로 컨설팅을 제공하는 수준으로는 근본적인 해결책이 되지 못한다. 바로, 이 시점에서 지방정부의 힘이 필요하다 할 것이다. 전국 243개 지방정부 중 ESG 관련 조례를 제정한 곳이 2023년 8월 말 기준 36개다. 약 15% 수준으로 초기 단계라 할 수 있다. 조례 내용을 보면 대부분 지방정부 산하기관 또는 지역의 중소기업을 대상으로 ESG 지원 시스템을 마련하는 수준이다.

ESG 조례가 중소기업을 대상으로 교육, 컨설팅 등 기본적인 '지원해야 한다'가 아닌 '할 수 있다' 수준의 내용이다. 자칫 조례 제정에 의미를 두는 수준에 멈출 수 있다. 지방자치 시대에 ESG 대응과 확대는 중앙부처는 물론 지방정부가 앞장서야 한다. 대기업 수준의 정책은 중앙부처에서 검토하고 지원하는 방식으로 대응할 수 있지만 전체 기업의 90%를 웃도는 중소기업의 ESG는 지방정부의 몫이라 할 수 있다.

지방정부 ESG 추진 로드맵

지방정부 산하기관이나 민간기업의 경우 ESG 대응을 위한 중장기 추진 로드맵이 필요하다. 중앙부처나 지방정부와 같이 정책 수립 등 공급자 역할에 머물러 있는 환경과 다르다. 이런 기관의 ESG 추진은 도입기, 도약기, 확산기 등 3단계 추진전략을 마련해야 할 것이다.

ESG 도입기는 ESG 경영체계를 도입하는 단계다. ESG 경영 선포와 전략을 수립하고 이행한다. ESG 운영 프로세스를 구축하고 부문별 혁신과제를 발굴하며, 추진조직을 구축한다. 추진조직은 ESG 전담부서를 구성하고 ESG 관련 위원회를 신설하여 대응한다.

ESG 도약기는 ESG를 선도하는 기관으로 비상하는 단계다. K-ESG 평가지표를 기반으로 ESG 전략을 강화한다. ESG 경영역량을 내재화하고 평가체계인 성과관리를 강화한다. 우수성과 창출을 통한 지속가능경영보고서나 ESG 경영보고서를 발간한다. ESG 위원회는 외부 이해관계자 참여 확대를 통한 실질적인 역할로 기관이나 기업의 내실화를 도모한다.

ESG 확산기는 ESG 가치를 확산하는 단계다. K-ESG 추진을 통한 모범기관이나 기업으로 성장할 수 있는 토대를 마련한다. 협력 기관이나 협업 관계에 있는 기업의 공급망 관리 등을 위한 ESG 전파 노력을 한다. 수출기업 등은 글로벌이니셔티브 참여를 확대하고 국내외 ESG 확산을 위한 역량을 발휘한다. 이러한 추진을 위해 기존 ESG 위원회를 CSR, 환경, 윤리경영 등 관련 협의기구를 통합한 위원회로 운영한다. 이사회 산하 위원회 역할이 아닌 핵심 위원회로서 이사회 운영에 중심적인 역할을 할 수 있게 한다.

반면, 지방정부 산하기관이나 지역 내 중소기업이 효율적인 ESG 추진을 도모하기 위해서는 지방정부의 역할이 중요하다. ESG의 정책 수립과 실행 및 평가 등을 통해 진정성 있게 펼치려면 지방정부 자체가 ESG에 대한 이해도가 높아야 한다. 조례 시행 대상에도 지방정부를 포함해 산하기관은 물론 중소기업과 함께 ESG를 준비하는 행정의 모습이 필요하다. 지방정부의 단체장과 공무원 또는 지방의회 의원들이 ESG에 적극 대응하고 함께하기 위해서는 단계별 전략이 필요할 것이다. 이에 도입 순서는 지방 행정 환경에 따라 달라질 수 있겠지만 다음과 같은 12가지 방법을 제시해 본다.

지방정부의 ESG 추진을 위해서는 [그림 10-1]과 같이 ESG를 전담하는 조직 구성에서부터 ESG 확산을 위한 시스템에 이르기까지 다양한 행정이 준비되어야 한다. 12단계를 기초, 정착, 고도화단계로 구분한다. 기초단계는 시스템을 구축하는 단계로 전담 조직, 조례 제정, 예산편성, 위원회 구성이다. 정착단계는 ESG를 직접 실행 지원하고 추진하는 단계로 경영교육, 홍보 수단, 추진계획, 성과관리다. 고도화단계는 ESG 대중화를 위한 홍보 확산 단계로 실천 보고회, 정보공개, 보고서 발간, ESG 확산으로 구분한다.

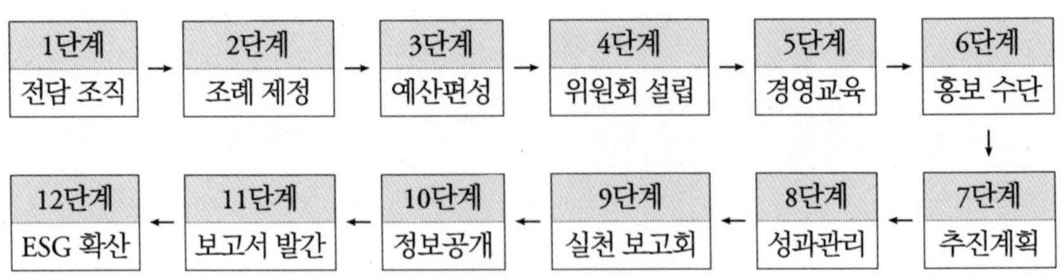

[그림 10-1] 지방정부 ESG 추진전략 로드맵

1단계: ESG 전담 조직 신설

지방정부가 ESG에 대해 적극적으로 참여하고 선도하기 위해서는 가장 먼저 해야 할 일이 ESG 관련 전담 조직을 만드는 것이라 할 수 있다. 행정은 명확한 업무가 아닌 것은 관심을 가지지 않는다. 업무 진행에 따른 업적을 평가하고 결과로 인사고과 성적이 부여되고 최종적으로는 승진에 절대적인 영향을 미치기 때문이다. 해당 업무에 대한 이해는 두 번째다. ESG 업무를 공식적으로 맡게 되고 평가 대상으로 인지하거나 ESG 업무가 인사권자의 관심이 많거나 공약사항일 경우에는 자세가 달라질 수밖에 없다.

현재 ESG 조례를 제정했거나, ESG 교육 등을 시행하고 있는 지방정부가 아닌 이상 ESG 전담 부서를 신설하기에는 한계가 있을 것이다. 초기 단계라면 기존 부서에서 추가로 ESG 업무를 추가하는 방법을 고려할 수 있다. 기존 ESG 조례를 제정한 36개 지방정부의 ESG 추진부서를 보면 대부분 지역경제과 등 기업 및 경제에 관련된 부서가 담당하는 것을 알 수 있다. 따라서 기업 관련 부서에 ESG 기능을 추가하는 것부터 시작할 수 있다. 추가 업무를 부여할 수도 있고, 최소한 1인 이상의 ESG 전담자를 통해 정책을 펼치는 방법도 있을 것이다.

ESG 관련 조례를 2개 이상 제정한 경상북도, 부산광역시, 전라남도의 조직도에서 ESG 담당 부서가 있는지와 관련 업무를 담당하는 공무원이 있는지를 조사했다. 3곳 모두 ESG 관련 업무기능이 보이지 않는다. 유일하게 전라남도 교육청 정책국 교육자치과의 교육공동체협력팀 업무 중 ESG 교육네트워크 구축 및 활성화, ESG 지원센터 구축 및 운영이 있다. 교육자치과 내에 ESG 지원센터가 있다.

서울시 25개 자치구에서 ESG 조례를 제정한 강남구, 관악구, 금천구, 동작구, 마포구 조직을 통해 ESG 관련 부서나 담당자의 업무 등을 조사했다. 관악구의 지역상권활성화과, 금천구의 지역경제과, 마포구의 경제진흥과에는 ESG 관련 업무가 없다.

강남구의 디지털도시과 스마트도시기획팀에서는 민관협력 ESG 사업 발굴 · 협약 · 추진 등 ESG 업무가 있다. ESG 경영발전협의회 조직 · 운영, 민관협력 ESG 실천 운영(전문가 포럼, 사회공헌 프로젝트, 인식 제고 교육 · 홍보), ESG 협력 모델 공모사업 등이다. 동작구의 기획예산과 지속가능팀은 동작구 ESG 경영 활성화 도입 지원 업무 담당자가 있다.

ESG에 대한 이해가 어느 정도 형성된 지방정부일 경우에는 본격적으로 ESG 추진팀 또는 ESG 운영과의 신설을 고려할 수 있다. 일례로 기존 부서인 지역경제과에서 ESG 팀을 만들거나, ESG경제과 등으로 명칭을 변경할 수도 있다. ESG에 대한 가장 적극적이고 명확한 조직 신설 방안은 ESG 관련 부서인 과 단위 편제 또는 설립일 것이다. 국 단위 신설은 행정안전부의 승인이 필요하지만, 과 단위 신설은 지방정부 최고 정책결정권자 선에서 가능하기 때문이다. 이처럼 ESG경제과 등 전담 부서의 신설로부터 ESG에 대한 해당 지방정부의 신뢰와 의지 여부를 판단할 수 있다.

2단계: ESG 조례 제정

지방정부의 정책 시작은 관련 법률 또는 조례 및 시행규칙 등 자치법규 마련에서 비롯된다. ESG 조례 제정을 통해서 법적, 지방자치법 근거를 마련하고 정책을 구현해야 한다. 조례 제정을 위한 발의 주체는 지방정부의 집행부이거나 지방의회 의원이다. 주민들은 지방의원을 통해 간접적으로 조례 발의를 할 수 있다. 2023년 8월 말 기준 ESG 관련 조례를 제정한 36개 지방정부의 경우 대부분 의원 발의로 나타났다. 이는 주민 대표인 의원들의 관심이 ESG 정책을 견인하는 형국이라 할 수 있다.

이러한 ESG 조례를 제정하기 위해서는 ESG 관련 전문가를 초대해 간담회를 개최하는 일부터 시작해야 할 것이다. 집행부 전담 부서가 만들어져도 행정 업무에 익숙한 공무원 관점에서 ESG에 관한 내용은 전문가 대비 부족할 수 있기 때문이다. 전문가 또는 ESG 관련 학자, 컨설턴트, 활동가 등을 포함한 간담회를 거쳐 조례 제정을 위한 공청회를 개최해야 할 것이다. 공청회를 진행하는 목적은 ESG 조례를 제정하는 단계에서 전 주민이 알 수 있고 관심을 가지고 참여할 수 있는 공론의 장을 마련하는 순기능이 있다.

이러한 과정을 통해 마련된 조례(안)에 대한 집행부의 비용추계서와 의회 전문위원의 조례 검토의견서 등이 마련된다. 해당 조례에 대한 비용추계서는 대부분 향후 예산 투입비용에 관한 내용을 확신할 수 없는 현실을 반영해 생략하는 사유를 들어 제출한다. 일례로 조례안에 대해 비용추계서 미첨부 사유서에는 "예상되는 비용이 연평균 1억 원 미만이거나 한시적인 경비로서 총 3억 원 미만인 경우, 의안의 내용이 선언적, 권고적 형식으로 규정되는 등 기술적으로 추계가 어려운 경우" 등이다.

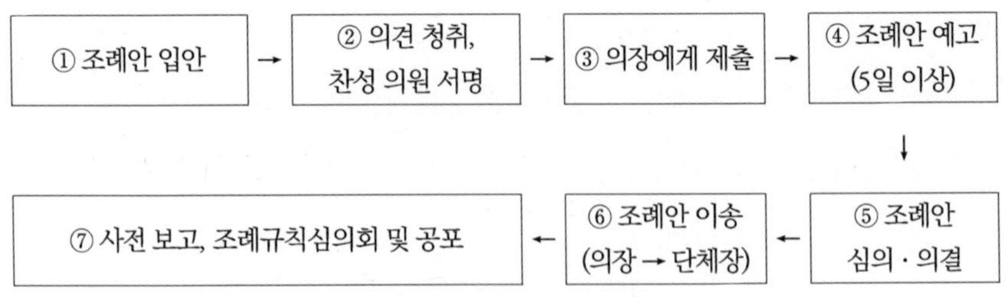

[그림 10-2] 조례 제정 절차

담당 부서나 의회 전문위원실에서 작성하는 검토의견서는 검토 대상의 구분이 정해져 있다. 검토 대상은 조례 제 · 개정의 필요성과 타당성, 재정 및 주민의 경제적 부담, 조례 시행이 예상되는 마찰 여부, 규정의 범위 및 적정성 여부, 다른 조례와의 상충 여부, 그리고 종합의견이다. 의회 전문위원의 ESG 조례(안)에 대한 검토의견서 제출과 심사 등을 통해 관련 상임위원회를 거쳐 본회의의 안건으로 상정하여 통과 여부를 결정한다.

3단계: ESG 시행 예산 마련

ESG 조례 제정 이후 예산을 마련해야 한다. 단기적으로는 추경예산을 고려할 수 있고, 내년 예산에 포함하는 방법이 있다. ESG 전반에 걸쳐 운용되는 프로세스에 투입되는 예산을 마련해야 한다. ESG 예산은 단순한 교육 및 컨설팅 지원에서부터 관련 기업에 대한 직접적인 ESG 대응 자금 마련에 이르기까지 다양하다. 해당 금액이 몇천만 원 수준이면 집행부에서 단독 처리가 가능하지만 억 단위가 넘거나 장기적 사업으로 진행하려면 반드시 의회의 검토와 승인은 필수적이다.

일례로 부산광역시의 경우 2023년 2월에 벤처나 창업기업의 투자 활성화 및 지속 가능 성장을 위해 부산시 21개 관계기관과 'ESG 선도기업 지원 업무 협약'을 맺었다. ESG 협의체 수행기관 운영비 5천만 원을 포함해 매년 2억 원씩 3년 동안 6억 원을 지원한다. 이 비용을 마련하기 위해 시의회의 공식 절차를 통해 동의받고 예산을 마련했다.

ESG 대응을 위한 관련 예산이 차기 연도부터 사용되는 것이라면 해당 연도에 구체적인 예산을 수립하고 절차를 거쳐 차기 연도 예산을 마련하면 된다. 하지만 현장의 현실은 다급한 상황이다. 당장이라도 ESG 관련된 홍보 및 교육, 간담회, 공청회 등 최소한 비용이라도 소요되는 일정이 진행되어야 한다. 이런 경우 추경을 편성할 수도 있지만 집행부에서 유사 관련 예산을 변경해 사용할 수 있다. 이러한 노력은 집행부가 단체장의 의지로 가능하다.

4단계: ESG 위원회 구성

중소기업의 입장에서 ESG의 영역 중 가장 부담이 크고 비용이 소요되는 부분은 환경(E)이다. 반면 공공 부문에서 가장 중요하다고 할 수 있는 영역은 지배구조(G)라 할 수 있다. 기업에서 이사회 역할을 하는 ESG 위원회의 위치와 기능과 역할에 관심을 기울여야 한다. 현재 제정된 36개 조례에서도 ESG 위원회는 3분의 1 수준이다. 조례 제정한 12개 광역시도에서는 6개 지역이, 21개 기초 시군구에서는 4개 지역만 ESG 위원회 내용이 포함되어 있다. 일부 지방정부의 경우 ESG 경영협의회 운영이란 표현을 사용하지만 약 75%가 내용이 없다.

ESG 조례를 제정했지만, ESG 위원회 설치에 대해서는 대단히 소극적인 자세를 보인다. 지방정부가 ESG를 대하는 태도를 고스란히 보여주는 사례다. ESG 위원회는 기업으로 따지면 이사회가 없는 기업이 운영된다고 보면 된다. 따라서 지방정부에서 ESG 위원회는 필수적으로 설립하고 정기적으로 운영을 해야 한다.

무엇보다도 ESG에 대한 이해와 전문성이 있는 사람들을 위원회 위원으로 구성해야 할 것이다. 관련 기업의 ESG 담당자, 협회 등 단체 관계자, 학자, 컨설턴트 등 관련 전문가 풀을 확보해야 한다. ESG가 초기 단계인 만큼 ESG 관련 전문가를 파악하는 것부터 어려울 수 있다. 하지만 ESG 관련 강의를 한 사람, ESG 책을 발간한 사람, ESG 토론회에 발제 및 토론자로 참석한 사람을 중심으로 찾아보면 그리 어렵지 않다. 중앙부처에서만 활동하거나 전국적인 지명도를 갖고 있거나, 대기업 중심의 활동을 하는 변호사, 회계사, 컨설턴트 등은 지방정부의 정책에 대한 참여도가 높지 않은 것을 고려해야 한다. 지방정부에 대한 지난 활동 및 이해도가 높은 전문가를 중심으로 ESG 위원회가 구성되어야 한다.

무엇보다 지방의회 의원은 필수적으로 1인 이상 참여를 보장해야 한다. 의원 참여는 지역주민 대표 자격이라는 측면도 있지만, 의회의 이해와 동의 없이는 ESG 정책을 본격적으로 추진하기 어렵다는 현실을 반영한 것이다. ESG 위원회에 참여하는 의원을 통해 의회의 공감과 협조를 끌어낼 수 있다. ESG 위원회 위원은 많으면 많을수록 다양한 의견을 통한 성공적인 ESG 정책을 펼칠 수 있을 것이다.

이러한 ESG 위원회를 운영하기 위해서는 ESG 위원회 운영계획을 구체적으로 마련해야 한다. 오프라인과 온라인 회의 진행 방법에서부터 정기적 회의, 긴급 회의, 회의 참석할 때 1인 1 아이디어 제언 등 위원들이 적극적으로 참여할 수 있는 장을 마련해 줘야 한다. 행정에서 통상 진행하는 연간 1회 수준의 위원회를 생각해서는 안 된다. ESG 위원회 활동이 어떻게 전개되느냐에 따라 지역의 기업은 생존의 문제로까지 이어질 수 있어서 위원회 중요함을 인식해야 한다.

ESG 위원회 회의는 반드시 내용을 정리하여 홈페이지 등에 공개해야 한다. ESG 자체가 투명한 경영을 지향하고 있는데 ESG 위원회 회의 내용을 비공개로 해서는 안 된다. 참여하는 위원들의 적극성과 열정을 위해서도 공개적으로 운영되어야 한다. ESG 위원회의 책임성 부여를 통한 정책개발과 대안 마련이 해당 지방정부의 ESG 정책 성공 여부를 가늠할 수 있는 기준이 될 수 있다.

5단계: ESG 경영교육 실행

지방정부에서 ESG 확대를 위해서는 ESG에 대한 이해와 공감 노력이 가장 중요하다. 몇 년 전부터 대기업 중심의 세계에서 사용하는 단어이고, 지방정부에서는 낯선 단어로 인식하고 있다. 이에스지(ESG) 영어로 되어 있어 더욱 이질감을 느낄 수 있다. 이런 현실은 지방정부의 조례 제정에 그대로 반영되어 있다. 상당수의 조례 명이 'ESG 지원 조례'가 아닌 '이에스지(ESG) 지원 조례' 형태로 제정되어 있다. 환경(E), 사회(S), 지배구조(G)의 영어 단어의 첫 글자만 가져와 만든 ESG에 대한 거부감이 반영된 것이다. 조례명에 영어를 사용해야 하느냐는 의원들의 문제 인식과 이의제기에 한글로 표시하고 괄호를 사용해 영어 단어를 넣은 형태의 조례 명이 만들어진 것이다.

이처럼 조례 명으로 사용하려는 ESG에 대한 이해도 차이가 나는 상황에서 ESG의 정확한 이해, 왜 ESG가 필요하고, 지방정부에서는 무슨 일을 하고, 준비해야 하는가 등에 대한 공감이 필요하다. 이를 위해서는 지방정부의 공무원, 즉 행정조직의 구성원들에 대한 ESG 교육이 선제적으로 이루어져야 한다. 단체장과 간부는 물론 지방의원들이 가장 먼저 ESG에 대한 학습이 필요하다. 정책 결정을 하는 위치에 있는 사람들의 ESG 이해가 중요하기 때문이다. 자연스럽게 지방정부 집행부 전체에 대한 ESG 교육이 연결되어야 한다.

다음으로는 지방정부 산하기관과 유관 단체 구성원에 대한 ESG 교육이 필요하다. 여기까지는 ESG 수요자이면서 공급자 역할을 하는 영역에 있는 집단이다. 기업의 ESG 실행을 위한 파트너로서 지원역할을 할 수 있는 위치에 있는 기관이기 때문이다.

그다음은 ESG의 핵심 대상인 지역 내 중소기업을 대상으로 ESG 교육을 해야 한다. 행정의 입장에서 가장 큰 공을 들여야 하는 부분이다. 기업의 대표들을 설득하고 관련 협회 및 단체장의 협력과 협조를 받아 상황에 따라서는 찾아가는 교육도 전개해야 한다. 기업의 특성상 근무 시간에 멀리 있는 교육 장소에 참여하기 어려운 현실을 고려하여, 퇴근 후 저녁 시간, 토요일 등 주말, 온라인 시스템을 이용한 온라인 강의 등을 활용하는 방법도 필요하다.

마지막으로는 기업의 ESG 성공을 위해서는 전체 주민에 대한 교육도 필요할 것이다. 공공과 민간기업의 서비스를 제공받는 최종 수요자인 주민이 ESG를 얼마나 이해하고 반응하느냐에 따라 ESG를 대하는 자세가 달라지기 때문이다. 행정서비스를 제공받고 기업의 제품을 구매하는 수요자인 주민이 ESG 실행을 잘하는 집단과 그렇지 못한 집단에 대한 비교 평가를 할 수 있다. 그 결과는 기업에는 성장과 후퇴의 갈림길이 될 수 있다.

ESG에 관한 교육 프로그램은 공공 부문보다 민간 영역에서 활발히 이루어지고 있다. 수많은 ESG 관련 전문가 자격증을 취득하기 위한 교육에서부터 대학이나 대학원 커리큘럼 과정의 교육까지 다양하다. 중앙부처 및 지방정부 산하 인재개발원에서 진행하는 ESG 교육도 많다. 하지만 단시간에 이루어지거나 온라인 교육으로 진행되는 곳이 많다. 의무교육도 아닌 선택 교육이며 ESG 담당 부서를 중심으로 관심의 차이가 달라지는 상황에서 ESG 교육의 효과를 보기 쉽지 않다.

기업이나 공공기관에서 ESG 관련 학습을 하고자 하는 마음만 있다면 온라인에서 무료로 진행하는 프로그램을 이용하면 된다. 수많은 ESG 전문가가 개인 방송은 물론 기관의 온라인 콘텐츠를 활용해 ESG 홍보대사로 강의하고 있다. 다만 이런 자율적인 학습 방법은 ESG에 대한 깊은 관심과 업무의 연계를 위해 필요한 사람 이외는 관심을 가지기 쉽지 않다. 따라서 지방정부의 계획적인 ESG 학습 과정이 필요하다. 양성평등 교육, 4대 폭력 예방 등과 같이 의무적 교육으로 지정해야 한다. 최소한 ESG가 무엇인지에 관한 내용의 공감 여부가 중요하다. ESG의 관심과 적극적 실행은 ESG에 대한 이해로부터 시작되는 것이다.

6단계: ESG 홍보 통한 주민 인식 전환

ESG 교육을 하기 전 또는 진행하는 과정에서 ESG 관련 홍보는 꼭 필요하다. 현장 교육도 중요하지만 다양한 매체를 통해 직 · 간접적으로 인지하거나 공유하는 모양새가 필요하다. 무슨 이유로 ESG가 등장했고, 주민의 관점에서 ESG를 어떻게 바라보아야 하는지, ESG 실천을 잘하는 지방정부와 기업을 어떤 방식으로 대응해야 하는지 등에 관한 내용을 담은 메시지가 필요하다.

ESG 홍보를 위한 다양한 방법이 있다. 지방정부 및 지방의회의 공식 홈페이지, 블로그, 페이스북 등 기관 자체 홍보 수단 이용이 가능하다. 산하기관이나 관계기관의 홍보 매체를 활용할 수 있다. 중소기업 관련 협회나 단체의 홍보 채널도 이용할 수 있다. 배너광고로 작업해 알림창으로 올려도 되고 카드 뉴스로 만들어 개별 SNS를 통한 배포도 가능하다. 주민들의 사적인 모임 공간인 밴드, 카페 등 온라인 홍보 매체 어디든 탑재할 수 있는 형식이면 된다.

지역방송 및 지역신문, 지방신문 등 지역 소재한 언론매체를 활용한 인터뷰, 소식, 우수사례 등 다양한 방식으로 ESG 홍보를 할 수 있다. 이렇게 다양한 홍보 채널을 통해 반복적으로 ESG를 접해야 그나마 ESG가 무엇인지 궁금해지고 함께 실천할 수 있는 마음이 형성되는 것이다. ESG 단어 자체를 처음 듣는 주민이 대부분이기 때문에 반복적으로 들려주고 보여주고 학습을 통한 공감대 형성과 인식 전환을 유도해야 한다.

결과적으로 소비자인 주민이 ESG에 대한 이해도가 높아야 행정과 기업이 진정성 있는 ESG를 실천할 수 있다. 주민이 ESG를 잘 알고 있어야 일부 지방정부 또는 기업이 ESG를 잘하는 것처럼 속이는 '그린워싱'이 사라질 수 있다. 그린워싱을 하는 행정이나 기업에 매서운 감시의 눈으로 감시하고 시정을 요구하고 때에 따라서는 퇴출할 수 있는 힘이 주민에게 있기 때문이다.

7단계: ESG 추진계획 수립

지방정부에서 ESG를 진행하기 위해서 전담 조직, 조례 제정 등과 동시에 진행해야 하는 일 중 하나가 ESG 추진계획을 수립하는 것이다. ESG 기본계획 및 실행계획 등을 마련하여 지침대로 진행하는 것이 효율적이다. 현재 대부분 지방정부에서는 「지속가능발전 기본법」에 따라 지속 가능한 발전 기본계획과 실행계획을 위한 연구용역을 하거나 보고서를 토대로 실행 중이다. 이처럼 ESG를 체계적으로 진행하기 위해서는 전문 연구를 통한 계획을 수립하는 것이라 할 수 있다.

통상 관련 연구를 하는 경우 대부분 행정은 외부 연구진에게 일임하고 관리 · 감독만 하려고 한다. 그러나 ESG는 행정도 함께 공유하고 실천해야 하는 당면과제로 인식해야 한다. 따라서 ESG 관련 연구를 하더라도 외부에만 전적으로 의존하지 말고 내부 인력도 함께 참여하는 (가칭)ESG융합연구팀을 만들어 공동연구를 하는 방안을 모색해야 할 것이다.

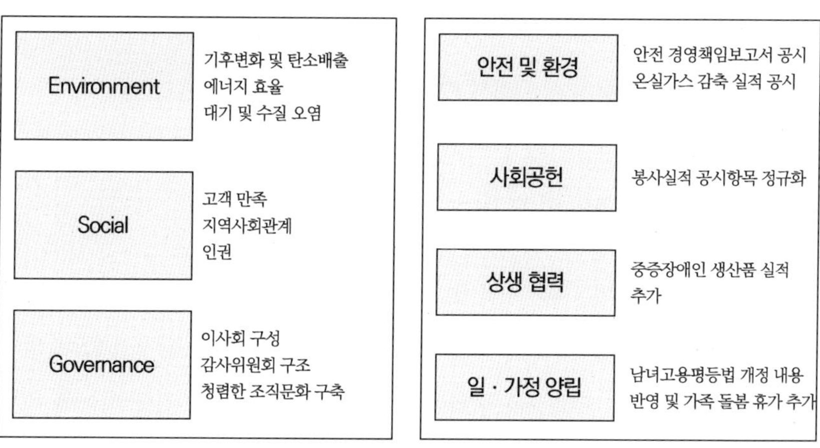

[그림 10-3] 공공 부문 ESG 평가 진단항목

ESG 기본계획 수립에는 ESG 추진을 위한 부서별 업무기능을 생각한 지표를 개발하고, ESG 실행계획에는 ESG 지표 개선과 구체적 실천 방안을 담아야 할 것이다. 이러한 연구를 통한 추진계획 내용에는 실행 방안도 필요하지만, 관련 사업을 하기 위한 대략적인 자금 운용에 관련된 내용까지 담아두는 것이 좋다. 이런 근거는 향후 의회에서 예산편성 통과를 위한 기초자료 등으로 활용할 수 있고, 집행부로서 중장기적으로 예산 마련을 위한 가이드 자료로 이용할 수 있기 때문이다.

ESG 평가를 위한 진단항목에 대해 기관 부서별로 실행계획이 필요하다. 환경(E)에서는 탄소배출 저감 노력, 에너지 효율화를 위한 시스템 전환, 대기오염을 줄이기 위한 친환경 자동차 운영, 용수 이용 등이다. 사회(S) 부문에서는 시설물 안전, 인권 중시 노력, 지역사회 봉사, 장애인 등 생산품 구매, 양성평등 노력 등을 통해 고객을 만족하는 내용을 담아야 한다. 지배구조(G)는 청렴한 조직문화를 형성하고 내부 감사는 물론 외부감사에 대한 투명한 자료공개가 이뤄져야 한다. 기업의 이사회 역할을 하는 ESG 위원회의 전문성과 객관적 운영이나 위원회 독립을 보장하는 시스템이 필요하다. ESG 위원회가 독립적으로 효율적인 운영을 보장하기 위해서 ESG 조례의 제 · 개정도 필요하다.

8단계: ESG 성과관리 및 평가

지방정부의 부서별 ESG 지표가 확정되고 실행이 이어지고 향후 지표안대로 잘 이행되었는지에 대한 성과관리가 필요하다. 행정의 입장에서 ESG 의제설정-정책결정-정책집행-정책평가는 기본적인 프로세스다. 해당 정책에 대한 사업 시행에 따른 결과물에 대한 평가는 필수적이다.

부서별 기능에 부합한 ESG 지표에 따른 이행 노력과 성과에 대한 평가를 통해 구성원이나 해당 부서의 성과관리를 할 수 있다. 그에 따른 평가 결과는 자연스럽게 고과점수에 반영되고 최종적으로는 인사고과를 통한 승진에 영향을 줄 수 있다. 이러한 성과관리와 평가는 집행부 자체는 물론 의회조직, 산하 공공기관이나 관계기관에까지 확대해 시행할 수 있다.

〈표 10-1〉 ESG 성과관리 프로세스 운영(안)

계획 (Plan)	ESG 경영 목표 수립	ESG 전략설정	ESG 성과관리계획 수립
	· 중장기 운영계획 수립 · 연간 사업계획 수립	· 중장기 전략과제 목표 설정 · 연간사업 지표별 KPI 설정	· 내부 성과평가 추진계획 · 정성 · 정량 실적 관리

실행 (Do)	상시	주간, 월간	반기
	· 기관장 지시사항 · 업무추진 모니터링	· 월간, 주간 부서장 회의 · 주요 계량 목표 실적 보고	· 지표별 추진실적 보고 · 연간사업계획 실적 점검

점검 (Check)	ESG 조직 평가	ESG 개인 평가
	· 내부 경영평가 · 외부 전문가 평가	· 부서장 성과계약 이행평가 · 내부 경영평가

환류 (Act)	ESG 성과 환류	ESG 우수사례 공유	ESG 성과 보수
	· 중단, 미흡 사업 점검 후 다음 연도 반영	· 대내외 우수사례 확산 및 공유	· 내부 평가 우수부서 포상 · 개인 우수자 포상

기업을 운영하기 위해서는 사업계획서, 인력 운용계획서 등 다양한 보고서가 필요한 것처럼 지방정부 등 공공 영역에서는 정책의 효과성을 담보하기 위한 성과관리가 중요하다. 소위 PDCA(Plan-Do-Check-Act) 지침이 필요하다. ESG 조례 제정 내용에 기본계획 수립은 기본적으로 포함되어 있다. 이에 따라

ESG 실행을 위한 성과관리 운영계획이 필요하다. ESG 계획과 실행 및 점검, 그리고 환류를 통해 ESG의 효율성을 높일 수 있다.

〈표 10-1〉과 같이 계획 단계에서는 ESG 경영 목표를 수립하고 영역별 전략을 설정하는 등 ESG 성과관리 계획의 수립이 필요하다. 두 번째 실행단계에서는 무엇보다도 계획대로 잘 이행되고 있는지 보고하고 확인하는 절차가 필요하다. 상시 모니터링은 물론이고 주간 단위, 월간 단위, 반기별로 ESG 지표 추진 상황을 공유하고 확인한다.

세 번째 단계에서는 ESG 실행을 추진하고 있는 부서별 대응 노력과 개인별 실행사항을 점검해야 한다. 부서별 평가에 대해서는 내부 자체평가를 중심으로 외부 전문가가 참여하는 평가 시스템도 필요하다. 네 번째 단계에서는 1년간 실행한 ESG 실적을 토대로 성과진단을 시행한다. 부서별 우수사례가 있으면 전 조직이 인지하고 참고할 수 있도록 공유한다. 또한 조직의 내적 동기유발을 위해 ESG 실천 우수부서나 개인에게는 기관장 표창 등 유인책을 부여하는 방법은 필수 조건이다.

9단계: ESG 실천 보고회

행정의 입장에서 새로운 정책과제 및 반영은 부담스러울 수 있다. 가능한 기존 틀에서 새로운 정책을 도입하려는 조직은 없을 것이다. 정권이 바뀌고 단체장이 변경되고 나면 쏟아지는 새로운 정책은 기존 구성원들의 처지에서는 달갑지 않은 내용이다. 지난 정부에서 사회적 가치를 실현하는 차원에서 사회적경제를 학습해야 했고, 현 정부에서 기업의 발전을 도모한다는 차원의 ESG가 등장했기 때문이다.

따라서 지방정부가 ESG를 잘 구현하기 위해서는 '당근과 채찍'을 병행해야 할 것이다. 새로운 정책을 펼치기 위해서는 기존 업무 이외의 ESG 업무를 추가하기 때문에 부담 또는 고통스러울 수 있다. 이러한 경우 당근이 필요하다. 인사고과를 통한 승진은 당장 눈앞에서 해결될 문제가 아니다. 특히나 진급 심사가 멀리 있는 경우 또는 최근에 진급한 행정의 경우 열심히 해야 할 동기가 부족하다. ESG 실천을 통한 인센티브가 필요하다. 공로가 있는 구성원에게 표창장 등을 수여할 수 있고, 해외연수 등의 추천 우선권을 부여하는 방법이 있을 것이다.

부서별 ESG 실행 노력을 평가하거나 ESG 공모전 등을 통한 우수사례를 만들고 이를 전 부서 또는 산하기관 등에 확산시키는 노력이 필요하다. 공공 부문과 민간 부문 등 영역을 구분하여 ESG 실천 사례에 대한 (가칭)ESG실천보고회 등을 개최해 그에 따른 감사장, 표창장 등으로 격려를 할 수 있다.

10단계: ESG 정보공개

ESG 추진계획에서부터 실행 과정, 부서별, 영역별 결과물 등 ESG 전반에 대한 투명한 자료공개는 필수사항이다. 해당 지방정부가 ESG에 대해 어떤 시스템으로 준비하고 실천했는지, 그에 따른 현장의 변화는 어떤 것이 있었는지 등 내용은 외부에 공개해야 한다. ESG 관련 내용은 내부적으로는 조직 구성원의 동기부여가 되고 외부적으로는 신뢰 가는 행정의 이미지를 구축할 수 있다. 나아가서는 우수사례 전파를 통한 해당 지방정부의 대외 이미지 향상을 가져올 수 있다.

현대 행정은 고객이 만족할 수 있는 다양한 노력을 전제로 한다. ESG 관련된 모든 지표와 실행방법, 행정은 물론 민간기업에 대한 지원 노력과 방법, 해당 성과에 대한 정량적 수치와 정성적 내용까지 공개할 의무가 있다. 당장은 힘들고 어려운 길이지만 ESG 관련 투명한 정보공개를 통한 지역주민의 평가는 우호적으로 전환될 수 있다. 이러한 신뢰가 지방정부가 지역주민과 갈등 없이 함께 공생 공존할 수 있는 장이 마련되는 것이다.

중앙부처 및 지방정부 산하기관의 경우 ESG 관련 정보를 공개하고 있다. 기획재정부나 각 부처의 경영평가 사항이기 때문이다. 중앙부처 산하기관은 알리오 시스템을 통해 ESG 관련 진행 상황 및 보고서 등을 탑재하고 있다. 지방정부 산하 공기업, 출자 출연기관도 행정안전부 경영평가를 받기 위해 ESG 관련 항목에 대해 공개하고 있다.

2021년까지는 중앙행정기관, 배출권 할당 대상업체, 녹색기업 등 환경영향이 큰 기업에서만 환경정보를 공개했었다. 하지만 자산총액 2조 원 이상 상장기업들을 대상으로 2022년부터 환경 관련 정보를 의무 공시하도록 법령에 명시되었다. 2025년부터는 자산규모가 일정 정도 이상이 되는 기업의 지속가능경영보고서가 의무화된다. 지배구조 현황, 정보보호 운영, 환경영향 등 기관은 여러 보고서를 제출하고 환경정보를 등록해야 하는 상황이다. 여기에 ESG 정보공시까지 포함되고 있어 현장의 혼란이 예상된다.

그런데도 ESG 관련 준비와 진행 및 시행 결과에 대한 정보공유는 지방정부의 필수사항이다. 지방정부의 적극적인 노력이 선행되지 않는 한 지역은 물론 국가 단위의 ESG 실행에 따른 성과는 기대하기 어렵다. ESG 정보공개는 지방정부, 산하기관, 관계기관 등 홈페이지 및 SNS 등 다양한 언론매체 등을 통해 가능하다. 이러한 방법이 투명 경영의 첫걸음이라 할 수 있다.

11단계: ESG 보고서 발간

지방정부의 산하기관은 정부 부처 산하기관처럼 「지속가능발전 기본법」에 따라 지속가능발전보고서를 제작하고 공개하고 있다. 이처럼 ESG와 관련된 모든 내용을 담은 'ESG 보고서'를 발간할 수 있어야 한다. 그러나 2023년 8월 말 기준으로 제정된 36개 지방정부 조례 내용에는 'ESG 보고서' 발간에 관한 내용은 전혀 없다.

2022년 1월 4일 자 법률 제18708호로 제정된 「지속가능발전 기본법」은 같은 해 2022년 7월 5일 자로 시행되고 있다. 제8조(지속가능발전 지방기본전략) 제3호 제3항에서는 국가기본전략, 지방추진계획의 추진 상황 점검 결과, 지속가능발전 지방보고서를 통해 지방기본전략을 5년마다 전반적으로 재검토하고 이를 정비하여야 한다고 명시하고 있다. 지방기본전략의 수립 방법 · 절차 등에 관하여 필요한 사항은 조례로 정하게 했다. 제9조(추진계획의 수립 · 이행) 제3항 5년마다 지방추진계획을 수립 · 이행하고, 제4항 조례로 정하도록 했다.

제16조(지속가능발전 보고서) 제2항에서 지방위원회는 2년마다 지방추진계획의 추진 상황 점검 결과와 지방지속가능성 결과를 종합하여 지속가능발전 지방보고서를 작성하고 단체장에게 제출한 후 공표하여야 한다고 되어 있다. 「지속가능발전 기본법」에 따른 지속가능발전 보고서 의무 작성과 달리 ESG 보

고서 작성에 관한 내용이 조례에 빠져 있는 이유는 근거법 부재라 할 수 있다. 현재 국회 논의는 가칭 「환경 · 사회 · 지배구조 경영 기본법(안)」에 대한 2회 간담회가 진행되었다. 관련 법률이 제정되고 그에 따른 ESG 보고서 작성이 의무적인 사안으로 정해지지 않는 한 지방정부가 자주적으로 ESG 보고서를 작성하기는 어렵다고 본다. 조례에 ESG 보고서 작성을 의무적으로 정한다면 당연히 준비할 것이다.

ESG 보고서 작성을 지속가능발전 보고서에 내용을 포함하는 방안도 생각할 수 있다. 중앙부처 산하 공공기관 중 일부가 지속가능경영보고서를 발간하면서 ESG 보고서라는 제목으로 발표하는 예도 있다. 지속가능발전 보고서는 「지속가능발전 기본법」 제1조(목적)에 따라 경제 · 사회 · 환경 관련 내용을 포함해야 한다. 반면 ESG 보고서는 경제 부분을 제외한 환경 · 사회 · 지배구조 등 비재무적 내용이 주 핵심이다.

정부산하 공공기관을 비롯하여 기업, 지방정부 등 ESG 보고서를 「지속가능발전 기본법」에서 말하는 사회(S)와 환경(G)으로 인식하고 있다는 것이다. 빠져 있는 지배구조(G) 영역만 포함하면 되는 것으로 보고서를 제작하는 예도 발생하고 있다. 「지속가능발전 기본법」 제24조(포용적 사회 구현), 제25조(생태 · 환경 및 기후위기 대응) 내용은 다분히 선언적 의미의 표현이 대다수다. 거시적 목표를 정하고 있다고 보면 ESG 지표는 구체적인 내용을 담아내는 미시적 목표 설정이라 이해해야 한다.

일례로 지방정부가 17가지 지속가능발전목표(SDGs)에서 해당되는 영역만 ESG 실행 지표로 선택하는 방식이다. 재화 생산과 서비스 구현을 하는 기업과 공공서비스를 제공하는 지방정부의 ESG 보고서가 같을 수는 없다. 그렇다고 해서 SDGs를 ESG의 연장선상에서 이해하는 것은 바람직스럽지 못하다. ESG 보고서는 기업이나 지방정부 또는 산하기관이 주체적으로 환경 · 사회 · 지배구조에 대한 실천 전략을 기록하는 것이다.

ESG 보고서는 매년 발행할 수 있고, 지방정부 행정환경에 따라서 2년에 한 번 발행도 가능하다. 이런 보고서가 평가 때 유용하게 활용될 수 있다. 동시에 내 · 외부 참여자들에게 해당 지방정부의 ESG 관련 정책 흐름을 한눈에 파악할 수 있는 기록 보관이 된다. ESG 보고서는 지난 실적을 돌아보고 향후 미래 계획을 구상하는 유효한 도구로서 필요하다.

12단계: ESG 확산 전략

지방정부의 ESG 성공은 해당 지역의 주민과 얼마나 공감대를 형성했느냐 여부로 판단할 수 있다. 행정과 산하기관, 관계기관, 중소기업이 모두 만족하는 행정서비스를 구현해야 한다. 현재 ESG를 바라보는 지방정부는 기업만의 문제라고 판단하는 오류에서 시급히 벗어나야 한다. 지역의 기업활동이 지방 행정의 주요 세입의 근원지가 되고, 해당 기업에 종사하는 직원이 지방정부의 인적자원이다. 산하 공공기관이나 지역의 대학교 등 공공 영역은 물론 관계기관도 같은 시선에서 바라봐야 한다.

지속 가능한 지역발전을 위한 주요 정책수단이 지방정부의 ESG 추진이라고 해도 과언이 아니다. 재무적 성과가 아닌 환경적인 요소, 지역사회와의 교감, 투명한 지방 행정 운영 등 비재무적 활동에 대한 성과를 보여야 하는 시대가 되었다. 기업활동을 통한 세수의 확대는 지방정부의 힘만으로는 한계가 있다. 즉 경제적 성과는 기업의 경영활동이 중심이고 행정은 규제 완화 등 지원에 최선을 다하면 된다.

지방정부의 비재무적 성과를 보여줄 수 있는 ESG 정책 수립과 실행은 선택사항이 아닌 필수적 코스로 받아들여야 한다. 대기오염 등 지구온난화에 대비한 탄소중립을 달성하기 위한 노력이 필요하다. 건축물의 안전시설과 국제화에 따른 다문화 등 인권에 관한 관심과 배려를 하는 행정이 마련되어야 한다. 지방행정 운영을 위한 다양한 공공 계약 내용 등에 대해 투명한 정보공개를 통해 시민에게 신뢰받는 행정이 되어야 한다.

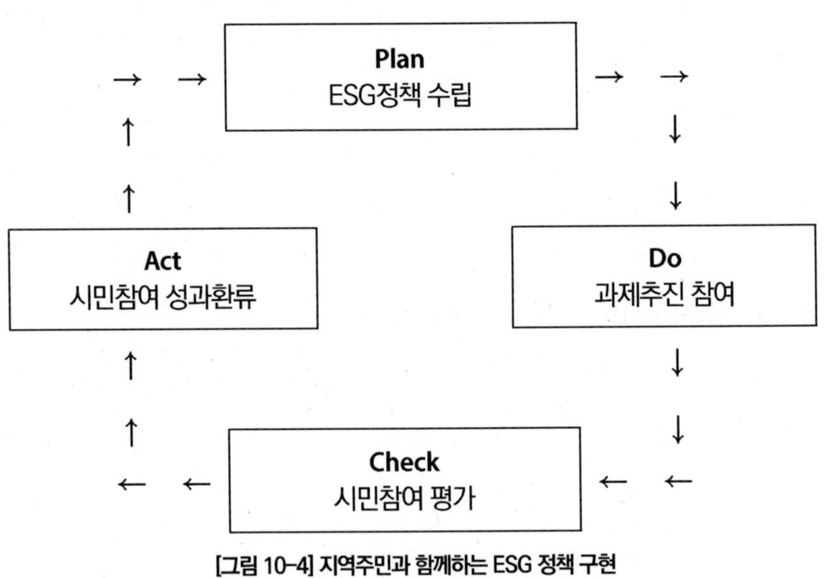

[그림 10-4] 지역주민과 함께하는 ESG 정책 구현

지방정부의 ESG가 성공하려면 가장 중요한 것은 지역주민과의 교감과 협력이 우선이다. ESG 관련 조례를 제정하는 것에서부터 지역주민의 대표로 선출된 지방의회 의원들의 이해와 협조가 필수적이다. 지역의 공공 영역이나 민간 영역 모두 지역주민이 중심이다. 행정 중심의 상명하달식의 ESG 정책구현은 성공을 담보하기 어렵다.

ESG가 무엇인지에 대한 시민의 이해를 돕고 지역발전과 지속가능성을 위한 방법으로 ESG 정책에 참여할 수 있도록 해야 한다. 홍보, 교육, 컨설팅 지원, 보고서 공유 등을 통한 ESG 확산 노력의 중심은 행정이다. 기업과 주민이 ESG의 실천을 통해 지역이 발전하고 나아가서는 국가의 지속가능성을 도모해야 한다.

지방정부가 ESG의 계획을 수립하는 단계에서부터 시민을 참여시키는 방식이 필요하다. ESG 위원회 구성 시 대표성 있는 지역주민을 가능한 한 많이 참여시키거나 ESG 실행기구를 조직하여 참여시키는 방법도 있다. 행정에서 말하는 거버넌스의 힘이 필요한 ESG 전략이라 할 수 있다.

ESG 항목별 실천하는 방법론에서 지역주민의 다양하고 해박한 의견을 수렴하는 열린 행정의 자세도 필요하다. 그렇게 진행된 ESG 정책은 시민이 함께 참여하는 평가방식으로 진행하는 방식이 유효한 결과로 나타날 수 있다. ESG 정책목표와 수단이 적절하게 구현되었는지, 그로 인해 성공적인 결과로 나타났는지, 지역에 미치는 순기능은 무엇인지에 대한 공정한 평가가 필요하다. ESG 시행과 성과에 관한 판단의 몫도 지역주민이 중심이어야 한다. ESG 정책의 공급자이면서 수요자인 시민의 참여와 적극적인 평가는 지역발전의 첫걸음이다.

참고문헌

기획재정부(2022), 2022년도 공공기관 경영평가 편람.

산업통상자원부(2021), 관계부처 합동 K-ESG 가이드라인 V1.0.

지속가능발전 기본법, 법제처 국가법령정보센터, https://www.law.go.kr/

행정안전부 · 지방공기업평가원(2023), 2023년도 지방공기업 경영평가 편람.

환경부 지속가능발전위원회, 2022 국가지속가능성보고서, 2022.7.

제11장

ESG 조례 제정과 법률

박명분

박명분(朴明分)

경영학 박사, 한세대학교 외래교수, 경기도마을기업협회장과 한국마을기업협회장을 역임했다. 경기도와 화성시 사회적경제육성위원회 위원, 행정안전부 마을기업 중앙컨설팅단 위원 활동을 했다. 화성시 자원봉사센터 이사와 남부노인복지관 운영위원으로 지역복지에 관심이 많다. 전경련ESG전문가 자격을 취득하고 ESG 컨설턴트 활동을 하고 있다.

ESG 조례 제정 필요성

2023년 8월 31일 자 기준, 17개 광역시도 및 226개 시군구 등 243개 지방정부의 ESG 관련 조례 중 광역은 12곳에 14개, 기초 21곳이 제정되었다. 경상북도와 전라남도는 각각 2개의 조례가 있고, 전라남도교육청 ESG 조례를 포함해 조례만으로는 총 36개가 된다.

중앙부처는 국회 법령(법률, 대통령령, 부령)에 기반해 행정서비스를 제공하며, 지방정부는 법령을 토대로 자치법규(조례, 규칙) 제정을 통해 구체적 행정서비스를 구현한다. ESG 확산을 위해서는 근거 법률 제정이 필수적이지만, 국회 논의는 간담회 수준에서 진행되고 있어 시간이 걸릴 것으로 예상된다. 현재 법률이 없는 상황에서도 ESG 조례를 제정하고 있으며, 확대되는 추세임은 분명하다.

그러나 지난 정부에서 사회적경제 기본법 제정 없이 지방정부가 사회적경제 지원 조례를 제정하고 시행에 나섰으나, 새 정부의 무관심으로 내림세를 면치 못하고 있다. 상당수의 지방정부가 법률 근거 없다는 이유로 기존 사회적기업 육성조례만을 시행하였다. 이처럼 ESG 정책의 지속가능성을 위해서는 법률 제정이 무엇보다 시급하다고 할 수 있다.

2022년 7월 15일에 「지속가능발전 기본법」 시행으로 2023년 8월 31일 기준으로 169개 지방정부가 조례를 제정하였다. 243개 지방정부 중 67.5%의 제정률을 보이고 있다. 지속가능발전 기본 조례 명이 대다수이고, 지속가능한 발전 지원 조례 명을 사용하는 곳도 있다. 기본 조례 이외 천안시와 충주시는 '지속가능발전협의회 설치 및 운영 조례'를 제정했다. 「지속가능발전 기본법」에 대한 이해도가 어느 정도 공유되고 있다고 봐도 무방하다. 따라서 「지속가능발전 기본법」에 구체적 실천 방안의 한가지로 ESG 내용을 제시, 추가함으로써 법률 제정이 가능하다. 지방정부 입장에서는 법률 근거가 마련되면 ESG 조례 제정 속도가 빨라질 것이며, 더 관심을 가질 수밖에 없다.

그러나 지방정부 입장에서 법률 제정만 기다릴 수 있는 환경이 아니다. 특히 지역 내에 대기업 또는 외국기업에 제품을 공급하고 있는 중소기업이 많은 지방정부는 시급한 대책이 필요한 실정이다. 수입국에서 기존 대기업 중심의 ESG 대응을 요구했다면 이제는 대기업에 납품하는 기업의 ESG 준비 상황을 요구하고 있다. 자연스럽게 소위 '공급망 관리' 차원에서도 여력이 없는 중소기업이지만 대비해야 하는 상황이 되었다. 중소기업이 ESG 준비를 안 하면 납품 제재는 물론 거래금지 통보에 나서고 있어 중소기업 처지에서는 매우 긴박하고 중요한 현안 사항이라 할 수 있다.

따라서, 현실적으로 중소기업이 인력과 자금 부족 등 이중고에 시달리는 상황에서 자체적으로 준비하기에는 무리수가 많다. 지방정부 중 조례 제정에 앞장서고 있는 대다수가 중소기업연합회, 소상공인연합회 등의 민원으로 제정하는 추세다. 조례 제정 발의도 해당 지역 의원 발의가 대다수임이 이런 현실을 말해 주고 있다.

그러나, 현실적으로 지방정부 특히 시군구 입장에서는 ESG 자금 지원 등을 할 수 있는 여력이 거의 없어 고민에 빠져 있는 형국이다. 어느 경우는 애써 모른 체하는 경우도 비일비재 나타나고 있다. 지방정부 입장에서는 현실적으로 할 수 있는 방법이 기업의 이사회 역할을 대체하는 ESG 위원회 설립과 운영 수준에 그칠 수 있다. ESG 교육, 홍보, 중간 조직 또는 관련 단체에 컨설팅 의뢰 시 비용 지급 정도의 수준에 그치는 경우가 많을 것이다.

그런데도 지방정부가 ESG 조례 제정을 해야 하는 이유는 많다. 법률처럼 근거가 되는 조례에 ESG 내용이 담겨야 일선 행정이 나설 수 있는 제도와 근거가 마련되는 것이기 때문이다. 최근 지방 행정은 단체장의 구두 지시 또는 공약사항 이행 수준 정도의 업무에는 소극적으로 대처하는 분위기가 있다. 따라서 지방정부가 ESG 정책 확산을 위해 가장 먼저 해야 할 일은 ESG 관련 조례를 제정하는 것이다.

지방정부 ESG 조례 제정 현황

17개 광역시도 ESG 조례 제정 현황을 살펴보면 미제정된 곳이 서울특별시, 인천광역시, 대전광역시, 세종특별자치시, 제주특별자치도 등 5곳이다. 2021년 7월 23일 광주광역시가 최초로 「광주광역시 ESG 경영 지원 조례」를 공포했다.

〈표 11-1〉 광역 지방정부 ESG 조례 제정 현황

2023. 08. 31. 기준

번호	구분	조례명	공포 일자
1	광주광역시	광주광역시 ESG 경영 지원 조례	2021. 07. 23.
2	충청남도	충청남도 중소기업·소상공인 ESG 경영 활성화 지원 조례	2021. 12. 30.
3	충청북도	충청북도 기업 ESG 경영 지원 조례	2021. 12. 31.
4	경상북도	경상북도 기업 ESG 경영 지원 조례	2022. 03. 03.
		경상북도 공공기관 ESG 경영 지원 조례	2023. 07. 13.
5	경기도	경기도 ESG 경영 활성화 지원 조례	2022. 07. 19.
6	전북특별자치도	전라북도 중소기업 ESG 경영 활성화 지원 조례	2022. 11. 11.
7	대구광역시	대구광역시 ESG 경영 활성화 지원 조례	2022. 12. 30.
8	부산광역시	부산광역시 기업 ESG 경영 지원 조례	2023. 05. 17.
9	전라남도	전라남도 이에스지(ESG) 경영 활성화 지원 조례	2023. 06. 01.
		전라남도교육청 이에스지(ESG) 교육 및 실천 조례	2023. 06. 01.
		전라남도의회 이에스지(ESG) 실천 조례	2023. 08. 03.
10	강원특별자치도	강원특별자치도 환경·사회·지배구조(ESG) 경영 활성화 지원 조례	2023. 06. 09.
11	경상남도	경상남도 ESG 경영 확산 및 지원 조례	2023. 06. 13.
12	울산광역시	울산광역시 ESG 경영 지원 조례	2023. 06. 30.

12곳 광역시도 중 전라남도는 3개, 경상북도는 2개 조례를 제정했다. 전라남도는 ESG 경영 활성화 지원 조례와 전라남도교육청 ESG 교육 및 실천 조례를 제정하고 2개월 후 전라남도의회가 ESG 실천 조례를 제정했다. 경상북도는 기업 ESG 경영지원 조례를 제정한 후 4개월 뒤 공공기관 ESG 경영지원 조례

를 제정했다.

조례 명을 보면 해당 조례가 무엇을 위한 조례인지를 알 수 있다. 12곳 광역시도의 15개 조례를 살펴보면 대상을 특정 짓지 않은 조례와 기업을 중시한 조례, 그리고 공공기관 등을 목표로 한 조례로 구분된다. 먼저 대상이 보이지 않은 곳은 경기도, 대구광역시, 전라남도, 강원특별자치도, 경상남도, 울산광역시다. 기업을 대상으로 하는 곳은 충청남도, 충청북도, 경상북도, 전북특별자치도, 부산광역시다. 공공기관을 대상으로 하는 곳은 광주광역시, 전라남도, 강원특별자치도, 경상북도이며, 전라남도는 지방의회의 실천을 목표로 한 조례까지 제정했다. 대부분 지방정부가 조례 명을 ESG로 표기했지만, 전라남도는 '이에스지(ESG)' 한글과 영어를 혼용해 사용했다. 강원특별자치도는 '환경 · 사회 · 지배구조(ESG)'로 표시해 ESG가 무엇을 의미하는지를 알 수 있도록 했다.

226개 시군구 중 ESG 조례 제정을 한 곳은 2023년 8월 31일 기준 21곳으로 조사되었다. 시군구에서는 서울시 강남구가 2022년 11월 4일 자로 「서울특별시 강남구 이에스지(ESG) 경영 활성화에 관한 조례」를 처음으로 제정했다.

〈표 11-2〉 기초 지방정부 ESG 조례 제정 현황

2023. 08. 31. 기준

번호	구분	조례명	공포 일자
1	서울특별시 강남구	서울특별시 강남구 이에스지(ESG) 경영 활성화에 관한 조례	2022. 11. 04.
2	서울특별시 동작구	서울특별시 동작구 ESG 경영 활성화 지원에 관한 조례	2022. 12. 08.
3	경기도 부천시	부천시 기업 ESG 경영 활성화 지원 조례	2022. 12. 26.

번호	구분	조례명	공포 일자
4	경상북도 구미시	구미시 기업 ESG 경영 지원 조례	2022. 12. 30.
5	서울특별시 금천구	서울특별시 금천구 이에스지(ESG) 경영 활성화에 관한 조례	2023. 01. 10.
6	충청북도 진천군	진천군 이에스지(ESG) 경영 활성화 지원 조례	2023. 02. 10.
7	경기도 수원시	수원시 이에스지(ESG) 경영 활성화 지원에 관한 조례	2023. 03. 23.
8	경상남도 진주시	진주시 이에스지(ESG) 활성화 지원 조례	2023. 04. 05.
9	인천광역시 남동구	남동구 ESG 경영 활성화에 관한 조례	2023. 05. 04.
10	경상남도 창원시	창원시 중소기업 ESG 경영 활성화 지원 조례	2023. 05. 31.
11	경상북도 김천시	김천시 기업 ESG 경영 지원에 관한 조례	2023. 06. 01.
12	경상남도 양산시	양산시 기업 ESG 경영 활성화 지원 조례	2023. 07. 03.
13	서울특별시 관악구	서울특별시 관악구 중소기업 이에스지(ESG) 경영 활성화 지원 조례	2023. 07. 06.
14	인천광역시 서구	인천광역시 서구 ESG 경영 활성화 지원에 관한 조례	2023. 07. 07.
15	전라남도 나주시	나주시 ESG 경영 활성화에 관한 조례	2023. 07. 12.
16	서울특별시 마포구	서울특별시 마포구 이에스지(ESG) 경영 활성화에 관한 조례	2023. 07. 13.
17	전라북도 고창군	고창군 기업 ESG 경영 확산 및 지원 조례	2023. 08. 01.
18	경기도 성남시	성남시 중소기업 ESG 경영 활성화 지원 조례	2023. 08. 07.
19	대구광역시 달서구	대구광역시 달서구 ESG 경영 활성화 지원 조례	2023. 08. 11.
20	충청북도 충주시	충주시 이에스지(ESG) 경영 활성화 지원 조례	2023. 08. 11.
21	광주광역시 서구	광주광역시 서구 이에스지(ESG) 경영 지원 조례	2023. 08. 14.

21개 시군구의 ESG 조례도 대상을 특정하지 않은 곳이 12곳이다. 중소기업을 대상으로 정한 곳은 창원시, 서울특별시 관악구, 성남시, 광주광역시 서구 4곳이다. 광역시도와 동일하게 조례 명을 ESG로 표기했지만 '이에스지(ESG)' 한글과 영어를 혼용해 사용한 곳도 9곳이나 된다. 약 42%에 해당하는 곳에서 ESG 영문명에 대한 이견이 있었던 것으로 풀이된다.

국립국어원에서 꾸린 새말 모임에서 한글 이에스지(ESG) 표기에 관한 토론이 있었다(문화체육관광부 보도자료, 2022.01.19.). 2022년 1월 7일부터 12일까지 진행한 여론조사 결과를 보면 설문 대상자 2,000명 중 무려 38.8%가 "ESG 경영이라는 단어를 처음 들어 보았다"라고 답했고, 33.9%는 "들어 본 적은 있지만 무슨 의미인지 모르겠다"라고 답했다. 여기에 62.1%의 응답자가 "쉬운 우리말로 바꾸어 사용해야 한다"라는 의견을 주었다. 쉽게 풀어 쓴 우리말이 꼭 필요한 단어라고 본 것이다. 응답자들은 '환경 · 사회 · 투명 경영'에 더 많은 표를 던져 주었다. 응답자의 86.6%가 '적절한 표현'이라고 호응한 것이다.

그러나 단어의 원뜻을 되도록 변형시키지 않고 다듬은 말로 옮기고자 '환경 · 사회 · 지배구조 개선 경영'(환사지 경영)을 1순위 후보로 꼽은 새말 모임 위원들의 선택과는 다른 결과다. 새말 모임 위원들의 선호와 같은 조례를 제정한 곳은 2023년 6월 9일 자 강원특별자치도로 「강원특별자치도 환경 · 사회 · 지배구조(ESG) 경영 활성화 지원 조례」다.

〈표 11-3〉 광역 지방정부 ESG 조례 내용 비교 현황

2023. 08. 31. 기준

번호	지방정부	적용 대상		추진 계획 수립	위원회 (자문단) 설치 운영	협력 체계 구축	실태 조사	지원 항목 내용	포상	차별 조례 내용	조례 관리 부서
		기업 (중소) (지역)	공공 기관								
1	광주광역시	○		○	○	○		○	○		창업진흥과
2	충청남도	○		○	○(△)	○		○	○	소상 공인	기업지원과
3	충청북도	○		○	○	○		○			경제기업과
4	경상북도 (기업)	○		○	○	○		○			기업지원과
	경상북도 (공공기관)		○	○	○	○	○	○	○		예산담당관
5	경기도	○	○	○		○	○	○		신용 보증	사회혁신 경제과
6	전북특별 자치도	○		○		○	○	○		신용 보증	기업지원과
7	대구광역시	○	○	○	△	○	○	○	○	정보 공시, 신용 보증	경제정책관
8	부산광역시	○		○	△	○	○	○	○	신용 보증	경제정책과
9	전라남도	○	○	○	○	○	○	○	○		중소벤처 기업과
	전라남도 의회										의회전문 위원실

번호	지방정부	적용 대상		추진 계획 수립	위원회 (자문단) 설치 운영	협력 체계 구축	실태 조사	지원 항목 내용	포상	차별 조례 내용	조례 관리 부서
		기업 (중소) (지역)	공공 기관								
10	강원특별자치도	○	○	○		○	○	○	○		기업지원과
11	경상남도	○		○	△	○		○			산업정책과
12	울산광역시	○		○	○	○		○			기업지원과

참고: 1. 경북은 「경상북도 기업 ESG 경영 지원 조례」, 「경상북도 공공기관 ESG 경영 지원 조례」.
2. 전남은 「전라남도 이에스지(ESG) 경영 활성화 지원 조례」, 「전라남도의회 이에스지(ESG) 실천 조례」.
3. ESG(경영)위원회처럼 직접적인 ESG를 사용한 위원회는 ○, 자문단 등 용어로 사용한 조례는 △로 표시.

지방정부 ESG 조례 중 가장 관심 있게 봐야 할 내용은 ESG 위원회 등 ESG 정책 결정, 집행, 평가 등을 수행하는 위원회 설치 여부라 할 수 있다. 기업이 ESG 중 환경(E)을 중요시하는 반면, 지방정부는 지배구조(G)의 내용에 따라 정책의 성공 여부를 판단할 수 있다. ESG 위원회는 기업의 이사회 역할이다. 형식적으로 만든 위원회가 아닌 실질적으로 운영되는 위원회여야만 지방정부의 ESG 지속가능성을 담보할 수 있다. 이러한 맥락에서 대다수 광역시도는 위원회 또는 자문단 설치를 조례에 담았으나, 경기도, 강원특별자치도, 전북특별자치도는 관련 위원회가 보이지 않는다. 반면 충청남도의 경우는 ESG 위원회는 물론 자문단 구성을 동시에 담았다.

ESG 대상에 대해서는 대부분이 기업을 정책목표로 두고 있다. 경기도, 대구광역시, 전라남도, 강원특별자치도의 경우는 기업과 공공기관 양쪽을 대상으로 정하고 있다. 경상북도처럼 공공기관을 대상으로 하는 조례를 별도로 제정하는 예도 있다. 전라남도의회가 제정한 조례는 대상이 의회나 의원으로 정하고 있다. 충청남도의 경우는 중소기업 이외 소상공인을 포함해 ESG 확산을 위한 구체적 노력이 있었던 것으로 보인다.

〈표 11-4〉 기초 지방정부 ESG 조례 내용 비교 현황

2023. 08. 31. 기준

번호	지방 정부	적용 대상		추진 계획 수립	위원회 (자문단) 설치 운영	협력 체계 구축	실태 조사	지원 항목 내용	포상	차별 조례 내용	조례 관리 부서
		(중소) 기업	공공 기관								
1	서울특별시 강남구	○	○	○	△	○	○	○	○	보조금 지원	디지털 도시과
2	서울특별시 동작구	○	○	○	△	○	○	○	○		기획예산과
3	경기도 부천시	○		○	○	○		○	○		기업지원과
4	경상북도 구미시	○		○		○		○			기업투자과
5	서울특별시 금천구	○	○	○		○	○	○	○		지역경제과
6	충청북도 진천군	○		○		○	○	○	○	보조금 지원	환경 에너지과
7	경기도 수원특례시	○	○	○		○	○	○			기업창업 육성팀
8	경상남도 진주시	○	○	○		○	○	○	○		기업통상과

번호	지방정부	적용 대상		추진 계획 수립	위원회 (자문단) 설치 운영	협력 체계 구축	실태 조사	지원 항목 내용	포상	차별 조례 내용	조례 관리 부서
		(중소) 기업	공공 기관								
9	인천광역시 남동구	○	○	○		○	○	○	○		기업지원과
10	경상남도 창원시	○		○		○	○	○	○		지역경제과
11	경상북도 김천시	○		○		○		○			투자유치과
12	경상남도 양산시	○		○	○	○		○	○		기업지원과
13	서울특별시 관악구	○		○		○	○	○			지역경제 활성화과
14	인천광역시 서구	○	○	○		○	○	○	○		기업지원 일자리
15	전라남도 나주시	○	○	○		○	○	○	○		일자리 경제과
16	서울특별시 마포구	○	○	○		○	○	○	○		경제진흥과
17	전라북도 고창군	○		○		○		○	○		신활력경제 정책관
18	경기도 성남시	○		○		○	○	○			기업혁신과
19	대구광역시 달서구	○	○	○		○	○	○	○		경제지원과
20	충청북도 충주시	○	○	○		○	○	○			경제지원과
21	광주광역시 서구	○	○	○	○	○	○	○	○		문화경제국 경제과

참고: ESG 위원회는 ○, ESG 발전협의회는 △로 표시함.

21개 시군구의 조례 중 ESG 관련 위원회를 설치한 곳은 3곳이다. 경기도 부천시와 광주광역시 서구가 ESG 위원회, 경남 양산시가 ESG 경영지원위원회 내용을 담고 있다. 서울특별시 강남구와 동작구는 ESG 위원회 대신에 ESG 경영발전협의회의 설치를 할 수 있도록 했다. 나머지 76%인 16곳은 ESG 관련 위원회 내용이 없다. 지방정부에서 가장 중요한 지배구조(G)의 핵심이라 할 수 있는 위원회 설치 및 구성 관련하여 고민하지 않았다는 방증이다. 또는 ESG 위원회를 구성할 정도의 해당 전문가를 찾지 못했거나, 지방정부가 ESG를 소극적이며 형식적으로 대하는 현실을 그대로 보여주고 있다. 다만 대부분 관련 기관과의 협력체계 구축을 할 수 있다는 수준의 내용은 담고 있다.

ESG 조례를 관리하는 부서를 살펴보면 대부분 기업지원, 지역경제 관련 부서에서 담당하는 것으로 나타났다. 서울특별시 강남구의 경우는 디자인을 중심으로 하는 조례를 고려해 디지털 도시과, 서울특별시 동작구는 기획예산과, 충북 진천군은 환경에너지과에서 담당하고 있다. 관리부서의 핵심 업무 및 지방정부 조직도상의 위치 등을 고려한다면 ESG 관리를 어느 부서에서 수행하는지에 따라서 확산 여부가 다를 수 있다.

ESG 추진계획은 21곳 시군구 모두 내용을 담고 있다. 추진계획을 "5년마다 수립한다" 등 구체적인 내용으로 조례 제정을 한 지방정부의 경우 「지속가능발전 기본법」의 내용을 참고한 것으로 보인다. 기본계획에 "추진계획을 5년마다 수립한다"를 표기한 곳은 서울특별시 강남구, 금천구, 관악구, 동작구, 마포구로 서울 자치구는 모두 같은 내용이다. 인천 남동구, 대구 달서구, 경남 진주시, 충북 충주시와 진천군도 같다. 광역시도는 강원특별자치도가 유일하며, 충청북도의 경우는 "위원회 존속기간을 5년"으로 표기했다.

지방정부의 ESG 조례 중 타 지방정부와 차별화가 보이는 조례 내용을 살펴보면 다음과 같다. 충청남도의 경우는 "제1조(목적) 이 조례는 중소기업 · 소상공인 ESG 경영 활성화 지원에 필요한 사항을 규정함으로써 충청남도 내 중소기업 · 소상공인의 지속 가능한 경쟁력 강화와 지역경제 발전에 이바지하는 것을 목적으로 한다." 즉, 중소기업뿐만 아니라 소상공인을 주요 대상으로 지정하고 있다. 소상공인의 영역은 소기업까지 포함하고 있는 것을 생각하면 구체적으로 지원 대상을 확대하고 있다고 봐도 무관할 것이다.

경기도는 "제7조(기업 등에 대한 지원) 제5항 「경기도 중소기업육성기금 설치 및 운용 조례」에 따라 설치된 경기도 중소기업 육성기금을 통한 중소기업 융자, 제6항 「지역신용보증재단법」에 따라 설립된 경기도 신용보증재단의 보증"을 담고 있다. 전북특별자치도는 "제7조(사업) 제5항 ESG 경영 중소기업 · 소상공인의 해외시장 진출을 촉진하기 위한 관련 기술 및 인력의 국제교류, 국제행사 참가 등의 지원, 제6항 「전라북도 중소기업 육성기금 설치 및 운용 조례」에 따라 설치된 전라북도 중소기업 육성기금을 통한 중소기업 융자, 제7항 「지역신용보증재단법」에 따라 설립된 전북신용보증재단의 보증을 담고 있다.

부산광역시는 "제7조(지원사업) 제7항 「부산광역시 중소기업육성기금 조례」에 따라 설치된 부산광역시 중소기업육성기금을 통한 중소기업 융자, 제8항 「지역신용보증재단법」에 따라 설립된 부산광역시 신용보증재단의 보증을 담고 있다. 경기도, 전라북도, 대구광역시와 함께 신용보증재단을 활용하고 있다.

보조금 지원에 관한 내용을 담고 있는 지방정부도 있다. 서울특별시 강남구는 "제7조(보조금 등의 지원) 제1항 구청장은 이에스지(ESG) 경영을 하는 법인, 단체 및 이에스지(ESG) 평가 및 자문 역할을 수행하는 컨설팅 조사기관 등에 예산의 범위에서 보조금을 지원할 수 있다." "제2항 제1항에 따른 보조금의 지원 방법, 절차 및 그 밖에 필요한 사항은 「서울특별시 강남구 지방보조금 관리 조례」에 따른다." 이것으로 정하고 있다.

충청북도 진천군은 "제7조(진천군 이에스지(ESG) 경영 활성화) 제2항 진천군은 정기적으로 지속가능경영보고서를 발간하도록 노력하여야 한다. 제10조(보조금 등의 지원) 제1항 군수는 이에스지(ESG) 경영을 하는 법인, 단체 등에 예산의 범위에서 보조금을 지원할 수 있다. 제2항 제1항에 따른 보조금의 지원 방법, 절차 및 그 밖에 필요한 사항은 「진천군 지방보조금 관리 조례」에 따른다." 등 보조금 활용할 수 있는 근거를 남기고 있다.

〈표 11-5〉 지방정부 ESG 조례 발의 주체 비교

조례 발의 주체	광역 지방정부(14개)	기초 지방정부(21개)	광역 교육청(1개)
지방의원	14	21	1
지방정부(집행부)	0	0	0

주민들의 대표인 지방의원들이 ESG에 적극적인 관심이 있는 반면에, 정작 관심을 가지고, 지원해야 할 집행부의 입장은 소극적인 것으로 분석할 수 있다. 지방정부의 ESG 조례 발의 주체를 조사한 결과, 36개 모두 지방의원들이 발의한 것으로 나타났다. 「전라남도교육청 이에스지(ESG) 교육 및 실천 조례」도 61명의 전라남도 도의원이 공동 발의한 것으로 드러났다. 현재 ESG를 둘러싼 중앙부처와 지방정부의 시각이 그대로 드러난 내용이라 할 수 있다. ESG를 기업과 행정 산하 공공기관만이 수행해야 할 영역으로 인식하고 있는 것으로 분석된다.

ESG 내용이 포함된 타 조례 현황

ESG 조례가 아닌 조례 중 ESG 내용이 포함된 조례는 「천안시 중소기업협동조합 육성 및 지원 조례」, 「부산광역시 공공기관의 공공성 강화와 민주적 운영을 위한 조례」, 「구미시 구미형 일자리 지원 및 촉진 조례」 등 3건이다.

〈표 11-6〉 지방정부 조례 중 ESG 관련 내용 포함 현황

조례명 (제정일)	ESG 관련 내용
천안시 중소기업협동조합 육성 및 지원 조례 (2020.12.21.)	제9조(경영지원 등) 제2항 디지털 전환 및 신재생에너지 도입 등 ESG 경영을 위한 시설 · 장비 지원
부산광역시 공공기관의 공공성 강화와 민주적 운영을 위한 조례 (2022-07-06)	제2조(기본원칙과 중점 관리 목표) 제5항 ESG 경영과 기후 위기 변화 대응
	제3조(정의) 제3항 "ESG 경영"이란 공공기관의 지속 가능한 발전을 위하여 환경(Environment), 사회(Social), 지배구조(Governance) 등 비재무적 측면의 성과를 관리하는 것을 말한다.
	제7조(기본계획 수립) 제2항 공공기관의 ESG 경영 확산을 위한 사항
구미시 구미형 일자리 지원 및 촉진 조례 (2022.12.30.)	제2조(정의) 제6항 "상생 협력기금"이란 이차전지 관련 협력기업의 상생 협력 강화, ESG 프로그램의 지역화, 상생협력지원센터 운영지원 등의 사업을 목적으로 경상북도 · 구미시 · 상생기업이 공동으로 출연하여 조성하는 기금을 말한다.
	제19조(상생협력기금) 제1항 시장은 상생 협약에 따라 추진되는 상생 협력 기금조성과 관련한 다음 각호의 사항을 위해 기금을 조성하여 운영할 수 있으며, 해당 기금은 재단법인을 설립하여 운용한다. 제2항 ESG 프로그램의 지역화

「천안시 중소기업협동조합 육성 및 지원 조례」 중 ESG 관련 조항은 제9조(경영지원 등) 제2항 디지털 전환 및 신재생에너지 도입 등 ESG 경영을 위한 시설, 장비 지원을 할 수 있도록 했다.

「부산광역시 공공기관의 공공성 강화와 민주적 운영을 위한 조례」 중 ESG 관련 조항은 제2조(기본원칙과 중점 관리 목표) 제5항 ESG 경영과 기후 위기 변화 대응, 제3조(정의) 제3항 "ESG 경영"이란 공공기관의 지속 가능한 발전을 위하여 환경(Environment), 사회(Social), 지배구조(Governance) 등 비재무적 측면의 성과를 관리하는 것을 말한다. 제7조(기본계획 수립) 제2항 공공기관의 ESG 경영 확산을 위한 사항이다. 부산시는 ESG 경영에 대한 정의를 명확히 하고 기본원칙, 기본계획 수립, 중점 관리 목표 등을 제시하고 있다.

「구미시 구미형 일자리 지원 및 촉진 조례」 중 ESG 관련 조항은 제2조(정의) 제6항 "상생 협력기금"이란 이차전지 관련 협력기업의 상생 협력 강화, ESG 프로그램의 지역화, 상생협력지원센터 운영지원 등의 사업을 목적으로 경상북도 · 구미시 · 상생기업이 공동으로 출연하여 조성하는 기금을 말한다. 구미시는 천안시와 같게 상생 협력기금을 활용하여 지원하며 특히 '이차전지 관련 협력기업'을 주요 대상으로 지목하고 있다. 제19조(상생 협력기금) 제1항 시장은 상생 협약에 따라 추진되는 상생 협력 기금조성과 관련한 다음 각호의 사항을 위해 기금을 조성하여 운영할 수 있으며, 해당 기금 조성을 통한 지원과 ESG 관련 프로그램의 지역 내재화를 추구하고 있다.

「부산광역시 공공기관의 공공성 강화와 민주적 운영을 위한 조례」의 경우는 실질적으로 공공기관의 ESG 내용을 포함하고 있고, 뒤를 이어 기업 ESG 조례가 제정될 수 있는 토대를 마련했다. 반면 「천안시 중소기업협동조합 육성 및 지원 조례」와 「구미시 구미형 일자리 지원 및 촉진 조례」는 해당 조례 내용에 ESG 관련 내용을 포함함으로써 ESG의 내용이 다양한 곳에서 활용되고 있음을 보여주고 있다.

ESG 조례 제정의 다양한 형태

ESG 관련 조례 제정을 한 지방정부 중 부산광역시, 전라남도, 경상북도는 ESG 조례의 연계 및 실천, 개별 조례 형태를 보인다. 지방정부 대다수는 ESG 관련 1개의 조례를 제정하여 시행하고 있다. 반면, 부산광역시, 경상북도는 2개, 전라남도는 3개 조례를 제정, 시행하는 것으로 조사되었다.

〈표 11-7〉 지방정부 ESG 조례 내용 비교

지방정부	ESG 관련 내용	제정 및 협약일	주체(대상)
부산 광역시	부산광역시 공공기관의 공공성 강화와 민주적 운영을 위한 조례	2022. 07. 06.	공공기관
	부산 벤처·창업기업 ESG 선도기업 지원 업무협약	2023. 02. 24.	부산시의회 동의
	부산광역시 기업 ESG 경영지원 조례	2023. 05. 17.	기업
전라남도	전라남도 이에스지(ESG) 경영 활성화 지원 조례	2023. 06. 01.	기업/공공기관
	전라남도교육청 이에스지(ESG) 교육 및 실천 조례	2023. 06. 01.	전라남도교육청
	전라남도의회 이에스지(ESG) 실천 조례	2023. 08. 03.	전라남도의회
경상북도	경상북도 기업 ESG 경영 지원 조례	2022. 03. 03.	기업
	경상북도 공공기관 ESG 경영 지원 조례	2023. 07. 13.	공공기관

부산광역시 ESG 특징은 대부분 지방정부가 기업을 대상으로 ESG를 강조하거나 기업과 공공기관을 동시에 거론하는 반면, 공공기관에 대한 ESG를 선제적으로 강조한 것이다. 두 번째는 설립 7년이 안 된 벤처기업과 창업기업을 대상으로 지역 관계기관과의 협력을 통해 선별적 지원체계를 구축했다는 것이다. 세 번째는 이러한 과정을 거쳐 부산광역시 관내 기업 전체를 대상으로 한 ESG 조례를 제정한 것이다.

부산광역시는 ESG 경영지원 조례를 제정하기 전, 2022년 7월 6일에 「부산광역시 공공기관의 공공성 강화와 민주적 운영을 위한 조례」를 통해 ESG 경영과 기후 위기 변화 대응 등에 대한 토대를 마련했다. 2023년 2월 24일에는 부산광역시 관내에 소재한 설립 7년 미만 벤처기업과 창업기업을 대상으로 ESG 경영지원을 위한 부산시의회 동의를 얻어 21개 관계기관과 지원 업무협약을 맺었다. 이러한 배경으로 2023년 5월 17일에 기업을 대상으로 하는 ESG 경영지원 조례를 제정한 것이다.

위 조례가 제정된 이유는 "부산광역시 공공기관의 공공성 강화와 민주적 운영을 위한 조례"는 부산광역시 차원에서 체계적으로 지원하는 근거를 마련함으로써 공공기관의 사회적 책임성과 역량을 강화하여 "부산시민의 복리증진과 지속 가능한 성장 기반을 마련하려는 것"으로 나와 있다. 다시 말해 부산광역시 산하 공공기관의 환경적, 사회적, 윤리적 운영과 지속 가능한 의사결정 등을 통해 사회적 책임성을 수행하는 공공기관의 역할을 강조한 것이다.

조례의 주요 내용은 "인권 보호와 인권침해 예방 활동, 건전한 지배구조 확립과 사회적 책임 추진 및 관리체계 구축, 준법 · 투명 · 윤리경영 추진과 공정한 조직 운영체계 구축, 재난과 사고로부터 안전한 노동 · 생활환경 유지, ESG 경영과 기후 위기 변화 대응, 노동권 보장과 노동조건의 향상, 사회적 약자에 대한 기회 제공과 사회통합 구축, 건강한 생활이 가능한 보건복지 제공, 지역사회 참여와 발전에 대한 기여, 시민적 권리로서 민주적 의사결정과 참여 실현, 경제활동을 통한 이익이 지역 순환 경제로의 공헌, 그 밖에 공동체의 이익 실현과 공공성 강화" 등이다. 위 내용 중 ESG와 직접 관련이 있는 단어는 "ESG 경영과 기후 위기 변화 대응"이지만 대부분이 환경, 사회, 지배구조와 관련된 내용으로 구성되어 있다.

2023년 2월 4일, 부산광역시는 벤처나 창업기업의 투자 활성화 및 지속 가능 성장을 위해 부산광역시 21개 관계기관과 「ESG 선도기업 지원 업무협약」을 맺었다 기후변화 위기 직면, 세계적으로 지속 가능한 성장에 대한 인식 확대로 ESG 경영 중요성이 대두되는 등 기업경영 패러다임의 변화에 대응하기 위해서다. 기업보증 및 금융기관의 ESG 요소 평가 우대와 ESG 실적 투자 확대에 대한 경영 대응 지원 등 기업 측면에서 ESG 리스크에 대응하기 위함이다. 또한 수요자인 기업 관점에서 공공 부문의 원스톱 창업지원 시스템을 구축함으로써 ESG에 대한 개별기업의 추진에서 지방정부 주도의 재구조화를 통해 ESG 추진 시너지 효과 창출을 도모하기 위한 배경이다.

위 협약은 「부산광역시 기술창업 지원 조례」 제8조(기술창업 지원사업) 제1항 제10호 그 밖에 시장이 기술창업 지원을 위하여 필요하다고 인정하는 사업, 「부산광역시 업무협약 관리에 관한 조례」 제6조(시의회 보고 및 의결 등) 제2항 시장은 제1항에도 불구하고 업무협약의 체결이 다음 각호의 어느 하나에 해당할 때는 사전에 시의회의 의결을 받아야 한다. 다만, 긴급한 추진이 필요한 경우에는 시의회 의결을 받은 때부터 효력이 발생한다는 조건을 붙여 업무협약을 체결할 수 있다. 제1호 시의 재정적 부담이 발생하는 경우(단, 확정된 예산을 집행하는 경우는 제외) 관련 법규를 토대로 동의안이 통과된 것이다.

사업화 자금 지원 방법은 ESG 레벨1. 7개 사를 대상으로 최대 1천만 원, 레벨2. 2개 사를 대상으로 최대 2천만 원, 레벨3. 1개 사를 대상으로 최대 3천만 원을 지원하며, 매출채권 보험가입비용은 10개 사 모두 같이 기업당 1백만 원을 지원한다. 그리고 ESG 협의체 수행기관의 인건비, 전문가 활용비, 네트워킹 행사비 등 5천만 원을 포함해 총 2억 원의 예산을 사용한다. 우선으로 2025년까지 3개년 매년 2억 원씩 6억 원이 소요되며 부산시 예산편성계획에 따라 전액 시비로 충당하는 계획이다.

〈표 11-8〉 ESG 선도기업 지원 업무협약 내용

구분	지원내용	수행기관
수행기관	선도기업 인증, 사업화 자금 지원, 육성프로그램 운영	부산테크노파크
지원분과	ESG 역량평가 지원, 컨설팅, 네트워킹 행사, 오픈이노베이션 지원 등	부산지방중소벤처기업청, 부산경제진흥원, 부산창조경제혁신센터, 한국무역협회 부산지부, 부산대학교, 부산상공회의소, 사회적기업연구원
대출분과	금리우대, 보증료 우대지원, 특례자금 지원 우대	중소벤처기업진흥공단, BNK부산은행, KB국민은행, 신용보증기금, 기술보증기금, 부산신용보증재단
투자분과	ESG 투자 활성화(창업기업-투자자 매칭 지원 등)	시리즈벤처스, 쿨리지코너인베스트먼트, 롯데벤처스, BNK벤처투자, 엔브이씨파트너스, 케이브릿지인베스트먼트, 스마트스터디벤처스

자료: 부산광역시장, '부산 벤처창업기업 ESG 선도기업 지원 업무협약 동의안' 체결 보고, 협약서 및 비용추계서(안), 2023.2.24.

셋째, 「부산광역시 기업 ESG 경영지원 조례」의 탄생 배경은 2022년 8월 부산연구원이 실시한 '2022 부산지역 산업단지 ESG 실태분석 및 시사점'이 기인하고 있다. 자료에 따르면 응답한 기업의 49%가 ESG를 알고 있지 못한 것으로 나타났다. 정확히 알고 있다는 답변은 18.5%에 그쳤고, ESG 경영 대응이 준비된 기업은 14.5%에 불과했다. 이에 ESG에 대한 인식과 정보의 낮음 등으로 부산지역 중소기업의 ESG 경영 도입이 시급하다고 판단한 부산시의회가 발의한 것이다. 시의회는 2022년 7월에 제정한 「부산광역시 공공기관의 공공성 강화와 민주적 운영을 위한 조례」를 부산시 공공기관의 ESG 활성화 및 경영의 제도적 기반을 마련한 것으로 인식하고 있었다. 실질적으로 중소기업에 대한 ESG 지원 조례가 없음을 명확히 한 것이다.

전라남도 ESG 특징은 첫째, 「전라남도 이에스지(ESG) 경영 활성화 지원 조례」에 「중소기업기본법」 제2조에 따른 중소기업과 「지방공기업법」에 따라 전라남도가 설립한 공사 및 공단, 「전라남도 출자 · 출연기관의 운영에 관한 조례」에 따른 출자 · 출연기관 등 공공기관을 목표로 하고 있다.

두 번째는 전라남도 ESG 조례를 제정하는 날 동시에 「전라남도교육청 ESG 교육 및 실천 조례」를 제정했다는 것이다. ESG 대상을 제2조(정의) 제3항에서 명확히 하고 있다. 조례에서 교육기관을 전라남도 교육감이 지도 · 감독하는 다음 각 목의 기관과 그 소속 기관을 지목하고 있다. 「전라남도교육청 행정기구 설치 조례」에 따른 본청, 직속 기관, 교육지원청, 「초 · 중등교육법」 제2조에 따른 학교, 「유아교육법」 제2조 제2호에 따른 유치원이다. 지방정부 대부분이 본청 및 직속 기관을 제외한 산하 공공기관과 지역 기업을 대상으로 하는 것과는 분명한 차별을 보인다. 이처럼 지방정부의 ESG 조례도 행정의 모든 영역이 대상으로 정해 줘야 ESG 실행이 탄력을 받을 수 있다. 또한 교육사업을 효율적으로 추진하기 위해 이에스지(ESG) 교육센터를 설치하여 운영할 수 있도록 했다. 구체적인 실행 방안까지 담았다.

세 번째는 전라남도의회를 대상으로 ESG 실천 조례를 추가했다는 것이다. 전라남도 행정의 파트너인 전라남도의회의 지속 가능한 발전을 위한 ESG 실천에 필요한 사항을 규정하는 것을 목적으로 하고 있다. 의회의 운영과 의정활동에 ESG 요소를 반영하고 실천할 수 있도록 시행계획을 수립하고 시행해야 한다고 밝히고 있다. 실천 평가지표는 물론 재원의 확보방안까지 시행계획에 의무적으로 담도록 하고 있다. 의장이 ESG 실천 및 활성화에 이바지한 공적이 현저한 자에 대하여 「전라남도의회 포상 조례」에 따라 포상할 수 있도록 했다.

경상북도 ESG 특징은 기업 ESG 조례를 선 제정하고 공공기관을 대상으로 한 ESG 조례를 후 제정했다는 것이다. 경상북도 내 기업의 ESG 경영을 지원하는 데 필요한 여건을 조성하고 이를 위한 시책을 마련하여 추진하는 내용의 「경상북도 기업 ESG 경영 지원 조례」 이외 「경상북도 공공기관 ESG 경영 지원 조례」를 마련했다. ESG 행정을 구현하는 데 있어서 기업뿐만 아니라 공공기관의 역할 중요성을 강조하려는 조치라 풀이된다. 실제로 조례 제정 목적을 "공공기관이 ESG 경영의 선도적 역할을 하고 공익실현에 이바지하는" 내용을 담고 있다. 산하기관은 「지방공기업법」에 따라 경상북도가 설립한 공사 또는 공단, 「경상북도 출자 · 출연기관의 운영에 관한 기본조례」에 따른 출자 · 출연기관이다.

지방정부 ESG 위원회 구성 및 운영 내용

지방정부의 ESG 정책의 핵심은 ESG 관련 위원회의 설치 및 구성, 그리고 어떠한 운영 절차를 가졌는지에 따라 성공 여부의 시작이 될 수 있다. 그러나 2023년 8월 31일 기준으로 제정이 완료된 36개 조례를 살펴보면 ESG 관련 위원회 내용을 담은 조례가 많지 않다.

〈표 11-9〉 지방정부 ESG 경영지원 위원회 설치 내용

구분	위원회 구성 내용	위원회 운영 내용
광주 광역시	제8조(위원회의 구성) ① 위원회는 위원장 1명을 포함하여 15명 이내의 위원으로 구성한다. ④ 위촉직 위원의 임기는 2년으로 하되, 한 차례만 연임할 수 있다.	제9조(위원회의 운영) ② 위원회의 회의는 위원장이 소집하고 정기회의는 연 1회, 임시회의는 필요한 경우 수시로 개최한다. ④ 위원회의 운영에 관하여 이 조례에서 정하지 않은 사항은 '광주광역시 각종 위원회 구성 및 운영 등에 관한 조례'를 준용한다.
충청 남도	제9조(위원회의 구성) ① 위원회는 성별을 고려하여 위원장 1명을 포함하여 15명 이내의 위원으로 구성한다. 위촉직 위원은 성별을 고려하여 ESG 경영에 관하여 학식과 경험이 풍부한 사람 중에서 도지사가 위촉한다. ④ 위촉직 위원의 임기는 2년으로 하되, 한 차례만 연임할 수 있다.	제11조(자문단 구성) 도지사는 ESG 경영 활성화 지원을 위하여 ESG 경영에 관한 학식과 경험이 풍부한 전문가 4~6명으로 자문단을 구성할 수 있으며, 운영 등에 관한 세부적인 사항은 위원회의 심의를 거쳐 도지사가 정한다.
충청 북도	제8조(위원회의 구성) ① 위원회는 위원장 1명을 포함하여 15명 이내의 위원으로 구성한다.	제9조(위원회의 운영) ② 위원회의 회의는 위원장이 소집하고 정기회의는 연 1회, 임시회의는 필요한 경우 수시로 개최한다.

구분	위원회 구성 내용	위원회 운영 내용
경상북도	제8조(위원회의 구성) ① 위원회는 위원장과 부위원장을 포함하여 10명 이내로 구성한다. 1. 경상북도의회에서 추천하는 사람 2. ESG 경영 관련 학식과 경험이 풍부한 사람	제11조(위원회의 운영) ① 위원회의 회의는 위원장이 소집하고 정기회의는 연 1회, 임시회의는 위원장이 필요하다고 인정하거나 재적위원 3분의 1 이상의 요구가 있을 때 소집한다.
대구광역시	제10조(자문단 구성 및 운영) 시장은 ESG 경영 지원을 위하여 ESG 경영에 관한 학식과 경험이 풍부한 공공기관, 기업체, 법인, 개인 및 단체 등으로 구성된 전문가 자문단을 운영할 수 있다.	
부산광역시	제8조(자문단 구성 및 운영) 시장은 ESG 경영 지원을 위하여 ESG 경영에 관한 학식과 경험이 풍부한 공공기관, 기업체, 법인, 개인 및 단체 등으로 구성된 전문가 자문단을 운영할 수 있다.	
전라남도	제9조(위원회의 구성) ① 위원회는 위원장 및 부위원장 각 1명을 포함하여 15명 이내의 위원으로 구성한다. ④ 위촉직 위원의 임기는 2년으로 한다.	제10조(위원회의 운영) ③ 위원회의 회의는 도지사의 요구가 있거나 위원장이 필요하다고 인정하는 경우에 위원장이 소집하고 그 의장이 된다.
경상남도	제8조(자문단 구성 · 운영) 도지사는 ESG 경영 확산 및 지원을 위하여 필요한 경우 ESG 경영에 관한 학식과 경험이 풍부한 전문가들로 구성된 자문단을 운영할 수 있다.	

구분	위원회 구성 내용	위원회 운영 내용
울산 광역시	제8조(위원회의 구성) ① 위원회는 위원장 및 부위원장 각 1명을 포함하여 10명 이내의 위원으로 구성한다. 1. 울산광역시의회 의원 ④ 위원의 임기는 2년으로 하되, 한 차례만 연임할 수 있다. 다만, 보궐위원의 임기는 전임자 임기의 남은 기간으로 한다.	제10조(위원회의 운영) ② 정기회의는 연 1회 개최하고, 임시회의는 위원장이 필요하다고 인정하는 때 개최한다.
서울 강남구	제14조(협력체계 구축 등) ② 구청장은 이에스지(ESG) 경영 활성화와 관련한 민 · 관 협력기구로서 서울특별시 강남구 이에스지(ESG) 경영발전협의회를 둘 수 있다.	
서울 동작구	제12조(협력체계 구축) ② 구청장은 ESG 경영 활성화와 관련한 민 · 관 협력기구로서 서울특별시 동작구 ESG 경영발전협의회를 둘 수 있다.	
경기 부천시	제8조(위원회의 구성) ① 위원회는 위원장과 부위원장을 포함하여 10명 이내로 구성한다. 1. 부천시의회에서 추천하는 의원	제11조(위원회의 운영) ① 위원회의 회의는 위원장이 소집하고 정기회의는 연 1회, 임시회의는 위원장이 필요하다고 인정하거나 재적위원 3분의 1 이상의 요구가 있을 때 소집한다. ④ 위원회는 업무 수행에 필요한 경우 ESG 경영 관련 단체 등의 의견을 들을 수 있다.

구분	위원회 구성 내용	위원회 운영 내용
경남 양산시	제8조(위원회의 구성) ① 위원회는 위원장과 부위원장을 포함하여 10명 이내로 구성한다.	제11조(위원회의 운영) ① 위원회의 회의는 위원장이 소집하고 정기회의는 연 1회, 임시회의는 위원장이 필요하다고 인정하거나 재적위원 3분의 1 이상의 요구가 있을 때 개최할 수 있다. ④ 위원회는 업무 수행에 필요한 경우 ESG 경영 관련 단체 등의 의견을 들을 수 있다.
광주 서구	제10조(위원회의 구성) ① 위원회는 위원장 1명을 포함하여 15명 이내의 위원으로 구성한다.	제11조(위원회의 운영) ① 위원장은 위원회를 대표하고, 위원회의 업무를 총괄한다. ② 위원회의 회의는 위원장이 소집하고 정기회의는 연 1회, 임시회의는 필요한 경우 수시로 개최한다.

36개의 지방정부 조례 중 ESG 관련 위원회와 자문단, 협의체가 구성된 곳은 14곳에 불과하다. ESG 위원회가 구성된 곳은 광역 6곳과 기초 3곳이다. ESG 관련 자문단은 광역 3곳, 협의회는 기초 2곳이다. 또한 울산광역시와 경기도 부천시 2곳만 지방의회 의원을 위원회에 참가할 수 있도록 했다.

〈표 11-9〉에서 보듯이 지방정부의 ESG 위원회는 정기회의를 대부분 연 1회로 정하고 있다. 임시회의를 수시로 개최할 수 있도록 안을 마련해 놓았으나, 정기회의 개최 횟수를 확대할 필요가 있다. 정기회의는 의무적이지만 임시회의는 의무가 아닌 필요로 개최할 수도, 개최하지 않을 수도 있는 재량이 많은 내용이기 때문이다. ESG의 확산과 발전을 위한다면 최소한 연 4회 이상으로 분기별에 한 번 이상은 개최될 수 있도록 해야 할 것이다. 아무리 훌륭한 조례라도 구체적인 실행체계가 갖추어지지 않는다면 성과를 내는 데 한계가 있다. 형

식적인 위원회가 아니라 성과를 낼 수 있는 현실적인 위원회가 필요하다.

현재 제정된 지방정부의 ESG 조례 내용은 채워야 할 내용이 많다. ESG 관련 법률이 없는 상태에서 조례 제정의 한계도 있지만, 구체적인 내용에 대한 면밀한 검토를 통한 조례 제정이 이루어지지 않은 요인이 있다. 결론적으로 ESG 조례 제정은 지방정부가 탄소중립 시대에 투명한 지방자치 경영을 위해서는 필수적이며, 해당 조례에 반드시 포함되어야 할 내용은 다음과 같다.

첫째, 지방정부 산하기관 및 지역 소재 기업 이외 지방정부 및 지방의회 조직을 포함해야 한다. 지방정부는 공급자 수준에서 관리 · 감독 기능에 멈춰 있다. 지방의회는 조례 제정 발의 이후 위원회도 참여하지 않는 상태라면 한계가 있다. 따라서 지방정부 공무원과 지방의회 의원도 ESG를 실행할 수 있도록 내용을 강화해야 할 것이다.

둘째, ESG 위원회에 지방의회 의원은 필수적으로 참여해야 할 것이다. 대부분 위원회가 관련 전문가 참여로 되어 있고, 울산광역시와 경기도 부천시만 지방의회 의원을 위원회에 참가할 수 있도록 했다. 나머지 33개 조례 내용에는 지방의회 역할이 빠진 것이다. 따라서 지방의회 의원이 ESG 위원회에 필수적으로 참가할 수 있는 조례 제정과 개정이 이루어져야 한다.

ESG 관련 법률 제정(안) 방법

ESG 관련 법률 제정은 2가지 방법을 구상할 수 있다. 첫째, ESG 육성 기본법을 제정하여 전 국민운동으로 확산시킬 방법이 있다. 둘째, 「지속가능발전 기본법」 조항에 ESG 편을 추가로 입력, 법 개정을 통해 추진하는 방법이 있다. 현실적으로는 두 번째 안이 추진하기 쉬울 것이다.

먼저 ESG 활성화를 위한 법률 제정이다. 국회 차원에서 가칭 「ESG 경영 기본법(안)」이라는 주제를 가지고 2회 간담회가 있었다. 해당 간담회 내용을 요약하면 다음과 같다. 1차 간담회에서는 ESG 정책의 일관성 · 연속성 확보를 위해 관련 기본법의 제정이 시급함을 말하고 있다. ESG에 대한 사회적 관심과 기업、금융기관의 활동 및 정부 정책은 증가하고 있지만, ESG 관련하여 정확하고 일관성 있는 정책과 방향성이 부재해 혼란이 가중되고 있다는 것을 지적하고 있다. 생태계 조성이라는 측면에서 ESG를 통해 사회 전체 편익 증가로 연결하기 위해서는 ESG 컨트롤타워 역할 지정 및 체계적 정책 방향성과 전략 수립이 시급하다는 것을 강조하며 ESG 기본법 제정을 촉구하였다.

1차 간담회에서는 ESG 기본법 제정을 위한 방안으로 7가지 정책을 제안했다. ① 정책 방향의 제시, ② 제도 · 정책의 체계화 및 종합화, ③ 정책의 일관성 및 연속성 확보, ④ 정책집행기관 통제, ⑤ 국민에 대한 정책 메시지 전달, ⑥ 관련 법률 간 해석 방향의 재기와 제시, ⑦ 정책의 조정적 기능이다.

2차 간담회에서는 「환경 · 사회 · 지배구조 경영 기본법(안)」이라는 이름의 ESG 기본법이 구체화하는 모습을 보였다. "법률 제정안은 기본법 형태이지만 ESG 세부 내용은 촉진법"이며, 기업의 ESG 경영을 촉진, 지원, 육성하는 내용으로 구성되었다. 법 조항을 보면 제1장(총칙), 제2장(환경 · 사회 · 지배구조 기본계획 등), 제3장 환경 · 사회 · 지배구조 경영 촉진 체계 구축, 제4장 환경 · 사회 · 지배구조 평가 공시 등, 제5장 환경 · 사회 · 지배구조 경영 참여기업 지원, 제6장 환경 · 사회 · 지배구조 경영 촉진을 위한 기반 구축, 제7장 보칙 등으로 ESG 기본법 초안이 공개되었다.

지난 정부에서 사회적경제 기본법 제정 없이 지방정부가 사회적경제 지원 조례를 제정하고 시행에 나섰으나, 활성화되지 못한 사례를 교훈 삼아 ESC 관련 법률이 빠르게 제정되기를 바란다. ESG 관련 법률을 독자적으로 제정하기 어려울 때는 기존 법률안에 내용을 담아 법 개정을 통해 목적을 달성하는 방안을 모색할 수 있다. ESG 조례 및 정책이 「지속가능발전 기본법」의 내용을 근거 또는 인용하여 진행되는 현실을 반영하는 것이다.

즉 「지속가능발전 기본법」 ESG 내용을 포함하는 방법이다. 현재 「지속가능발전 기본법」 중 ESG 내용을 포함할 수 있는 근거는 제5조(국민과 사업자의 책무)에 있다. 제5조 제2항에 "사업자는 기업활동을 함에 있어 제3조에 따른 지속 가능한 발전의 기본원칙과 지속가능경영에 기초하여 환경적, 사회적, 윤리적 책임을 다하여야 한다"라고 되어 있다. 이 내용에 환경적, 사회적, 윤리적 책임은 ESG의 환경, 사회, 지배구조를 포함하고 있어 일부 수정한다면 대체가 가능할 것으로 판단된다.

참고문헌

경기도지속가능발전협의회, ESG KOREA 경기 네트워크 내부자료.

국가법령정보센터, ESG 조례, https://www.law.go.kr/

국립국어원, https://www.korean.go.kr 문화체육관광부 보도자료, 2022.1.19.

국회입법조사처, 지속 가능 성장을 위한 ESG 생태계 조성 및 입법정책 과제, 2021.9.

국회 ESG 기본법 간담회 1차 자료, 2023.3.

국회 ESG 기본법 간담회 2차 자료, 2023.7.

대외경제정책연구원, 글로벌 ESG 동향 및 국가의 전략적 역할, 2021.12.

대한상공회의소 & 삼정KPMG, 중소 · 중견기업 CEO를 위한 알기 쉬운 ESG, 2021.

사회적가치연구원, ESG 경영 실무를 위한 ESG HANDBOOK ENVIRONMENTAL, 2021.2.

산업통상자원부, K-ESG 가이드라인 1.0, 2021.12.

서울연구소, 환경 · 사회 · 지배구조(ESG) 경영 확대 위한 서울시 정책 방안, 2022.12.

키움증권, 2023년 주목해야 할 ESG 이슈는?, 2023.1.

한국사회적기업진흥원, ESG와 사회 가치 연계 모델을 통한 지역 균형발전 확산 방안.

36개 시도 및 시군구별 의회 회의록.

https://www.google.co.kr/

편집 후기

ESG는 현 정부의 주요 공약 중 하나다. 행정 영역과 일반인에게는 생소하지만, 대기업과 공기업 세계에서는 오래전부터 인지된 개념이다. 대한민국 국회에서 ESG에 대한 논의는 2010년부터 시작되었다. 국민연금의 기금이 건강한 기업을 대상으로 투자하는지 여부와 관련해 질의응답이 많았다. 2023년 기준으로 약 13년 전부터 ESG는 공공 영역의 관심사로 존재했었다.

코로나19 팬데믹이 전 세계의 기업활동에 ESG를 핵심 관심사로 돌려놓았다. 최근 3년 사이에 기업경영은 '기승전ESG'다. 민간 부문의 기업경영은 공공부문의 행정관리에도 지대한 영향을 미치고 있다. 역으로 행정이 경영을 견인하는 형국이다.

ESG 환경은 기업경영이 중심이다. 지금까지 ESG를 바라보는 인식은 대기업은 필수 사항, 중견기업은 선택 조건, 중소기업은 관심 밖의 영역이었다. 투자와 수입 제품의 조건이 강화되면서 공급망 관리 관련 규제로 인해 중소기업에까지 그 영향을 받게 되었다. 시간이 지나면 상장회사는 물론 모든 기업에 적용해야 하는 현실이 될 것이다.

문제는 ESG가 기업에만 국한된 일이 아니다. 대기업、중견기업이나 정부

부처 산하기관 중 공기업, 준정부기관 규모는 자체 대응이 가능하다. 대기업이나 다국적기업에 제품을 납품하는 중소기업의 현실은 그러하지 못하다. ESG 인식조차 못 한 곳도 많다. 중소기업 스스로 해결 못 하는 영역의 보완은 행정의 역할이고 의무다.

여러 중앙부처가 의견을 모아 K-ESG 가이드를 참고 자료로 내놓았다. 지방정부는 ESG 관련 법률이 없는 상황에서도 지역 기업에 도움을 주기 위해 조례를 제정하기 시작했다. 지방공기업은 발 빠르게 ESG 전략 수립을 통한 경영활동에 들어갔다. 하지만 중앙부처와 지방정부 산하 공공기관의 ESG 적용 현실은 형식의 틀을 벗어나지 못하고 있다는 평가다.

ESG 환경이 대기업, 중앙부처, 금융기관, 대형 투자기관, 법무법인, 회계법인 영역에서 공중전을 하는 것처럼 비친다. 일선 행정을 책임지는 지방정부의 선제적 ESG 대응이 필요한 시점이다. 지역주민과 밀접한 관계망을 맺고 있는 지방정부의 ESG 전략이 필요하다. 항목별, 영역별, 단계별 ESG 추진과 기업과의 협조, 주민과의 호흡이 필요하다. ESG 성공 여부는 지방정부의 진정성에 달려 있다.

기업과 관련한 ESG 이야기는 무궁무진하다. 이런 흐름 때문에 ESG는 기업만의 영역으로 왜곡되어 있다고 본다. ESG는 기업은 물론 모든 단체와 기관 경영활동의 기본이다. 공공 영역은 생산성 평가, 경영평가를 받기 위한 수단에 머물러서는 안 된다. 지방정부가 ESG를 견인해야 한다.

지난 연말 지방정부의 ESG를 고민하는 연구모임이 결성되었다. 행정학, 경영학, 관광학, 사회복지학, 디자인학 등 다양한 학문을 연구한 학자이자 기업가,

활동가들의 ESG 연구회다. 매주 금요일 저녁 온라인 회의를 통해 발표하고 학습하는 시간을 가졌다. 학습 동기 부여를 위해 대부분 '전경련 ESG 전문가' 자격증을 취득했다.

ESG 관련 정책, 이론, 사례는 물론 기업 현장의 정보 공유를 통한 집단학습이었다. 참여한 사람들의 공통된 관심사는 지방행정의 활성화다. 지역소멸을 막아내고 지역 거점의 기업을 살리고 지방을 살릴 수 있는 정책수단이 필요했다. 그 영역의 한 가지로 지방정부의 ESG 추진동력을 위한 가이드가 부족하다는 현실을 보았다.

부족할지라도 지방정부의 ESG 활성화를 위한 경주에 참여하기로 했다. 그 첫 번째 작업으로 '지방정부 ESG' 책을 집필하는 것이었다. 11명의 학자가 11개의 키워드를 가지고 제시하는 ESG 제안서와 참고서 수준이다. 무엇을 어디서부터 해야 하는지, 다른 지역은 ESG에 대해 어떠한 생각을 하고 있는지, 행정이 왜 ESG를 선도적으로 견인해야 하는지에 대한 내용을 담았다.

ESG를 둘러싼 국내외 환경변화는 아주 빠른 속도로 전환되고 있다. 기업의 경영활동은 생존경쟁이다. 행정이 기업의 속도를 따라가지 못하는 현실을 부인할 수 없다. 일부 내용에 있어서는 책이 출간되는 순간에도 변하고 있을 것을 생각해 판단해 주기를 바란다. 효율적인 지방정부 ESG 운영에 도움이 되길 기대한다.

2023년 9월

지방정부ESG연구회

11개 키워드로 알아보는

지방정부 ESG

초판인쇄 2023년 11월 15일
초판발행 2023년 11월 15일

지은이 양세훈, 김현정, 김성균, 고광용, 마희정, 지선진,
김연, 안수지, 박금옥, 박연숙, 박명분
펴낸이 채종준
펴낸곳 한국학술정보(주)
주 소 경기도 파주시 회동길 230(문발동)
전 화 031-908-3181(대표)
팩 스 031-908-3189
홈페이지 http://ebook.kstudy.com
E-mail 출판사업부 publish@kstudy.com
등 록 제일산-115호(2000. 6. 19)

ISBN 979-11-6983-802-3 93330